贵州省高等学校人文社会科学研究基地
中国西部发展能力研究中心主办

生态经济评论

第六辑

主　　编　伍国勇

中国财经出版传媒集团

经济科学出版社
Economic Science Press

图书在版编目（CIP）数据

生态经济评论．第六辑/伍国勇主编．—北京：经济科学出版社，2017.6
ISBN 978－7－5141－8198－2

Ⅰ.①生…　Ⅱ.①伍…　Ⅲ.①生态经济－文集
Ⅳ.①F062.2－53

中国版本图书馆CIP数据核字（2017）第163032号

责任编辑：刘　莎
责任校对：杨晓莹
版式设计：齐　杰
责任印制：邱　天

生态经济评论
第六辑
主编　伍国勇
经济科学出版社出版、发行　新华书店经销
社址：北京市海淀区阜成路甲28号　邮编：100142
总编部电话：010－88191217　发行部电话：010－88191522
网址：www.esp.com.cn
电子邮件：esp@esp.com.cn
天猫网店：经济科学出版社旗舰店
网址：http://jjkxcbs.tmall.com
北京财经印刷厂印装
787×1092　16开　19.25印张　420000字
2017年6月第1版　2017年6月第1次印刷
ISBN 978－7－5141－8198－2　定价：66.00元
（图书出现印装问题，本社负责调换。电话：010－88191510）

声　　明

卷 首 语

贵州省人文社会科学重点研究基地——中国西部发展能力研究中心主办的《生态经济评论（第六辑）》如期面世。2011 年一号文件提出要“扎实推进水土保持和水生态保护，从源头上（小流域）扭转水生态环境恶化趋势”。2012 年十八大明确提出“推进水土流失综合治理增强城乡防洪抗旱排涝能力”，“建立反映体现生态价值和代际补偿的资源有偿使用制度，健全生态环境保护责任追究制度和环境损害赔偿制度”；2013 年一号文件提出要“加强水土流失综合治理，加强农村生态建设、环境保护和综合整治，努力建设美丽乡村”，党的十八届三中全会通过《中共中央关于全面深化改革若干重大问题的决定》提出“加快生态文明制度建设”；2014 年中央重要政策文件都重视生态补偿问题和扶贫问题。2015 年一号文件提出“制定完善生态补偿法律法规”；特别是2016 年提出“加大对重点生态功能区的转移支付力度，完善利益补偿机制”。对新时期生态经济发展问题提出新的要求。

在这样的大背景下，西部特别是贵州地区的发展也积极践行着生态文明的发展理念，严格在创新、协调、绿色、开放和共享“五大理念”的指导下和生态保护和经济发展“两条底线”的约束下实践着生态经济的理论与政策。贵阳市政府主导的全球性生态文明国际论坛已经连续举办6 年，发布的“贵阳指数”成为生态文明建设的方向标，贵州的生态经济发展在全球产生重要积极影响。在这样的背景下，中国西部发展能力研究中心集中力量组织出版《生态经济评论（第六辑）》，聚焦“五大发展理念”，逐步形成“五大发展能力”研究领域。本辑《生态经济评论》重点就生态理论创新与发展方式转型研究、生态文化传承与共享发展研究、生态产业发展与扶贫政策研究、区域经济生态化与城镇化协调发展研究四个领域。

第一，“生态理论与发展方式转型研究”共采用6 篇论文。伍国勇教授研究认为生态工业园区是欠发达地区推进工业化进程的重要模式和关键路径；付寿康博士等确认了农地生态价值、社会保障价值和农地非农化外部性的客观存在；熊德斌教授采用系统思想，界定了农业发展方式转变就是要找准农业生产力、农业生产关系以及农业需求环境三者之间存在的不协调，并探寻解决之道，实现农业发展方式的创新；江东坡博士研究表明 CAFTA 和 WTO 都积极推动了中国与贸易伙伴之间的双边农产品贸易，中国应坚持参与多边贸易和区域贸易协定，并通过贸易便利化、增大农业对外投资等措施深化CAFTA农业领域合作；李明桥博士研究了收入流动性如何影响社会福利水平。发现：城乡之间收入不平等的恶化扩大了两者之间社会福利差距，收入流动性使得社会福利水平表现为先上升后下降的趋势，收入流动性对社会福利的影响存在城乡差异，居民收入增长（增长流动性）提高了社会福利水平，收入差距上升（再分布流动性）降低了社会福利水平；张雅文分析农业企业化经营的内涵特征、主体及动力基础、产权安排、交易费用等问题，认为贵州省山地高效农业发展的重要方向是走企业化经营之路；周吉星分析了大数据驱动传统农业向现代农业转型，提出了三种适合现代的农业发展模式。综合各学者研究结果，现代生态经济特别是生态农业发展取得多重效果、呈现多种发展趋势，在生态经济理论与实践方面有了新的结论。

第二，"文化传承与共享发展研究"共采用5篇论文。张黎明认为陶器家庭生产的集聚创造了信息资源共享的空间，制陶业对地方文化经济发展着深刻影响，集聚区应充分挖掘文化内涵，进一步提升文化经济功能；王永锋凭借对哀牢山区特有的自然环境的深刻认识，对鱼塘的适度开发是哈尼族人与自然和谐相处的表征，哈尼梯田生态文化系统也面临传统稻鱼混作农业的可持续性、外来物种入侵的破坏性等许多问题，这归根结底则是人们单纯追求经济增长以及在理解人与自然关系问题上出现了偏差所导致的；杨冠英剖析了农业推广主体行为，提出通过提高受教育程度，改进推广方式等途径来引导农民行为的自愿改变；于福波讨论了农业推广重要主体合作社在发展过程中出现的"空壳化"问题；余坚讨论了花溪区农户贷款存在的问题，从农户需求的角度阐明抵押的可行性，主要针对"三权"（土地承包经营权、林权、房屋权）作为抵押物，并为推动抵押贷款提出相应的对策以保证借贷过程的顺畅。总之，这部分内容重在讨论农业推广的核心功能和作用，对生态经济发展的理论丰富和理念传播发挥了重要作用。

第三，"产业发展与扶贫政策研究"共采用5篇论文。魏萍从梳理喀斯特旅游资源入手，对制约贵州省旅游产业发展的若干问题进行了分析，最后从旅游资源推广实施层面，以创新性视角提出了相关对策建议；琚婷婷研究了水果产业的风险问题，认为水果产业作为农业的重要组成部分，在我国国民经济中占有非常重要的地位。但水果产业有其自身的特殊性，受自然条件、当地消费能力、市场饱和度、储存时间、深加工程度等的影响较大；黄姚研究了喀斯特地区企业创新战略，认为根据市场生命周期建立循环往复的驱动市场－市场驱动导向，并探索为关注对象分配不同权重对组织绩效的影响；毕晓易以三都水族自治县为例讨论了贵州省贫困县的致贫因素，提出了注重农村消费与生产生活资料原始积累、优化家庭劳动力年龄结构提高人力资本等相关政策建议；邢文杰研究了基于市场化扶贫法、社会企业家精神的扶贫模式，并且针对我国现存的贫困问题，提出相关解决方案。

第四，“区域经济与城镇化协调发展研究”共采用9篇论文。江东坡博士研究表明CAFTA和WTO都积极推动了中国与贸易伙伴之间的双边农产品贸易，中国应坚持参与多边贸易和区域贸易协定，并通过贸易便利化、增大农业对外投资等措施深化CAFTA农业领域合作；郑玉平研究了宏观经济因素与股市波动之间的关联性，认为股市受自身波动影响显著，其次是通货膨胀预期；廉梦鹤利用协整方法和VAR模型对此进行分析，认为对外贸易和金融服务与经济增长之间存在着长期均衡关系；廉梦鹤利用协整方法和VAR模型对此进行分析，认为对外贸易和金融服务与经济增长之间存在着长期均衡关系；潘东阳对河南省城镇居民基本消费需求进行计算推导，提出完善收入分配制度等建议；姜豪基于承载力的视角，采用城市承载力的评价方法对四川省城市增长极的选择进行研究，进而提出四川省城市增长极体系的构建和相关结论与建议；赵广示认为贵阳市要充分利用国家发展大数据产业政策优势以及国家战略先行先试的先机，以产业促进城市发展，积极构建国家大数据中心城市，并相应带动贵阳城市的发展和社会经济的发展，同时提升贵州城市化水平；聂开敏研究了中心镇的发展和研究探索，进一步发挥中心镇的县域城镇化发展过程中的纽带功能，实现乡村和县域中心城区统筹发展显得尤为重要；杨丽莎基于经典理论结合现代发展要求进行调适后对贵州工业化发展阶段进行评价，结论表明贵州工业2010年以来处于初期腾飞状态，应该采用“特色化、园区化、生态化”的战略措施，全面促进工业转型发展；叶家斌分析了贵州省实施创新驱动战略的重要意义，对贵州省“十二五”时期实施创新驱动发展战略的现状和突出问题作了全面的分析研究，最后，在此基础上提出了贵州“十三五”时期实施创新驱动战略的重点；这部分重点讨论宏观区域经济、消费、城镇化、工业化及农业现代化等区域生态经济发展的实践和理论问题。

总之，本辑《生态经济评论》共收录了25篇文章，围绕四大主题展开，学者们关注的焦点比较宽泛，有理论问题也有实践问题，有点上的个案分析也有面上的区域研究。内容涵盖较广，对生态经济发展的内涵丰富具有重要的价值。需要说明的是，本辑刊对收录的论文仅对论文的研究主题与中心研究领域的符合性、研究主要内容的学术水平进行政策性审核，一切可能的学术不端行为和责任由作者本人自行承担。

最后，感谢各位作者不吝赐稿，常年支持西部中心发展，真诚感谢为本辑《生态经济评论》做出贡献的各位同事和专家。

目录

生态理论与发展方式转型研究

生态工业园区的建设结构及策略研究*

伍国勇**

【摘　要】生态工业园区是欠发达地区推进工业化进程的重要模式和关键路径。论文从产业链结构分析了园区产业链关系、各类因子流动模型、参量流动模型；从空间结构的角度分析了园区建设的 W、G 和 H 三种建设模式；从功能结构的角度分析了生产型园区（网）、流通型园区（网）、还原型园区（网）和服务型园区（网）的建设模式的基本特征。从经济个体（企业）、经济集体（园区）、经济群体（园区网、集群）、静脉系统生活层面和技术政策层面提出了推进生态工业园区建设的具体措施。

【关键词】生态工业园区　建设结构　推进策略

一、引言

生态工业园区不仅能有效实现欠发达地区的区域优势转化，同时还能为产业聚集提供了一个空间场所，可以有效创造聚集力、共享资源、保护环境并带动关联产业的发展，从而保质保量地推动产业集群形成和工业化进程，建设生态工业园区具有重要现实意义。近年来，生态工业园区的研究方兴未艾[1~3]，各种观点层出不穷[4,7,9]。包括园区建设的基本模式[6]、建设主体、管理机制和效率评价[7~9]。但是从建设结构的角度看待园区发展的文献尚不多见。本文从产业链结构、空间结构、功能结构三个方面，深入讨论了生态工业园区建设与布局的基本问题，并从五个层面提出了推进园区建设的战略措施。

---

* 基金项目：2013 年贵州大学重点学科项目“贵州农业现代化与城镇化协调机制研究”；2014 年贵州大学重点学科项目“农业生态安全问题的经济学研究”；2015 年贵州省软科学研究项目“贵州守住‘两条底线’的发展路径研究”（编号：黔科合 R 字［2015］2007－2 号）。本文系贵州省教育厅人文社会科学重点研究基地“贵州大学中国西部发展能力研究中心”资助发表。

** 伍国勇（1979～　），男，教授，博士，贵州大学中国西部发展能力研究中心专职副主任，管理学院副院长，研究方向：生态经济。

二、生态工业园区产业链结构

生态工业园区系统中存在着各种类似生物学中的物质和能量循环链条（食物链），也可称为产业生态食物链。产业生态食物链既是一条能量转换链，也是一条物质传递链，从整个产业发展经济价值的视角来看，还可称为“价值增值链”。每一个园区有其独特的产业生态食物链，在生态工业园区系统中不断进行着往复的能量转换和物质循环运动，产业中物质流、能量流、资金流、技术流不断随着产业生态食物链逐层次流动，各种原料、能源、废弃物以及环境要素之间会形成立体循环流动结构，物质能量技术流则在产业循环系统中往复循环使用，实现高效利用，有效地提高了污染控制和废弃物转换率，同时也减少了产业发展成本，实现价值增值并取得良好的生态、经济和社会效益。

（一）园区产业链结构模型

生态工业园区产业链从横向看，由核心企业与其他支持性机构如政府、金融机构、研究机构、分销机构、服务机构组成；从纵向看，由核心企业与其上游企业、下游企业共同组成，上下游企业实现资源互补和优势互补，在产业链活动中如要素投入、产业生产、制度创新与产业技术研发等方面进行合作互动，形成产业生态化发展中竞争与合作的紧密关系（见图1）。[10]

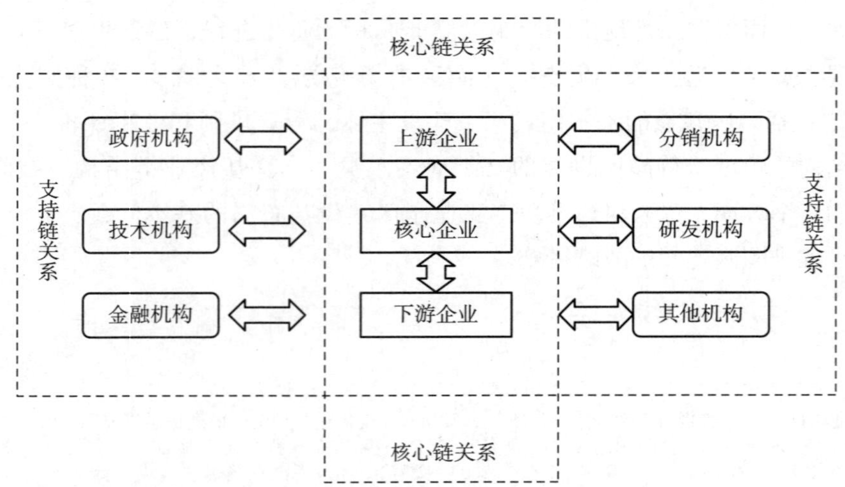

图1　区域生态工业园区产业生态食物链结构（关系模型）

（二）园区产业链物质能量环流动模型

生态工业园区系统是一个不断往复的循环体系。系统中物质流、资金流、技术流、能量流都可以多次循环利用，使得整个系统中总墒不断减少，遵循自然界中的耗散结构原理，总体可达到系统的良性循环。系统中形成的产业生态食物链，把不同的企业产生出来的废弃物通过创新利用到不同企业不同阶段的生产过程之中，使得污染物质在生产过程中被极大限度的消除，最后排放到自然生态系统中的污染物质最小化，而系统运行的经济、生态和社会效益最大化，以实现生态工业园区系统的产业代谢功能。[11]

在这里，运用代谢分析法为指导，建立反映生态工业园区系统产业生态食物链中的物质流流动模型。一般情况下，根据企业生产情况，物质循环有两种类型：一是循环过程中是理想状态，上游企业的废弃物完全被下游企业吸收为原料，没有排放到生态环境中的废弃物，叫完全循环；二是有部分废弃物被排放到生态环境，其他部分被下游企业吸收为原料进行再生产，叫部分循环。为研究方便，文章内容忽略循环过程中损耗，仅重点讨论这两种情况下企业之间废弃物代谢、能量流与物质流的循环问题。

第一，完全循环模型。企业生产过程中不存在剩余物质，上游企业的废弃物完全被下游企业吸收，属于完全循环状态。完全循环是指导上游企业没有剩余物质的自循环但的剩余物质被下游企业完全吸收的互动循环物质流模式（见图2）。

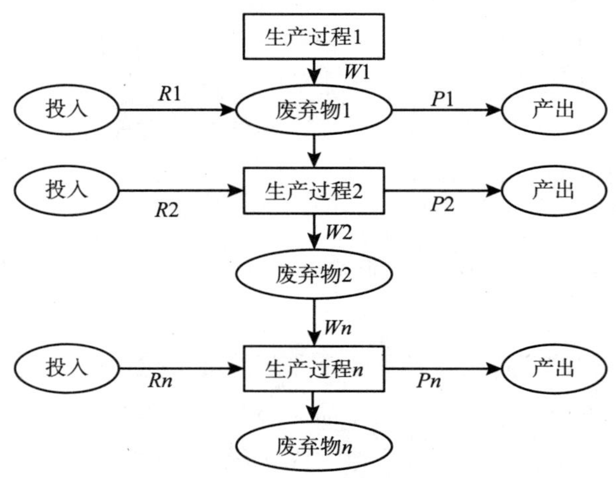

图2　完全循环模型中物质能量流动

第二，部分循环模型。基本假设：企业生产的废弃物有部分参与了自身循环，有部分则被下游企业完全吸收利用。如果要将每一阶段产业生态食物链中有部分废弃物被自身循环利用，部分废弃物被下游企业完全吸收利用的模式表示出来，可以形成完整的产业废弃物流动图[11]（见图3）。

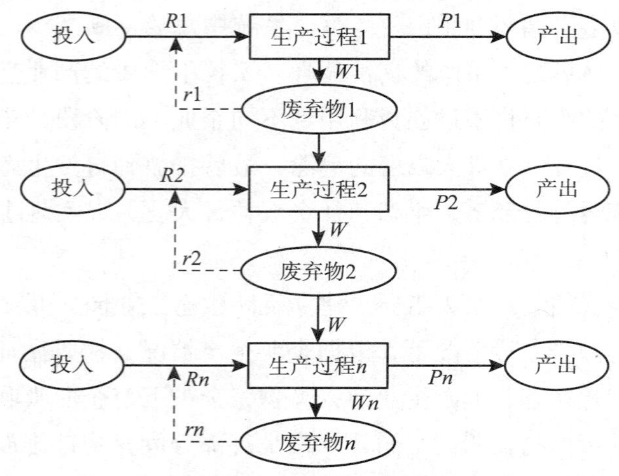

图3 部分循环模型中物质能量流动

三、生态工业园区的空间结构

生态工业园区系统开始于企业内部的生态化、清洁化生产行为，然后扩大开来发展到较高一层次的生态工业园区以及生态工业园区网络，进而可建立最高层次的生态经济系统、社会系统和自然生态系统一体化的复合循环系统。从这里可以看出，生态工业园区是生态化的发展系统，由企业、园区、园区网络和广域工业经济系统组成；总体上是由企业到经济、社会和生态系统的复合循环、矛盾运动。从空间分布的角度看，可以分为三个层次。

（一）第一空间，由单个企业组成的企业生态循环系统

这一空间生态化的实践路径是要求企业实施清洁化生产，这是生态工业发展的基础性条件。即使说，不可能全部企业都能够有条件和必要实施清洁生产，在没有足够技术条件的情况下，可让部分企业优先实施，带动其他企业，逐步渐进性实现生产环节的清洁化，促进生态工业园区的形成。

（二）第二空间，由部分生态工业企业构成的园区循环系统

其生态化的实现路径是建设生态工业园区。同样，由于技术制度发展的渐进性和缓慢性，可部分地要求园区进行技术改造、试点生态工业经济产业园，按照“减量化、再循环、再利用、再创新”的“4R”原则，在“W模式、G模式、H模式”[12]的指导下，构建符合现代发展要求的生态工业产业园区。就生态学理论的观点来看，生态工业园区（以下简称“生态园区”）企业之间要形成共生发展关系，相互之间要构成生态食物链，有三种模式可选择。

（1）W模式：网络共生型生态园区。该模式主要特点在于，园区内所有的企业都是统一的有机整体，所有废弃物（包括固体废弃物、废水、废气等）都能够实现循环利用。园区的主要功能是把所有的废弃物负效益转变为资源化的正效益，充分实现园区内资源的再利用、再循环；但是这种模式的适应性较差，适应于新建一类大型的生态园区，通过土地利用总体规划，在园区内划定功能分区、企业分区，统一构建符合4R原则的基础设施，企业一旦入驻，便很快形成良性循环的产业生态系统，一般需要上级规划支撑。

（2）G模式：关联共生型生态园区。主要特点在于，园区内的企业并不能构建完整的包含整个投入产出的产业生态食物链，但是可构成由原料链组成的小循环体系，这种体系的建立会形成相对独立的若干小组循环，各个小组之间没有直接的投入产出关系，适宜于那些老旧产业改造的园区，也适宜产业的转型、更新改造园区；不能达到资源循环利用的最大效益。

（3）H模式：混合共生型生态园区。主要特点在于，园区中既有耦合关系的企业存在，也有共生网络关系的企业，混合了两种产业园区的发展模式。与关联共生型园区一样，不能将所有企业都纳入产业园区，以形成完整的产业生态系统。但是它的每个小系统循环能力强，相互之间关联性好，能实现资源的小循环和大循环利用。这种模式的效益介于网络共生型和关联共生型产业园区之间，这种园区企业构成相对独立的小组内循环，又形成资源大循环，平衡性好；适宜性：适宜产业的转型、更新改造园区。

（三）第三空间，广域性生态工业园区循环系统

包括工业经济系统、社会系统和自然业生态系统的复合循环系统。这一空间的生态化要求三大系统构建复合式循环机制，保证三个系统物质流、能量流、信息流的循环往复，最大限度的发挥系统的耦合功能、循环功能，满足人类社会与生态健

康的互动发展需求。作为生态工业园区的第三空间结构，生态工业园区网层面的循环发展路径实质上是建立在经济、社会和生态的共生、共荣、和谐的基础上的。总体上看，生态工业园区网是以经济、社会和生态为背景，按照工业生态学有关理论与方法，合理界定生产者、消费者和分解者，以资源（原材料、副产品、信息、资金、人才等）的消费纽带形成具有“资源—产品—消费—废弃物—资源—废弃物（无害化）”的发展共同体，由一条条仿真的“生态食物链”组成，实现物质流、能量流、信息流、资金流、技术流在三个系统间的循环流动，实现三个系统的共生繁荣、互动发展[10]。一般来说，生态工业园区网有两种形式来组建，一是区域性生态工业园区网，二是广域性生态工业园区网。

（1）区域性生态工业园区网。对于区域性园区网来说，并不同于一般意义上的工业园区，也不同于一般意义上的副产品交换类园区。它是将整个园区看成是独立的企业或者说不动产来对待，并与其他各种具有资源开发紧密关系（如互补性或者替代性）的园区一道，共同寻求更大更好的综合发展效益（包括经济、社会和生态效益）。原则上，一个园区网内包括若干园区，有传统园区也有新建园区，网内园区相互关系十分紧密，可增强园区发展绩效并表现创建共享的服务与设施。[12]（见图4）。

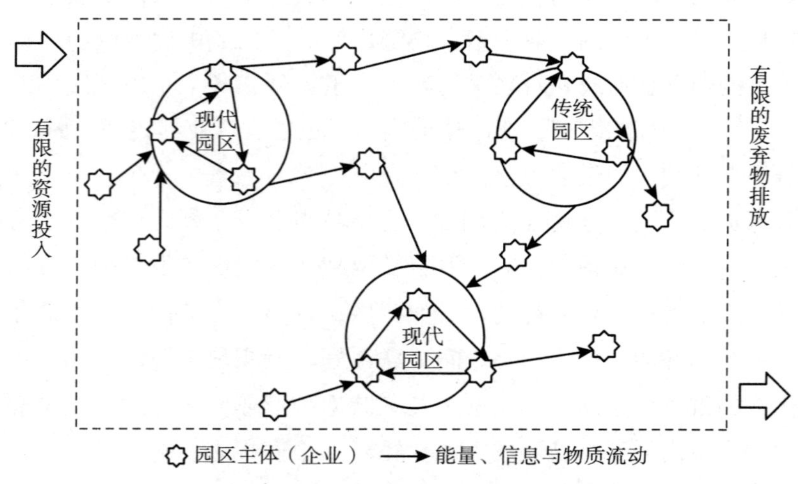

图4 区域性生态工业园区网形成示意图

由图4所示，独立的企业、现代园区和传统园区共同构成了区域性生态工业园区网。在这个网中，一个企业的废弃物可能被另一个企业利用为生产资料，而这个企业的废弃物又被其他企业利用，实现企业之间的副产品交换，极大减少环境污染，最后实现废弃物的最大资源化利用和无害化处理。

（2）广域性生态工业园区网。广域性生态工业园区网是指导按照工业生产区域、发展区域的实际情况，根据产业发展的优势、特色，和生产者、消费者、分解者之间的关系建立起大组团、大集群、大特色、大分工的园区发展模式。各大集群组团的园区之间又存在物质流、信息流、资金流、能量流和技术流的运行交换，以取得更加广阔的综合效益。不过，这种模式一般要求园区网内产业具有高度的特色互补，并且区域内交通十分便利。总体上以规划的形式布局生产功能区、流通功能区、还原功能区和服务功能区。各功能区形成若干小的集群和组团，小组团和大组团之间形成良好和谐的发展格局。广域性园区网带有极大外部性，一般存在于几个省（地区）之间，如各种经济圈、经济带的发展，可以采用此模式规划更大范围的园区网络（见图5）。

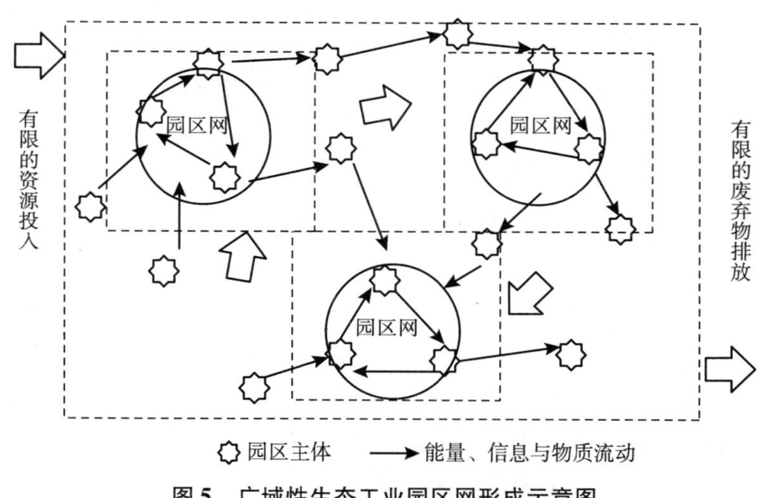

图5　广域性生态工业园区网形成示意图

四、生态工业园区的功能结构

如前所述，广域性园区网需要较大的规划支撑才能有效推进。主要适用于大区域性经济圈、经济带和经济区的发展。这种园区网从功能的角度总体上可分为生产功能、流通功能、还原功能和服务功能四种类型。每一种功能园区有其具体的布局特点。

（一）生产型园区网

产业生产功能发挥，一个重点领域就是生态工业生产型园区网的建设。要根据地区产业资源发展特点，严格按照生态工业园区建设的基本模式与技术标准，合理布局园区网络，发挥整个地区工业产品生产功能。可采用生态工业园区技术标准更新改造现有园区，也可新建标准化的产业园区。但是建议按照特色突出、生产条件标准化程度高的要求建设，使之符合生态工业园区建设的条件。做到正规产品、副产品生产量最大化，让废弃物产量最小化，将废弃物（副产品）的排放置于其他互补产业园区（还原型园区）有效利用范围内，形成优势互补的园区生产网络，努力为园区（企业）的共生创造条件[12]。

（二）流通型园区网

该类园区网的建设是根据生产功能型园区网的建设特点和布局展开。此类园区不能独立建设，要需要根据生产功能布局特点和发展需要布局建设。构建流通型功能园区网络，是以园区为单位、企业为活动主体，共同促进生产、流通功能的有效配合。原则上，在几个生产功能园区所处地理位置的合适地点构建适当数量的流通功能园区（根据生产型园区吞吐量而定）；一个流通功能的园区，可配合 3 ~ 5 个生产功能园区的建设，总体上流通功能园区的建设数量是生产功能园区的 1/5 ~ 1/3。

（三）还原型园区网

该类园区网主要是为了废弃物、垃圾处理服务，本质上属于服务功能园区的范畴，但考虑到功能的专业性，提出专门构建还原型功能园区。第一，原则上该类园区是为了搭建生态工业发展网络而构建，在生产型园区中，企业与企业之间会建立起资源互补、副产品的交换网络，但是废弃物进行多次循环以后的残留物也需要有效处理[12 ~ 14]。各生产企业如果独自处理废弃物会产生因为不够专业而带来的额外成本，因此让专业的还原功能园区中企业来处理，不仅可节约成本，还不至于影响环境造成不必要的道德风险发生。第二，还原功能型园区的建设也可以为了处理残留而提供专业技术咨询服务，指导园区企业在开展产品生产时保证物料投入的科学化和生态化；第三，还原功能型园区在处理垃圾方面具有专业优先权，必须对垃圾的处理提供更高水平的服务，为产业生态化发展提供清洁化环境。

（四）服务型园区网

服务功能园区是专门为生产功能、流通功能、还原功能园区的发展而服务，该类园区的建设是专门提供有关物资、副产品交易平台，生态化发展技术服务与咨询等。要根据生产功能园区、流通功能园区和还原功能园区的实际需要（实际需求）

进行配套建设，不能超额也不能减少建设数量。一般来说，每个服务功能园区可配套服务5~8个其他园区，这样有利于园区的共生发展。

五、生态工业园区建设促进策略

要建设标准化、科学化生态工业园区，应从人们生产生活行为、企业行为和政府行为调整等多方面着手，综合考虑各主体功能和作用的同时，要考虑到经济、社会和生态各系统的循环运行。

（一）在经济个体层面，按照工业园区产业链结构的原理，实施清洁生产，发展循环产业

第一，围绕园区核心企业，合理定位企业发展空间，融入园区产业链其他要素，抱团取暖。在园区中发展的企业，时刻要记得自己不是独立发展，而是大家一道，形成规模效应，增加市场影响力和经济发展效益。一是要界定自己的市场地位，围绕核心企业的产业发展，选择做同质产品直接竞争、还是做原料供应上游企业和市场营销服务的下游商家共同发展？做前者，势必要求企业有自己的核心竞争力和核心优势，可以做到“强强联盟，共同发展，做大做强”；如果没有特别的核心竞争能力，只能选择做上游或者下游商家，一道在园区共同发展。二是要处理好与园区服务机构如市场服务、金融服务及其他服务的机构，只有大家在市场中找到自己的合理定位，才能把共同市场做大做强。三是要处理好与政府机构的关系。重点是时时刻刻关注政府在园区特别是园区产业发展方面的最新政策，政策精神把握得好往往会成为一个产业发展的助推器，但是把握不好就会成为企业的最大“绊脚石”。

第二，围绕自己的核心产业，按照“部分或者全部循环”的规律，构建循环式产业发展链条，发展循环产业。不论园区企业是处于核心地位的带头企业，还是原料供应的上游企业和市场营销服务的下游商家，各自都会形成自己的核心产业链，具有自己核心的业务领域。那么，如何发展才能保证减少对环境的污染，增加物质的利用效率。只有在循环经济的理念下，围绕自己产业链、价值链的各个环节，实施清洁化生产策略。在生产环节、流通环节、服务环节等各个方面都需要按照清洁化的要求展开工作，真正做到“减量化、再循环、再利用、再创新”的“4R原则”，保证“最小的投入、最大的产出”。

（二）在经济集体（园区）层面，按照工业园区空间结构的要求，构建生态工业园区

第一，梳理现有园区。一是系统调查本区域的工业园区，合理界定园区产业发展范围，分析园区性质和园区发展历史，园区特色和园区的优势条件与园区发展的制约因素，把握园区的基本情况；二是充分了解园区发展的基础设施，了解决现有园区设施水平是否满足现代化、生态化园区的发展要求，找到发展差距；三是分析园区企业之间的“产业生态食物链”关系，这是一个核心内容，只有园区建设了产业生态食物链关系，才能形成“工业共生关系”，也才能建立生态工业园区。如果园区企业之间没有共生，了解关键影响因素是哪些？制约条件怎么样？要构建一个现代化生态化工业园区需要什么弥补的条件等等。

第二，改造构现有园区。按照“W、G、H 模式”的有关特点，改造、新建一批新型工业园区。以 G、H 模式改造现有园区，根据现有园区内企业的特点，建设完善园区基础设施，充实园区发展外部条件，严格按照 G、H 模式有要求选择性改造构建一批现代化工业园区。

第三，新建大型工业园区。按照 W 模式的要求，通过上级土地利用规划、产业发展规划等大型规划，规划建设一批新型式、高标准、生态化工业园区。既要考虑到新建园区与现有园区之间的关系，尽力形成互补关系；又要考虑到新建园区与地方经济社会发展资料的关系，新建园区从技术上可能按照 W 模式要求，但是从社会发展角度需要符合地区经济社会发展特点，特别是人文特点。

（三）在经济群集（园区网）层面，按照不同功能类型，构建区域性生态工业园区网

第一，开展融入或规划大型经济圈、带、区的工业发展规划。一个地区在建设大型工业园区网，最重要的是分析本地区在全省、全国甚至更大范围内的经济圈、经济带、经济区的发展什么重要功能和作用。只有合理规划、充分融入大型经济区域的发展，在功能上建设符合大型经济区域要求，才能更好更快地发展本地区工业产业。一是调查大区域内经济圈、经济带的经济区的特征、功能和在全国的经济区域中的重要作用，考虑本地区可能发挥有影响和能够进入的空间在哪里？包括市场空间、产业空间都需要深入分析。二是合理规划本区域内工业产业发挥的功能类型，是生产功能、流通功能、还原功能还是服务功能，抑或是几种功能都兼具，以此定位本区域工业产业的规划发展方向和重点领域。

第二，出台系列支持性政策文件，按照生产型园区、流通型园区、还原型园区和服务型园区的建设要求，调整、改造和构建一批本区域内生态工业产业园区，以服务于更大区域范围及更多产业的发展。

（四）在生产生活和社会系统层面，规划公众的消费行为，建设废弃物的社会循环利用与处理系统[15]

第一，培养绿色消费意识，构建绿色生产认证体系，培育绿色消费市场。在全社会公众大力宣传和有意培养绿色、健康消费意识，让绿色消费、绿色选择、绿色出行深入人心；构建绿色消费市场体系，推行绿色循环生态化的消费平台，搭建企业产品绿色认证体系，让所有上市产品贴上绿色生态标签，让公众消费绿色选择实现最大“可能性”。

第二，提高全社会“废弃物”循环利用效率，建设废弃物调整市场、废旧产品回收利用市场，废弃物废旧产品再生资源加工、储运与交易体系；生活层面建设好生产生活领域废弃物废旧物资向生产领域输送的渠道，让生产型、流通型、还原型和服务型园区企业有“原料”渠道保障。在全社会构建起来全社会以不同“功能类型”园区为核心的循环经济、生态经济发展体系。

（五）在技术与政策层面，大力研发园区化、生态化产业技术体系，出台支持生态工业园区（网）建设的有关政策措施

第一，构建好工业生态化、园区化发展技术体系。一是研发工业产业生态化发展的技术措施，充分结合本区域工业发展特点，开发原创性技术、引进领先技术，推进技术转化与应用；二是研发园区（网）化发展平台技术，了解企业进入园区的平台支撑需要，研发园区信息平台、交易平台技术体系，为构建现代生态工业园区、园区网做好准备[16]。

第二，构建工业生态化、园区（网）化政策体系。一是管理体系的构建，搭建好园区管理的组织机构、人才队伍配置体系；二是出台综合性引导政策，包括促进工业生态化、园区（网）化的土地支撑政策、财税政策、就业政策、金融支撑政策、服务支撑政策和有关规定；三是做好本区域工业化、生态化、园区（网）的发展战略规划，让规划支撑本区域工业产业发展。

参考文献：

[1] Heeres R. R. , Vermeulen W. J. V. de Walle F. B. Eco-Industrial Parkinitiatives

in the USA and the Netherlands: first lessons [J]. Journal of Cleaner Production, 2004, 12 (8-10): 985-995.

[2] Lowe E. Eco-Industrial Parks: a foundation for sustainable communities [EB/OL]. http: //www. globallearningnj. org/global_ata/Eco_Industrial_Parks. htm.

[3] Barrett M., Lowe R., Oreszczyn T. et al. How to support growth with less energy [J]. Energy Policy, 2008, 36 (12): 4592-4599.

[4] 罗宏，孟伟，冉圣宏．生态工业园区——理论与实证 [M]. 北京．化学工业出版社，2004.

[5] 程晨，李洪远，孟伟庆．国内外生态工业园对比分析 [J]. 环境保护与循环经济，2009 (1): 47-51.

[6] 田金平，刘巍，李星，赖玢洁，陈吕军．中国生态工业园区发展模式研究 [J]. 中国人口·资源与环境，2012 (7): 60-66.

[7] 袁增伟，毕军，王习元，张炳，黄娟．生态工业园区生态系统理论及调控机制 [J]. 生态学报，2004 (11): 2501-2508.

[8] 郭莉．生态工业园的环境扩散效应研究——以天津生态工业示范园为例 [J]. 工业技术经济，2008 (9): 118~120.

[9] 毛瑜，张龙江，张永春，蔡金榜，陶然．生态工业园区研究进展及展望 [J]. 生态经济，2010 (12): 113-116.

[10] 吴晓军．产业集群与工业园区建设 [D]. 南昌：江西财经大学，2004.

[11] 伍国勇．农业生态化发展路径研究——基于超循环经济的视角 [D]. 西南大学，2014.

[12] 杨青山，徐效坡，王荣成．工业生态学理论与城市生态工业园区设计研究——以吉林省九台市为例 [J]. 经济地理，2002 (5): 585-588.

[13] 江晓晗，郭涛，任晓璐．生态工业园共生网络及其治理研究 [J]. 生态经济，2014 (7): 101-106.

[14] 钟琴道，姚扬，乔琦，白卫南，方琳．中国生态工业园区建设历程及区域特点 [J]. 环境工程技术学报，2014 (5): 429-435.

[15] 王军，岳思羽，乔琦，刘景洋，林晓红．静脉产业类生态工业园区标准的研究 [J]. 环境科学研究，2008 (2): 175-179.

[16] 山西省循环经济课题组．山西能源与电能 [J]. 品牌，2012.

集体农用地及其非农化的外部性分析

付寿康　张东祥*

【摘　要】农地外部性与农地非农化的外部性被学界广泛认同，但是还停留在比较抽象的层面，存在着极大的挖潜与研究空间。本文通过对集体农用地及其非农化的外部性进行理论与数据分析，将“农地外部性”与“农地非农化外部性”这一抽象事物与抽象的过程具象化，确认了农地生态价值、社会保障价值和农地非农化外部性的客观存在。

【关键词】集体农用地　外部性　价值

一、引言

在全面深化改革，经济“新常态”背景下，我国工业化、信息化、城镇化、农业现代化稳步推进。在此过程中，大量集体土地被征收为国有，转作他用，土地资源作为稀缺资源其重要性日益凸显。虽然征地制度不断地调整，但是数轮改良式的微调未能摒弃其与生俱来的“城市偏向”和“工业偏向”本质特征，国家依然通过较低的征地补偿价格，获取大量土地资源来推动城市和工业的发展。由征地拆迁引发的群体事件时有发生，增加了经济与社会发展的不确定性与不稳定因素。

目前国内应用外部性理论来探讨集体农用地征收的学术研究积淀较少，这与经济快速发展，集体农用地征收日益频繁，土地对于农民生存、生活与发展至关重要的社会现实不协调。外部性理论自其产生以来就存在诸多争议，学界莫衷一是。对外部性理论的研究本身就有很重要的意义，而本文将从理论与数据两个方面对集体农用地及其非农化的外部性进行分析，希望进一步拓展外部性理论，丰富农用地价值理论，全面认识农地非农化对农民生产生活的外部影响。

* 付寿康，博士，中南民族大学、中国科学院国家民委农业信息技术研究与开发联合实验室；张东祥，江西师范大学城市建设学院教授。

二、农用地及其价值分析

农用地是指用于农业生产的全部土地，包括直接农用地和间接农用地。直接农用地包括耕地、园地、林地、牧草地、养殖水面等；间接农用地是指排灌沟渠、田间道路、晒谷场、温室、畜舍等生产性建（构）筑物占用的土地[1]。《中华人民共和国土地管理法》第八条规定：城市市区的土地属于国家所有。农村和城市郊区的土地，除由法律规定属于国家所有的以外，属于农民集体所有；宅基地和自留地、自留山，属于农民集体所有。综上本文界定的集体农用地就是处在农村和城市郊区，依法属于农民集体所有，用于农业生产的全部土地。

农地作为一种自然资源，可以提供两种不同属性的物品和服务：一是农地产权所有者可以获得农地物品和服务，可以在市场中得到体现，故称为市场价值；二是农地在为农地所有者提供产品和服务的同时，还提供公共物品，如调节气候、涵养水源、维持生物多样性等具有正外部性的产品。由于公共物品的价值不能或不能完全在市场交易中得到体现，故称为非市场价值[2]。农地资源是一种具有正外部性的准公共物品[3]。有保障国家粮食安全、维护社会稳定和提供农民基本生活保障等社会效益。因此，农地资源某种程度上是一种具有利益外溢性的公共物品，能为社会公众带来巨大的外部效益[4]。本文将农地资源总价值归纳如图 1 所示。

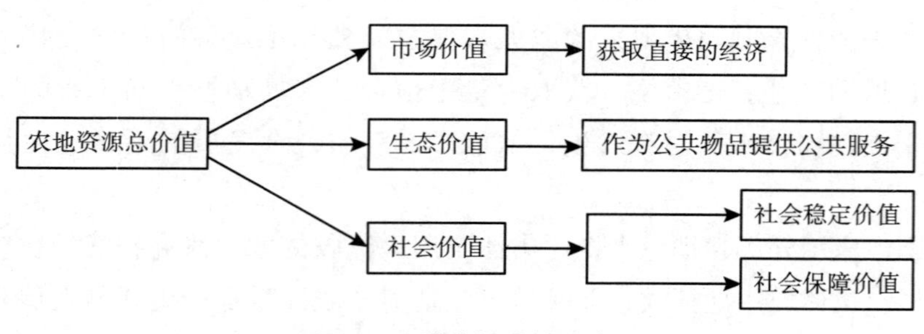

图 1　农地资源价值分类

农地农用时主要体现在经济价值，对人类社会表现出有益的正外部性；当农用地被征收，用途转变时，农地对于失地农民的社会保障逐渐丧失，主要表现出负外部影响。对此，曲福田认为：农地征收时，农地的内部损失及外部损失都应当成为征收补偿的内容[5]。

三、集体农用地及其非农化外部性的理论分析

（一）集体农用地外部性的理论分析

本文将从农地生态价值和社会价值两个方面分析集体农用地的外部性。从农地生态价值看，农地农用时不仅具有经济生产功能，还具有生态保育、清洁空气、涵养水源、美化景观、调节生物多样性等非市场经济方面的外部收益[6]。然而，不存在一个能够衡量这些外部正效益的市场，非农化过程中这些价值在市场中没有以价格的形式体现出来，没有包含在农地的现实价值中。虽然这些农地资源的外部正效益直接或间接影响着人们的生产生活，但是由于市场机制的自身缺陷导致人们对其价值缺乏定量认识，致使农地资源得不到应有的保护，造成向城市的过度流转。出现农地城市流转的失控和农地缺乏保护的实质就是对农地正外部效用的抛弃和破坏，最终将阻碍社会经济的可持续发展。

从农地社会价值看，农地利用的社会收益包括取得土地产品的直接性生产收益和外部收益。直接性生产收益体现在农地作为生产要素参与农业生产，获得农产品带来的直接经济效益；土地农用的外部收益不仅表现为农业生产和农村经济的发展提供物质基础和生产资料，还以其基础性作用促进国民经济的增长和发展[7]，而且农地对于农民有生活保障、就业保障、养老保障等社会保障功能价值，对于国家有保证国家粮食安全的战略价值[8]。

在此基础上，有学者就运用条件价值评估法（CVM）和层次分析法（AHP），以武汉市洪山区为例分别对耕地的总外部效益和局部外部效益进行了定量估算。研究认为：从农地局部外部效益的价值量上看，农地外部效益中的社会效益高于生态效益[9]。本文研究的重点是农地外部效益中的社会效益。

（二）集体农用地非农化外部性的理论分析

农地非农化是农地资源从农业部门向非农业部门转移的过程，是农地资源重新配置和使用的过程[10]。本文通过农地转用中的外部性与市场均衡来分析农地非农化的负外部性。

农地非农化的边际社会成本 MSC 大于边际私人成本 MC（见图2），两者差额为边际外部成本 MEC，在土地需求曲线为 D 的市场条件下，个人倾向于将数量为 Q_1

的农用地转为建设用地，而社会最优量为 Q_2。因此，当存在外部性时的农地转用量和社会需求最优量是不均衡的，在市场调节下农地转为非农建设用地的数量大于社会最优量，存在 $Q_1 - Q_2$ 的过量农用地转为建设用地[11]。

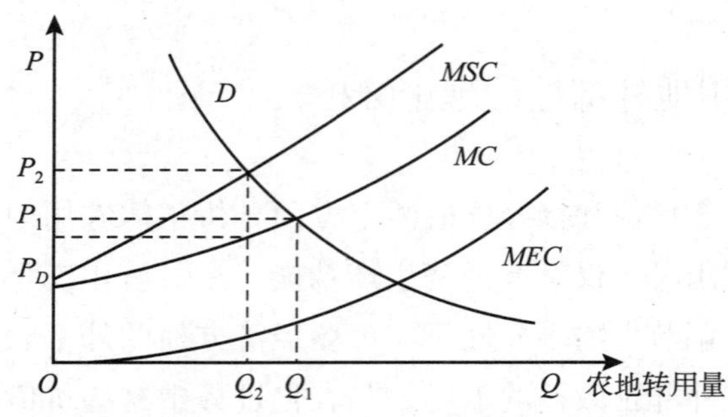

图 2 农地转用中的外部性与市场均衡

农用地非农化的外部性是由于法律对资源使用与交换的限制所致，由于土地征收的强制性及补偿标准的法定性，政府的征地价格既定，图 1 中 *MC* 曲线表现为一条水平的直线。征地过程中农民集体或个人没有谈判权，政府只是依据农地原产值进行补偿，否认集体农地非农使用时的机会成本，忽视农地社会保障功能价值等，从而使政府征地成本强制外部化，政府的征地边际成本低于市场交易的边际成本。在经济利益最大化的驱动下征地方倾向于征用更多的土地，使征地量超过社会最优量。农地征用中的外部性是由于法律政策的禁止自愿谈判，使得经济个体的收益与正常市场交易下的收益不同，属于制度外部性。在经济利益最大化的驱动下政府作为征地方倾向于征收更多的土地，使征地量超过社会需求最优量，造成农地资源浪费，农民"长久"承包经营权被提前剥夺，农民的生产和生活受到一系列影响。农地非农化中制度的负外部性，对于失地农民来说是不公平不合理的。

通过上文的理论分析：农地利用中的外部性十分明显。一方面，合理的农地保护产生良好的社会和生态效益大部分体现不到农地保护和利用者身上，从而使市场调节下的农地保护量小于社会最优量；另一方面，农地非农化造成耕地数量锐减，不利于农业乃至整个国民经济可持续发展，在完全的市场条件下也未由责任者来负担，这使得理性的人对农地的占用大于社会最优量[12]，出现农地过度非农化。持相同观点的（谭荣、曲福田，2006）[13]通过生产函数模型，得到中国 1989 ~2003 年合理的农地非农化度应该为不超过实际非农化数量的 78.3%。认为：过度性损失产生的主要原因是政府对土地市场价格的干预。这里的过度性损失可以看作是农地非农化负外部性政府失灵造成的损失。

综上所述，农地农用情况下体现出的外部效益主要表现为生态效益和就业保障价值，是一种正外部效益，体现为非市场价值；当农用地被征收时其外部效益主要表现为社会效益，是一种或正或负的外部效益，主要体现为社会保障功能价值。笔者将在下文中通过数据分析来验证理论分析。

四、集体农用地及其非农化外部性的数据分析

从目前的学术研究进展看，对外部性的度量是一个复杂的过程，需要在确定研究对象后建立模型，制定调查问卷，通过大量的问卷调查以获取数据。一是调查问卷制定要科学合理，样本数量要适当，总体工作量较大；二是调查得来的数据只是被调查者主观意识的反映，并不一定是对客观现实的准确反映，因此，存在数据偏差。就本文而言，对于集体农用地外部性的度量不仅存在着大量个体土地利用信息搜集的困难，而且在一些情况下存在着外部性信息的不可获得性和不可度量性。例如对农地外部收益的度量以及如何在社会收益中加以反映，就比较困难。因此，囿于个人能力和精力，本文对于集体农用地及其非农化外部性的研究就采用和借鉴了相关知名学者的重要研究成果，主要是曲福田、谭荣所著的，北京科学出版社2010年出版的《中国土地非农化的可持续治理》一书，结合《中国统计年鉴》，将数据进行横向和纵向的对比分析以说明相关的理论问题。

（一）集体农用地外部性的数据分析

集体农用地农用时的外部性，主要表现为生态价值和社会保障价值。本文将重点从这两方面考察农地外部性。

（1）对农地正外部性的生态价值估算研究有（谢高地，2003；蔡银莺，2007；宋敏，2009）[14][15][16]学者们取得了相当的研究成果。鉴于生态价值的估算需要大量的调研与数据，囿于条件有限，本文采用了相关学者的研究成果与数据，以说明需要论证的观点。

从表1、图3中的数据看，各省份农地生态价值呈现出逐年递增的态势，15年间，总体上农地生态价值东部地区大于中西部地区，同时，东部地区的增幅大于中西部地区，其中，天津单位面积农地生态价值增幅最大。这说明经济越发达的地区单位面积农地生态价值越大，并且随着时间的推移农地生态价值越发重要。因此，在经济发达地区越要保护农地，控制农地非农化数量。再者，虽然不存在衡量和交易农地生态价值的市场，但是农地生态价值客观存在，也得到了专家从定量和定性方面研究的应证（比如本文引用的数据）。因此，笔者认为现今的农

业政策和农地征收补偿标准，没有考虑农地生态价值，是有缺憾的，无论农地被征收还是未被征收，都应该明确农地生态价值，考虑地域差别，给予农民相应的补偿。

表1　　我国部分省份农地资源生态价值　　单位：万元/（公顷·年）

省份	1989年	1990年	1991年	1992年	1993年	1994年	1995年	1996年	1997年	1998年	1999年	2000年	2001年	2002年	2003年
天津	1.75	1.80	1.99	2.22	2.72	3.36	3.85	4.21	4.33	4.31	4.26	4.24	4.29	4.28	4.32
上海	1.29	1.37	1.52	1.70	2.07	2.61	3.10	5.95	3.48	3.48	3.53	3.62	3.62	3.64	3.64
江苏	1.67	1.61	1.84	1.80	2.33	2.86	3.44	4.18	3.82	3.80	3.75	3.75	3.78	3.75	3.79
山东	0.89	0.95	0.99	1.03	1.16	1.42	1.67	1.88	1.88	1.87	1.85	1.86	1.89	1.88	1.90
浙江	0.52	0.53	0.54	0.59	0.81	1.38	1.13	1.24	1.20	1.18	1.17	1.18	1.18	1.16	1.19
安徽	0.98	1.02	1.06	1.12	1.27	1.73	1.72	1.85	1.83	1.80	1.76	1.77	1.78	1.76	1.79
江西	0.61	0.62	0.64	0.69	0.77	1.42	1.09	1.24	1.16	1.15	1.13	1.13	1.13	1.13	1.14
河南	0.71	0.71	0.71	0.75	0.86	0.98	1.14	1.30	1.30	1.27	1.23	1.22	1.23	1.23	1.25
湖北	0.81	0.85	0.92	1.19	1.10	1.76	1.85	2.02	2.09	2.05	2.01	1.99	2.00	1.99	2.03
湖南	0.61	0.61	0.64	0.73	0.87	1.64	1.38	1.46	1.52	1.53	1.53	1.56	1.54	1.53	1.57
四川	0.36	0.37	0.38	0.41	0.48	0.89	0.64	0.69	0.74	0.74	0.73	0.73	0.74	0.74	0.75
贵州	0.23	0.23	0.24	0.26	0.31	0.70	0.45	0.50	0.51	0.51	0.51	0.50	0.51	0.51	0.51
云南	0.26	0.26	0.27	0.30	0.38	1.79	0.56	0.62	0.63	0.64	0.64	0.63	0.62	0.62	0.63
甘肃	0.27	0.29	0.31	0.35	0.40	0.50	0.60	0.59	0.68	0.67	0.66	0.65	0.68	0.68	0.69
青海	0.30	0.40	0.49	0.52	0.69	0.88	1.11	1.31	1.30	1.31	1.30	1.29	1.33	1.36	1.39

资料来源：曲福田，谭荣著．中国土地非农化的可持续治理．北京：科学出版社，2010：67。

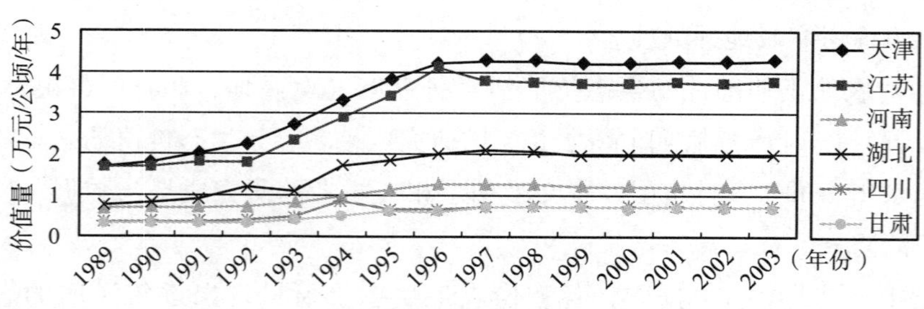

图3　农地生态资源价值（2003年价）

（2）在考察农地社会保障价值时，笔者选取耕地作为农地的典型代表。在比较了一些学者（霍雅琴，2003；吕萍，2005；张润森，2008）[17][18][19]对农地社会保障价值的计算后，笔者借鉴了（王仕菊、黄贤金，2008）[20]对耕地社会保障价值计算的方法，公式如下：

$$E_r = \frac{I_1 \times E_u}{I_2} \quad (\text{Ⅰ})$$

式（Ⅰ）中 E_r 是政府为农村居民个人提供的社会养老保险金；E_u 是政府为城镇居民个人提供的社会养老保险金；I_1 是农村居民家庭人均纯收入；I_2 是城镇居民家庭人均可支配收入。

$$P_2 = \frac{E_r}{s \cdot r} \quad (\text{Ⅱ})$$

式（Ⅱ）中 P_2 是单位面积耕地社会保障价值；s 是人均耕地面积；r 是土地还原利率查阅了《中国统计年鉴》的数据，初步得出 21 世纪前十年，我国单位面积耕地社会保障价值（见表 2）。

表 2　　近 10 年我国单位面积耕地社会保障价值

年份	参加基本养老保险人数（万人）	国家社会基本养老保险支出（亿元）	城镇居民人均可支配收入（元）	农村居民人均存收入（元）	人均耕地面积（公顷）	单位面积耕地社会保障价值（元/公顷）
2000	13 617.4	2 115.5	6 280	2 253	0.1026	97 019
2001	14 182.5	2 321.3	6 860	2 366	0.1019	173 133
2002	14 736.6	2 842.9	7 703	2 476	0.1012	309 358
2003	15 506.7	3 122.1	8 472	2 622	0.1006	312 743
2004	16 352.9	3 502.1	9 422	2 936	0.1000	296 478
2005	17 487.9	4 040.3	10 493	3 255	0.0995	320 282
2006	18 766.3	4 896.7	11 759	3 587	0.0989	319 272
2007	20 136.9	5 964.9	13 786	4 140	0.0921	268 196
2008	21 891.1	7 389.6	15 781	4 761	0.0917	308 654
2009	23 549.9	8 894.4	17 175	5 153	0.0912	552 310
2010	25 707.3	10 554.9	19 109	5 919	0.0909	559 920

资料来源：相关年份的《中国统计年鉴》。

从表 2、图 4 中的数据看，虽然我国的社会保障体系不够健全，但是参保人数和社保金支出逐年增加，近几年表现尤为明显。与此同时，我国单位面积耕地社会保障价值总体呈不断增加的趋势，近 10 年由不到 10 万元/公顷增加到 55 万多元/公顷，增加了 5 倍多。因此可以认为耕地对于农民的社会保障功能价值越来越重要。笔者认为农地农用时对于农民的生活保障和就业保障发挥着重要作用，尤其是在农地被征收，我国社会保障体系不够健全的情况下农地社会保障功能价值凸显。因此，一方面农地征收中必须考虑农地的社会保障价值给予农民相应形式的补偿，另一方面从表中的数据可以看出我国城乡居民收入差距较大，并且有进一步扩大的趋势，这就要求在农业政策和农地征收补偿标准上，增加对农民的补贴，切实提高农地征收补偿标准，以实现城乡协调发展。

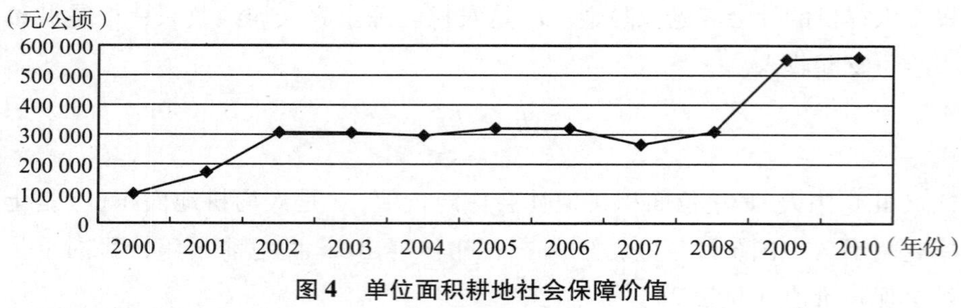

图4　单位面积耕地社会保障价值

（二）集体农用地非农化外部性的数据分析

对于农地非农化外部性的研究（董德坤，2004；肖屹，2005）[21][22]主要是从农地非农化外部性造成土地资源配置失衡，市场失灵与征地补偿的低标准，促使地方政府对农地的过度需求，引发社会问题与民生问题。总体来看目前对农地非农化外部性的研究较少且不全面。

本文借鉴了《中国土地非农化的可持续治理》一书中的有关数据，对农地非农化外部性问题进行分析。此书中将农地非农化外部性概括为过度性损失Ⅰ和过度性损失Ⅱ。（过度性损失Ⅰ是指由于市场失灵，没能将农地利用中生态环境、食物安全等非市场价值纳入成本效益决策，低估农地价值而造成过多的农地占用或损失；过度性损失Ⅱ是指由于政府失灵，扭曲土地价格，排斥市场机制对农地的配置而导致土地资源过度需求引起过度的农地损失）

从表3、图5中的数据看，1989～2003年全国和各省实际农地非农化数量都大大超过了最优配置和次优配置的数量，存在着过度农地非农化，具体表现为农地非农化中存在大量的过度性损失，从全国来看，过度性损失Ⅰ比例为44.9%，过度性损失Ⅱ比例为21.7%；从各省来看，过度性损失Ⅰ比例最高的四川达到63.4%，过度性损失Ⅱ比例最高的天津达27.5%。结合前文的数据分析，有理由认为：由于农地生态价值和社会保障价值的存在，农地生态效益和社会效益明显，然而农地征收作为农地非农化的唯一合法途径，这种制度的外部性，在市场失灵和政府失灵相互作用下，农地征收补偿中以“年产值倍数法”为主要标准忽视了农地的生态价值和社会保障价值，导致了农地征收补偿标准过低，范围过窄。低补偿高利润，进一步促使农地过度非农化，农地资源配置失衡，农民权益受损。

表 3　　我国及部分省份 1989 ~ 2003 年土地非农化配置与损失

	最优配置公顷（1）	次优配置公顷（2）	实际非农化数量公顷（3）	过度性损失Ⅰ比例/%〔(2) ~ (1)〕	过度性损失Ⅱ比例/%〔(3) ~ (2)〕
全国	713 033	1 671 841	2 137 467	44.9	21.7
天津	5 698	15 136	20 865	45.2	27.5
上海	22 012	61 751	84 355	47.1	26.8
江苏	71 947	159 347	207 222	42.2	23.1
山东	41 946	141 849	189 313	52.8	25.1
浙江	66 313	118 527	157 000	33.3	24.5
安徽	36 000	86 870	117 219	43.4	25.9
江西	23 571	35 579	44 592	26.9	20.2
河南	42 792	102 798	125 919	47.7	18.4
湖北	22 258	72 392	89 369	56.1	19.0
湖南	19 400	43 059	53 532	44.2	19.6
四川	25 547	99 108	116 110	63.4	14.6
贵州	10 893	32 319	38 780	55.3	16.7
云南	26 490	50 657	62 445	38.7	18.9
甘肃	6 458	19 813	23 831	56.0	16.9
青海	3 568	5 002	6 161	23.3	18.8

资料来源：曲福田，谭荣著．中国土地非农化的可持续治理．北京：科学出版社，2010：73。

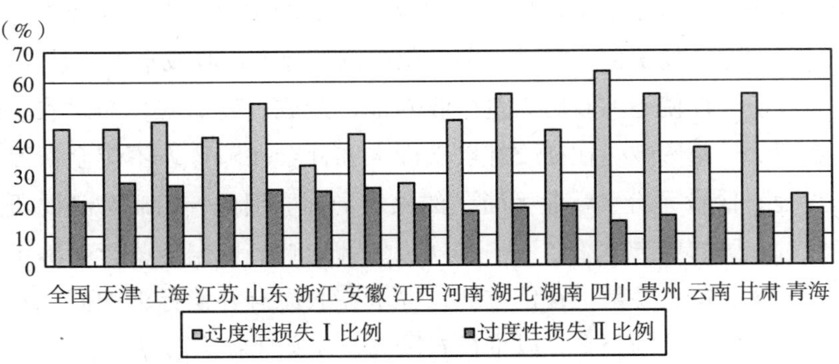

图 5　土地非农化分片生损失比例（1989 ~ 2003 年）

农地非农化的外部性一方面表现为农地过度非农化和农地资源配置失衡；另一方面表现为农地征收作为农地非农化的唯一合法途径，给农民生产生活带来的一系列外部影响。然而在现有的市场价值体系下，无法将农地资源的外部性纳入农地非农化配置决策的过程中，更不可能考虑农地非农化对农民生产和生活的外部影响。这是因为人们对农地资源的生态、社会等外部效益没有直观的认识；还因为现阶段还没有发展出一套完善的农地资源非市场价值衡量方法。但是这些都不碍于学者对农地非农化给农民生产生活造成外部影响的研究，已有从征地对农民的经济收入、社会保障、生活条件、景观环境、心理状况等方面影响的研究（高进云，2007；尹奇，2010；袁方，2012）[23][24][25]。总的来看，征地对农民的影响是重大的，有正外部性的也有负外部性的。各学者的研究结论大体相同，总体认为：征地后农民的经济状况、心理状况有所恶化，比如（秦立建，2012）就征地对农民健康的影响做了专门研究[26]，认为征地不利于农民健康，在社会保障体系不健全情况下，征地对农民的负外部影响很大。目前关于征地对农民的外部影响专家多是通过模型进行模糊评价，而关于征地对农民的外部影响与征地补偿标准之间建立联系的研究较少，考虑外部影响下的征地补偿标准、补偿方式的确定研究较少。

五、结论

本文通过对集体农用地及其非农化的外部性进行理论分析与数据分析，将“农地外部性”与“农地非农化外部性”这一抽象事物与抽象的过程具象化，确认了农地生态价值、社会保障价值和农地非农化外部性的存在，其中，农地非农化的外部性造成农地资源配置失衡与过度非农化，并且对农民的生产生活产生一系列外部影响。

现阶段的农地非农化由于市场失灵和政府失灵的同时存在，导致农地存在着巨大正外部效益即非市场价值，在农地非农化中没有计入征收成本中，补偿标准较低。低补偿、高效益，促使地方政府大量征收农地，造成过度非农化而对农民的生产生活产生一系列负外部影响。在征收补偿低标准和社会保障体系不健全情况下出现农民“耕作无地、保障无份、就业无岗”的困难局面。因此，以后有必要研究农地非农化外部性对农民的生产生活产生一系列负外部影响，依据这些影响确定农地征收补偿的公平程序、构成要素、补偿方式，寻求克服原有补偿标准的固有缺陷，从而实现农地征收补偿标准的公平，以维护农民权益，实现农民的可持续发展。

参考文献：

[1] 张宏斌，贾生华．土地非农化调控机制分析［J］．经济研究，2001（12）：50－54.

[2] 乔荣锋，高进云，张安录．山地丘陵地区农地资源价值评估——以湖北省宜昌市为例［J］．资源科学，2006（6）：97－103.

[3] 王静．天津市农地资源正外部性价值的测量［J］．中国人口·资源与环境，2010（20）：92－94.

[4] 蔡银莺，张安录．武汉市农地资源非市场价值研究［J］．资源科学，2006（6）：104－110.

[5] 曲福田，冯淑怡，俞红．土地价格及分配关系与农地非农化经济机制研究——以经济发达地区为例［J］．中国农村经济，2001（12）：54－60.

[6] CostanzaR，d'ArgeR，De Groot R et al. The value of the word' ecosystem services and natural capital. ［J］. Nature，1997（387）：253－260.

[7] 黄守宏．论市场经济条件下农业的基础地位［J］．经济研究，1994（1）：24－30.

[8] 邓春燕，等．基于外部性理论视角的耕地保护经济补偿标准测算——以重庆市为例［J］．西南师范大学学报（自然科学版），2012（3）：85－89.

[9] 宋敏．基于 CVM 与 AHP 方法的耕地资源外部效益研究——以武汉市洪山区为例［J］．农业经济问题，2012（4）：62－70.

[10] 金晶，曲福田．农地非农化的政策演进：1949～2007［J］．改革，2010（9）：86－92.

[11]［21］董德坤，朱道林，王霞．农地非农化的外部性分析［J］．经济问题，2004（4）：55－57.

[12] 钱文荣．中国城市土地资源配置中的市场失灵，政府缺陷与用地规模过度扩张［J］．经济地理，2001（4）：456－460.

[13] 谭荣，曲福田．中国农地非农化与农地资源保护：从两难到双赢［J］．管理世界，2006（12）：50－59.

[14] 谢高地，鲁春霞，等．青藏高原生态资产的价值评估［J］．自然资源学报，2003（2）：189－195.

[15] 蔡银莺，张安录．武汉市农地资源价值估算［J］．生态学杂志，2007（3）：422－427.

[16] 宋敏，张安录．湖北省农地资源正外部性价值量估算—基于对农地社会与生态之功能和价值分类的分析［J］．长江流域资源与环境，2009（4）：314－349.

[17] 霍雅勤，蔡运龙．耕地资源价值的评价与重建——以甘肃省会宁县为例［J］．干旱区资源与环境，2003（5）：81－85.

[18] 吕萍，刘新平，等．征地区片综合地价确定方法实证研究［J］．中国土地科学，2005（6）：30－35.

[19] 张润森，施国庆．农地资源社会保障价格的测算方法［J］．统计与决策，2008（7）：40－42.

[20] 王仕菊，黄贤金，等．基于耕地价值的征地补偿标准［J］．中国土地科学，2008（11）：44－50.

［22］肖屹，郭玉燕．对土地征用中外部性的经济学思考［J］．国土资源科技管理，2005（4）：29－33.

［23］高进云，乔荣锋，张安录．农地城市流转前后农户福利变化的模糊评价［J］．管理世界，2007（6）：45－55.

［24］尹奇，马璐璐，王庆日．基于森的功能和能力福利理论的失地农民福利水平评价［J］．中国土地科学，2010（7）：41－46.

［25］袁方，蔡银莺．城市近郊被征地农民的福利变化测度—以武汉市江夏区五里界镇为实证［J］．资源科学，2012（3）：449－458.

［26］秦立建，陈波，蒋中一．我国城市化征地对农民健康的影响［J］．管理世界，2012（9）：82－88.

农业发展方式理论内涵及结构理论分析*

熊德斌**

【摘　要】本文采用系统思想，主要从农业生产力、农业生产关系以及农业需求环境变化三个维度分析了农业发展方式的理论内涵，并分析了新中国成立以来比较典型四种农业发展模式。基于熊彼特创新理论，界定了农业发展方式转变就是要找准农业生产力、农业生产关系以及农业需求环境三者之间存在的不协调因素，并探寻解决之道，实现农业发展方式的创新。

【关键词】农业发展方式　农业生产力　农业生产关系　农业需求

一、引言

农业发展既有需求环境约束，也存在低效率客观现实。需求环境是农业赖以生存的空间，这构成农业经济发展的硬约束，而低效率制约农业经济发展后劲。因此，分析农业发展理论内涵及其结构，有助于探讨农业发展方式转变。

二、农业发展方式的基本内涵

“发展”是一个哲学概念，是事物内部矛盾运动以及与外部环境相互作用，实质是旧事物的灭亡和新事物的产生。发展是运动变化的高级形式，它主要说明事物是由低级到高级、由简单到复杂的不断前进、上升的运动。发展方式就是指事物内部矛盾运动的方式以及事物与外部的作用方式推动事物发展的具体形式。从系统观点来看，就是事物内部各子系统的连接方式以及系统与外部的连接方式，实现事物

* 本文得到贵州大学文科重大科研项目《土地扩权与山地农业多种经营方式发展研究》资助，合同编号GDZT201406。本文系贵州省教育厅人文社会科学重点研究基地“贵州大学中国西部发展能力研究中心”资助发表。

** 熊德斌（1971.8～　），贵州大学经济学院教授，主要从事计量经济与统计学教学研究，贵州大学2013级计量经济专业博士研究生。

的发展，其本质就是一种发展机制。农业发展就是农业内部矛盾以及与外部环境相互作用，实质表现为落后农业生产方式的淘汰与先进农业生产方式的产生过程，使得农业由低级到高级、由简单到复杂的不断前进、上升的运动过程。农业发展方式就是指农业经济活动中农业内部矛盾的耦合方式以及农业与其他经济部门之间的关联方式。

农业经济内部基本矛盾主要表为农业生产力与农业生产关系之间矛盾，当农业生产关系适应农业生产力时，能够推动农业生产力发展，否则将会抑制农业生产力发展，农业生产力发展也会推动农业生产关系变革，具体体现在现实的农业生产方式之中。农业生产力其本质就是农业生产要素在生产实践中提供农业产出的能力，因此农业生产要素内部以及之间的矛盾又构成了农业生产力发展的基本动力。农业生产关系本质上反映的农业生产过程中人们之间的利益关系，其核心就是生产要素的产权关系以及农业生产要素配置机制，生产要素的产权关系与生产要素配置效率之间的矛盾构成了农业生产关系的主要矛盾，以此推动着农业生产关系制度的改革与变迁。

农业发展不是孤立的部门，必然处于一定的经济发展环境之中，其他部门构成了农业发展的外部环境，对农业需求成为农业发展的基本动力。人口数量的增加、人口结构的变化以及工业发展、城镇化发展等，成为农业发展的牵引力。因此，农业发展与外部环境之间的矛盾构成了农业发展方式的重要内容。

基于以上分析，笔者认为农业发展方式的内涵就是指农业生产力、农业生产关系以及农业生产环境耦合方式，推动农业由低级向高级，由简单向复杂不断上升、前进。

三、农业发展方式的物质基础——农业生产力

农业发展方式首先由其内部基本矛盾——生产力与生产关系的制约，生产力与生产关系的外在表现为生产方式，因此，农业生产方式构成了农业发展方式的重要内容。农业生产力构成了农业生产方式的物质基础，从哲学层面来看，农业生产力具体内容主要表现为农业生产要素的数量、质量以及要素之间的耦合方式；从经济学视角来看主要表现为在给定生产要素条件下，生产产品的多少或生产效率来衡量生产力水平，用生产函数来表示生产力。

（一）农业劳动力生产要素的基本特征

劳动作为最重要的生产要素，必然是农业生产力的核心。农业劳动力与农业其

他生产要素之间矛盾推动农业生产力的发展。当农业其他生产要素处于相对不变状态时，农业劳动力要素与其他农业生产要素之间存在三种比较典型的状态：其一，农业劳动力无法有效使用其他农业生产要素，导致生产力水平没有得到充分发挥；其二，农业劳动力能够有效使用其他生产要素，使生产力水平得到充分体现；其三，农业劳动力水平高于其他生产要素，导致农业劳动力效率得不到充分发挥。我们可以得出结论：农业劳动力生产要素矛盾主要体现在农业劳动力数量与质量和其他农业生产要素之间配置矛盾。

当农业劳动力资源配置从数量上低于其他生产要素要求的资源数量，导致其他资源存在闲置现状，农业生产力水平低于处于生产函数的有效边界，是一种无效率的表现。在一个封闭的区域内，这种状态将在较长时期内存在，一种方式通过新增劳动力，才能使其他生产要素发挥效果；另外一种方式，可以通过劳动力资本投入，提升农业劳动力素质，改善农业劳动力要素与其他农业生产要素配置效率，该种方式将推动农业劳动力质量的提升。在一个开放的区域，必然吸引外部劳动力资源的流动，实现劳动力资源与其他农业生产要素的合理配置。

当农业劳动力资源配置从数量上高于其他生产要素要求的资源数量，必然导致农业劳动力资源存在闲置状态，使农业生产处于无效率的状态。在开放经济模式下，农业劳动力资源必然在不同区域、不同部门之间迁移，实现农业劳动力资源有效配置。刘易斯、托达罗等经济学家提出的劳动力流动模型就解释了农业劳动力过剩向城镇工业部门迁移的根源。当农业生产效率低于其他产业生产效率时，劳动力红利突出显现比较典型，进一步会加剧农业劳动力资源向高效率产业迁移。在现实的调研中发现，农业劳动力流动具有青壮年、文化素质高的特点，导致农村剩余劳动力普遍存在老、弱等现状，加剧了农业劳动力与其他生产要素配置的矛盾。

因此，我们可以得出以下结论：农业劳动力生产要素的基本矛盾是在其他生产要素既定条件下，农业劳动力生产要素与其他生产要素之间的配置矛盾，推动农业劳动力人力资本投资、劳动力在不同区域和不同部门之间迁移，改变农业劳动力数量与质量，改变农业生产力。

（二）农业资本生产要素的基本特征

农业生产力需要资本要素的参与，但资本逐利性使得资本可以在不同部门之间流动，造成农业资本要素存在不稳定特征。在自然经济条件下，农业资本比较简单，仅仅是简单的生产工具，主要依靠传统的生产工具、土地要素和劳动力简单结合形成农业生产力。在没有新的农业资本投入条件下，传统农业小生产的充分竞争性已经使得农业生产要素配置实现了高效率，传统农业生产要素缺乏知识和技术改造，无法实现生产要素的升级改造，导致传统农业又是贫穷的。正是基于这种现状，舒尔茨提出了“传统农业贫困而富有效率”的著名假说。由此可以得出结论：农业资本关键在于改造传统农业生产要素，使农业摆脱贫困的恶性循环，实现农业发展。

传统农业的贫穷导致农业投资短缺，农业投资短缺造成无法改造农业生产要素，进一步加大农业贫困程度，形成一种恶性循环机制。因此，农业资本要素的基本矛盾就是资本追逐高利率与农业贫困之间的矛盾，破解这一矛盾成了农业资本要素集聚的关键。舒尔茨认为要破解这一基本矛盾必须具备三个必要条件：有效率的价格制度、高盈利的农业投入供给以及高收益投入来源的开发。有效率的价格制度实质上表明了农业经济内部竞争的充分性、农业部门与工业部门交换的公平性。高盈利的农业投入供给则保证了农业经济可持续发展的基础。高收益投入来源的开发保证了农业经济发展的内在动力。

农业资本投资具有公共产品属性。农业是基础产业，处在产业链的底层，既是工业发展的基础，也是粮食安全的基础。具有典型意义上的公共产品属性。因此，农业资本必然要求国家投资搞好农业基本建设，降低农业产业发展的私人成本，为私人农业投资提供盈利空间。在各地调研中发现，农业基础设施投入大，能够有效降低农业的自然风险、提高农业产品的商品化率。但是农业基础设施落后的区域，农业生产基本还处于传统发展，甚至有些地方出现了土地要素撂荒的现象。

农业资本投资也具有私人产品的属性。农业产品产权最终归属于农业投资的投资人，是一种私人财产，因此农业资本投资也具备私人产品属性。私人农业投资必须具有农产品有效的价格机制以及足够的盈利空间才能保证农业私人资本集聚，现实中就表现为私人农业资本总是跟在国家农业资本投资后面，实现私人农业资本的经济价值。

我们可以得出结论：农业资本的基本矛盾在于资本逐利性与农业贫穷之间的矛盾，具体反映在国家农业投资与私人农业投资的耦合关系，集聚农业资本改造传统农业生产要素。

（三）农业土地资源要素的基本特征

农业生产离不开土地要素。“土地是财富之母。”古典政治经济学创始人威廉·配第的这句话，直接体现了土地要素的重要性。土地资源生产性是土地资源的自然属性，通过土地生产能力反映了土地要素级差特征。从生产力视角来看，土地要素生产能力的级差特征体现了土地要素自身的内在矛盾。生产能力强的土地首先被使用，逐渐转向利用生产能力较弱的土地资源，实际上表现为土地边际收益递减的规律，同时存在着被过度使用的现实，导致农业土地要素生产能力下降的趋势，尤其是化肥的广泛使用，致使土地肥料下降。土地要素与农作物耕种错位也会降低土地资源的生产能力。总之，农作物生长必然与其土壤性质、海拔高度、气候条件等有密切的关系，土地要素生产能力正是受制于农作物与土地要素之间各种矛盾制约。

（四）农业生产力要素之间的基本关系

农业生产力要素不是孤立的，必须有效结合才能产生生产力。从生产力视角来看，劳动力与资本的基本矛盾主要表现为两者之间耦合关系是否得当。首先，资本与劳动力之间存在替代关系。传统农业生产方式，主要以劳动力为主，辅之以少量的资本要素，使得农业生产效率低下，农业发展缺乏动力。在山地为主的农业区域由于土地资源自然破碎比较突出，大型农业机械设备无法实现其生产能力，导致山地农业生产严重依赖传统的人力以及牲畜资本，无法实现生产要素的改造，很难实现传统农业发展的转变。在平原农业区域，土地资源比较平整成片，有利于大型农业机械设备的使用，通过农业资本投入，极大地改善农业生产要素，替代了农业劳动力。

土地要素与资本要素的基本矛盾也表现在两者之间的耦合关系。土地要素生产力水平一方面受制于土地的自然条件，同时也受制于对土地要素的改造投入。在传统农业社会中，土地很少有较多的资本进行改良，完全依赖土地自身的肥力实现生产，甚至还受到自然灾害的影响，严重制约了土地要素的生产能力。在农业技术进步中，人们已经能够增加资本投入，通过技术手段改良土地资源，优化土地资源生产环境，增加农业灌溉设施，改善农业生产条件，降低自然风险，实现土地要素的升级。

四、农业发展方式的产权基础——农业生产关系

农业生产方式不仅仅体现的是一种纯技术关系，其背后隐藏着复杂的人与人之间的关系。农业生产力的有效发挥受制于农业生产关系。因此，农业生产关系构成了农业发展方式的重要内容。根据马克思以及相关经济学家的观点，生产关系的核心是产权关系。生产要素的产权归属决定了生产要素组织机制、利益的分配制度等。

（一）劳动力的产权关系

劳动者的生产能力具有自身拥有的以及人力资本投资形成的两大部分构成。劳

动者自身拥有的生产能力其产权自然归属劳动者本人所有，并凭借这种能力从事农业生产活动可以获得报酬。投资培养劳动者，在劳动者身上凝集的人力资本。

国家投资培训农村劳动力最终归属劳动者自身。国家为推动农业发展，解决“三农”问题，投入资金培训农业人才，也会增强农业劳动者的自身能力，形成人力资本，由于农村劳动力培训具有准公共品属性，一般投资形成人力资本基本凝聚农村劳动力个人产权。从农村发展来看，由于长期二元经济结构，农村劳动力获得教育的机会相对稀缺，人才相对匮乏，培训农村劳动力成为政府重要的民生义务。在西部众多农村还处在贫困线以下，贫困最根本的原因就是缺乏自我发展能力，缺乏有效技能实现脱贫愿望，因此，农村劳动力政府培训投资成了重要的准公共产品，提升了农村劳动力的资本价值。

农村劳动力自我投资形成产权具有专门性。农村在发展过程中，较多的家庭非常重视自我的职业技能学习，特别是对新生代农民更具有自我教育投资的思想与理念。这一部分农村劳动力具有较强的市场意识，有针对性的投资学习，形成专门知识与技能，并能带动当地劳动力构建经济组织，发展农村经济。该种人力资本投资具有企业家性质的投资，是农村经济未来发展的核心动力。劳动力产权自然具有明细产权归属。

企业投资培训农村劳动力形成的人力资本产权归属投资者企业的特征。企业发展需要劳动者素质提升，人力资本投资是企业必然选择。农业企业发展同样需要高素质劳动力，尤其在市场竞争激烈的时代，这是发展的必然需求，农业发展人才培养与投资成为现实需求，则就会增加劳动者的人力资本，其人力资本的归属直接影响到企业发展的稳定性。市场经济条件下，“谁投资，谁拥有”的基本原则下，劳动者的人力资本归属企业是一项基本要求，但是不同于其他物质资本，人力资本与劳动者融为一体，是一种特殊的生产要素，现实中主要通过合约的方式约定劳动者服务年限实现对人力资本使用权的保障。

劳动力产权关系本质就是劳动力生产要素创造的收入在产权人之间收益分配关系。因此，劳动者人力资本产权归属直接影响到劳动力要素效率的发挥，直接影响到劳动力要素在生产活动中生产组织方式。农业发展离不开劳动力要素，关注劳动力要素产权关系有助于改善生产组织方式，有助于提升劳动力效率和增加劳动者收益。

（二）土地要素的产权关系

产权主要包括产权的内容，产权之间的关系、产权主体等一系列基本内容构成。土地作为农业经济发展重要生产要素，产权关系直接影响农业生产的动力。产权的归属反映在农业生产成果的收益权的归属上，因此产权的核心就是收益权。目前，在我国农村土地实行集体所有制形式。计划经济时期，采用集体生产方式，成果归属集体所有，通过按劳分配方式实现收入分配，由于集体生产方式无法有效监督每一个劳动者的努力程度，偷懒等搭便车行为无法制约，导致生产效率低下，农业发展艰难维持。

1978 年后实行的家庭联产承包责任制度，在不改变土地所有制性质的前提条件下，派生出土地的承包经营权，通过交足国家、交足集体，剩余归属经营承包者所有，通过引入这一土地产权制度，极大提升农村劳动力生产效率，也提升土地资源的出产效率。这一变化最重要的改变剩余索取权的归属，极大激励劳动者的劳动积极性。

伴随经济发展与城市化率的提高，二元结构下的农村劳动力向城镇转移，由此形成规模庞大的农民工群体，直接导致从事农业生产活动的劳动力锐减，耕地资源不同程度存在明荒与暗荒的现象，土地资源的生产效率又受到制约。同时，家庭联产承包责任制下导致土地资源制度性破碎，也制约了土地资源规模化、节约化经营方向。在农村劳动力转移以及制度性土地破碎双重客观现实条件下，2005 年颁布并实施的《中华人民共和国土地承包经营权流转管理办法》加大了土地资源向技术能手、种植大户集中，既有利于土地资源规模化经营，又有利于农业种植结构调整，提升农业生产效率。

五、农业发展方式的拉动力——农业需求环境

从系统观来看，农业发展离不开外部环境的发展与变化，农业需求环境是农业发展方式最重要、最核心的环境。农业需求是农业存在的基本前提，农业需求变化是农业结构调整和优化的机遇，更是农业发展拉动力。

（一）家庭对农产品需求从数量转向质量

生物工程等一系列科技发展，促进了农产品的生产效率大幅提升；同时经济发展，促进居民收入大幅提升，农产品又是缺乏收入弹性。因此，家庭农产品需求已经从数量型转向质量型，促使农业发展模式必须适应这一典型的变化趋势做出变化。当前各地发展的有机、绿色农产品不仅进入高端市场，同时也进入普通家庭，已经成为一种不可逆转的趋势。

（二）食品工业已经成为农产品需求主力

食品深加工已经成为农产品工业化的主要途径。粮食、食用油、休闲食品等食品工业已经成为农产品工业化的重点，一方面有效地解决了农产品产业链；另一方面通过企业实现了农产品市场的渠道。食品工业化需要规模化的农产品作为原料基地。因此，食品工业化对农产品的需求推动了农业发展结构化优化、规模化发展方向。

（三）生物能源成为农产品新的需求渠道

生物能源作为一种再生能源已经成为未来能源的重要渠道。玉米、大豆、花生、薯类等都是构成生物能源原材料的农产品。随着世界能源格局的变化，能源生物化已经是重要的趋势。农业发展必须抓住生物能源重要需求，拓展农产品的应用范围，突破农产品收入弹性制约，使农业成为能源工业的重要支柱。

六、农业发展方式的结构模式

农业发展方式是一个系统，具有系统基本的特征。按照系统理论观点：系统在各个子系统之间相互作用下，与环境之间进行信息、能量交换，实现系统功能。农业发展方式的系统性主要体现为生产力子系统、生产关系子系统各自功能的发挥以及两个子系统之间的关联方式，同时与农业发展所处的环境之间进行交互作用，实现农业发展的整体性功能。分析农业发展方式转变必须站在系统的角度，采用动态演化的方法研究。

（一）公社集体农业发展模式

该种模式土地所有权属于集体所有，同时使用权也归属集体拥有，家庭劳动力作为集体生产方式投入要素，其农业生产成果分配采取工分制和人口双重标准。该种模式土地产权关系归属集体，尽管是一种组织化生产方式，却严重地制约了劳动力生产效率的提升，进而制约了土地资源的生产效率。这种模式是我国计划经济时期，公社运动方式条件下运行农业发展模式。但是，该种模式尽管制约了劳动要素效率发挥，但能够保证土地资源完整性。

（二）家庭农业发展模式

该种模式主要是以家庭为主的农业生产方式，家庭自主投入劳动力，自主投入农业生产工具到一定土地上进行农业生产，农业成果主要满足自身的生活需求以及部分用于市场交易。该种模式，家庭拥有土地承包经营权，在取消农业相关税费之后，家庭农业生产成果一切归属于家庭所有，该种模式最大的特点是农业生产极大发挥了劳动力生产要素的效率，与农产品家庭需求为主的需求环境匹配。1978 年实行的农村家庭联产承包责任制就是改变土地使用权的产权，与生产力、需求环境契合，推动了农业发展。但该种方式却造成土地的制度性破碎，不利于规模化、机械化生产方式。同时农业生产由家庭做出决策，具有分散经营特征，农业产业结构调整缺乏动力。

（三）农民专业合作社发展模式

该种模式在不改变土地承包经营权的前提下，注重农产品需求环境变化对农业发展的影响，采取专业合作社集体决策制度，坚持以市场为导向，突出强调农业生产专业合作，走农业差异化发展道路这种模式。该种模式允许土地流转，实现集中连片农产品的专业化、规模化，较好地整合了家庭承包经营土地分散性，有利于采用集约、节约生产方式。由于该种方式生产要素产权明晰，农业生产成果能够较好的在各利益主体之间合理分配，有利于生产要素效率发挥。但是该种模式受制于生产管理能力、自身规模、抗风险能力等因素，现在大多数还是比较松散的组织模式。

（四）龙头企业的农业发展模式

该种模式主要通过向农户流转土地承包经营权，稳定农产品生产基地，以农产品市场需求为导向，通过企业自主决策、自主经营，实现农业发展。该种模式最主要的特征是龙头企业能够抓住农产品市场变化，站在食品工业化或生物能源产业链的前端，能够较好地规避市场风险，较好地适应农产品食品工业化和能源化发展趋势。

在我国当前的环境条件下，公社农业发展模式已经不存在，说明土地产权为核心的产权关系改革非常重要；龙头企业农业发展模式应该是农业发展的主流模式，通过企业制度模式，方能通过技术创新、管理创新、社会创新等方式体现农业发展模式的现代化程度。同时我们也应该注意到，家庭农业发展模式和农民专业合作社发展模式也在农业中存在，表明影响农业发展模式还应该考虑土地的自然属性，特别是山地居多的农业生产区，家庭和专业合作社还是比较主流的模式。

七、总结

按照熊彼特创新思想来看，农业发展方式转变核心就是创新，就是要实现生产要素的新组合。探讨农业发展方式转变，就必须从理论层面探讨清楚农业发展方式基本内涵及其构成。通过理论分析农业生产力、生产关系以及农业需求环境构成了农业发展模式的基本内容，农业发展模式转变就是要探寻这三者之间的相互作用机制，进而能够在特定历史阶段找出制约三者之间匹配协调的短板，实现农业发展方式的转变。

参考文献：

[1] 约瑟夫·熊彼特著．邹建平译．经济发展理论［M］．北京：中国画报出版社，2012.

[2] 洪名勇．欠发达地区农技协生成机制与发展模式研究［M］．北京：中国经济出版社，2012.

[3] 熊德斌．区域发展能力的系统思考［A］．洪名勇，姚慧琴主编．西部民生与反贫困研究［C］．北京：经济科学出版社，2013.

[4] 梁树发．马克思主义哲学原理［M］．北京：中国人民大学出版社，2003.

收入流动性与社会福利水平研究

李明桥*

【摘　要】关于收入流动性与社会福利关系的研究相对缺乏，在此背景之下本文研究了收入流动性如何影响社会福利水平。研究发现：其一，城乡之间收入不平等的恶化扩大了两者之间社会福利差距；其二，收入流动性使得社会福利水平表现为先上升后下降的趋势，这主要归因于居民收入排序的变化（交换流动性）；其三，收入流动性对社会福利的影响存在城乡差异，这归因于结构流动性；其四，一方面居民收入增长（增长流动性）提高了社会福利水平；另一方面收入差距上升（再分布流动性）降低了社会福利水平，这两种力量相互抵消使得结构流动性对社会福利水平的影响相对较弱。

【关键词】收入流动性　社会福利水平　原因分析

一、引言

中国2014年基尼系数为0.469，如果根据人均可支配收入进行五等分组，那么最高和最低收入群体的人均可支配收入分别为50 968元和4 747元，前者是后者的10.7倍（国家统计局，2015）。这表明中国不但存在较高的收入差距，而且收入极化问题也比较严重，然而，这并没有引发社会剧烈动荡。一个合理的解释就是：在市场经济环境下，低收入者可通过持续不断地努力变为高收入阶层，这种激励机制保证了社会具有较高的收入流动性，这意味着居民收入水平或社会经济地位频繁变动，即是说今天的穷人可能成为明天的富人，反之亦然，从而避免了“富者愈富、贫者愈贫”的收入僵化，维护了社会的和谐稳定。

鉴于收入流动性在维护社会稳定方面发挥的重要作用，现有文献对收入流动性进行了系统研究，无论是关于代内收入流动性还是代际收入流动性的研究，都取得了丰硕成果，主要体现为以下几方面：其一，关于收入流动性变化趋势的研究。这

* 李明桥（1980～　），男，经济学博士，贵州财经大学副教授，研究方向：劳动经济学。

类研究表明，虽然中国收入流动性相对较高，但是表现出先上升后下降的变化趋势，居民收入逐渐僵化（王朝明，2008；张立冬，2009；严斌剑等；2014）；其二，关于收入差距与收入流动性方面的研究。在较高收入差距背景之下，提出研究收入差距时考虑到收入流动性的重要性和必然性（权衡，2005），当研究收入分配考虑到收入流动性时，收入差距并没有人们想象的那样严重，因为穷人变为富人的机会在增加（章奇等，2007）。通过将收入流动性分解为增长、分散和交换三部分，发现增长流动性有助于降低收入差距，而分散和交换流动性则有助于扩大收入差距（雷欣等，2012）；其三，关于收入流动性区域差异的研究。从区位角度而言，收入流动性高低顺序依次为东部地区、中部地区和西部地区（王洪亮，2009），西部地区贫富僵化现象严重，东北地区富人收入地位固化（臧微等，2015）。从城乡角度而言，农村收入流动性高于城市，城乡间和地区间收入流动性较弱（王洪亮等，2012）；其四，关于居民群体社会经济地位变动的研究。低收入阶层对总体收入流动性贡献最大，但大都在中低收入阶层内部变动（杨俊，2010），中等收入社会经济地位更加脆弱，其经济地位得到改善的前景不明朗（胡棋智，2009）。尹恒等（2006）还研究了不同职业群体在收入流动性中的变动情况；最后，关于居民代际收入流动性方面的研究。代际收入流动性下降是造成“富二代”“穷二代”现象和收入分配恶化的重要原因（周兴，2013），20 世纪 90 年代出生的居民代际收入流动性较低（邸玉娜，2014）。就农村而言，低收入者和高收入者代际收入流动性较强，而中等收入代际收入流动性较弱（韩军辉等，2011）。此外，收入流动性、贫困代际传递对反贫困有显著作用（谢婷婷，2014）。

值得一提的是，虽然收入流动性的研究成果丰硕，但是关于收入流动性与社会福利水平关系的研究相对较少。现有文献从方差分解角度研究了收入流动性的社会福利效应（黄潇，2014），然而，这类研究存在两个方面不足：一方面，虽然研究了收入流动性对社会福利水平的影响，但是并没有研究出收入流动性如何影响社会福利水平；另一方面，在估计社会福利水平时，这类研究把居民效用进行简单加总，并没有考虑到居民收入问题。从福利经济学角度估计社会福利水平，应该要更加关注低收入者的福利水平，因此，估计社会福利水平应该通过把居民个体效用进行权重加总，收入越低赋予权重越高。基于这两方面不足之处，本文研究收入流动性与社会福利水平关系时，一方面，对收入流动性进行分解研究出收入流动性如何影响社会福利水平；另一方面，估计社会福利水平时考虑到了居民收入问题。

二、收入流动性影响社会福利水平的原因分析

只有对收入流动性进行分解并且研究出分解成分对社会福利水平的影响，才能

了解收入流动性如何影响社会福利水平。对收入流动性进行分解有两种方法：第一种方法（Ruiz，2004），首先把收入流动性分解为结构流动性（structural mobility）和交换流动性（exchange mobility），前者表示居民收入分布发生变化而引起的收入流动性，后者表示居民社会经济地位（居民收入排序）发生变化而引起的收入流动性。其中，结构流动性可以进一步分解为增长流动性（growth mobility）和再分布流动性（redistributive mobility）；第二种方法（Paul，2012），把收入流动性分解为垂直流动性（vertical mobility）和水平流动性（horizontal mobility），前者是指在不同收入水平下居民所具有的期望收入，后者表示在相同收入水平下居民之间所存在的收入增长差异。

因此，如何解释收入流动性对社会福利水平的影响，取决于所采用的收入流动性分解方法。本文从上述两种收入流动性分解方法入手，研究收入流动性分解成分对社会福利水平的影响，从而了解收入流动性如何影响社会福利水平。下文通过构建收入流动性影响社会福利水平模型，来识别收入流动性各个分解成分对社会福利水平的影响。

（一）社会福利函数的选取

如何选取合理的社会福利函数是本文进行研究的前提条件，因此，根据本文研究需要选取的社会福利函数要满足以下要求：首先，社会福利函数必须考虑到居民收入问题，也就是说，估计社会福利水平时要更加关注低收入者的福利水平；其次，社会福利函数要涉及到收入差距对社会福利水平的影响。即是说当社会更加关注收入差距，社会福利水平受收入差距的影响就更大；最后，构建出的社会福利函数能够和收入流动性有效地联系起来，从而能够分析收入流动性对社会福利水平的影响。贝里比和希尔伯（Berrebi and Silber，1981）构建的社会福利函数满足以上要求，因此，本文选用此社会福利函数来估计社会福利水平，其表达式如式（1）、式（2）和式（3）所示。

$$W_t = \int_0^1 U(Y_t(p_t), \varepsilon) w(p_t, v) \mathrm{d}p_t;\ t = 1, 2 \tag{1}$$

其中，

$$U(Y_t(p_t), \varepsilon) = \begin{cases} y_t^{1-\varepsilon}, & \varepsilon \neq 1 \\ \ln(y_t), & \varepsilon = 1 \end{cases};\ \varepsilon \geqslant 0 \tag{2}$$

$$w(p_t, v) = v(1 - p_t)^{(v-1)};\ v \geqslant 1 \tag{3}$$

由式（1）可知，t 期的社会福利水平（W_t）是居民效用水平 $U(Y_t(p_t), \varepsilon)$ 的权重平均，其中权重函数为 $w(p_t, v)$。就居民效用函数 $U(Y_t(p_t), \varepsilon)$ 而言，p_t 表示 t 时期居民收入累计分布函数的取值 p，ε 表示相对收入差距规避参数（relative inequality aversion)，当 ε 取值越大社会就更加关注收入差距，反之亦然，当 $\varepsilon=0$ 时表示社会并不关注收入差距，因此，ε 反映了收入差距影响社会福利水平的程度。就权重函数 $w(p_t, v)$ 而言，v 表示分布判定参数（distributional judgment parameter)，该参数反映了收入由低到高变化时，居民权重函数递减速度。当 v 取值越大，权重函数递减速度就越快，高收入者被赋予的权重就越小，社会福利函数就更加关注穷人的福利水平。当 $v=2$ 时居民权重函数变为单调递减的线性函数，这个权重函数就是基尼系数的权重函数。

（二）收入流动性指标的构建及分解

通过阿特金森（Atkinson，1970）提出的“等价分布的同等收入（equally distributed equivalent level of income)”（下文简称：等价收入）概念，把收入流动性与社会福利水平联系起来，等价收入表达式如式（4）所示，其中社会福利水平 W_t 如式（1）所示。等价收入 ξ_t 是指居民收入都为 ξ_t 所带来的社会福利水平与 t 时期居民收入的社会福利水平相同，换句话说，保证社会福利水平不变条件下消除社会收入差距，那么每个居民被赋予的收入都为等价收入 ξ_t。由此可知，一方面等价收入越高社会福利水平越大；另一方面收入流动性表示居民收入水平或社会经济地位的动态变化，因此，社会福利水平和收入流动性通过等价收入而联系起来。

值得一提的是，均值收入必然大于等价收入，原因在于收入差距会降低社会福利水平。一方面等价收入表明居民收入都一样，不存在收入差距，故社会福利水平不受收入差距的影响；另一方面，均值收入是居民实际收入的平均数，表明社会存在收入差距，这会降低社会福利水平。因此，只有均值收入大于等价收入，才能保证这两种收入分布状态下社会福利水平相等。均值收入与等价收入的差值如式（5）所示，其中 A_t 为绝对收入差距，该指标表示：保证社会福利水平不变条件下，消除居民之间收入差距所需均值收入的损耗量。绝对收入差距 A_t 越大，均值收入损耗量越大，社会收入差距就越大，反之亦然。

$$\xi_t = U^{-1}(W_t) = \begin{cases} \left(\int_0^1 U(Y_t(p_t, \varepsilon)w(p_t, v))\,\mathrm{d}p_t\right)^{\frac{1}{1-\varepsilon}}, & \varepsilon \neq 1 \\ \exp\left(\int_0^1 U(Y_t(p_t, \varepsilon)w(p_t, v))\,\mathrm{d}p_t\right), & \varepsilon = 1 \end{cases} \quad \varepsilon \geqslant 0;\ t = 1, 2 \tag{4}$$

$$A_t = u_t - \xi_t;\ t = 1, 2 \tag{5}$$

$$M\xi_X - \xi_1 \tag{6}$$

$$W_X = \int_0^1\int_0^1 U(Y_2(p_2), \varepsilon)w(p_1, v)\,\mathrm{d}p_2\mathrm{d}p_1 \tag{7}$$

$$M = (\xi_X - \xi_1) = (\xi_X - \xi_2) + (\xi_2 - \xi_1) = M_E + M_S \tag{8}$$

$$M_S = (\xi_2 - \xi_1) = (u_2 - u_1) + (A_1 - A_2) = M_G + M_R \tag{9}$$

在等价收入概念基础之上，运用达尔达诺尼（Dardanoni，1993）方法构建的收入流动性指标如式（6）所示。其中 ξ_X 表示反事实等价收入，其表达式为 $\xi_X = U^{-1}(W_X)$，函数 $U^{-1}(W_X)$ 如式（4）所示。该指标是在反事实社会福利函数 W_X 基础之上构建出来的。反事实社会福利函数式（7）表明社会福利水平也是效用函数的权重平均，与社会福利函数区别在于以第 2 时期收入计算居民效用。因此，收入流动性 M 反映了收入分布不变条件下等价收入变化情况，从而反映了社会福利水平的变化。当收入流动性 M 大于 0 时，表明收入流动性提高了社会福利水平，反之降低了社会福利水平。

一方面，收入流动性 M 可以分解为交换流动性 M_E 和结构流动性 M_S，如式（8）所示。其中，交换流动性等于反事实等价收入 ξ_X 与第 2 时期等价收入 ξ_2 之差，这个差值反映了前后两个时期居民收入排序变化对等价收入的影响，因此，交换流动性表示收入增长过程中居民收入排序变化对社会福利水平的影响。结构流动性不但等于前后两个时期等价收入之差，而且根据式（5）结构流动性可进一步分解为增长流动性 M_G 和再分布流动性 M_R，如式（9）所示。增长流动性表示平均收入增长，即收入分布函数右移对社会福利水平的影响，再分布流动性表示收入分布函数结构变化对社会福利水平的影响，也就是说，因居民收入增长差异而引起收入差距的变化，从而对社会福利水平的影响。

另一方面，收入流动性 M 也可以分解为垂直流动性 M_V 和水平流动性 M_H，如式（10）所示。其中，ξ_E 表示期望收入下的等价收入，其表达式为 $\xi_E = U^{-1}(W_E)$，该指标是在期望收入社会福利函数 W_E 基础之上构建出来的。通过不同收入分位数下的期望收入 $u_2(p_1)$ 计算居民效用，再根据第 1 时期收入分布赋予居民权重，从而推导出期望收入社会福利函数 W_E 如式（11）所示。期望收入下的等价收入 ξ_E 与第 1 时期等价收入 ξ_1 之差即为垂直流动性，这表明在不同收入水平下，居民期望收入对社会福利水平的影响。反事实等价收入 ξ_X 与期望收入条件下的等价收入 ξ_E 之差即为水平流动性，这表明在相同收入水平下居民之间收入增长差异对社会福利水平的影响。

$$M = \xi_X - \xi_1 = (\xi_E - \xi_1) + (\xi_X - \xi_E) = M_V + M_H \tag{10}$$

$$W_E = \int_0^1 U(u_2(p_1), \varepsilon) w(p_1, v) \mathrm{d}p_1 \qquad \text{其中，} u_2(p_1) = \int_0^1 Y_2(p_2 | Y_1(p_1)) \mathrm{d}p_2 \tag{11}$$

（三）模型估计注意事项

研究收入流动性对社会福利水平的影响，应注意的问题：首先，由于城乡收入差距较大，所以估计收入流动性对社会福利水平的影响应该要考虑城乡因素，因此，本文不但从样本总体进行估计，而且还分城乡进行估计，以探讨收入流动性对社会福利水平的影响是否存在城乡差异；其次，确定收入差距规避参数 ε 和分布判定参数 v 的取值，这两个参数取值是估计式（1）社会福利函数的前提条件。杜克洛斯（Duclos，2003）研究得出收入差距规避参数最优取值范围介于 0 和 1 之间，因此，本文赋予收入差距规避参数 ε 的值为 0.5。就分布判定参数而言，当 $v=2$ 时权重函数就是基尼系数的权重函数，为易于理解就设定 2 为其取值；再次，估计垂直流动性和水平流动性的前提条件是如何估计出不同收入分位数下的期望收入，这是非参数估计。现有多种非参数方法用来估计不同收入分位数下的期望收入（Sen，2005），其中之一为克莱夫兰德（Cleveland，1979）提出的稳健局部权重回归法，该方法进行估计时既考虑到平滑性又使得估计结果具有稳健性，因此，本文采用该方法估计不同收入分位数下的期望收入；最后，估计收入流动性对社会福利水平的影响时，通过 Bootstrap 方法探讨这种影响是否具有显著性。

三、数据处理和变量描述

（一）数据处理

本文数据来源于“中国健康与营养调查（CHNS）”。CHNS 调查内容涵盖人口特征、工作状况、个人收入等方面的数据。该调查采用多阶段分层随机抽样方法，对城乡家庭和个人进行追踪调查，1989～2011 年共采集了 9 次数据。调查范围涵盖我国 9 省和 3 个直辖市（辽宁、黑龙江、江苏、山东、河南、湖北、湖南、广西、贵州、北京、上海和重庆）。由于对同一样本进行多次调查，能够观测到不同时期的个人收入，可用该数据研究收入流动对社会福利水平的影响。

根据研究需要，数据处理注意的问题：其一，确定满足研究要求的样本。由于 1989 年国内外政治局势动荡，中国经济增长受到了一定的冲击，因此，本文研究剔除掉 1989 年和 1991 年两轮数据，只研究 1993～2011 年近二十年的时间，这样确定样本数据更为合理；其二，避免样本损耗过大问题。选取数据时不要求被调查居民数据在每轮调查中都存在，如果以这个要求来选取数据必然导致样本量损耗较大。收入流动性只是研究两个时期居民收入变化情况，因此，只要被调查居民数据连续出现在两轮调查中就满足要求；其三，为了排除通货膨胀对收入流动性的影响，根据 CHNS 提供的物价指数，把不同时期居民收入转换成 2011 年的收入水平；最后，以居民个人净收入作为计算收入流动性的依据。

（二）变量描述

运用 CHNS 调查数据，借助 Bootstrap 方法对式（1）~ 式（5）方程进行估计的结果如表 1 所示。

表 1　　关键变量描述

	等价收入	2 088	2 776	3 467	4 348	5 135	8 712	10 512
	平均收入	(37)	(47)	(58)	(90)	(107)	(135)	(182)
		4 748	6 077	7 643	10 127	12 848	19 144	22 179
总体		(86)	(93)	(143)	(184)	(286)	(434)	(421)
	绝对收入差距	2 659	3 301	4 176	5 779	7 713	10 432	11 668
		(69)	(72)	(117)	(137)	(249)	(387)	(367)
	等价收入	2 857	3 678	5 756	8 161	9 282	13 529	15 605
		(81)	(101)	(139)	(173)	(258)	(258)	(272)
城市	平均收入	5 434	6 954	10 021	13 590	17 577	23 889	26 346
		(237)	(217)	(321)	(308)	(724)	(801)	(767)
	绝对收入差距	2 577	3 275	4 264	5 429	8 295	10 360	10 741
		(204)	(173)	(275)	(244)	(607)	(670)	(670)
	等价收入	1 889	2 513	2 892	3 307	4 052	7 105	8 717
		(36)	(49)	(63)	(82)	(106)	(153)	(175)
农村	平均收入	4 530	5 763	6 794	8 631	10 980	16 926	20 232
		(81)	(110)	(157)	(219)	(300)	(497)	(514)
	绝对收入差距	2 641	3 250	3 901	5 324	6 928	9 821	11 515
		(63)	(81)	(125)	(184)	(246)	(442)	(459)
	等价收入	1.512	1.464	1.990	2.468	2.291	1.904	1.790
城乡比率	平均收入	1.200	1.207	1.475	1.575	1.601	1.411	1.302
	绝对收入差距	0.976	1.008	1.093	1.020	1.197	1.055	0.933

注：通过 Bootstrap 方法重复 300 次得出等价收入和绝对收入标准差，即表中括号内数值，估计这两个系数时设定收入差距规避参数 ε 和分别判定参数 v 分别为 0.5 和 2。值得一提的是，本文是以居民个人净收入作为计算依据，所以城乡人均收入之比小于以人均可支配收入计算的城乡人均收入之比。

其一，虽然城乡等价收入都处于上升趋势，但是等价收入的城乡差距日益扩大，说明城乡社会福利差异在扩大。如图 1 所示，无论是总体还是城市或农村，等价收入都处于严格单调递增趋势，这说明社会福利水平是在不断提高的，然而，城乡之间等价收入的绝对差距在不断扩大。就等价收入相对差距而言，如表 1 所示，城乡等价收入比从 1993 年的 1.512 上升到 2004 年的 2.468，之后逐渐下降为 2011 年的 1.79，相对差距虽然表现为倒 U 型特征，但是在后期城乡等价收入比较高，这表明无论是从等价收入的绝对差距还是相对差距，都表明城乡社会福利水平的差异在扩大。

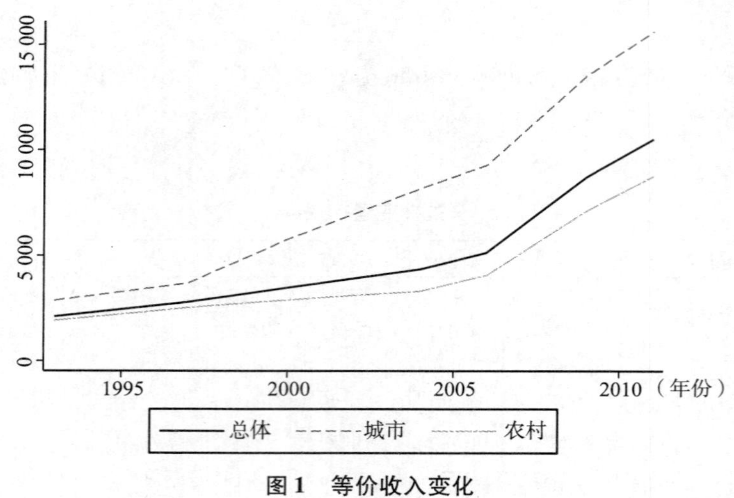

图1 等价收入变化

其二，扩大的城乡社会福利水平归因于城乡之间收入差距的恶化。由式（5）可知，等价收入等于平均收入减去绝对收入差距。一方面，城乡人均收入差距日益扩大，如表1所示，城乡人均收入之比从1993年的1.2上升到2006年的1.6，之后逐渐下降为2011年的1.3，表明城乡人均收入之比总体上处于上升趋势，说明城乡收入差距在扩大；另一方面，城乡绝对收入差距的变化趋势一致，如图2所示，绝对收入差距的城乡变化趋势一致，而且如表1所示，绝对收入差距的城乡之比最大

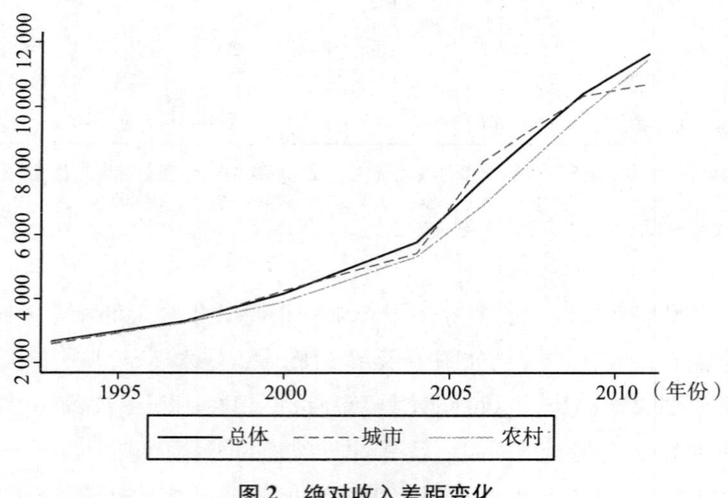

图2 绝对收入差距变化

注：根据表1绘制出了图1和图2。

值和最小值分别为 1.197 和 0.933，表明两者之间的差异较小。因此，扩大的城乡等价收入归因于扩大的城乡人均收入，即扩大的城乡社会福利水平归因于城乡之间收入差距的恶化。

四、实证结果的分析

（一）收入流动性对社会福利水平的影响

在表 1 估计结果基础之上，结合式（6）~式（11）估出了不同时期的收入流动性及其分解成分，如表 2 所示。其一，收入流动性使得社会福利水平出现先上升后下降的趋势。由上文分析可知，收入流动性大于 0 表明收入流动性提高了社会福利水平，反之降低了社会福利水平，因此，如图 3 所示，无论是总体还是城市或农村，不同时期的收入流动性都大于 0，表明社会福利水平因为收入流动性而不断提高。然而，收入流动性先从第 1 时期的 2 904 持续上升到第 5 时期的 10 482，随之下降到第 6 时期的 9 438，这表明收入流动性使得社会福利水平出现先上升后下降趋势。

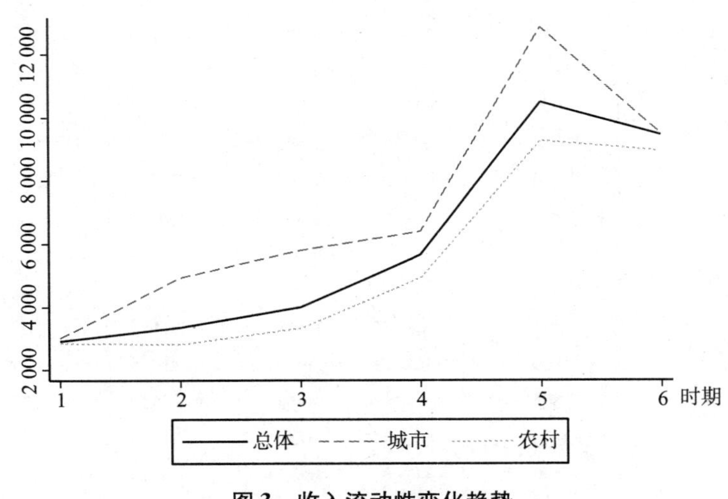

图 3　收入流动性变化趋势

其二，收入流动性对社会福利水平的影响存在城乡差异。如图 3 所示，一方面无论在哪个时期，城市收入流动性增加社会福利水平的幅度都大于农村，如表 2 所示，就收入流动性绝对差距而言，城乡差异在第 5 时期最大，其差值为 3 597（12 844 - 9 247），就收入流动性相对差距而言，城乡差异在第 2 时期最大，城乡收入流动性之比 1.77（4 944/2 795）。另一方面，就收入流动性影响社会福利水平的程度而言，农村比城市更加平稳。如图 3 所示，农村收入流动性曲线相对于城市收入流动性曲线而言更加平缓，说明农村收入流动性影响社会福利水平程度相对稳定。

表 2　　收入流动性与社会福利水平关系

	时期	第 1 时期 1993 ~ 1997 年	第 2 时期 1997 ~ 2000 年	第 3 时期 2000 ~ 2004 年	第 4 时期 2004 ~ 2006 年	第 5 时期 2006 ~ 2009 年	第 6 时期 2009 ~ 2011 年
总体	收入流动性	2 904 （68）	3 340 （84）	3 999 （110）	5 653 （149）	10 482 （256）	9 438 （233）
	交换流动性	2 206 （36）	2 800 （47）	3 616 （58）	4 786 （96）	6 995 （182）	7 639 （154）
	结构流动性	699 （51）	540 （57）	383 （79）	867 （91）	3 487 （139）	1 799 （170）
	增长流动性	1 325 （110）	1 543 （125）	1 836 （173）	2 685 （260）	7 047 （485）	3 035 （526）
	再分布流动性	-627 （91）	-1 003 （107）	-1 453 （148）	-1 819 （236）	-3 559 （465）	-1 236 （474）
	垂直流动性	8 （49）	-245 （57）	-457 （82）	-778 （115）	733 （181）	-2 333 （192）
	水平流动性	2 896 （47）	3 585 （69）	4 557 （96）	6 432 （124）	9 750 （197）	11 771 （194）
城市	收入流动性	3 003 （142）	4 944 （183）	5 801 （234）	6 394 （297）	12 844 （529）	9 477 （384）
	交换流动性	2 308 （81）	3 006 （119）	3 998 （149）	5 222 （214）	7 753 （411）	7 401 （302）
	结构流动性	695 （121）	1 938 （134）	1 802 （168）	1 173 （166）	5 091 （270）	2 075 （233）
	增长流动性	1 503 （280）	3 068 （270）	3 207 （397）	3 618 （646）	9 020 （1 313）	2 456 （1 064）
	再分布流动性	-808 （244）	-1 130 （240）	-1 404 （375）	-2 445 （597）	-3 929 （1 231）	-381 （984）
	垂直流动性	-446 （103）	-247 （140）	-1 630 （176）	-3 657 （254）	-1 914 （532）	-6 683 （341）
	水平流动性	3 449 （107）	5 192 （139）	7 432 （190）	10 053 （263）	14 760 （500）	16 159 （344）

续表

	时期	第1时期 1993~1997年	第2时期 1997~2000年	第3时期 2000~2004年	第4时期 2004~2006年	第5时期 2006~2009年	第6时期 2009~2011年
农村	收入流动性	2 832 (74)	2 795 (78)	3 310 (119)	4 959 (167)	9 247 (268)	8 923 (264)
	交换流动性	2 136 (43)	2 563 (49)	3 180 (65)	4 228 (104)	6 234 (181)	7 311 (166)
	结构流动性	695 (54)	232 (56)	130 (78)	731 (102)	3 012 (153)	1 611 (189)
	增长流动性	1 268 (116)	996 (138)	1 347 (175)	2 283 (287)	6 268 (475)	3 305 (591)
	再分布流动性	-573 (88)	-763 (113)	-1 216 (151)	-1 552 (258)	-3 255 (434)	-1 693 (532)
	垂直流动性	142 (54)	-234 (65)	-91 (91)	96 (127)	1 466 (184)	-812 (211)
	水平流动性	2 690 (60)	3 030 (67)	3 401 (95)	4 863 (148)	7 780 (199)	9 736 (195)

注：通过 Bootstrap 方法重复 300 次得出括号内的标准差，估计社会福利函数时设定收入差距规避参数 ε 和分别判定参数 v 分别为 0.5 和 1。

（二）收入流动性影响社会福利水平原因之一

根据收入流动性第一种分解方法，先把收入流动性分解为交换流动性和结构流动，然后进一步分解结构流动性为增长流动性和再分布流动性，如表 2 所示。首先，就总体样本而言，社会福利水平的上升主要归因于居民收入排序的不断变化。如图 4

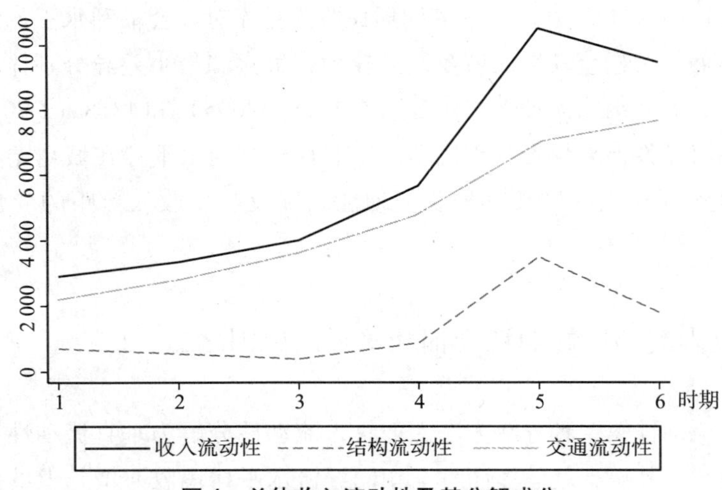

图 4　总体收入流动性及其分解成分

注：根据表 2 绘制出了图 3 和图 4。

所示，虽然结构流动性和交换流动性在各个时期都大于0，表明这两种流动性都提高了社会福利水平，但是交换流动性远大于结构流动性，根据表2可知，交换流动性对收入流动性贡献率在第3时期最大为90%（3 616/3 999），在第5时期最小为66.7%（6 995/10 482），这说明无论哪个时期交换流动性对收入流动性的贡献较高，而交换流动性反映居民收入排序变化对社会福利水平的影响，因此，交换流动性是社会福利水平上升的主要原因，该结论同样适用于城市或农村。

其次，一方面居民收入增长提高了社会福利水平，另一方面绝对收入差距上升降低了社会福利水平，这两种力量相互作用使得结构流动性对社会福利水平的贡献较小。如表2所示，结构流动性进一步分解为增长流动性和再分布流动性。就增长流动性而言，人均收入增长对结构流动性的影响从第1时期的1 325上升到第5时期的7 047，之后降为第6时期的3 035，增长流动性对结构流动性的贡献率在第3时期最大为479%（1 836/383），在第5时期最小为168%（3 035/1 799）。就再分布流动性而言，无论哪个时期再分布流动性都小于0，这说明居民收入增长上的差异扩大了居民收入差距，从而降低了社会福利水平。再分布流动性降低结构流动性的幅度从第1时期的627变为第6时期的1 236，再分布流动性对结构流动性的贡献率在第3时期最强为-379%（-1 453/383），在第5时期最弱为-68%（-1 236/1 799），这表明增长流动性与再分布流动性作用相互抵消，使得结构流动性对社会福利水平的影响较小。

最后，收入流动性影响社会福利水平存在城乡差异，这归因于上升的居民收入和上升的收入差距。如表2所示，各个时期城市与农村的交换流动性差异不大，最大和最小差异分别体现在第3时期和第5时期，城乡交换流动性之比分别为1.25（3 998/3 180）和1.01（7 401/7 311），这表明居民收入排序对社会福利水平的影响不存在城乡差异。然而，结构流动性的城乡差异较大，最大和最小差异分别体现在第1时期和第3时期，城乡结构流动性之比分别为1（695/695）和13.8（1 802/130），这表明城乡结构流动性差异导致收入流动性影响社会福利水平存在城乡差异，而结构流动性既反映了居民收入增长（增长流动性）又反映了收入差距的变化（再分布流动性）。

（三）收入流动性影响社会福利水平的原因之二

根据收入流动性第二种分解方法，把收入流动性分解为垂直流动性和水平流动性，如表2所示。其一，就总体而言，相同经济水平居民收入增长上的差异是社会福利水平上升的主要因素。如表2所示，一方面垂直流动性对收入流动性的贡献率在第1时期最弱为0.3%（8/2 904），在第5时期最强为-30%，这表明垂直流动性对收入流动性的影响较小；另一方面这种影响效果不断变化，即垂直流动性对社会福利水平有时表现为正面影响，有时表现为负面影响，甚至有时不发挥作用。然而，一方面无论哪个时期，水平流动性始终大于0，表明水平流动性提高了社会福利水平；另一方面水平流动性对收入流动性的贡献率在第4时期最小为93%（9 750/10 482），在第5时期最大为125%（11 771/9 438），因此，水平流动性是社会福利水平上升的主要因素。由上文可知，水平流动性表示在相同收入水平下居民之间所存在的收入增长差异对社会福利水平的影响。

其二，垂直流动性对社会福利水平的影响存在城乡差异。如表2所示，一方面无论哪个时期，城市垂直流动性都小于0，表明城市垂直流动性都降低了社会福利水平；另一方面，垂直流动性反映了不同经济水平下居民的收入增长幅度，垂直流动性降低社会福利水平，说明不同经济水平下居民收入增长幅度存在差异，从而扩大了居民收入差距，进而对社会福利水平产生不利影响。农村垂直流动性有时大于0、有时小于0甚至有时与0无差异，这表明农村垂直流动性有时缩小了收入差距，有时扩大了收入差距甚至有时对收入差距不构成影响，受到影响的收入差距进而改变了社会福利水平。

五、结论与评述

关于收入流动性与社会福利关系的研究相对缺乏，在此背景之下本文研究了收入流动性如何影响社会福利水平。研究发现：其一，城乡之间收入不平等的恶化扩大了两者之间社会福利差距；其二，收入流动性使得社会福利水平表现为先上升后下降的趋势，这主要归因于居民收入排序的变化（交换流动性）；其三，收入流动性对社会福利的影响存在城乡差异，这归因于结构流动性；其四，一方面居民收入增长（增长流动性）提高了社会福利水平；另一方面收入差距上升（再分布流动性）降低了社会福利水平，这两种力量相互抵消使得结构流动性对社会福利水平的影响相对较弱。

综上所述，虽然收入流动性在较长时期内提高了社会福利水平，但是收入流动性在后期使得社会福利水平处于下降趋势，原因可能是收入流动性的下降趋势所致。更值得关注的是中国经济“新常态”标志着经济增速将变缓，居民收入增长（增长流动性）也将随之放缓。在此背景之下，政府不但要大力降低居民收入差距，更要保证居民获得公平的收入机会，只要这样才能保证收入排序频繁变化，交换流动性因此而不断提高，从而改变社会福利水平的下降趋势。

虽然本文研究了收入流动性对社会福利水平的影响，弥补了现有研究的不足之处，但是并未研究如何让居民获得公平的收入机会，这是本文的不足之处，也是重要研究领域之一。

参考文献：

［1］邸玉娜．代际流动性、教育收益与机会平等［J］．经济科学，2014（1）．

［2］韩军辉，龙志和．基于多重计量偏误的农村代际收入流动性分位回归研究［J］．中国人口科学，2011（5）．

［3］胡棋智，王朝明：收入流动性与居民经济地位动态演化的实证研究［J］．数量经济技术经济研究，2009（3）．

［4］黄潇．收入流动性的福利效应探讨［J］．江西财经大学学报，2014（2）．

［5］雷欣，陈继勇．收入流动性与收入不平等［J］．世界经济，2012（9）．

［6］权衡．居民收入流动性与收入不平等的有效缓解［J］．上海经济研究，2005（3）．

［7］王朝明，胡棋智．中国收入流动性实证研究［J］．管理世界，2008（11）．

［8］王洪亮．中国区域居民收入流动性的实证研究［J］．管理世界，2009（3）．

［9］王洪亮，等．中国居民获取收入的机会是否公平［J］．世界经济，2012（1）．

［10］谢婷婷，司登奎．收入流动性、代际传递与农村反贫困［J］．上海财经大学学报，2014（1）．

［11］杨俊，黄潇．中国收入流动性在探讨［J］．统计研究，2010（11）．

［12］严斌剑，周应恒，于晓华．中国农村人均家庭收入流动性研究：1986－2010年［J］．经济学季刊，2014（2）．

［13］尹恒，李实，邓曲恒．中国城镇个人收入流动性研究［J］．经济研究，2006（10）．

［14］臧微，白雪梅．中国居民收入流动性的区域结构研究［J］．数量经济技术经济研究，2015（7）．

［15］章奇，米建伟，黄季．收入流动性和收入分配：来自中国农村的经验证据［J］．经济研究，2007（11）．

［16］张立冬，李岳云，潘辉．中国农村居民收入流动性研究［J］．南京农业大学学报，2009（3）．

［17］周兴，王芳．城乡居民家庭代际收入流动性的比较研究［J］．人口学科，2014（2）．

［18］Atkinson，A. B. “On the Measurement of Inequality” Journal of Economic Theory，1970，2：244－163.

[19] Berrebi, Z. M. , Silber, J. Weighting income ranks and levels. Journal of Economic Letter, 1981, 7: 391 - 397.

[20] Cleveland, W. S. Robust locally weighted regression and smoothing scatterplots. Journal of the American Statistical Association, 1979, 74 (386): 829 - 836.

[21] Dardanoni, V. Measuring social mobility. Journal of Economic theory, 1993, 61: 372 - 394.

[22] Duclos, J. Y. What is "pro-poor" . Social Choice Welfare, 2003, 32 (5): 37 - 58.

[23] Paul, F. A. On the characterization and economic evaluation of income mobility as a process of distributional change. Journal of Economic Inequality, 2012, 10: 505 - 528.

[24] Rui - Castillo. The measurement of structural and exchange mobility. Journal of Economic inequality, 2004, 2: 219 - 228.

贵州农业企业化经营的制度经济分析[*]

张雅文[**]

【摘　要】本文基于制度经济学分析了农业企业化经营的内涵特征、主体及动力基础、产权安排、交易费用等问题，认为贵州省山地高效农业发展的重要方向是走企业化经营之路。并提出了坚持职业农民培养和家庭农场培育并举，促进农业专业化主体提升；通过主体联合与产业链接两手抓，推进农业企业化经营的对策措施。

【关键词】农业企业化经营　山地农业　产权制度安排　交易费用

一、贵州省山地农业发展的基础及方向

（一）贵州省农业发展的核心问题基础条件：山地资源有待开发

贵州省是不沿海，不沿江，不沿边，唯一没有平原支撑的西南内陆省份。“八山一水一分田”是贵州地形地貌最真实的写照。这样的环境造就了贵州特殊的自然资源与基础条件，也影响着世世代代贵州农民的耕作习惯与思维方式。第一，山地地面切割破碎、环境脆弱，往往造成了山地资源开发的不可接近性、边际性、封闭性，也决定了土壤肥力小、耕地细碎，这给山地农业发展带来了挑战。第二，传统的农户受传统观念限制，只重视短期资源而忽视其他属性，使得许多山地资源并没有得到很好的开发，而且分散经营规模小，农产品同质性过强，导致农产品附加值大打折扣，限制了山地农业的发展。第三，贵州地处西南偏远山区，距离全国和区域经济增长核心区较远，而且山路崎岖、交通不便，难于通过贸易等渠道获得便利的资金和技术支持，山地农业的发展往往举步维艰。

---

* 基金项目：贵州大学经济学院创新基金《基于山区环境的贵州家庭农场发展研究》。本文系贵州省教育厅人文社会科学重点研究基地“贵州大学中国西部发展能力研究中心”资助发表。

** 张雅文（1992～　），女，贵州大学经济学院产业经济学专业硕士研究生，从事农业现代化研究。

（二）贵州省山地农业发展的主要优势条件

贵州省属亚热带、高原季风湿润气候，气候温和，冬无严寒，夏无酷暑，冬暖夏凉，生长季长，降水丰沛、雨日多，且光、热、水配合良好，雨、热、光同季。加之山地环境，立体气候明显，“一山分四季，十里不同天”，是特色农业发展得天独厚的先决条件。

由于山地独特的地形地貌特征及衍生属性，使得贵州全境处于多种气候交汇的过渡性地带，生物群落的边缘效应，决定了贵州省是我国生物多样性最为丰富的省区之一，有利于培植平地无法生产的果树、中药材等特种作物，为贵州发展特色农业奠定了优越的资源基础。耕地分散，生物资源丰富多样，也有条件进行分散组合式经营，降低风险，进行精耕细作，提高农产品产值。

（三）贵州省山地农业发展的方向：农业企业化经营

贵州的山地农业仍然处于传统农业阶段，技术、经营方式、经营理念等生产方式落后，使得山地资源价值得不到有效发挥，必然出现生产率低下的局面；另一方面也启发我们山地农业未来发展的潜力和空间的巨大。结合如今绿色发展趋势，经济落后地区虽然在经济利益格局中处于被动局面，也能利用后发优势，实现经济赶超。

如今许多国家和地区经济的发展是建立在高消耗、高污染的基础上实现的，这种先污染后治理的方式对生态环境造成的破坏是永久性的，削弱发展的可持续性，从而越来越不被当今社会所认同。随着保护生态、保护环境的呼声日益高涨，绿色经济、生态经济将面临巨大的机遇。贵州山区恰好是鲜少开发的净土，而且山地产品和价值及其稀缺性越来越吸引人们的目光，从而具有抢占无污染生态农业的先机。同时贵州是喀斯特地貌发育地和少数民族聚集地，发挥农业多功能性，将山地农业与当地特有的民俗文化融合，更组合成为一种稀缺资源，让产品有内涵、有故事；让文化有产品、有支撑。

在经济全球化的今天，世界市场日趋开放，山地如果能够把握自身的后发优势，抓住世界农业发展的主流趋势，顺势而为发展绿色生态农业，发挥农业的多功能性，大有可为。而这依托单个农民的力量根本无法实现，必须推进特色农业企业化经营，培育山地农产品知名品牌，这不仅有助于农村经济社会发展和农民增收致富，更有助于扩大市场需求，提升市场竞争力；这不仅能推进贵州农民的现代化发展，更能促进整个区域经济的协调发展，实现同步小康的目标。

二、农业企业化经营的内涵

对于企业的起源解释，有劳动分工论、交易费用节约论以及风险偏好差别论。其中影响最大的是交易费用节约论，即企业之所以产生是对市场机制的一种替代，即用企业来组织交易比用市场来组织更能节省交易费用。判断一种组织是否具有企业形态应具备三个条件[1]：①不对称的剩余索取权；②收益的剩余权；③雇主利用雇员生产出某种产品或服务，必须是为了出售获利而不是全由自己享用。传统农业由于其特殊的生产特性和交易特性更多地采取家庭这种传统的组织方式，但我国自恢复农户家庭经营传统以来，农户家庭具有土地经营规模狭小、自给自足的特点，与现代农业的要求相去甚远，甚至成为农业现代化、国际化的障碍。为大多数人所引用的农业企业化定义来自胡鞍钢[2]，他认为农业企业化是一个发展的过程，它是要根据市场经济运行的要求，以市场为导向，以经济效益为中心，以农业资源开发为基础，在保持家庭联产承包责任制稳定不变的前提下，在现有农村生产力水平和经济发展水平基础上，把分散经营的农民组织起来，从而聚集力量，装备和武装农业，既调整增量，扩大新经济增长点的生产规模，同时也调整存量，优化资源组合，全面提高农业生产力的过程。

综合上述观点不难发现，农业企业化是农业微观经营主体组织结构和经营方式不断调整的过程。从农业经营主体结构看，它是小规模农户比重不断减少，而规模化专业化农户、家庭农场及农业企业比重不断增加的过程。从农业经营方式看，农业企业化经营开始取代传统的分散的半自给自足的非企业化经营。

农业企业化经营与家庭经营不是相互矛盾的，而是以农户家庭为载体的企业化经营，在农业生产中通过引入现代企业经营管理的方式方法，使农业经营主体成为以科学化、机械化、规模化、专业化、商品化和市场化经营为特征的相对独立的微观经营主体，实现由传统农业向现代农业的转变。农户作为市场经济的微观主体，其经营特征在不同阶段表现不同。从生产目的看，农户由过去满足家庭自己需要为前提改变为面向市场而生产从经营行为看，土地经营规模逐步提高、农产品生产专业化和商品化程度逐步提高从生产手段看，过去的人、畜力工具开始逐步被淘汰，代之以农业机械，劳动强度开始减少，良种普及率、化肥施用量得到提高农户的市场意识和企业家精神得到增强。

农业企业化经营是一个长期的过程，它是伴随着工业化、城市化而出现的必然产物，它不仅包括农业生产经营组织形态的变革，更重要的是农业经营方式的变革。

三、农业企业化经营的制度经济学分析

（一）农业企业化经营的主体及动力基础

农业经营有农户经营向企业化经营转变是一种制度变迁。所谓制度变迁，是指制度创立、变更及随着时间变化而被打破的方式。诺思[4]中认为，制度变迁是一个制度不均衡时追求潜在获利机会的自发交替行为。制度变迁过程既可以由政府引入法律、政策和命令强制进行，也可以由个人或自愿团体为响应获利机会自发倡导、组织和实行（林毅夫 1989），即国家在追求租金最大化目标下通过政策法令实施的强制性制度变迁和人们在制度不均衡时追求潜在获利机会的诱致性制度变迁两种类型。

农业企业化经营的主体是指农业企业化的发动与推进主体，即农业企业化的动力源[4]。主要有三类主体参与农业企业化经营组织制度创新过程。

首先，农民是农业企业化经营的主体，也应是推动农业企业化经营的主力军。农民不仅提供了充沛劳动力资源，还提供了生产所需要的原料。其次，企业是市场经济发展的产物，也应是农业企业化经营的领头人。企业拥有资金、加工技术以及管理经营经验等资源，无论是“逐利”动机还是企业家精神的鼓舞，都会促使企业在一定范围内对生产要素和生产关系进行重新整合，顺应农业企业化经营的趋势。再次，各级政府是中国社会主义市场经济体制中“看不见的手”，也应为实现农业企业化经营保驾护航。实现农业企业化经营是一个漫长而曲折的创新过程，需要政府为农户答疑解惑，为推行农业企业化经营投入资金、提供政策支持等。

因此，从总体上看，农业企业化经营的动力基础具有明显的诱致性，是一种诱致性制度变迁。随着农业企业化经营的推进，小规模农户经营的缺陷将会逐步得到克服，原有农业经营中的一些问题和矛盾得到缓解甚至解决，各利益主体的利益增量不断增加，将会为农业企业化经营注入更新、更持久的动力因素。

同时，农业企业化经营需要引入以政府为主导的强制性制度变迁，但在强制性制度变迁的推进中要充分考虑制度的潜在需求，将诱致性变迁与强制性制度变迁有机地结合起来，充分发挥政府在政策供给方面的导引作用。但政府的主导作用必须尊重和体现大多数农民的利益，国家的制度供给需要体现在宪法和政治领域上推进农业企业化，如对农村集体财产权属的清晰界定，厘清现有法律之间的冲突，制定有利于农民组织化的法律法规、强化法律及契约的执行力度、维护社会公平和正义、提供公共物品等，为制度变迁起到支持保障的作用。

（二）农业企业化经营的产权制度安排

农业企业化经营首先要解决的是产权界定明晰。产权不明晰会导致两大问题[5]：一是导致收益外部化，即交易对象生产的无效率；二是模糊的产权会妨碍交换行为，使得交易规模缩小，从而不利于农业企业化经营的推进。科斯第二定理表明：在交易费用为正的情况下，不同的权利界定，会带来不同效率的资源配置。那么，在交易费用为正的现实世界中，如何做到最佳产权界定呢？盛洪[6]提出，只要有关产权的谈判达成契约，都可视为是对产权的最佳界定。因为谈判的双方或多方达成一致意见，说明各方都得到了令自己满意的利益，从而实现纳什均衡，即产权的最佳界定。

产权界定清晰后就需要对合法产权实施严格的保护措施。有效解决高维权费用的可行途径有两种：一种是政府利用税收支付这种维权费用；另一种是企业（或者单位、个人）通过扩张或合作的方法减少交易费用，从而避免较高的维权费用。

最后，产权核心问题是收益权在政府、企业与农户三方的分配问题。农业企业化经营的过程主要涉及政府、企业和农户三方。农业企业化经营产权制度是主要参与方凭借其所拥有的权能索取利润分配权的保障，也是对其进行有效激励、约束的机制。从形式上看，农业企业化是通过契约形式把三方联结起来，其产权制度的安排核心在于收益权的分配。由于政府和农民的特殊性，妥善解决二者的收益权问题显得尤为重要。

政府作为推进农业企业化经营的幕后推手，对其实现有着至关重要的作用，而政府工作的落实者——政府工作人员，即国家代理人的利益与农业企业化经营的收益（剩余所有权）并不直接挂钩，不利于提高工作人员的工作效率，现实中可能由于领导滥用职权和政府短期行为阻碍农业企业化经营的进程。因此，建立对政府工作人员的有效激励约束机制是十分重要的。可以尝试改革我国现有的政府领导激励机制，政府工作人员可以通过政府专项基金参与农业企业剩余索取权分配的机制，将政府工作人员与农业企业化经营收益直接挂钩，从而有效激励政府工作人员参与农业企业化经营的积极性，推进农业企业化经营。

农户的特殊性在于他们是农业企业化经营进程中的基础单位，同时也是参与者中势力最弱小、文化素质最低的一方，这就使得农民在利益分配中处于劣势，出现企业侵占农民剩余索取权的局面，并不符合现代产业制度中权益对称的要求；同时也会影响农民参与农业企业化经营的积极性，并极有可能随着农民非法讨要权益的活动而危害社会安定。可以通过提高农民组织化程度、增加农村教育投资来提高农民素质和维权意识，这是从根本上解决问题的有效途径[7]。

（三）农业企业化经营的交易费用分析

企业作为组织程度较高的市场主体，可以减少市场交易成本。根据科斯的观点，企业和市场是两种可以相互替代的资源配置机制。由于存在有限理性、机会主义以及不确定性，使得市场交易费用较高，为节约交易费用，企业就作为替代市场配置资源的形式而存在。其核心观点是：企业作为组织程度较高的市场主体，可以减少市场交易成本。交易成本（transaction costs）又称交易费用，指达成一笔交易所要花费的成本，也指买卖过程中所花费的全部时间和货币成本。包括传播信息、广告、与市场有关的运输以及谈判、协商、签约、合约执行的监督等活动所花费的成本。

信息成本。如今社会各行各业，及时、准确、有效的信息成为企业在市场中摸爬滚打获得生存的关键。尤其是农业企业，能否及时获得农产品的供求信息，从而判断合作伙伴的可信程度，找到最合适的合作伙伴，是合理安排、调控农产品生产种类、规模，实现利益最大化的重要条件。因而农业企业必须花费大量的时间和精力搜集信息。网络、电信的快速发展使得减少搜寻和沟通成本成为现实，通过搭建农业信息网络平台，包括农产品网站、农业企业交流论坛、广播电视等不仅可以减少搜寻和沟通成本，而且可以减少企业内部管理环节，节约交易成本。一直以来，考虑到信息平台的外部性，始终由政府承担农村广播、电视以及网络的建设，现已取得显著成绩。

谈判成本。谈判是合作伙伴之间讨价还价的过程，最后能否达成契约，很大程度上取决于交易费用的大小。信息不对称、市场机制不健全和法律法规不完善等都会导致较高的交易费用。推进贵州农业企业化经营，一方面，由于各参与者，尤其是农户与企业之间的信息不对称，使得他们对一些产权的经济价值评估很难达成一致，互不信任；另一方面，我国产权交易市场机制目前还不够健全，扭曲了产权价格的形成，土地流转困难重重就是一个典型例子。此外，契约不是生来就完备的，双方疏忽、沟通不畅或者后期外部环境的变化，都会引起后期交易成本的变化。因而法律法规以及各种规章制度的完善必不可少，仍需要政府的支持与保驾护航。从而可以看出减少谈判成本在很大程度上取决于市场机制和法律法规的完善，而这些机制和制度的完善不是一蹴而就的，需要长期摸索、论证与发展，因此降低这部分交易费用的难度较大。

履约成本，顾名思义就是督促契约条款严格履行的费用。一般来说，参与者为维护自身利益会花费大量的精力和时间去了解其他参与者是否按约投入了足够的资源和努力。而有些参与者会在契约达成之初就放弃了后续的部分收益，从而期望收益低于契约目标，但会通过提高契约目标而增加自己的实际收益，这却不利于长久合作。只有人们的文化素质普遍提高时，上述交易费用才能有效降低。贵州山区尤其是少数民族地区更应增加农村教育投入，全面提高农民文化素质，才可以有效降低农业企业化经营中的交易费用，推动农业企业化经营的发展。

不确定性风险成本，这一成本在农业生产领域中尤为突出。农业企业化经营可采取“公司+农户”“合作社+农户”等多种模式，一方面可以克服农户一家一户分散经营的恶性竞争，同时也对决策者提出了更高的要求：在有限的信息下，预判未来的农产品市场供求状况，到决定今年的农产品组织生产再到实际生产情况，这中间存在一个“时间差”，而农业生产具有明显的季节性，“时间差”较长，这个“时间差”内发生的不确定变化正是不确定风险成本的源头。企业经营的好坏取决于企业家对未来市场的判断，是降低不确定性成本的关键，因此培养、选拔具有良好经营决策能力、组织协调能力、企业家精神的领头人是农业企业化经营实践成功与否的关键因素。

然而，努力减少以上交易费用也是需要成本的，这就涉及效率的问题与谁来承担削减交易费用而带来的成本的问题。如图1，一般来说，企业的生产成本会随着生产规模的扩大而下降，而交易费用会因管理费用的上升和信息不对称等原因的呈先慢后快的上升趋势。把采取措施前后的交易费用分别称为“交易费用a”和“交易费用b”，当“为节约交易费用所产生的成本”小于交易费用a和交易费用b的差值，那么这种变革是有效率的，否则是无效率的。同时还应注意，追求交易费用的降低所带来的成本，应由农业企业化经营参与者即企业、农户、政府共同承担，具体如何分担，关系到农业企业化经营的长久发展。但目前法律法规在这一方面并没有明确的规定，为确保农业企业化经营的顺利推进，这一点值得重点关注与分析。

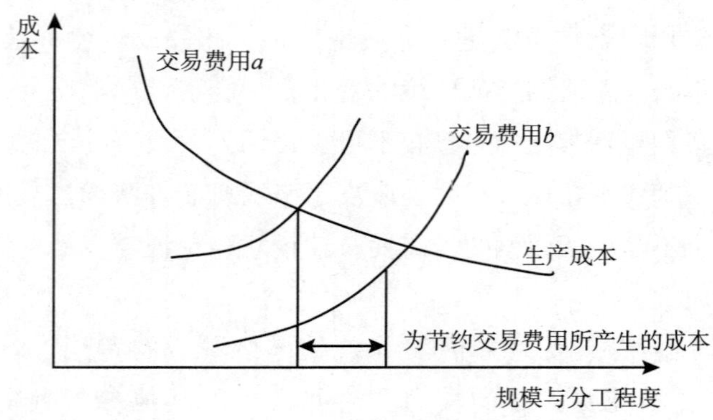

图1 生产成本、交易费用与生产规模

四、主要结论及政策含义

（一）结论

基于以上的分析，本文得出如下结论：

第一，企业是市场经济条件下为节约市场交易成本而产生的经济组织，它具有适应市场经济要求的组织和行为特征。农业企业化经营是使农业微观经营主体逐步按照企业特点与要求进行生产经营的过程，它是市场经济发展、农业现代化、农业生产方式调整以及提高农业微观主体经营效率和效益的客观要求。

第二，贵州省农业生产经营组织制度创新的基本方向是农业企业化经营。随着全球化进程的加快，国际先进的规模农业企业组织经营方式对我国传统小规模、分散化的农业生产方式的冲击越来越严重；消费者对农产品需求结构的变化也加大了对贵州特种、高品质农产品的需求。贵州山地农业要抓住这一机遇，进行农业企业化经营，发展规模种养，培育优质品牌，便可实现后发赶超。这是对我国的基本农业经营制度进行创新，是贵州省发展现代山地高效农业的必由之路。

第三，实现农业企业化经营，是内外环境综合作用的结果，并且需要一个长期的过程。首先，需要为农业企业化经营创设良好的市场环境与制度环境，包括完善的市场机制、产权安排、农地制度、农业的投融资机制等。其次，需要认识到，农业企业家的培育是农业企业化经营的发动因素，然而，贵州农业企业家供给严重不足，需要通过人才引进、重点培养等方式率先培养出一批贵州农业企业化经营的领头军。

（二）政策含义

第一，农业企业化经营是一个复杂的系统工程，受到政治、经济、技术及社会文化因素的制约。因此，政府在制定相关政策时，要综合考虑农业及农村内、外部各种因素，结合世界农业企业化经营的国际经验及发展趋势，科学地认识我国农业生产经营制度研究的基本规律，以新农村建设中的“生产发展”为工作主线，将农业企业化经营作为农业政策的核心目标，构建有利于农业企业化的制度框架，将农业企业家生成、农地规模经营、剩余劳动力转移、农业投融资制度以及农村社会保障体系的构建通盘考虑，为农业企业化的顺利推进铺平道路。

第二，重视农业社会化服务。坚持公益性依托和市场化运作并举，深化农业社会化服务。公益性服务和市场化服务在构建农业社会化服务体系中相辅相成、互促互进。把健全公共服务平台放在首位，同时，把农业服务业作为主动力产业来抓。目前，贵州农业的市场化程度较低，分散农户对社会化服务的需求并不强烈。随着农业企业化经营水平的提高，对技术、农机等多方面的服务和支持的需求将会急剧增加，社会化服务程度的高低，便直接关系到农户生产经营的效益。因此强化农村社会化服务体系，为农户生产经营行为的创新提供支撑和保护必须提上日程。

第三，坚持职业农民培养和家庭农场培育并举，促进农业专业化主体提升。职业农民和专业大户、家庭农场是农业企业化经营的主要力量。一方面，应加强对农民技能的培训，建立健全教学、科研、技术推广三结合的农林教育体制，注重内培外引，在开展新型农民培训工程提升青年农民能力的基础上，吸引大学生回乡进行农业创业行动。另一方面，注重发挥家庭经营优势，在引导专业大户发展的基础上，突出培育家庭农场，引导农业由家庭经营逐步走上企业化经营的道路。

第四，通过主体联合与产业链接两手抓，推进农业企业化经营。农业的企业化经营需要主体间的横向联合和产业链的纵向链接。在主体联合上，鼓励发展家庭农场、农业龙头企业、“企业＋农户”“合作社＋农户”等多种模式的联合；在产业链延伸上，以政府为纽带，突出打造特色农产品生产、加工、品牌销售整条农产品产业链，争取一县一品（品牌农产品）、一村一标（标志农产品）。

参考文献：

[1] 杨小凯，张永生．新型古典经济学和超边际分析［M］．北京：中国人民大学出版社，2000.

[2] 胡鞍钢，吴群刚．农业企业化中国农村现代化的重要途径［J］．农业经济问题，2001（1）．

[3] 诺思．制度变迁理论纲要——在北京大学中国经济研究中心的演讲．1994.

[4] 郭振宗．中国农业企业化问题研究［J］．山东农业大学学报，2005.

[5] 樊刚．有关交易成本的几个理论问题．现代制度经济学（下卷）［M］．北京大学出版社，2003.

[6] 盛洪．社会成本问题．现代制度经济学（下卷）［M］．北京大学出版社，2003.

[7] 程克群，陆彦．农业企业化经营中的交易成本和规模经济［J］．天津大学学报（社会科学版），2011（3）：125－128.

大数据背景下农业发展模式的创新研究*

周吉星**

【摘　要】深入分析了大数据对现代农业发展的影响，研究了大数据背景下现代农业发展模式创新的可能性，讨论了智慧农业、高效农业和循环农业的发展模式。

【关键词】传统农业发展　大数据　农业发展模式

一、引言

当前随着经济全球化和农业国际化的发展，世界农业的建设和发展也正在发生前所未有的变化。随着网络覆盖成本的降低，大部分城市和乡村已经覆盖网络。大数据技术和农业生物技术研发和应用速度的加快，正在成为农业竞争的制高点。然而由于各方面的局限，农业经济在发展过程中信息无法统筹运用与信息不对称现象依旧非常突出，导致农业生产无法利用当前先进的大数据信息技术，农业在传统农业向现代农业转型过程中的步伐越来越慢。

二、传统农业发展现状

（一）农业决策信息不足，决策无法保证科学性

传统农业在农业决策方面的依据大部分取决于农业生产生活中累积的经验，而且这些农业生产经验得不到系统化和理论化。随着网络覆盖成本的降低，大部分城市和乡村已经被网络覆盖。但是地理位置比较偏远的乡村经济不发达，在信息获取

* 本文系贵州省教育厅人文社会科学重点研究基地“贵州大学中国西部发展能力研究中心”资助发表。

** 周吉星（1991～　），山东德州人，贵州大学管理学院农村与区域发展专业硕士研究生。

方面比较匮乏。这就导致许多先进的技术得不到应用，农业决策信息十分匮乏。再者，农业生产是一门科学、深奥和规律性很强的学问，信息的匮乏导致无法保证决策的科学性。为此，传统农业生产效率低下，无法满足时代对农业发展的要求。

（二）农业发展要素关系混杂，无法统筹协调

在传统农业向现代农业转型的过程中，农业制度体系和科技体系的建设涉及诸多环节，既涉及与相关产业农业之间的结构和布局，又涉及农业产业内部包括各个部门、各个学科门类等相关的技术。由于传统农业技术的落后和人们认知的差异，致使传统农业存在许多弱环节，无法综合利用要素资源。

（三）体制与机制因循守旧，农业转型升级慢

传统农业生产方式落后，在农业生产环节上，许多资源得不到有效利用，并且无法准确确定资源使用量，导致许多宝贵的资源被浪费。在农业流通环节上，缺乏先进的技术支持，导致流通环节不顺畅。在农业消费环节，由于市场相关信息匮乏，不能及时满足消费环节的需求。

（四）资源约束与面临的环境问题

近些年来，在工业化、城镇化进程快速推进的过程中，水资源、耕地资源农转非现象严重，农业部门资金外流，农业科技在近些年无重大突破性进展且科技转化率低等问题显现出来。资金和劳动力属于社会资源，而且流动性相对较强，其流动性约束是一种软约束，由于受到的是流动性约束，资金和劳动力就有激励通过流动去寻求更高的投资回报率。总体而言，我国当前仍然是农业部门资金流向非农业部门，素质较高的农业劳动力流向非农产业。随着现代工业、农业的发展和人们生活水平的提高，进入农业环境中的工业废弃物及化肥农药地膜残留及废弃物等有害物质越来越多，造成了农业环境污染问题已成为制约中国农业发展、社会稳定的重要因素[1]。

三、大数据对农业发展的影响

进入大数据时代的人们的思维方式将发生重要的变化。研究与分析某个现象时，

将依赖使用全部数据而非抽样数据。应用大数据技术之所以存在巨大的魅力，其关键是使人们有可能从支离破碎的，看是冗余和无序的，毫不相干的海量数据中抽炼出真知灼见，从中产生大智慧。大数据的这种特性必然更适合在农业上的应用。农业生产周期长，影响因子复杂，要了解其因果关系也许十分困难。但通过大数据技术可获得相关信息，指导如何按照需要去实施，就可能保证农业的正常生产和发展[2]。

（一）提高农业决策的前瞻性与科学性

农业决策的前瞻性和科学性对农业发展至关重要。传统农业在农业决策方面大部分取决于农业生产生活中累积的经验。而且这些经验没能够系统化和理论化。现代农业已与传统农业大相径庭，在农业发展理念、资源、手段方式等很多方面发生了巨大改变，传统的农业决策方式已经不能适应时代的发展。大数据技术融入农业发展后，大大增强我们认识农业发展和变革的能力，使农业决策更加客观。大数据技术是通过精确的分析计算，在合理的差错空间进行数据输出。因此，大数据技术可以保证农业决策的正确性和科学性。农业和农村经济的发展中大数据技术的应用，能够有效的处理和解决结构需求，资源和环境、农产品质量与产量、农产品生产区和产品消费区、农业生产场所与饮食场所两侧存在的问题和结构性矛盾[3]。

（二）高效整合和科学利用农业发展要素形成新的生产力

现代农业的制度体系和科技体系的建设涉及诸多环节，它既涉及与相关产业农业之间的结构和布局，又涉及农业产业内部包括各个部门、各个学科门类等相关的技术，还涉及生产力与生产关系之间的若干矛盾。我们认识的差异和技术的落后，致使我们存在诸多的弱环节，无法协调这些复杂的关系，同时也无法综合利用要素资源。大数据具有统筹、协调、联系和综合等多项功能，充分利用大数据，农业的发展和变革会变得高效，更加节约化，更加快捷化。所以大数据的应用很重要的是在理念上、各个要素的协调上发挥作用，整合和科学利用农业发展的要素形成新的生产力。

（三）促进农业发展在体制与机制的创新

大数据促进农业转型升级的速度，使农业在机制上、商业模式上、体制上和制度上创造式改变。这样才满足农业生产环节集约、节约，农业流通环节顺畅、高效，农业消费环节安全及时的需求。我们要注重大数据在市场流通环节的作用，还要注重大数据在生产管理环节的作用，不仅要注重大数据在市场流通环节的作用，还要注重在农业资源生态环境管理的作用。

四、大数据背景下农业发展模式新探讨

大数据核心技术是基于存储的计算，从本质上来说，大数据主要解决的是海量数据搜集、存储、计算、挖掘、展现和应用等问题。也可以将其简单归纳为三个层面：大数据的云存储（计算资源虚拟化）、大数据处理（云计算模型）和大数据挖掘。大数据背景下农业发展，就是运用大数据理念、技术和方法，解决农业或涉农领域数据的采集、存储、计算与应用等一系列问题，是大数据理论和技术在农业上的应用和实践[4]（见图1）。

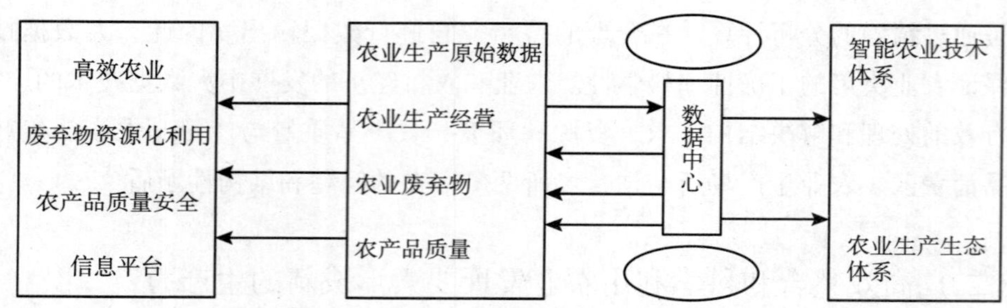

图1　新型农业发展模式的构建

在市场经济条件下，农业的分散经营和生产模式，使得在参与市场竞争中对信息的依赖性比任何时候都更加重要。信息和服务的滞后性往往对整个产业链产生巨大的负面影响。由于市场经济的特点，农业生产很难在全国范围内形成统一规划，致使农业生产受市场波动影响较大，而且农业生产很多方面是依靠感觉和经验，缺少量化的数据支撑。大数据时代，不仅可以建立综合的数据平台，调控农业生产，还可以记录分析农业种养过程，流通过程中的动态变化。通过分析数据，制定一系列调控和管理措施，使农业高效有序发展。

（一）智慧农业模式

随着中国经济及科学技术的快速发展，通信行业也迅速壮大起来，通信基础设施建设逐渐完善，我国的大部分城乡地区已经被网络覆盖。传统的农业也紧跟时代的步伐，加快了融入互联网体系的速度。农业在互联网大数据技术的推动下发生了

翻天覆地的变化。许多有关农业生产过程中的数据融入大数据系统，利用云计算、数据挖掘等大数据技术对数据进行多层次与深层次分析，并将分析过后产生的指令与当前发明的各种有关农业生产的控制设备进行联合和互动。由于当前国家的战略还倾向于城市大型工业的发展，城市要大量吸收农村剩余，使得农业劳动力大量流失。大数据技术融入农业后可以推动农业生产设备的智能化发展，制造出大量可以解放农村劳动力的先进生产工具。从而有效解决了农业劳动力不足的问题。而且可以使农业生产走向智能化、精准化、数字化与可控化的道路。大数据技术可以渗透到耕地、播种、施肥、杀虫、收割、存储、育种、销售等农业生产各环节，使农业技术体系与农村信息服务体系更加智能化，实现农业生产全过程的信息感知、智能决策、自动控制和精准管理。比如，在农业生产领域引入无线传感器技术，可以自动记录农业生产现场的光照、温度等重要信息，并将得到的信息进行整合，反馈到大数据计算系统，系统就会根据农作物的生长情况，对农业生产设备进行控制[5]。

（二）高效农业模式

高效率农业发展模式是对资源合理利用的农业发展模式。第一方面包含精细种植、精细养殖和精细加工等方面，具体做法是借助大数据背景下的先进手段进行精耕细作。这种推广模式的意义在于能够为农业生产提供精确、动态、科学的全方位信息服务，能够大大提高农业生产效率，同时也提高了农产品的质量。将现代信息技术、生物技术和工程装备技术应用于农业生产是现代知识农业的重要生产方式。农民在大数据理念下，在农业生产方面改进管理方式并引进先进的信息技术，收集天气、土壤、水资源、市场环境、市场需求等重要的数据信息，严格把控育种、栽培、施肥、灌溉等多个环节，传统农业得到进一步发展，使传统农业生产向标准化的方向迈进，土地生产率、劳动生产率、资源利用率、投入产出率也得到迅速提高。比如，可以将农田、畜牧养殖场、水产养殖基地等生产单位连接在一起，通过传感器使其形成一个健康运作的生态体系。传感器系统可对生态体系中不同的主体、用途的物质交换和能量循环关系进行系统、精密运算，在农业生产管理过程中，灌溉、施肥、施药更加精准化等。

第二方面，当前我国农业发展质量效益不高的问题日益突出，比较效益持续下降，需要向高效农业要效益。大数据技术的融入，可以提高农业生产方面抗风险的能力，改变新型农业组织在发展过程中存在的不平衡难题，使土地流转走向规范化道路。大数据技术与农业的跨界融合，可以推动农产品生产、流通、加工、储运、销售、服务等环节的互联网化，成为第一产业与二三产业之间的发展桥梁，实现各个产业之间交叉渗透和融合发展的局面，打造城乡一二三产业融合的“六次产业”

新业态。大数据技术可以推动农业产业链的再造，可以加速推动农业产业链延伸、农业多功能开发、农业门类范围拓展，可以使农业生产要素的配置更加合理、农业从业者的服务更有针对性、农业生产经营的管理更加科学。借助互联网，可以将更多现代生产要素、经营方式、发展理念引入农业，引导和支持种养大户、家庭农场、农民合作社、农业企业等新型农业经营主体发展壮大，发展农业适度规模经营，从而提高农业比较效益；可以打破长期以来农村信息闭塞、城乡信息不对称的局面，打破城乡资源配置单向流动的困局，有效避免因市场供需失衡带来经济损失。比如，农业大数据让农民便捷灵活地掌握天气变化数据、市场供需数据、农作物生长数据等，准确判断农作物是否该施肥、浇水或打药，避免了因自然因素造成的产量下降，提高了农业生产对自然环境风险的应对能力，使农民不再“靠天吃饭”。

（三）循环农业模式

十八届五中全会上，中共中央提出了五大发展理念，其中之一就是“绿色”发展理念，也是现代农业发展的目标所在。大数据技术融入农业之后，在农业生产模式上有了前所未有的进步和发展，而且也加快了农业推广方式的革新速度，在发展经济的同时也注重生态的保护，使我国农业可持续健康发展的目标得以实现。传统农业生产方式存在很大的弊端，现代大数据技术的快速发展让我们可以运用大数据思维创新农业生产方式，专业化与科学化的管理农业生产发展，优化配置资源和生产要素，精准化管理农业的投入与产出，实现绿色生产，提高产品质量。比如，借助大数据技术，可以实现测土配方施肥、精准科学施用农药与农业节水灌溉等。在超循环经济理念下，农业废弃物可以作为其他生产体系的资源，实现废弃物循环利用。不仅改善了农业生产环境和资源的充分利用，也实现了农业的可持续发展。借助大数据技术，还可以建立全程可追溯、互联共享的农产品质量和食品安全信息平台，健全从农田到餐桌的农产品质量安全过程监管体系，保障人民群众“舌尖上的绿色与安全”。

参考文献：

［1］何安华，楼栋，孔祥智．中国农业发展的资源环境约束研究［J］．农村经济，2012（2）：3－9.

［2］徐宗本，冯芷艳，郭迅华，曾大军，陈国青．大数据驱动的管理与决策前沿课题［J］．管理世界，2014（11）：158－163.

［3］金澈清，钱卫宁，周敏奇，周傲英．数据管理系统评测基准：从传统数据库到新兴大数据［J］．计算机学报，2015（1）：18－34.

[4] 李学龙，龚海刚．大数据系统综述［J］．中国科学：信息科学，2015（1）：1－44.

[5] 孙忠富，杜克明，郑飞翔，尹首一．大数据在智慧农业中研究与应用展望［J］．中国农业科技导报，2013（6）：63－71.

文化传承与共享发展研究

手工艺品生产集聚及其文化经济效应

——基于云南建水制陶产业的分析*

张黎明**

【摘　要】近年来，云南建水陶随着市场需求的扩大，以家庭为单位的个体制陶户正集聚而成当地的特色陶文化产业。论文认为，陶器家庭生产的集聚创造了信息资源共享的空间，促进着创新性的生产实践，村落空间有了展示、参观的意义，制陶业对地方文化经济发展着深刻影响。同时，论文认为集聚区是城市文化景观、城市文化的重要内容，是城市的文化名片。针对目前集聚生产的现状和问题，认为集聚区应充分挖掘文化内涵，进一步提升文化经济功能。

【关键词】生产集聚　文化经济　效应　建水陶

一、引言

经济学中对空间经济的研究可以追溯到马歇尔的“外部经济”概念与韦伯的工业区位论。马歇尔指出：“现在我们要继续研究非常重要的外部经济，这种经济往往因许多性质相似的小型企业集中在特定的地方，即通常所说的工业地区分布而获得。”[1]韦伯在《工业区位论》中首先提出集聚的概念，“他把集聚分为初级和高级两个阶段：初级阶段是仅通过企业自身的扩大而产生集聚；高级阶段则是各个企业通过相互联系的组织而地方工业化，也就是我们所说的产业集群化。”[2]而迈克尔·波特对产业集群的分析，则上升到了国家竞争力的高度。云南建水碗窑村陶器生产是传统家庭手工作坊的现代延续，规模小，依靠个体家庭的劳动是其生产最大的特点。近年来，随着消费市场的扩大，陶器家庭生产从最初的中窑五显庙一带，逐步扩散到上、中、下窑整个村落。作坊户由2003年时的十余家，逐渐攀升至现在的三

* 本文为2015年度云南省哲学社会科学规划项目“建水陶文化的创造与产业化发展研究”（项目编号：QN2015）阶段性成果。

** 张黎明，男，硕士，云南省红河学院人文学院讲师。

百余家。① 村落已由原先完全从事农业生产的村落，逐步向有商业氛围的陶器展示、交易中心转变。以家庭为单位的个体制陶户，正集聚而成当地的陶文化生产的空间，家庭生产的集聚创造着赋有地域特色的陶文化产业，对当地城市文化和经济发生着带动效应。

二、陶器生产集聚的形成

碗窑村陶器的家庭生产是地方传统制作工艺的延续，地方性技艺知识的象征，地方的特色文化产业。最近十年中，市场对细陶产品需求的增加，村落空间内外开始集聚着以制陶、售陶为主的家庭，陶器制作专业户越来越多。陶器生产的良好效益，也吸引着越来越多的人加入到了陶器的生产、销售之中。原有的村落空间明显狭窄，迫使有的作坊户不得不迁离村落，重觅自己的生产销售空间。现代市场导向、经济利益的追逐是生产者自觉到村落及周围集聚的诱因。这样，制陶生产的空间围绕着村落蔓延开来，城市北部以村落为中心形成了陶器生产、消费的特色空间，集聚有了新的功能与意义。“集聚通过突发效果体系也能导致进一步的外部经济，在文化产品产业中，这首先涉及相互学习、文化整合和创造效应，这使同一地点出现许多相互关联的公司和产业成为可能。”[3] 碗窑村周围、县城北麓的山坡上，以制陶为主的公司、商铺、园区逐渐形成，占据城市北部很大区位。兴建的公路两边正涌现出越来越多的生产制陶户、营销户，碗窑村周边的地价也不断上涨。制陶生产、销售的交易关系支配了这一区域。

原先寂静的村落，在这一产业得以运转之后，村落及周边的空间已是充满了商机。只不过，生产空间的重组已不再局限于生产的目的，商业的动机代替了纯粹的生产。村中不断地有人撤出，寻找更好的区位、环境从事生产，仅保留一定的店面。原先生产集聚之地的碗窑村，逐渐被陶器交流、销售、展示的功能代替，村外出现了制陶业新的集聚生产现象。陶器家庭生产户、陶器经销商构成了这一集聚的主体，县城北部的空间充斥着制陶、售陶的商业气息。经销商的到来，为产业兴盛创造着契机。原来的陶器生产与销售多是生产户负责自产、自销，没有经销商的参与。生产户与经销商的区别在于，生产户自己购买原料，懂制陶技艺，能自己生产、销售，多在本地有自己的生产空间与销售网络。而经销商则是按照市场的需求，来购买成品赢得利润，他们不懂技艺，只管销售。销售地点可能在当地，也可能遍布全国。他们共同的特点是通过市场交换来获利。陶器生产与销售的方式，也因经销商的出

① 据建水县资料：截至2014年10月，全县经工商机关登记注册的紫陶生产销售企业和个体户已发展到325户，其中私营企业33户，个体工商户292户，从业人员近万人，产值超过2.5亿元。

现发生了变化。越来越多的产品以满足经销商订单、小批量的需求为目的，当地直销的产品只会在特定的时间出现销售高峰。如马克思所言，“因而需要有这样的商人，他不是为满足他个人需要而购买，而是把许多人的购买行为集中到他的购买行为止。另一方面，商人资本的任何一种发展，会促使生产越来越具有以交换价值为目的的性质，促使产品越来越转化为商品。”[4]生产集聚之地吸引了经销商的到来，一个以经营陶为生的社会阶层正在出现。同时，经销商也为生产者时刻反馈着各种市场需求信息，影响着生产。在刘易斯看来：“商人是手工艺人和最终消费者之间的一个中间人，这样的组织生产最经济”。[5]经销商作为这样的中间人，省去了作坊户很多的营销传播成本，可以专注于自己的生产、以求技艺的精湛。而经销商可以选择存储货物，炒作操控某一生产者的价格，也可以根据各种需求向生产者订货。他们或在当地黄金旅游地段购买铺面经营陶器，或将陶器带到国内各大中城市出售，实现了陶器在更为广阔的社会、市场中的传播。经销商的出现，加剧了陶器生产集聚的进程，村落周围的店铺，古城旅游的黄金地段形成了陶器生产销售的新集聚之地。[6]可见，市场需求的扩大是集聚产生的重要原因，是家庭生产适应需求变化、市场选择的结果。陶器家庭生产的集聚正对产业自身及其周边区域发挥着影响。

三、陶器生产集聚特点与影响

马歇尔在对产业区的论述中认为：“①集聚能够促进专业化投入和服务的发展；②集聚能够具有专业化技能的工人提供集中的市场；③集聚使得公司能够从技术溢出中获益。”[7]陶器家庭生产的集聚也促进其优势的发挥，生产集聚的过程是生产户不断参与、融合的过程。生产集聚始终表现出动态性、流动性的特征，各种技艺知识能够在集聚区迅速传播接受。近十年中，陶器市场的利好，吸引着来自不同地域的手工艺人不断加入。生产人员、制作工艺日趋复杂化，而生产的集聚吸引着新的生产要素迅速地融入生产并快速传播。2003 年，徐荣洪等从华宁引进汽窑烧制技术后，碗窑村的其余陶器生产户迅速模仿并利用，汽窑烧制成为目前村中流行的烧制方法。有艺人发明了彩填技艺后，彩填工艺也迅速变为主流的装饰技法。外地人带来镂空技术后，新的产品不断出现。生产集聚为专业生产者的进入，技术知识的共享与迅速传播创造着条件。集聚生产构建了一个熟人的社会网络，在市场形成的初期产品的开拓都离不开生产户之间的互相推荐。十余年前，尚无知名度的碗窑村陶器，昆明等地很多客户都是由村中的作坊户相互介绍引入进来的。同样，村中资本的借贷、订单的相互转让也属生产集聚地的常见现象。生产集聚创造了信息资源共享的空间。

不过，对于越来越强调创意、手工的陶器制作而言，生产集聚也带来了难以保护自己创意的问题。各种产品置于开放的空间中，血缘熟人的关系网，使得一件有创意的产品出现之后，会迅速地被他人仿制，有悖于创意思维、创意经济的成长。如制陶艺人杨雪娇赴宜兴学习后，结合建水的泥性自创了梅花浮雕工艺的产品。一开始此类样式的壶型可以卖到批发价800元，而被他人迅速仿制后，卖价下跌。所以，陶器生产的集聚表现出文化经济行为的复杂性，它在延续传统技艺文化，吸引人才的同时，也隐藏着创意保护的难题。在村中被称为“创意工作室”的制作空间，正被少数艺人们尝试实践着用来保护自己的创意发明与工艺，以防止自己的独特技艺被别人偷学、模仿。创意工作室采用参观、购物的预约制度，提供个性化的产品定制服务。如制陶艺人陈学的微雕制作及其陶制品的参观出售，就采用了预约与定制的方式。相传，至今村中无一人目睹过他在陶坯上创作、雕刻微雕的场景，而这也正是其产品价格多年以来都能维持高位运营的原因。微雕技艺至今，在村中无人能仿制。所以，陶器生产集聚吸引了专门制作人才的到来，促进了技艺知识的更新、传播与经济效益的转化，同时也上演着各种创新性的生产实践。

陶器生产依托文化生态资源特性，决定了生产集聚地是生态的也是文化的，不仅“地点和文化持久地纠缠在一起”，[8]而且地点和产品、和消费群体都相连在一起。在文化旅游日新的现代社会中，生产集聚之地的村落，也逐渐成为旅游产品消费的区域，获得了文化经济发展的可能。如佩鲁所言：“发展的前提是人们之间以商品和服务，信息和符号为形式的交往。”[9]生产集聚之地，制作者与旅游消费者围绕着作为商品交换的陶器，构建了交往关系，陶器被不断地消费并影响生产。碗窑村地处城市边缘的位置，因陶器的生产消费而改变，交通逐步改善，与城市逐渐相连一起。陶器借助网络传媒手段，被更多消费者知晓。生产集聚之地旅游消费者的到来，为艺人的产品制作赢得了发展可能。个体的生产经营与生产集聚区之间仿佛涌动的暗流，相互激励促进着。原来作为普通旅游纪念品、土特产品的陶器，被不断赋予文化附加值，生产工艺精致化。村落也不再停留于熟人的村落格局，数十百家集聚生产的格局，它被置于一个空前社会化了的，甚至虚拟的空间之中被不断宣传，村落集聚空间不断接受着异质文化因子的植入。“最重要的发展基础或许就取决于经济主体的努力程度，而在一个开放的制度模式中，其他因素的介入或许在某些情况下会比努力程度具有更为重要的意义。”[10]开放的村落生产集聚空间中，外地制陶艺人、旅游者都因集聚之地的名望而来，生产与销售获得了更为广阔的发展空间。产品传统和比较优势，被更多的外地人知晓。陶器制品在获得一定的知名度后，到云南、到建水旅游的部分游客，会想到碗窑村去看一看陶器是如何生产制作的，甚至有购买、消费的欲望，这样，制陶生产集聚之地成为旅游购物的空间。良好的文化生态村落空间是旅游者所喜好的，碗窑村及周边的消费环境，生产生活空间都得到了极大的改善和美化。原先环境较差的地段已变为能够升值的店铺，原先破乱的生产环境，被精致的陶器展示代替。有的家庭由原来的前店后厂，向古雅的、集茶道陶艺展示为一体的销售环境转变。陶器家庭生产的集聚与旅游消费，让村落环境已明显不同于十年前，空间接受着美学的塑造。

制陶生产集聚的空间本身就是文化的产物，村民陶器制作的各道工序及其产品，不再停留于作坊的销售，有了展示、参观的意义。集聚之地展示的是一种空间生产的真实，一项传统技艺生产的表演与再创造。而在这种旅游文化氛围的营造中，也不乏其他地方知名艺术家到此共创制陶生产的佳话。在张海飞藏品中，这款笔筒形的器皿，是当代建水制陶名家谭知凡与广西钦州刘明洲老先生 2006 年 72 岁时慕名碗窑陶艺旅游参观后留下的偶然合作之物。一面是谭知凡用刀直接刻的，梅花图案与诗词，一面是刘明洲刻的小楷毛主席词《沁园春·雪》。① 所以，集聚地能够吸引到高端的文化艺人，对陶器的制作与集聚地知名度的提升都有很大的益处。而那些历史上因家庭生产散落于村中的古窑址也视为文化景观，履行着烧制工艺展示、参观的功能。“地方的意义超出了那些可见的东西，超出那些明显的东西，深入心灵和情感的领域。”[11] 制陶生产的遗留，陶器生产集聚的村落，唤醒着参观者的历史的记忆和心灵的共鸣。陶器生产集聚之地逐渐成为地域文化的表征，集聚生产的空间在变为可参观的文化旅游空间。旅游消费激发生产户的创作热情，新的产品不断应消费者的需求而创造。这样，村落因陶器集聚生产而成为当地旅游必去之地，有了旅游者的消费，生产集聚于此的制陶户得到了回馈。所以，陶器的生产集聚带动着当地旅游业、旅游文化产品的开发与消费。

陶器家庭生产的集聚为制陶户经济的改善创造了条件，集聚生产也发挥了制陶产业的规模化效应，改善着当地的经济状况。目前，在西南地区，无论是制陶工艺还是生产规模，碗窑村陶器都处于领先地位，这是与家庭生产集聚效应的发挥不可分离的。陶器生产的家庭集聚，虽规模上不能与工业集群相比。但是这是适应地方传统生产、产品特性的生产方式。集聚生产的优势也就在于“企业形成优势互补，实现资源共享和降低交易成本，建立有效的供需市场，形成规模化效益，提升产业竞争力，实现聚集区‘蜂巢效应’”。[12] 生产集聚在吸引更多新生产户入驻、加入的同时，市场也以集聚地为原点发散开去。传统生产中陶器的销售是当地集市贸易的一部分，但是交易规模小、有时间限制、是封闭的地方市场。而当下集聚之地，是

---

① 刘明洲，在书法界有“铁笔”书法之美益。张海飞向笔者讲述了这件陶器的收藏经历，一日在网上看到谭知凡先生刻的这件作品，遂有收藏之心，另一面网上则没看清，但还是与藏家有了联系。托朋友拿到器皿后，看到另一面精美的小楷觉得更有收藏价值。之后，立即打电话给谭老，询问是否记得这件作品。谭老立马背出“素影不分明月照，春分独占案头香”的诗句，隐约记得背面是外地来的老先生用刻刀刻的。海飞查询后方发现刘老先生大有来头，在书法界有“铁笔”书法之美益。两年后（2010 年），一老先生带着钦州书协主席到张海飞处，海飞拿出这件藏品给他们看，书协主席立马打电话给刘明洲，方得知是 2006 年 72 岁的刘老先生慕名建水陶，留下的作品。时间又过一年，刘老先生又借旅游之机到昆明找海飞来看这件作品。

一个开放的、运用各种经营手段、面向大众的、充分社会化了的市场。生产集聚实现了市场的扩展，产品规模化效益推动着地方文化经济的增长点。碗窑村的制陶业自古以来，就是村民谋生、维系生计的方式。美术陶厂时期，也解决了很大一部分人的就业问题。

就今日而言，个体家庭生产的规模是较小的，个体经济效应也不足为奇。但是，这一收益却能维系整个家庭经济的运转，这是他们祖辈流传的技艺，谋生方式的延续，作坊经营的好坏事关着家庭的收入。而当“全部家庭的收入发生改变，就会有一个巨大的效应。”[8] 随着生产户的增加，整个产业集聚所产生的规模效应、产值、经济贡献率，在地方经济中是不可忽视的。建水陶的产值已由十年前的一两百万，实现了数百倍的增长，截至2014年底，整个产业的产值已达到2.5亿元，平均年利润在15%左右。这对于普通的家庭，是解决温饱、富民增收的产业，对地方经济则产生了应有的税收贡献。在普通商品的生产中，规模经济多依靠同质化、标准化的产品生产来实现。碗窑村陶器生产集聚及其规模效应，是品种丰富性，个体创造性的叠加，规模经济也依靠个性化产品、艺术化产品的制作而达到。所以，陶器生产的集聚受益于每家作坊户，集聚生产有了一定的规模效应，对地方的经济文化发生着影响。

四、集聚区提升与对城市文化经济的作用

作为地方特色产业的陶器生产自出现以来，就是地方文化经济的一部分，从美术陶厂至今其生产都能得到地方政府的重视。陶器是地方赋有特色的文化产品，在生产户逐渐增多后，集聚效应日渐对本地的文化经济发生影响。胡佛（Hoover, 1937）提出集聚经济具有三种基本形式：①企业层面的规模经济，即内部规模经济；②本地化经济，就是与地区产业规模相关的规模经济，即同一产业的不同企业集中在一个地方生产带来的经济效应；③城市化经济，就是与地区整体经济规模相关的规模经济，即各种类型经济活动集聚在一个地方带来的经济效应。陶器及其生产集聚虽只是地方文化经济的一部分，但却是当地城市文化经济的重要组成。陶器生产集聚带来经济效益的同时，集聚区已成为城市的赋有特色的文化空间，并被不断塑造着。在村落内外的制陶、售陶经营户不断增多后，政府也提出了园区建设、改善经营环境等措施。于是，在碗窑村下窑原工艺美术陶厂遗址上出现了具有地产性质的曼湾紫陶园，整个园区的商铺将用于生产经营紫陶，村落后面创意园区也在建设规划当中。这样创意园区、曼湾紫陶园、原有村落、县城北部山坡公路两边的自建房，将整合在一起，生产集聚的空间将扩大。生产集聚区将是城市的文化景观，

助推建水成为名副其实的世界陶都，融入到当地的文化旅游之中。

集聚区是城市文化景观、城市文化的重要内容，是城市的文化名片。百年陶器，根在碗窑。集聚区是传统元素与现代陶艺的合一，是陶器文化景观遗产与现代商业景观的合一。集聚空间不仅是物理意义上的显现，更是文化意义上的彰显，集聚空间应有体现文化传承的景观展示，也应有现代文化景观的塑造。碗窑村陶器数百年的制作历史，至今村中仍保留前店后厂的生产空间格局，分布着规模不等，不同时期的古窑遗址，遗留着向逢春等知名艺人的故居。曼湾紫陶园留存下了作为陶器工厂式生产记忆的工业遗产“大烟囱”。这些文化遗产时刻体现着集聚区的历史文化价值，是集聚区的文化之根。而在当下，集聚区文化景观的塑造中，与陶器有关的历史文化内容，应通过符号、艺术形象的塑造和展现，将曾经逝去的历史文化还原展示出来，将陶文化的生命力激活、生动起来。比如，陶器制作的基本工艺流程，可以通过浮雕、彩绘等艺术形式在集聚区展现，为旅游消费者形象地展现陶文化。生产历史中出现的制陶名家，可以雕塑、浮雕的形式出现，周恩来总理向外国友人赠送建水陶的佳话，也可用浮雕、彩绘的方式，形象生动的再现出来。“文化是城市功能的最高价值，文化也是城市功能的最终价值。”[9]因陶器生产而有了与陶相关的文化、有了制作生产的集聚。在集聚区作为城市文化景观的组成部分、城市文化旅游、经济价值实现的承载空间后，更应该注重陶文化在集聚空间的塑造。所以，生产集聚营造了与陶相关的文化经济空间，更需要不断地创造出与陶艺有关的文化符号来置于集聚生产的空间中，以文化景观的塑造，丰富集聚空间的文化内涵。颜色最能传达象征的意义与色彩，曼湾紫陶园延续了土红色建水陶的传统色调。其实，在整个生产集聚区都可以考虑以这一色系作为主打装饰颜色，来体现传统陶艺的风格和整一化的效果。碗窑村与在建的创意园区、曼湾紫陶园，还可从附近的青云水库引水、利用村中旧有河道与广慈湖片区连为整体。同时，进一步改善相关的基础设施。这样生产集聚区的文化生态会有大幅度的改善，以陶文化生产为主的集聚区将是城市文化的核心区域之一。

集聚区履行着陶文化生产功能，集聚区就是文化产业园区。“文化产业园区作为文化产业发展的一种组织模式，实现了文化产业及其相关产业在特定地域范围内的集聚，产生出集聚效应，成为文化产业发展的重要孵化器。”[10]所以，作为城市文化景观的生产集聚区，还要履行经济功能的实现，提升经济效益，做好有关的管理工作。陶艺文化销售、展示的功能是集聚区的核心，其目的在于实现经济利益的最大化与经营方式的多样化。英国鲁德豪斯（Roodhouse）教授的 *Cultural Quarters* 一书中总结了成为成功的文化产业园区应具备的八点要素：第一，城市文化中心，建筑遗迹与文化带；第二，在财富创造意义上的创意经济增长；第三，存在并利用转向性的文化资产委员会机构；第四，文化基础设施与旅游人口流动；第五，大学教育劳动资源储备及价值不断提升的就业岗位；第六，信息技术；第七，文化多样性与形象；第八，防范沦为特权阶级的工具。[11] 陶器生产集聚区，目前已是城市文化的中心之一，已拥有一定数量的和制陶相关的文化景观遗产，产品已基本实现多样性与创意生产的引领。此外，作为孵化器的生产集聚区还可以依靠陶艺展示、制陶体验、消费购物来实现集聚区生产经营的多元化。陶艺会展馆吸引创意者创造高端的陶制品到此展示、交流，定期举办拍卖会实现陶制品的经济效益。展示的目的在于经济价值的实现，而文化是展示的核心。运用现代影像技术、图像处理技术来展示建水陶的历史文化内涵及其经济价值，是展馆必须具备的技术条件。“即通过审美符号、图像、声音、叙事文进行的其他通信形式”[12] 来展示陶艺文化并实现经济价值。收取相关的参展服务费用，是展馆维系与创收的手段和经济创收多元路径的体现。以手工艺品为主的生产集聚区，可以充分发挥消费者参与的积极性，发挥体验经济的作用。集聚区内应有消费者体验制陶、创意的空间和购物中心。购物中心实际上是专营陶器的大卖场，可采用多家生产户进驻、各自经营、分类销售的模式，消费者在此可集中选择所需要的产品，实现品种丰富的经济学。集聚区最关键的还要吸引知名制陶艺人、书画家的入驻，方能提升名气。深圳达芬村之所以名闻世界，除了以世界名画的再创造为世人知晓外，还在于它能源源不断地吸引画家的到来。这对于制陶生产的集聚区来说有着充分地借鉴意义。园区的管理也可交由协会进行，各方履行相关义务。所以，陶器生产集聚区需要进一步的完善提升，方能有效发挥孵化器的文化经济功能。

五、结语

陶器生产集聚区是特色文化产品生产、交易之地，与区域经济、地域文化建设紧密相融，这是撬动城市竞争力的有力杠杆，是城市的重要文化资本。城市之间的竞争，能吸引游客、投资者的地方就在于城市的特色资源和特色产业。陶器制作不管从现在或者未来市场前景来看，是特色文化经济可为之处，“是在多个城市比较中寻求本城市的特色和差异性，创造并形成一个由城市独有理念系统、独有行为系统与独有视觉系统构成的城市整体识别系统。”[13] 陶器制作和集聚区就在于以自己的文化经济个性赋予城市有别于其他，进而在差异化竞争中有立足之地。所以，陶器生产集聚区应是传统资源与现代技术文化充分整合展示的地方，能促进特色产品、系列衍生产品，产品品牌化、产业高附加值的实现，这样才能体现出城市的文化经济特色和竞争实力。在目前云南的旅游市场中建水始终占有一席之地，其原因除了历史文化资源较为丰富之外，围绕着陶艺形成的集聚空间、旅游文化产品正有崛起之势，正塑造着城市的吸引力。因此，应该看到陶器生产集聚区对于当地城市文化、经济的作用力，进一步提升集聚区的功能确有必要。

参考文献：

[1] 芮明杰主编. 产业经济学 [M]. 上海：上海财经大学出版社，2012：142.

[2] [美] 艾伦·J. 斯科特，董树宝等译. 城市文化经济学 [M]. 北京：中国人民大学出版社，2010：5-16.

[3] 马克思. 资本论（第三卷）[M]. 北京：人民出版社，1975：365.

[4] [英] 阿瑟·刘易斯，周师铭等译. 经济增长理论 [M]. 北京：商务印书馆，1983：166.

[5] [法] 弗朗索瓦·佩鲁，张宁等译. 新发展观 [M]. 北京：华夏出版社，1987：12.

[6] 陈庆德. 发展人类学引论 [M]. 昆明：云南大学出版社，2007：68.

[7] [英] 迈克·克朗，杨淑华等译. 文化地理学 [M]. 南京：南京大学出版社，2003：138.

[8] [美] 加里·贝克尔，凯文·墨菲，陆云航译. 社会经济学——社会环境中的市场行为 [M]. 北京：人民出版社，2014：15.

[9] 单霁翔. 留住城市文化的“根”与“魂”，[M]. 北京：科学出版社，2010：52.

[10] 张胜冰. 文化产业与城市发展：文化产业对城市的作用及中国的发展模式 [M]. 北京：北京大学出版社，2012：146.

[11] 向勇，刘静主编. 中国文化创意产业园区实践与观察 [M]. 北京：红旗出版社，2012：7.

[12] [英] 斯科特·拉什，约翰·厄里，王之光译. 符号经济和空间经济 [M]. 北京：商务印书馆，2006：152.

[13] 张鸿雁. 城市文化资本论 [M]. 南京：东南大学出版社，2010：25.

市场化背景下的云南哈尼梯田及鱼塘

——以元阳县全福庄村为例*

王永锋**

【摘　要】哈尼族作为云南世居民族，凭借对哀牢山区特有的自然环境的深刻认识，在其主观能动性的正确引导之下，创造出了与自然生态系统相适应的生态循环系统：森林—村庄—梯田—河流。红河州元阳县全福庄村的鱼塘在梯田文化生态系统中具有十分重要的作用，对鱼塘的适度开发是哈尼族人与自然和谐相处的表征。在市场化商品时代，哈尼族梯田和鱼塘具有进一步开发利用的可能，同时哈尼梯田生态文化系统也面临传统稻鱼混作农业的可持续性、外来物种入侵的破坏性等许多问题，这归根结底则是人们单纯追求经济增长以及在理解人与自然关系问题上出现了偏差所导致的。

【关键词】哈尼梯田　鱼塘　变迁　重构

一、引言

随着全球化的发展，民族村寨的社会、经济与文化都发生了重大变化。20 世纪 90 年代以来，打工经济不断发展，吃饭靠梯田，用钱靠打工是对当今全福庄基本现状的准确描述。同时，随着梯田旅游方兴未艾、地方精英和政府积极申遗工作的逐渐展开，所有这些都使得全福庄生产生活的方方面面产生了巨大的变化。不可否认，市场化的深入使得全福庄人民的生活越来越惬意，村中有私家车的人越来越多，人们的手机音乐中外合璧，着装发型越发时尚前卫；但是我们不能简单地只看到这些，同样，为世人所称道的梯田湿地生态系统也开始发生了一些变化。宏观角度下的哈尼梯田生态系统是由多个子系统有机组合而成的，正所谓“城池失火，殃及池鱼”，梯田作为和鱼塘关系最为紧密的事项，在此不能不提及。鱼塘是梯田湿地生态系统

* 本文为教育部人文社会科学重点研究基地重大项目“哈尼—阿卡社会文化调查研究”（2009JJD850003）的阶段性成果。

** 王永锋（1987～　），男，山西太原人，云南大学民族学硕士，现任职于中海油太原贵金属有限公司。

的重要一环，梯田是鱼塘存在的重要条件，简单地将梯田和鱼塘剥离开来是不合适的，只看鱼塘将舍本逐末，缘木求鱼；只看梯田将一叶障目，竭泽而渔，都是不可取的。论及此，笔者将二者有机结合在一起，试从微观角度做一论述和分析，以期达到宏观的预设。

二、现代与传统的矛盾

千百年来，哈尼族一直延续着自己的山地农业——稻鱼混作农业，稻米解决了哈尼人的吃饭问题，鱼类基本解决了哈尼人的营养问题，稻鱼混作早已成为哈尼人心中不变的乡土情怀。然而，随着市场经济的发展，哈尼山乡发生了翻天覆地的变化：外出打工的人越来越多，留守儿童也相应地出现；梯田核心区旅游业的发展，使得一大批农家乐如雨后春笋般出现在了村寨中；经济至上的心理使得部分老百姓放弃产量低、收益少的稻米种植，走上了全面发展副业的致富道路。

（一）村民外出打工带来的不利影响

20世纪90年代以来，在城市化进程大规模扩散的背景下，一支新的角色孕育而生，这就是农民工——有着农民户口，却从事着非农业工作的人。在全福庄，农民工主要有两种类型：一种为在就近乡镇、地州进行短期打工，“离土不离乡”的农民工，他们通常年龄在40~60岁，已是为人父、为人夫甚至有些已经是为人祖父，受家庭原因，他们不能长期离开家乡，不能离家太远，农闲时节出去打打零工、散工，挣点外快，农忙时节必须返回村寨，插秧收割等活计都落在他们身上；同时，他们的乡土情怀相对较重：他们重视哈尼族的传统节日——“苦扎扎”、“昂玛突”“新米节”等节日，每逢节日他们总会提前赶回家，准备吃食，为节日而忙碌着；他们把梯田、鱼塘看得很重，认为这是哈尼人的根，这个没有了就什么都没有了，因为梯田、鱼塘可以喂饱肚子、改善生活；在他们看来，打工和务农是不能放在价值观天平两端的：一个是改善生活，一个是生存根本，不能舍本逐末。而另外一种是远离家乡，在大城市长期打工的“离土又离乡”的农民工，他们大多从事第二、三产业，通常年龄在18~30岁左右，绝大部分未婚，且大多在当地上完初、高中后远离家乡前往大城市打工，由于长期呆在城市中，向往城市人的生活方式，渴望留在城市，思想观念已经发生变化，认为在大城市才有大钱挣，他们很少回家，这不是说他们不喜欢家乡，而是因为他们从懂事开始就在读书，读完书紧接着打工，他们不懂梯田、鱼塘的活计，也许这些只是他们儿时的回忆，加上家里有父辈们照看梯田、鱼塘，传统节日已没有新鲜感，所以这些人通常一年回家一到两次。

笔者曾在昆明一家理发店偶遇一位全福庄的小伙子，他在里面做小工，主要给顾客洗、吹头，下面为访谈记录。

2012年2月26日　受访人：小卢　年龄：21岁　访谈地点：昆明××理发屋

笔者：小卢，你什么时候来到这里工作的？感觉怎么样？家里是个什么情况？

小卢：我才来到这个理发店2个月，原来是在昆明读的中专技校，读了半年不想读了就出来赚钱了。以前也没有学过理发，所以先来当小工，每天早上10点上班，一直到晚上10点才下班，累是累了点，但在昆明还是好玩的，赚了钱就和朋友去KTV，要么就去酒吧，生活还是有意思的。暂时还没有积蓄，但是起码可以养活我自己了。现在没有想过回去，家乡有点苦，而且有点穷，对吧？（笔者笑而不语，小卢也笑了笑，接着说）你们去我家乡就是玩一玩的吧，要是长期呆在那里你肯定不愿意的。

笔者：你家里几口人？梯田、鱼塘谁来管理？过两天要过“昂玛突”了，你要回家吗？

小卢：家里有奶奶、爸爸和妈妈，还有两个哥哥已经分家了，梯田有爸爸和哥哥种啊，昂玛突啊，那个回去就是吃肉、喝酒，没什么意思，再说老板也不给放假，我已经习惯过年回家了，平时有时候也想回去，但是不让回也就不回了。

笔者：以后会回去务农吗？

小卢：可能会吧，但也不清楚了，要是在昆明混得好了就不回去了，梯田、鱼塘让哥哥们管，我也不怎么会，呵呵。

以下为笔者在全福庄对一位离土不离乡农民工的访谈记录。

2012年9月16日　受访人：卢文先　年龄：49岁　地点：大寨

笔者：你好，能说说你的家庭情况吗？

卢文先：我的父亲是卢咱点，今年80岁了，老人在家呆不住，出去转悠了，我是家中的独儿子，还有两个妹妹，其中一个已经出嫁了。我只有一个女儿和女婿，我跟老婆离婚了，家里的梯田和鱼塘都是交给女婿来料理的，我主要是去蒙自打打零工，也赚不来多少钱，毕竟在外面吃喝也是要花钱的，每年拿回家的也就三五千吧，这次回来主要是过新米节，我和女婿把谷子和鱼收一下，弄完这些我准备休息一段时间，等无聊了再出去。

笔者：在外面好还是在家好？以后会让孙子务农吗？

卢文先：还是在外面好啊，出去见见世面总比在寨子里强，况且梯田只能喂饱肚子，养鱼大部分都自己吃，要想赚到钱还得出去，孙子啊，还是要读书出去嘛，那样才有出息啊，梯田、养鱼这些他爸爸和我能行嘛，不需要他的。

笔者：那等你们年纪大了做不动了，怎么办？

卢文先：这个啊，我还没有想那么多，呵呵。

以上为笔者针对两种类型的全福庄农民工进行的访谈记录，对比结果很明显：虽然两位村民对待传统节日看法不同，相对而言中年人更重视传统节日，但是两人在看待梯田种植、鱼塘料理方面却存在相同看法：能不种就不要种了。他们都认为城市更具有吸引力，都认为梯田、鱼塘自己不管有人管，但是对未来梯田、鱼塘的最终发展和归宿，大家并没有考虑那么多。其实，在全福庄，外出打工的人在900～1 200人，而持上述态度的中年人占大多数，他们对自己的儿女能走出哈尼山乡、外出打工，持一种自豪态度，对于儿女将来是否要回来料理梯田、鱼塘，看法惊人的一致：有自己在，儿女不需要回来管这个，但是他们却从没有想过等到他们老去的时候，梯田怎么办、鱼塘怎么办。等到那个时候，儿女们早已对此陌生化，梯田情结的消逝将导致哈尼后代远离梯田、鱼塘，失去了梯田农业的哈尼族，梯田文化还会保存下来吗？这是个值得我们深思的问题。

关于这个问题，笔者向当地村委会领导进行了访谈，访谈内容如下：

2012年9月8日　受访人：李副主任　地点：全福庄村委会

关于外出打工的问题，是这样的：全福庄现在每家几乎都有四五口人，如果不外出打工的话，吃饭问题可以解决，但全家穿的、孩子们上学用的东西，还有过年过节要吃的那几顿饭，所要花的钱从哪来呢？养的鱼卖的很少，所以只能外出打工了。至于说外出打工导致梯田、鱼塘没人管，这点后果我们（村委会）也想到了，现在能做的就是尽快让梯田申遗成功，如果梯田申遗成功之后，政府可以给予很好的政策支持，那么我想那些十几岁的年轻人也会愿意回来种梯田的，那样也不需要外出打工了。现在天天种梯田是没有多少收入的，基本上全福庄的大部分人家都是靠外出务工来维持生活的，像打了谷子一次能出几百斤稻米的人家基本上是没有的，大部分都只是自给自足。收谷子后，虽然有些农户可以将谷子拿去卖，但很少有人卖。在农村，家家都有老人的，当老人去世后如果不能及时埋葬，

> 停放尸体在家十几天或是个把月都是有可能的，那么这种情况下，谷子的消耗就是非常大的，基本上每天都有七八桌人在那儿吃饭。每天需要的粮食都是不简单的，大家要随时考虑这样的事情，所以我们的想法是认为申遗成功后，可能会给老百姓的经济增收带来益处，但我们还不清楚上级给我们的政策是什么样的，所以我们也比较迷惑。如果到时候政府给的政策好，那么年轻人也愿意留在这里种梯田而不是外出务工，那样也就不必把梯田放荒而外出打工了。如果申遗成功的话，梯田是不能放荒的，如果不放荒的话种梯田就是年轻人的事，所以说年轻人肯定是要回来的。但照目前这种情况，旅游公司将大批的外来工作人员拉进来，老百姓得不到实惠，也就不会管你申遗不申遗的了，都忙着出去打工去了，认为申遗是政府的事情。单靠那几片梯田怎么能过上好生活呢？所以我们政府也是有这方面顾虑的。

由此可见，当地政府也看到了这种现象从长远角度带来的消极影响，但将梯田申遗成功与否作为梯田农业兴亡的赌注，是有危险的，至于具体措施，笔者也无计可施，但我们必须正视梯田农业的未来已经出现了一定的危机。

随着外出打工者的逐渐增多，越来越多留守全福庄的妇女在养鱼中承担起更多的劳动，开始成为梯田的主要管理者（王清华，2005）。而鱼塘的管理远没有笔者想象得那么简单，鱼塘的管理和梯田的管理同等重要，每逢下大雨，鱼塘埂子容易垮掉，即使跨不掉，如果塘中水溢出塘埂，鱼儿就会跑掉，所以每逢下雨当地村民尤其是妇女就必须冒雨检查鱼塘；当塘中鱼儿长成到快能出塘时，人们也要经常留心照看，以防偷鱼者。近年来，随着梯田鱼的价格一路走红，加上当地政府为了发展经济和促进旅游业，也开始倡导村民养鱼（袁爱莉、黄绍文，2011）。这些都使得当地人看到了梯田鱼的价值，开始把其作为一项副业来经营，但由于大多数人家男子在外打工，管理梯田和鱼塘的重任就压在了妇女身上，虽说较为劳累，但看到梯田鱼能够带来一些收入贴补家用，当地妇女还是感到欣慰。

（二）水稻种植、管理中的劳作方式转变

传统和现代是在一定文化模式中传承和发展的，当人们内化的价值观念发生变化，传统就会成为过去，现代也会在传统的基础上做出的新的变化。在全福庄，随着市场经济的深入，传统上稻作种植的精耕细作似乎已经开始发生改变，取而代之地是类似于快餐化的劳作模式。

传统上，水稻管理过程中包括三次人工薅草，而现在已减为一到两次，并且已

有村民开始使用除草剂等农药，笔者为此专门走访到田间地头，在水渠的两旁、田埂上不难发现一些诸如“敌敌畏”的农药瓶，此举令人堪忧。对此村民给出的说法是，梯田原本是不用除草剂的，但由于现在时间紧，外出打工的人又很多，劳动力不够，稻苗生长是不等人的，如果耽误了时机就是一年没有粮食啊，加上近年来稻苗灾害严重，所以大多情况下只好用除草剂了，但大家都很注意，尽量不在田埂周围的稻苗中施用，这是因为除草剂会使土壤疏松，造成田埂坍塌。

传统上，哈尼人在哀牢山区海拔 300 ~ 2 500 米梯田分布的不同海拔地带培育了 100 多个稻谷品种，多样性的稻谷品种的套种和梯田的生物多样性对水稻病虫害具有抑制功能，也是国际公认的事实（袁爱莉、黄绍文，2011）。笔者曾经采访过全福庄科技员，对此他也表示认可，曾经在全福庄，水稻品种便多达上百种，每家每户的稻种也会相应间隔开来，即每层梯田水稻品种与相邻两层都不会一致，生物多样性的可持续发展在一定程度上也控制了稻苗瘟病的发生。而现在大家都开始忙着打工挣钱，很少有人再愿意在稻谷品种的多样性上下功夫，伴随着稻苗病虫害的侵袭，只能借助于农药了。

另外，传统上稻谷收割完及插秧之前要分别犁田、耙田各一次，但现在村民只是在插秧之前才犁田、耙田；传统上每年冬春季节村民会进行冲肥或者赶沟，以及时为梯田补充有机肥，但现在村民们很少再从事这样辛苦而不体面的工作了，即使是一些勤快的村民也是每隔 3 年冲肥一次，因为这项工作费时费力，需要家里的全部人力从冲肥处一直看到梯田处，以防止肥水流入外人田，加上有些人家房屋建在寨子这边，梯田却在寨子另一边，不方便冲肥，由此冲肥现象在全福庄越来越少；现在全福庄大多施用化肥，也有人使用草木灰，但比较麻烦，且费时又费力，所以除了仔细人家会用，其他人家很少用。由于上述种种原因，不再精耕细作的梯田稻谷产量势必会减少，但打工赚到的钱却足以弥补这一损失，甚至在有些人看来这点损失是微不足道的。

（三）“农家乐”等旅游业发展对混作农业的影响

从 2000 年 10 月，红河州委、州政府决定哈尼梯田申报联合国教科文组织世界遗产开始，到 2012 年 1 月，国务院批准“红河哈尼梯田文化景观”为我国 2013 年世界文化遗产申报项目，红河哈尼梯田申遗已经走过了长达十几年的历程。在当地政府的大力宣传下，哈尼梯田尤其是申遗核心区元阳梯田名声大噪。

为了发展梯田观光旅游业，健全旅游基础设施，元阳县开始了建设“民俗文化生态村”的进程，箐口村、大鱼塘、多依树普高老寨、全福庄中寨（规划中）先后获批建立民俗文化生态村。根据元阳县旅游业——突出“一村两城三景区”，穿珠成线，大力塑造元阳旅游形象，逐步把旅游业培植成全县的支柱产业——的发展思路（元阳县地方志编纂委员会，2009），全县开始了轰轰烈烈的旅游设施建设。2012 年 9 月笔者到达全福庄时，发现世博公司已经在箐口村附近的公路两旁建成了梯田旅游游客服务中心，销售元阳民族服饰、茶叶、酒类等旅游产品，加上晋思公路（晋宁—思茅旅游专线）修缮一新，观景台随处可见，不难看出当地发展旅游业的决心。

为方便游客“吃、住、行、游、购、娱”，当地政府积极鼓励一些村寨改建农家乐，政府在经济上提供帮助。当然在实施过程中各个村寨又有所区别：①箐口村现有四家农家乐，分别是永福农家、阿升农家、梯田农家和箐口哈尼农家客栈。这几家农家乐都由政府提供无息贷款，每家可贷 10 万元，五年内还清，到期后开始收息；②大鱼塘有山里农家、阿卢农家、嘎尔农家、忆兰饭荘、梯田人家五家农家乐，同样是由政府提供无息贷款，每家可贷 10 万 ~20 万元，但要在两年内还清，到期后开始收息。为了摸清这些农家乐的运营情况，笔者亲自前往两地进行调查。在箐口，由于从公路到村寨还有一段曲曲折折的砖石路，加上这 4 家农家乐分布较为分散，没有形成一个规模效应，因此来箐口农家乐消费的游客不是很多。据张明华介绍，半年来这些农家乐生意都不是很好，刚开始时他们还都请了专门的厨师，但渐渐地由于生意不好就把厨师辞退了，现在也不备蔬菜，只是等上面临时通知才准备，相对而言大鱼塘的农家乐生意会好一些，像山里农家每天都会有 4 ~5 辆客车、私家车停在那里。笔者随后赶到大鱼塘，正如张大哥所说，有几辆私家车停在“山里农家”旁，山里农家的冷藏展示柜存满了蔬菜、肉类，几名员工正在捡菜、洗碗，而旁边的几个农家乐也忙着整理院落，看来生意都很不错。这些农家乐都建在一条街上，相对规模化，建筑风格均为现代与哈尼族风格的结合，在门口都挂着牌匾，中英名字对照，还都挂着“游客定点接待户”“民委系统扶持户”的牌匾，可见这些农家乐得到了县政府的认可和扶持，在大鱼塘村民小组办公室外，挂着《大鱼塘村乡村旅游农家乐示范户游宾接待管理细则》，部分内容为：

> 第一条　为加强民俗村乡村旅游示范户的经营和管理，规范乡村旅游农家乐旅游市场做好游客接待工作，特制定本管理细则；第五条定点扶持单位及团队到村内示范户用餐、住宿均向村小组长订餐、订房，村民小组长本着公开、公平、公正的原则统一安排；第六条村民小组长按天数把单位及团队轮流安排到各示范户，并做好本月的住食安排记录，下个月视各示范户接待情况酌情调整；第七条示范户须服从村民小组长安排，如有定点扶持单位及团队与示范户订餐、订房须向村民小组长汇报；第八条散客不在本管理细则范围，示范户可自行招待，但不得强客抢客；第九条当天

安排到的示范户如已客满，已无法接待的视为安排；第十条示范户不得私自招徕定点扶持单位及团队，如有发现，第一次警告，第二次上报乡村旅游建设工作领导小组办公室要求予以摘牌并取消政府扶持政策；第十二条餐饮示范户每天需备二桌以上的饭菜；第十三条本细则未尽事宜由村民小组及示范户共同协商完善；第十四条本细则于二〇一一年十二月二十一日由村民小组及示范户表决通过。

大鱼塘村村民小组
2011 年 12 月 26 日

不难发现，大鱼塘的农家乐是由县政府、村民小组领导和牵头的，村民小组有着分配和控制权，这一细则的出台客观上也使得大鱼塘农家乐能够快速发展起来。

在大鱼塘村，还有一家即将开业的农家乐——哈尼休闲农庄，住房正在装潢，员工正在院落中整理木料，这家农家乐占地约 1 亩，除了宾馆和停车场外，还有一个水泥修建的鱼塘，而鱼塘下方就是层层梯田了。与大鱼塘其他五家不同的是，这家农家乐并未悬挂“游客定点接待户”“民委系统扶持户”的牌匾。据工人介绍，这家农家乐不仅可以吃喝住，还可以垂钓、看梯田，所以叫休闲农庄，年底即将开业，执照手续正在办理中。

要想富先修路。确实如此，元阳的旅游资源带动了当地经济发展，而道路的贯通又提升了旅游环境，最终带动元阳经济快速发展，正因为这样，全福庄也开始了农家乐的规划之中。前面提到，全福庄中寨被评为“民俗文化生态村”，加上全福庄又是县里梯田申遗的中心地段，随着国内外游客鱼贯而入，中寨人想要建农家乐、发旅游材的心情越来越急迫。下面为中寨一位卢姓大哥和村委会李副主任对中寨农家乐建设的一些访谈记录。

2012 年 9 月 6 日　受访人：卢 × ×　地点：全福庄村中寨

全福庄梯田是元阳梯田核心区的核心，而中寨梯田是全福庄梯田的核心，加上中寨面积较小，所属梯田就处于梯田走廊内，政府的投资能够较快看到成效，如果将民俗生态村设在大寨，可能要花费更多的钱，但不一定能够看到效果。

至于建设民俗生态村的措施，主要有以下方面：在有土坯房的这些人家中，选取三家作为生态村的样板房，政府给以财政专向投入，将这房屋的外形和内部设施进行改进升级，比如房屋内部进行装修、贴木地板；而其他的土坯房，政府则会加盖蘑菇顶。现在民俗生态村的办公室、展览馆和停车场、厕所等基础设施正在规划当中，这个规划时间段为 2011 ~ 2030

年。中寨作为民俗生态村的试验如果取得成功，寨子以后每年只能增加2%的新房，这样规定是为了生态保护和防止次生灾害的发生，并且新盖的房子都不能超过3层，这样也是为了使游客可以看到梯田景区。

现在中寨村民已经有建设农家乐的想法，像原本位于箐口的阿略饭庄就是中寨阿略建的，由于被世博公司收购了，便在自家老宅处（位于中寨）新开了一个饭庄，现在政府不允许大家随意盖农家乐，像中寨老咪咕家旁边的一些邻居都想盖农家乐，但政府都不批准。

说到大鱼塘的农家乐，像梯田人家和嘎尔农家是大鱼塘人开的，而阿卢农家则是老城的一个工薪人员开的，忆兰饭庄是民政局局长妻子开的，还有一家山里农家是胜村村委会主任开的，新建的哈尼休闲农庄以前是运政局员工开的，但已经转手好几个人家，现在不知道是哪个人投资的。大寨的人暂时还没有想要建立农家乐的想法，因为他们那边暂时还不是梯田游览区。

2012年9月8日　受访人：李副主任　地点：全福庄村委会二楼

农家乐肯定是少不了的，但是要控制数量。要找出这个寨子最适合建农家乐的地方在哪里，比如说我们中寨，是适合办一个还是两个农家乐，由政府那边来决定。我觉得如果家家都办农家乐是没有什么好的收入吧，现在也是先等申遗成功了再说，到时候再看情况给名额了。至于农家乐的投资方式，政府也是可以先给出资的，比如旁边的大鱼塘，就是政府先给投资人贷10万～20万的无息贷款，但是要在两年内还清。至于我们这边是个什么政策暂时还不知道，全福庄现在还没有农家乐，大鱼塘当时规划是有6个，但是实际上有5个。箐口就不知道了。

从中寨村民和村委会领导各自的语境中，我们不难发现，村民急于想建农家乐赚钱，而政府要先等申遗成功后再做打算，但是相应的规划已经展开。当地的村民也会很认真地希望笔者在中寨路边建一个农家乐，很赚钱，投资也就几十万元，可见大家心里都在挂念着这件事。

全福庄人虽有建农家乐的期许，但还没有行动，所以农家乐给他们日常生活带来的影响还处于未知状态，但我们可以试着从隔壁大鱼塘和箐口旅游业的发展情况来对全福庄农家乐旅游业的未来走向做一预测，当然也可以预测到农家乐和旅游业的发展对全福庄农业发展的影响。

箐口和大鱼塘农家乐都是由政府提供无息贷款所建，但还息也有一定的期限，为了尽早还清贷款，各家都挖空心思努力赚钱，可谓全家总动员：男人开微型车搞客运，女人在家料理家务、接待客人，孩子在放学之后也得摘菜看小孩子。如果生意不错，家里人忙不过来，还得雇几个妇女和做饭师傅。顾此失彼的情况便疏于对鱼塘和梯田的管理，这个时候只好雇人去插秧和收割，而鱼塘要为农家乐供应梯田鱼，所以也必须雇人看管，据当地人讲，2012 年梯田用工涨到了每人 100 元一天，还要供吃喝烟酒，2011 年是每人 80 元。如果是人和水牛一起雇，就是一天 140 ~ 150 元了；鱼塘雇人相对要便宜一些，是按月结的。在全福庄这种雇人劳作的现象越来越普遍，因为青壮年在外打工，有的妇女也在外面打零工，农忙时节不是所有人都可以随时脱身回家的，只好雇人。在当地有一种说法叫作“借工”，是指甲家农忙时，乙家会出一个人去帮忙，但到乙家农忙时，甲家就必须去帮忙来还工，否则就得给钱了。只有近亲的两家人才会义务帮忙，在市场化发展下，全福庄大多数人家是要靠这种“借工”结束农忙的。

市场经济的利益驱动使得村民把心思更多地放在了旅游挣钱上，有些人认为这种钱相对种地卖鱼容易很多，有些人认为打工所得可以相应抵销梯田、鱼塘的雇人所需费用，所以并不觉得这笔开支吃不消；而农家乐老板在农忙时节都会雇人收作，鱼塘一般交给亲友管理；有的直接将梯田和鱼塘交给亲友去打理，收成由亲友获得，只要能够保证梯田、鱼塘不干就行，至于梯田、鱼塘带给哈尼人的深厚感情可能在物质化利益驱动下逐渐减弱了。当笔者问到一些人“梯田重要还是赚钱重要时”，大部分人认为都重要，但也有一部分人认为有钱了就不用受那苦了，这些想法看起来是合情合理的，毕竟农村人有权利像城市人一样过得洒脱、舒服，但是对于哈尼文化尤其是梯田文化来言，迷失了方向的哈尼人无疑是一个重大考验。

在市场经济高度发展的今天，在旅游业逐渐成为大多数地区支柱性产业的时代，我们看到哈尼人民在经济上、生活上逐渐达到充裕，应该感到由衷的高兴，他们和我们一样，都有权利过上更好的生活，我们不能把保护梯田生态系统的责任全部推到他们身上。但我们也更加担忧，随着元阳县旅游业的大力发展，也许今天的大鱼塘就会成为明日各个村庄的缩影，当然，必然少不了全福庄。随着家庭服务业的逐渐深入，相信越来越多的哈尼人民会毅然走向这条致富路，但是让笔者感叹的是，我们不能再走经济中心主义的老路子，也许哈尼人民更应该双管齐下，更应该科学发展。经济要发展，梯田农业也不能荒废，这才是真正的好日子。

三、市场化运作下外来物种对梯田、鱼塘的影响

对于全福庄人来说，主要副业收入除了外出打工便是卖水产了，这两项副业在一定程度上提升了当地人的生活质量。在市场化全力发轫之时，即使是静僻的哈尼

山乡也被卷入了这一经济浪潮之中，而外来物种的有意无意进入，对当地梯田湿地生态系统也产生了一定影响。虽说“外来的和尚会念经”，但是“请神容易送神却难”，外来物种的入侵使得梯田和鱼塘的处境变得岌岌可危，牵一发而动全身，梯田湿地生态系统也因此而遭遇生态问题。对于全福庄来说，小龙虾和福寿螺无疑是他们的煞星，在当地，人们是提虾色变，谈螺就烦。

（一）小龙虾与梯田、鱼塘的“格格不入”

小龙虾学名克氏原螯虾（procambarus clarkii），俗称淡水小龙虾。原产于北美洲，是美国淡水虾类养殖的重要品种。1938 年小龙虾传入中国，起初在江苏省南京市以及郊县，随着自然种群的扩展和人类的养殖活动，该虾现广泛分布于我国东北、华北、西北、西南、华东、华中、华南及台湾地区，已成为我国淡水虾类的重要资源。由于其破坏性非常大，已被国家环保总局列入“危害最大的外来物种”之一（元阳县农业局，2012）。

当地人讲，小龙虾进入全福庄已有 3 年左右的历史了，据说是箐口（一说为新街镇水卜龙村）那边一个老头，在和儿子上街买菜时看到了小龙虾，儿子想要吃，就买了一些，由于老人觉得丢掉可惜，便把剩下的小龙虾放到了秧田里，这样，这种极易生存的小龙虾便在箐口生活、繁衍种群，不足两年箐口的水田里已经到处是它们的影子。后来全福庄的小孩得知箐口有种没见过的虾，出于好奇便去抓，抓回来又乱丢，有的便被丢掉了自家的梯田和鱼塘里，从此全福庄也有了小龙虾的足迹。由于小龙虾会打洞，致使梯田、鱼塘出现漏洞而不能存储水源，梯田也就失去了生命力，从而引发水稻枯死、田埂崩塌的惨剧；而鱼塘漏水也会使得塘埂崩塌、种鱼缺水而死，这些龙虾还会吞食鱼卵。

据当地政府 2011 年调查统计，短短几年时间，元阳县新街、攀枝花、牛角寨、沙拉托等乡镇已有 21 560 亩梯田受到了不同程度的危害，其中新街镇的箐口、水卜龙、坝达、龙树坝一带最严重，有的每亩梯田小龙虾挖的洞穴达上百个，中等危害的也有 50～60 个洞穴（攀枝花乡和牛角寨乡），一般轻发区也有 10～20 个洞穴（新街镇团结村委会一带），危害洞穴深度最深达 1～1.5 米，一般的在 30～40 厘米，浅的也有 10 多厘米，直接造成灌溉用水的流失及田埂坍塌，影响到了哈尼梯田的保护和申遗工作（元阳县农业局，2012）。

如果不进行及时处理，被誉为中华风度的哈尼梯田随时可能溃于虾穴，而地方政府的长跑式申遗过程也可能因此而终止，这并不是杞人忧天。在此情况下，当地政府拨专款为农民提供农药以及喷药器具、技术支持。在每年插秧之前，当地都会组织大规模的灭虾行动，但只会清除掉表面的龙虾，钻到洞穴中的虾是无法杀死的，这种治标不治本的方法仍然是哈尼梯田生态系统的致命天敌。至于当地人会不会痛恨那个“始作俑者”，人们大致给出的说法是：哈尼梯田山水相连，既然已经出现在了元阳县，即便他不带回来也可能自己爬到高山区来，没有什么可怨恨的。

也正因为如此，小龙虾成了元阳县的公害和重点整治对象，据全福庄村委会李副主任介绍，近年来县农业局一直都在带领全县上下进行小龙虾集体灭杀行动，2012年4月，全福庄村委会照例搞了一次大规模的灭虾行动：县政府下发100个喷雾器（其中一些为电动喷雾器），还提供了“敌杀死”杀虫剂等农药。卢正中为大寨三组组长，现年30岁，他有一个任务就是通过发传单、积极帮助县农业局宣传小龙虾的危害，对有些不识字的老百姓则要进行口头宣传和帮助，告诉他们每亩梯田要喷撒多少农药，当他见到笔者时，还送了一本县农业局印制的《防治小龙虾宣传手册》，手册从“小龙虾的形态特征”“小龙虾的生活特性”“我县梯田受小龙虾危害情况”“控制措施”“防治措施”分别作出介绍，事无巨细。

当地村民也告诉笔者，全福庄几乎家家户户田中都有龙虾存在，龙虾会挖一米多的深坑，深坑会导致梯田里的水漏掉，最终导致田埂垮掉，所以每年插秧前，县农业局都会给他们免费提供农药和喷雾器来灭杀小龙虾，喷洒农药后小龙虾就暂时没有了。为了验证这一成果，笔者亲自前往梯田，但还是能发现梯田中有小龙虾的存在。

调查时节正值新米节，村民随身携带的竹筐中不乏小龙虾的存在，这也使得笔者对梯田的未来感到担忧：梯田不仅生长着村民的生存必需品稻米，还有梯田鱼的存在，而为了杀死小龙虾大规模的喷洒农药会不会对稻米和鱼种造成新的危害呢？我们不得而知。所以在全福庄，并不是所有村民都愿意在自家梯田里喷洒农药，他们认为这些农药会毒死田里的谷花鱼，这对靠卖鱼改善生活的人们来说显然是不可取的，虽然政府宣传册中特意提到“（敌杀死）在杀死小龙虾的浓度范围内对田里的鱼类、泥鳅、鳝鱼及水生昆虫都没影响，但能杀死小龙虾个体，并具有用药量少、费用低的优点”，但有些村民并不买账，他们坚决抵制政府的免费农药，即使村民小组长反复劝说也无济于事。

政府的有力行动的确给当地梯田的保护带来了正能量，但是我们不能不看到，除了梯田外，鱼塘同样也是重灾区。现如今全福庄的鱼塘中也有着小龙虾的身影，它们的发展壮大同样会使鱼塘处境危险。有人认为，鱼塘出于山腰处，气温较低，这样会冻死小龙虾幼体，孰不知小龙虾温度适应范围为0℃～37℃，鱼塘温度足够小龙虾繁衍生息，全福庄已经有一些鱼塘出现漏水现象；加之鱼塘情况特殊，千篇一律地喷洒农药并不可取，由于大多数鱼塘产出仍不用于销售，所以当地人显然不能接受为消灭鱼塘中的小龙虾而伤及无辜，对此村民们也只能采取“保守治疗”，即见到鱼塘中有小龙虾就抓出来这么简单。作为政府，他们的关注点并不在鱼塘上，因为他们认为申报遗产的是梯田，不是鱼塘，梯田是哈尼族的象征，是中华风度，是政绩所在，而鱼塘问题是村民自家问题。殊不知，哈尼梯田湿地生态系统本身就是一个环环相扣的有机整体，一个小小的环节出现问题就可能使得整个系统崩盘，正如“亚马逊雨林一只蝴蝶偶尔扇动翅膀，可能就会引起美国德克萨斯州的一场龙卷风”的蝴蝶效应一般，鱼塘的塘埂如果出现崩溃可能也会致使整个梯田湿地生态系统瓦解。笔者认为，梯田申遗固然是件好事，但要知道梯田农业所涉及的内容显然包含来自上游的鱼塘，以宏观视角洞察全局，以微观措施面面俱到对于哈尼梯田湿地生态系统有力而无害。

（二）福寿螺的入侵

福寿螺，原产于南美洲亚马逊流域，作为高蛋白质食物最先被引入中国台湾；1981 年引入广东，后被引入其他省份养殖。由于盲目引进和缺乏科学管理与监督，导致随意抛弃而失控，流入农田、池塘、沟渠及各类淡水水域（唐昆，2006）。其主要危害水稻等作物的苗期及水边种植的甘薯等，造成严重减产。另外，福寿螺的螺壳锋利，容易划伤农民的手脚，大量的粪便能污染水体，破坏农业生态系统（钟齐刚、陈章俊、刘兴德、吴玉凤，2012）。

福寿螺作为外来物种，来到全福庄也不是一两天的事了。村民们虽不知道它进入全福庄的具体时间，但都说很早些年便出现在元阳半山区了，卢医生说他 1998 年 12 月从西藏退伍回来便在全福庄见到了福寿螺，当时的村民只知道螺丝可以吃草，便想当然地认为如果把福寿螺放到自家梯田里，就可以去除杂草，也省下了很多劳力，只可惜“请神容易送神难”，福寿螺不仅会吃草，也会吃掉稻秧，尤其是那些刚插进田中的嫩秧，嫩秧初插入田中时，拇指大小的福寿螺就会爬到秧叶上面吞食，但太大的福寿螺由于重力原因是爬不上去的。

全福庄的鱼塘同样也遭受到了这群不速之客的侵害，由于福寿螺会与鱼、虾争抢食物，致使养殖业大幅减产，粪便污染消耗，造成水中缺氧，鱼、虾死亡（钟齐刚、陈章俊、刘兴德、吴玉凤，2012），它的出现使得鱼塘里的本地物种也面临着灭种危害。

在村民看来，福寿螺对当地梯田生态系统的危害虽不及小龙虾严重，但它也绝非善物。既然福寿螺和小龙虾同为梯田公害，那么政府和村民分别是怎么应对的呢？鉴于此，笔者访谈了全福庄的几位村民。得出的答案大致如下：老百姓灭福寿螺需要自己去买药，在插秧前一周喷洒到田里，这是因为消灭福寿螺的“米杀灵”农药不仅可以杀死福寿螺，甚至可以杀死秧苗，所以只能等药效稀释后再插秧，当地通常会在撒药一周后进行插秧，针对鱼塘这种办法便不可取，因为鱼塘本身就是一个较为封闭的空间，加上里面的种鱼不能经常挪地，所以往鱼塘里喷洒农药是不现实的，当地村民只好及时抓捕塘内已出现的福寿螺和它的卵；而当地政府对待福寿螺问题上远不及小龙虾那么重视，由于政府并没有提供治理福寿螺的农药，村民们只能自己买药、自己喷洒，这在一定情况下导致了福寿螺的治理并没有像小龙虾治理那样积极，笔者先后在夏季、秋季到达全福庄时，都发现无论是无穗的稻苗秆上，还是成熟稻谷上，都有一串串的粉红色的固体圆珠，一捏就会碎掉，询问村民后得知这些就是福寿螺的卵，据说福寿螺的繁殖能力超强，村民对此也很无奈。

针对福寿螺问题，笔者也与全福庄村委会进行了访谈，内容如下：

> 在插秧之前，政府已经为村民提供了农药来治理这些外来物种，村民自己买药可能是用于后期的管理吧！（其实老百姓买药也是在插秧之前，村民买的药和政府发的药并不一样，前者是灭杀福寿螺的，后者是灭杀小龙虾的）。至于整治福寿螺，上级政府倒是有过一次大型行动，地点是在全福庄小寨。因为小寨那块梯田是比较显眼的，在观景台那边望下去都是一大片的，而且联合国专家在以后的申遗检查中也会经过那条路，当地政府在先期检查时，发现那片梯田有福寿螺的出现，便要求农牧局在那里进行了一次灭杀行动，当时要求小寨每家出一人进行灭杀，这可能也是为了申遗吧。至于说其他片区为什么没有实行灭杀行动，我们还没有想这么多，就是上级政府怎么安排我们就怎么做罢了！

综上所述，不难想象，消灭福寿螺如果不积极，势必会成灾，那样秧苗、本地鱼种就可能遭受到灭顶之灾，试想一下，如果梯田里没有秧苗，鱼塘里没有了本地鱼种，只剩下波光粼粼的水面，那还能成为世界文化遗产或者世界农业遗产吗？农民没有了秧苗，就没有了生存下来的资本，失去了物质基础的梯田还会有梯田文化吗？失去了梯田文化的哈尼文化还会有“魂”吗？当地政府为了政绩，为了申遗成功而舍本逐末，一味地短浅考虑问题只会让问题越来越复杂，长远地、可持续地保护梯田生态系统才是硬道理。2011 年 10 月 1 日，《云南省渔业条例》正式实施，小龙虾、福寿螺被明令禁止，不得放生于野外，经查处，最高将被处以 1 万元的重罚。希望此举会切实减少其对当地其他生态环境的破坏。

四、可持续生态观指导下的哈尼农业发展道路

可持续发展包含子孙后代的需要、国家主权、国际公平、自然资源、生态抗压

力、环保与发展相结合等重要内容，但其核心和基石是人与自然和谐发展。没有良好生态环境的支撑，经济社会的持续发展便失去了基础。哈尼农业有其自身特点，有着良好的传统发展模式，因此，在可持续生态观的指导背景下，我们需要对哈尼农业发展道路进行理性思考，或许，在变迁与重构中进行发展是一个不错的选择。

（一）变迁与重构

1. 对传统和历史的重新思考

探讨现代社会和现代性离不开对传统的思考。这不仅是因为我们需要在与传统的对比中认识现代性，而且因为二者确实存在着内在的关联。正如吉登斯所指出的，现代性在消解传统的同时又在重建传统（方李莉，2000）。

上文中笔者已经提及当今时代下哈尼农业生态文化正在发生或可能发生的一些使传统稻鱼混作农业的可持续性以及和谐人际关系受到冲击的许多问题，其实从根本上讲都是单纯追求经济增长以及在理解人与自然关系问题上出现偏差所导致的。经济增长固然重要，但正确处理好增长与整个哈尼梯田文化生态系统的关系更为重要。我们说，文化生态系统是文化和自然环境交互作用所形成的包括相互制约关系的各种关系的总和。每一个细小的环节都是整个系统的有机组成部分，因而不深入了解那些细小的环节就很难真正理解整个梯田文化生态系统。梯田如此，鱼塘亦是如此，对于它们，我们需要进行基于文化生态整体观的更加深入的调查与研究，但对于进一步发展经济的问题，最根本的一点即是应不断超越人与自然二元对立的观点（马翀炜、王永锋，2012）。

此时此刻，我们可以扪心自问：哈尼人在历史发展中是怎样的，是在与自然对立中求生存的吗？显然不是这样，于是我们尝试将视角回归传统，因为传统，不论新的、旧的，在现代化的初期发展的早期阶段都是至关重要的，至少在早期现代化阶段，传统仍在发挥作用，传统并没有消失，作为过去与现代的媒介，它在现代社会的建构中也在被不断地建构和重新建构着（方李莉，2000）。

传统是前人理解的积淀和系统化，及过去遗留下来的价值、原则、规范、经验、观念和知识的总和。其并不完全是人们要加以克服的消极的东西，而是理解和阐述现实的不可缺少的前提（方李莉，2007）。在传统的哈尼族文化中，人与自然的二元对立是不存在或者说不那么明显的，笔者在田野调查及史料阅读中，深刻体会到了哈尼人对自然的热爱——视森林为亲亲的阿妈，视自然万物为自己的兄弟姐妹；在进行捕鱼时候，也会格外注意将幼鱼、种鱼放归鱼塘，这不仅是为了保持鱼塘鱼类生产功能的可持续性，更是当地人对弱小生物的一种尊重。又如，新米节时，全福庄有一个风俗，人们会把蒸熟的新米首先给家里的牲口尝食，意为“尝新”。当地人认为，家中的牲口在过去一年里很辛苦，为今年的丰收付出了很多，所以应该让它们先尝新。对此笔者很是感动，很少有一个民族能以如此高规格的礼遇对待动物，综上不难看出哈尼人的传统思维中人与自然并非对立，而是相互平等的主体，不存在谁依附于谁。这些优秀的文化传统正是当今哈尼人所应继承和弘扬的，这些传统并没有完全消失，因此仍可在哈尼山乡的发展中发挥着积极作用，优秀的传统文化势必会促进当地的社会经济朝着良性道路迈进。

2. 传统在现代化中的重构

当然，我们承认，随着经济全球化的不断发展，哈尼山乡也进入了空前的发展态势之中，加之民族传统文化是一个活的机体，每个民族所面对的自然和社会环境都不会一成不变，自然和社会环境中出现了新的内容，相关的民族都得重新适应。取得了新的适应成果后，原有的传统文化为了保持其有序性和整体性，在接纳这些新的适应成果时，都得重新调整，这就是“文化重构”（罗康隆，2007）。而人类生态学观点认为：当支撑某一文明的环境变迁，人类可以通过文化的进步与更新适应新的环境，这样，在文化的发展过程中，文明得以延续和发展（桂莉梅，2002）。同样，哈尼族在面临经济全球化的大环境之下，保留传统的优秀文化是必然的，也是有利于自身发展的，但与时俱进地、有目的性地选择适合现时发展的文化传统更为恰当，这就需要当地人对自己的民族传统文化试着进行重构。

社会生活的某些发展无疑要求一个历时的结构（克洛德·莱维·斯特莱斯，1995）。哈尼族现代农业发展，不能仅仅看到现时因素，更需要将历史和现实进行细致对比，在对比研究中尝试寻找它们之间的变化与重构的运动发展轨迹。一味地一成不变是不可取的，只有将传统在现代化中做出重构，哈尼族的发展才会更加科学、可持续地发展下去。

传统要在现代化中得以发展，就必然需要对其重构；而传统在现代化中的重构，又必然需要尊重传统，二者看似一对矛盾体，实质上是可以有机组合在一起的。例如，哈尼梯田在传统上就追求稻种的多样性，以此来确保对水稻病虫害的抑制作用，这是哈尼农业文化的精髓所在，是需要保留下来的；然而在现时发展过程中，当地人外出打工、发展第三产业的大背景使得人们无暇培育多品种稻苗，出现水稻病虫害只能依靠农药解决，治标不治本的方法显然不符合哈尼农业的可持续发展；这时我们就可以适当对这一农业传统进行“重构”，使其顺应当下的社会发展：我们可以由政府牵头，将稻种培育多样化作为一项专门性工作，在各自然村实施，在政策上适当向老百姓倾斜，让他们既能保证稻苗种植多样化，又可以享受到实实在在的优惠。同样，传统的哈尼山乡本是没有小龙虾、福寿螺的，所以当地人并没有在稻田里喷洒灭虾农药的习惯，政府的强制实施与部分农民的消极应对，看似农民是在动用“弱者的武器”，但其实是政府并没有尊重人们的传统文化思维，当地人惧怕灭虾农药会毒死梯田鱼，所以不同意；政府认为此举有助于保护梯田，但又得不到老百姓的支持，无疑头疼无奈。其实，适当调整我们的文化思维，让传统适应现代化发展进行重构，首先要尊重传统。喷洒灭虾农药是不得已而为之，但首先应安慰老百姓的心理恐惧，这就需要不断地宣传灭虾行动的必要性和农药喷洒的针对性，只有这样，传统与现代的发展才可以持续进行下去。

（二）在可持续生态观指导下理解现实和展望未来

在联合国环境与发展大会通过的《21 世纪议程》指导下，我国已把可持续发展确定为 21 世纪的基本国策和基本发展道路，展望未来，哈尼族的梯田农业也必将朝着这一道路发展，因此，在可持续生态观指导下理解现实，才能更好地为未来鼓劲、积蓄能量。

科学的现代生态观必然是人与自然协调发展的生态文化观，也即是可持续发展的生态文化观（廖国强、何明、袁国友，2006）。这就需要哈尼人对本民族的优秀生态文化充满信心，当然信心不足与当地经济发展滞后有着一定的关系，但是，随着哈尼族传统思想、信仰的被尊重，随着当地经济的不断发展，哈尼人必将走上一条文化自觉的道路。因为文化自觉的根基是对自身文化的认同。文化认同是形成和巩固民族凝聚力的重要因素。一个国家或民族的成员总是通过其语言、行为方式及生活习俗、伦理、民族精神与价值观念等的认同来形成文化的自我意识。失去了文化认同，一个民族也就失去了文化上的存在意义，更不会有文化的自觉（封海清，2006）。只有认同本民族的优秀文化，哈尼族才能一代代地发展下去，同样，哈尼农业文明才能可持续发展下去。

意义是人对客观事物的主观理解和解释。奥地利心理学家阿德勒（Alfred Adler）谈及生活的意义时指出：“人类生活于‘意义’领域之中。我们所经验到的，并不是单纯的环境，而是环境对人类的重要性。即使是对环境中最单纯的事物，人类的经验也是以人类的目的来加以衡量的（宋蜀华、陈克进，2001）。”的确如此，环境之于哈尼人，就像梯田生态系统之于哈尼人一样，世世代代的哈尼人并没有因为发展自身而牺牲环境，那么今天的哈尼人更应该秉承这一传统，经济的发展与生态保护并不冲突，而经济的增长首先不应将人与自然对立起来，而应正确处理好经济增长与鱼塘、与梯田、与整个哈尼梯田文化生态系统的关系。

既然哈尼族生态文化的复兴既是时代要求又有光明前景，那么它应是在科学发展观的指导之下，将哈尼山乡千百年来的古老智慧和地方性知识，与现代化的科学技术有机结合起来，创造出一种与时俱进的优秀生态文化。当然，这既是时代的要求，也是实现永续发展的根本所在！

五、结语

当人们开始反思当下的种种问题之时，不妨站在现代化的进程中科学地重构传统，这不仅是哈尼人的希望所在，更是所有人的复兴之路。哈尼传统文化中有着许多人与自然和谐相处的范例，这些范例不仅不能忘记，更应该时刻铭记，在市场化的高速发展下，哈尼人民有权利过上好日子，但这种好日子应该是建立在人与自然和谐相处的基础之上，这就需要我们站在现代化的语境中，尊重传统，重构传统，使得优秀文化传统在当今时代下重新发挥与时俱进的光辉。

哈尼生态农业作为哈尼族的生存之本，是不能随意丢弃的，梯田湿地生态系统是哈尼生态文化得以可持续发展的物质基础，在全面发展的今天，盲目放弃梯田、鱼塘是不明智的，科学规划、高效运作，使得梯田、鱼塘能够最大程度地产出才是真正的出路，我们没有理由要求哈尼人民永远守着梯田、鱼塘，因为他们同样拥有享受美好生活的权利，但是站在国家粮食安全战略的高度，哈尼山乡城镇化受到一定的限制，农业是必然不可丢的。只有努力发展哈尼生态农业，哈尼生态文化才有传承下去的基础，哈尼族才有可持续发展下去的动力。

参考文献：

[1] 王清华．哀牢山哈尼族妇女梯田养鱼调查［J］．民族研究，2005（4）.

[2] 袁爱莉，黄绍文．云南哈尼族梯田稻禽鱼共生系统与生物多样性调查［J］．学术探索，2011（2）.

[3] 元阳县地方志编纂委员会．元阳县志（1978－2006）［M］．昆明：云南民族出版社，2009.

[4] 唐昆．福寿螺［J］．湖南农业，2006（7）.

[5] 钟齐刚，陈章俊，刘兴德，吴玉凤．福寿螺危害水稻等作物调查及综合防治措施［J］．安徽农学通报，2012（8）.

[6] 方李莉．传统与变迁——景德镇新旧民窑业田野考察［M］．南昌：江西人民出版社，2000.

[7] 马翀炜，王永锋．哀牢山区哈尼族鱼塘的生态人类学分析——以元阳县全福庄为例［C］．西南边疆民族研究（第10辑），2012.

[8] 方李莉．“文化自觉”与“全球化”发展——费孝通“文化自觉”思想的

再阐释［J］. 文化研究，2007（1）.

［9］罗康隆. 文化适应于文化制衡——基于人类文化生态的思考［M］. 北京：民族出版社，2007.

［10］桂莉梅. 不衰的绿色文明——人类生态学视野中的哈尼梯田文化［C］. 哈尼族文化论丛·第一辑，昆明：云南民族出版社，2002.

［11］［法］克洛德·莱维·斯特莱斯. 结构人类学［M］. 上海：上海译文出版社，1995.

［12］廖国强，何明，袁国友. 中国少数民族生态文化研究［M］. 昆明：云南人民出版社，2006.

［13］封海清. 从文化自卑到文化自觉——20 世纪 20~30 年代中国文化走向的转变［J］. 云南社会科学，2006（5）.

［14］宋蜀华，陈克进. 中国民族概论［M］. 北京：中央民族大学出版社，2001.

［15］元阳县农业局. 防治小龙虾宣传手册［C］，2012.

［16］云南网. 小龙虾“入侵”云南？专家揭秘“神秘外来客”［EB/OL］. http：//society. yunnan. cn/html/2013－05/13/content_2727164. htm.

农业推广中农民行为改变规律研究

杨冠英*

【摘　要】农业推广的主要对象是农民，农民是农业推广行为的主体。农民作为农业推广程序的终端，他们的行为状况直接影响着农业科技成果的转化和农业推广目标的最终实现，决定着农业推广工作的成败。本文通过研究农业推广中农民行为的特点、类型，分析农民行为改变的过程、规律，并提出通过提高农民的受教育程度，改进农技推广方式，改善农民生产的外部环境等途径来引导农民行为的自愿改变，从而促进农业发展。

【关键词】农业推广　行为改变　规律　途径

一、引言

农民是农业推广行为的主体，是一项新技术的最终接受者和采用者，在农业推广系统中具有主导地位，农业推广的成功在很大程度上取决于农户的行为方式。作为农业推广主要对象的农民，他们的行为状况直接影响着农业科技成果的转化、先进实用技术的推广、农业生产的发展和农村社会的进步，且其行为的改变又是制约农业推广工作的重要因素。因此，分析研究农业推广中农民行为特征及规律的变化，并采取相应途径不断优化农民的行为，促使农民行为的自愿改变，对推动农业技术创新与进步，提高农业科技的转化率，促进农业推广活动的顺利开展，实现农业推广的最终目标，都具有至关重要的意义。

* 杨冠英（1993～　），贵州天柱人，贵州大学管理学院硕士研究生，研究方向：农村区域与发展。

二、概念及文献综述

（一）相关概念

农业技术推广，是指通过试验、示范、培训、指导以及咨询服务等，把农业技术普及应用于农业生产产前、产中、产后全过程的活动[1]。

人的行为是指在一定的社会环境中，在人的意识支配下，按照一定的规范进行并取得一定结果的客观活动。行为的主体是人，是在人的意识支配下的活动，具有一定的目的性、方向性及预见性；行为与一定的客体相联系，作用于一定的对象，其结果与行为的动机、目的有一定的内在联系[2]。

农户行为是指农户在特定的社会经济环境中，为了实现自身的经济利益面对外部经济信号作出的反应。农户作为经济行为主体，具有特殊的经济利益目标，并在一定条件下采取一切可能的行为追求其目标[3]。

在农业推广工作中，农民行为的改变是指农业推广人员通过对农民行为的研究，利用不同的外加手段，达到引导、优化农民个体和群体行为的目的。农民行为的改变是建立在其认识、技能和态度改变基础上的变化，这种改变不仅因农民个体的年龄、地区、阶层不同有很大差异，而且根据农民群体所处的社会、历史、经济和自然条件差异，也有不同形式的表现；但是就其行为改变的目的则都是为了实现预期目标，如增产增收、改善生活、促进农村社会经济的发展等[4]。

（二）文献综述

高启杰、董建平等认为影响我国农民技术采用行为的决定因素主要来自农民本身及其环境两大方面。前者即内因，主要包括农户年龄、性别、知识水平、经营能力、沟通行为特征等；后者即外因，主要有技术供给、推广服务、信贷条件、社会组织、政策法律、基础设施产品运销等[5][6]。王慧军认为农民行为改变受三大动力因素的作用：农民自身的需要是行为改变的原动力，市场需求是拉动力，政策导向是推动力，政府为了国家和社会的需要，制定相应的促进农业、农村发展的政策，推动农民行为的改变；农民行为改变的阻力因素包括两个方面：一是农民自身和其所属文化传统的障碍，二是农业环境中的阻力[7]。陈红卫认为农民行为的改变越来越多地受到教育程度、经济收入以及市场因素和社会环境的影响，农业推广工作应该通过提高农民的受教育程度，改善农民的生产环境、生活环境、经营环境等途径，避免过多地使用强制性方法改变农民的行为，引导农民更多地自愿改变自己的行为[4]。吴金霞、孙方胜根据农民个体接受新技术、新信息的反应速度将农民分为创新类、求稳类、从众类、守旧类四种类型，为了促进农民行为的改变，需要针对不同类型的农民个体，采用不同的推广方式和方法。如对创新类农民采用需求式推广，对求稳类农民采用参与式推广，对从众类农民采用指导式推广[8]。高辉等人论述了农技推广过程中农民接受新技术的行为特点，分析了其采用新技术的行为规律，并提出加强农村教育、因地制宜地选择推广方式和政府补贴等对策促进农民行为改变[9]。龚凯等人研究农业技术推广中采用者的行为分类，影响采用者行为改变的因素和动力基础，提出改变农业技术推广中采用者行为的方法和策略[10]。

三、农业推广中农民的行为特征及分类

（一）农业推广中农民的行为特征

农民的行为直接关系到“农业发展”与“农村发展”，不同时期或时代背景下农民行为都存在一定的差异。想要有效的改变农民行为，必须先要对目前我国农民整体行为特征有一定的了解。农民的行为多种多样，归纳起来可分为两大类。

（1）社会行为。农民的社会行为主要包括：一是交往行为，即农民个人与个人、个人与群体或群体之间表现出感染与模仿、从众、竞争与协助等特征的行为活动。二是社会参与行为，即农民参加社会管理、经济决策及技术决策等活动，并在其中扮演一定角色，参与讨论、发表意见并参与最后决策的行为活动[11]。三是采纳行为，即农民为了满足自身需要，改变传统旧习、传统技术采用创新技术方法的实践活动。

（2）经济行为。农民经济行为主要包括：一是投入行为，即农民投入劳力、资金发展经济再生产的行为。二是劳动组织行为，即家庭成员中的分工协作行为。三是生产经营行为，即农户以满足自身、社会以及国家的需要，以经济收入和实物收入为目标的生产行为。四是市场行为，表现为销售和购买两方面的行为[2]。

（二）农业推广中农民的行为分类

改变农民的行为，首先必须准确地认识和把握农业推广中农民的行为分类[5]。

由于农民个体的年龄、性格、思想、文化知识、技能、经济状况等因素的不同，农民在接受应用新知识新技术新信息上表现出很大差异[10]。

（1）创新类。一般是受教育程度较高，经济收入情况良好，思想开放，敢于尝试且有钻研精神的农民，对农业新技术、新知识、新技能、新信息不仅有渴求心理，学习兴趣浓厚且接受能力较高，通常率先搞试验，敢于冒险，愿意做“第一个吃螃蟹的人”。如农村中的科技示范户、专业户，虽然相对占比较小，但其所起到的作用甚大，不仅是农业推广的先导者，更是农业推广的依靠力量。

（2）求稳类。一般是文化素质比较高，受教育程度也相对较高，接受能力强也乐于接受新事物的农民，在创新类农民“试验、示范”成功后，他们会是率先的响应者和效仿者。虽然在农村中也是少数人群，但他们的影响面却是不容小觑的。在农业推广过程中，要由农技推广人员多做工作，使这部分农民成为农业推广中可以信赖的中坚力量。

（3）从众类。一般是文化素质不高、思想保守、求稳怕乱、不敢尝试的农民，其对农业新技术持谨慎、观望的态度，对一些新技术效果的判断比较简单直观，有一种“大家干我就干”“要挣一起挣，要赔一起赔”的从众心理。此类农民占据多数，是农业推广中必须动员和利用的力量。

（4）守旧类。一般是文化少见识浅，对新技术反应迟钝且不了解也不想了解，只相信传统经验或缺乏劳力、资金等条件的农民；其既讲实惠，又固执守旧，安于现状，行为改变十分困难。此类农民在农民群体中占比较小，是农业推广的攻坚目标。

四、农民行为的改变过程及影响因素

（一）农民行为的改变过程

（1）知识的改变。知识的改变是由不知道向知道的转变，一般来说比较容易做到。大多数农民进行的都是经验加力气的传统农业生产，对运用现代农业技术进行农业生产缺乏认知意识。通过推广教育、宣传、培训、咨询、信息交流等手段可以使农民改变知识，提高其科技文化素质，增强其对新技术、新知识、新成果的认识了解以及接受能力[12]。因此，知识的改变是基本的行为改变，更是行为改变的第一步；只有知识水平得到提高，才有可能达到以后层次的改变。

（2）态度的改变。知识的改变为态度的改变奠定了基础，态度的改变是农民对事物认知后评价倾向上的改变，还常常受到人际关系的影响，它比知识的改变难度更大，需要的时间也相对较长。只有将农业科技推广应用与农民切身利益联系起来，才能形成新的观念，从而达到态度的改变[11]。因此，态度的改变是农民行为改变的关键一步。

（3）技能的改变。农民掌握了知识，改变了态度，才会心甘情愿地去学习掌握新知识新技术[11]。技能转变后，便可以运用新技能提高农业生产经营水平和农业生产力，在不断的掌握新技术且能达到熟练程度时，就能得心应手的应用技能从事各类农业生产活动。

（4）个人行为的改变。个人行为的改变是个人在行动上发生的变化，是个人改变的最高层次，这种变化受态度和动机的影响，也受个人习惯的影响，同时还受环境因素的影响[11]。因而个人行为的完全改变其难度更大，所需时间更长。对某项新技术的示范推广，只有当个体农民在其知识、态度改变后，真抓实干运用新技能从而达到个人行为改变，就可辐射带动周边多数农民的行为改变。

（5）群体行为的改变。群体行为的改变是以大多数人的行为改变为基础的，是某一区域内人们行为的改变。在农村，农民是一个异质群体，个人之间在文化、经济、心理、劳动能力等方面的差异大，因而改变农民群体行为的难度是最大的，所需的时间也是最长的。对某项技术的推广，群体内不同农民可能会停留在不同的行为改变层次。有的农民可能知识改变了，但态度没有改变；有的可能知识态度改变了，但没有掌握技能；有的知识态度技能都改变了，但是条件（经济条件、劳动力、生产条件或是支农服务问题等）不具备，最终行为还是没有改变[13]。因此，推广人员要特别注意分析不同农民属于哪个行为改变层次，有针对性地进行推广工作，促进大多数农民的行为发生改变。

（二）农民行为改变的影响因素

（1）新技术示范成果的展示。大部分农民都秉持着“眼见为实，耳听为虚”“百闻不如一见”“只相信自己的眼睛，就会信服成果存在”的态度；而成果示范恰恰能充分展示新技术的优越性，能有效地消除农民对新技术的顾虑，使他们“眼见为实”。因此，“成果示范”作为农业推广工作的一个程序是非常重要的环节，能让农民从内心真正的信服这项技术。

（2）新技术的趣味性和盈利性。兴趣是人类最好的老师，是激发和促进行为改变的前提要素。新技术的盈利性是技术能否被采用以及实际采用程度的关键[14]。因此，通过一定方法激发农民对新技术的求知欲，且让农民了解采用新技术能获得的好处，从而学习和使用，这利于推广工作的开展。

（3）信赖的推广者的认同度。同一项创新技术，不同的人去推广，效果可能不同。在农村中，可信赖的熟人，有影响力的人或者年长者的话都比较容易被大家所接受和采纳。因此，对不同的推广对象要安排不同的推广人员去工作，且推广人员应广泛结交农民朋友并不断提高自身的综合水平。

（4）新技术的实用性。农民对于自身有用的知识、信息和技术，不仅积极性高、采用快，接受能力也强；而对于自身不实用的技术，即使学习了也会较容易忘记[10]。

（5）综合方法推广技术。教育心理学家研究表明，人们从听觉所获得的知识信息只能记住25%，视听结合则可记住65%，而视听做三者结合则可记住86%[15]。因此，要让农民尽快掌握农业新技术，应采用多种形式进行推广活动，比如广播电视、培训示范、现场参观、操作讨论等，才能取得明显效果。管红良等研究表明：农民采用农业新技术时选用的11种推广方法中以农户访问、试验示范、向推广人员咨询、电视广告、广播和现场参观为最高[16]。

（6）推广措施配套。在动员农民采用农业新技术时，如果不能帮助解决农业产前产中产后的问题，农民因为心里没底且存在后顾之忧，就算新技术再新再好对其来说也是无用的，更别提推广应用。因此，农民需要包扶持、包技术、还得包销售的“三包”服务，推广新技术一定要措施配套。

五、农民行为改变的动力和阻力

（一）农民行为改变的动力

（1）自身需要的原动力。几乎所有的农民都有发展生产、增加经济收入、提高生活水平的愿望，这种需要是农民行为改变的内在动力源泉。这些经济发展的需要，不断地激励着农民采用新技术的积极性，驱使他们不断改变自身的生产经营行为，接受现代经营理念和先进科学技术[2]。

（2）外部环境的推动力。外部环境对农民行为改变起着重要的推动作用。一方面市场需求是拉动力，随着市场经济的发展，农业生产力的提高，农民参与市场交易可以获得更高的收入；另一方面政策导向是推动力，政府为了国家和社会的发展需要，要制定相应的政策来发展“三农”。

（二）农民行为改变的阻力

（1）自身的观念和传统文化障碍。不少农民受传统文化影响较深，存在保守主义，不愿冒险不敢尝试，只顾眼前听天由命等传统的价值观；再加上许多农民受教育程度较低，掌握技术的能力不高，使得他们缺乏争取成就的动机，最终阻碍其行为的改变。

（2）外部环境障碍。外部障碍包括市场前景、政策导向、推广服务、投入成本、技术供给、基础设施等，但归根到底，主要是缺乏经济上的吸引力。任何先进的农业技术，如果不能在经济上给农民带来好处，那一切都是空谈，更别说促进农民行为的改变了。此外，即使某项新技术可以使农民在经济上得到刺激，但由于地区经济落后，缺乏必要的生产条件和资金支持，农民也只是望尘莫及[17]。

（三）农民行为改变中动、阻力的相互作用

在农业推广中，动力因素促进农民采用创新，而阻力因素又妨碍农民采用创新。当阻力大于动力或二者平衡时，农民采用的行为不会发生改变。当动力大于阻力时，农民行为发生变化，创新被采用，完成推广目标，出现新的平衡；在一段时间之后农业推广人员又推广新的创新，调动农民的积极性，帮助其增加新的动力，打破新的平衡，又促使农民行为的改变。

农业推广工作恰恰就是农民在行为改变动力和阻力因素的相互作用下，增加动力，减少阻力，推广一个又一个的创新，推动农民向一个又一个目标前进，促使农业推广目标的不断实现，农业生产水平从一个高度上升到另一个高度（见图1）。

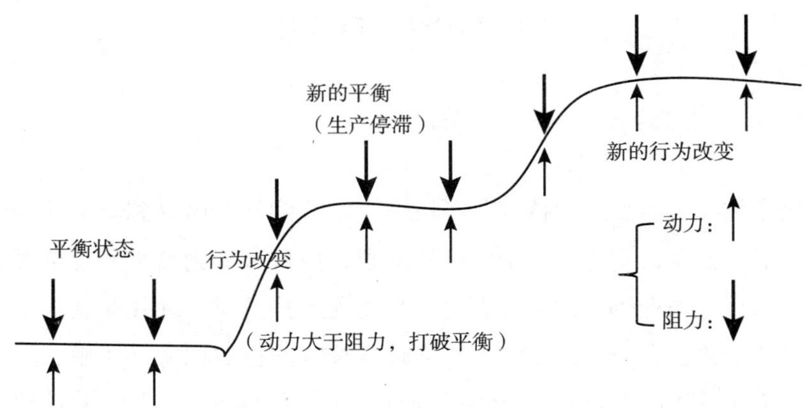

图1　行为改变中动力与阻力相互作用模式

六、农民接受新技术的行为规律

（一）由易到难

农业推广中农民行为的改变，是以知识、态度、技能等方面的转变为前提的，只有这些方面有了相应的转变，才能促使其行为产生适当的改变[18]。据研究，知识、技能的改变比较容易，态度的改变要困难些，所需时间也较长；个人行为的改变更加困难，所需时间更长；而最为困难且花费时间最长的则是群体行为的改变[9]。因此，在农业推广中要有目的地去改变农民的行为，就必须考虑农民的各方面因素，因地制宜因人而异地采取不同的推广方法，由易到难地进行一系列的促进工作，使其在知识、技能、态度、观念、信息等方面都发生相应的改变，从而促使其行为有一定的改变（见图2）。

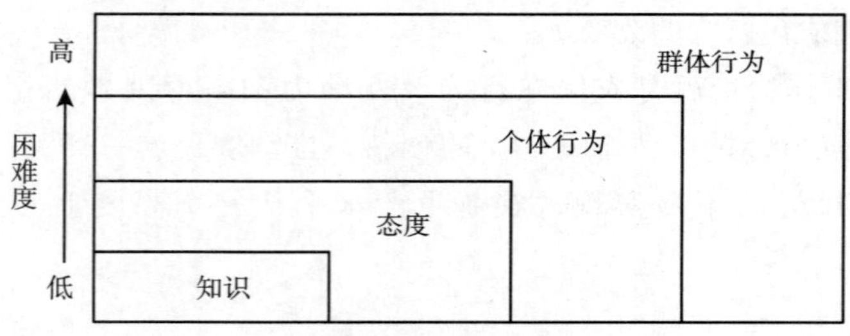

图2　农民行为改变的难易度

（二）逐步提高

就农民个体而言，采用新技术要经历一个由浅到深、由易到难的循序渐进的过程；就农民群体而言，则是一个由少数到多数，由低水平到高水平逐渐提高和深化的过程[8]。农民是农业创新的采用者，在其接受新技术时心理往往会大致经历5个阶段：一是知晓阶段，农民开始知道有某种新技术的存在但并不了解；二是了解阶段，对想要分辨认识的新技术进行了解分析，比较和判断；三是喜欢阶段，农民对新技术产生良好印象；四是确认阶段，确信新技术对自身的实用性，经过反复研究考量之后做出最终决定；五是评价阶段，对新技术的使用效果进行评价。如果试验示范成功，这项新技术便会被越来越多的农民所接受，等到更新的技术出现时，又开始重复这个由少数到多数的群体行为改变过程，最终使得农民的总体行为向上跃升了一个层次（见图3）。

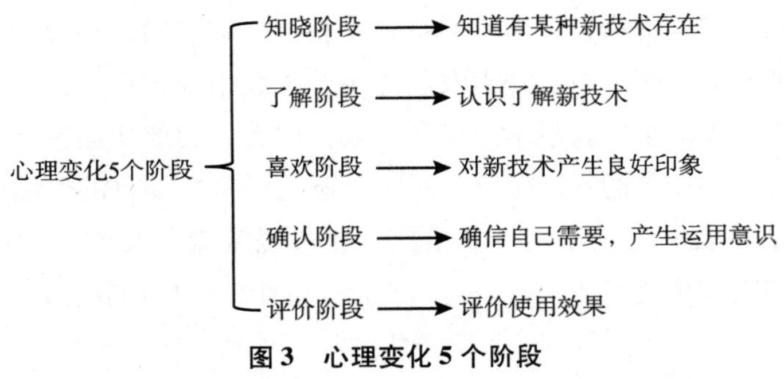

图3　心理变化5个阶段

七、农业推广中促进农民行为改变的途径

（一）改变农民自身的行为，加强农村教育和培训工作

提高农民的整体素质是利于增强其接受和应用科技成果的内在动力。首先，从农民本身入手，以提高农民本身素质为主，不仅要提高其受教育的程度，改善其知识状况，提高生产技能；更要改善农民对农业创新的态度，提高其对农业创新的认识。其次，加强农村基础教育，逐步普及十二年义务教育，分类推进中等职业教育免除学杂费，从而降低农村青少年接受教育的成本，提高其自身文化水平。最后，加强农村成人培训及对农民的继续教育培训，定期开展现场科技展示以及科技交流会，兴办农民科技指导咨询培训班，开放农村书屋，定时定点组织农民观看农业先进技术录像视频。本着学以致用、按需施教、实用、实际和实效的原则，以推广实用技术为主，提高农民文化水平；实行多层次、多形式、多途径办学，培养有文化、懂技术、善经营、会管理的新型农民[9]。此外，充分发挥科技示范户、专业大户、农业合作社的辐射影响作用，通过他们的现身说法，增强农民对新技术的感知力和求知欲，使农民从墨守成规、循规蹈矩、靠经验靠天吃饭的心理中解放出来，逐渐形成一种爱科学、学科学、用科学的良好风气，从而带动千万农民走上科技兴农致富路。

（二）针对不同类型的农民采用不同的推广方式

面对农民个体，农业推广人员对不同类型的农民要采用相应的推广服务方式和方法。对创新类农民采取需求式推广，根据他们的不同需求可传递各类先进适用的新技术，发挥其科技星火的传播功能，通过他们的生产经营活动来加大求稳类农民接受新技术的可能性。对求稳类农民适用参与式推广，即在新技术的试验示范阶段，尽量吸引这类农民参与进来，让他们切身感受新技术带来的便利及益处，从而引发其对新技术的兴趣和热情。对从众类农民适用于采取指导式推广，也就是在做好试验示范的基础上，大力推广新技术的成功之处，用大量的成功经验促使他们对新技术的欲求行为并耐心十足的答疑解惑，同时要避免因推广项目的失败而造成的逆反行为[8]。对守旧类农民则采取指令式推广，通过强刺激以及前三类农民的实例证明，尽量使他们克服传统习俗、打破封闭心理，逐步尝试使用新技术。

（三）加强农技队伍建设，提高农业推广服务

引导和鼓励涉农专业高效毕业生到农技推广服务机构工作，不仅充实和加强农技队伍建设，为农技队伍注入了“新鲜血液”，更有利于农业推广新思想新方法的迸发创新。从事农业科学研究的单位，从当地的条件出发，适应农户的需求，充分考虑农民的利益，研究适宜的、有市场竞争能力的新品种、新技术，增加农民使用新技术的收益。培养训练有素的推广人员，提高他们的综合素质，既要有过硬的专业技术本领，还得有足够的耐心以及良好的心理素质，从而可以帮助农民学习新的农业技术知识，了解有关市场价格信贷等方面的信息，给农民提供优质高效的农业推广服务，促使农民自愿地去了解使用新技术。同时，农技推广人员要合理安排指导时间，在农民最需要的时候也就是在关键时间、关键环节进行指导，还要在保证一定指导次数的基础上，深入到农户家中以及田间地头，手把手、面对面地进行指导，不仅要将技术说给农民听，而且要做给农民看，以推广形式做到家来保障推广技术做到位[19]，从而提高农技推广服务水平和达到农业推广目的。

（四）改善农民行为改变的外部环境条件

物质条件或环境的改变会带来人的行为的改变。如果农民所需的生产资料价格降低或者农产品的价格提高，那么农民对于采用新技术的态度就会大为改观；如果采用新技术时能得到必要的信贷服务那就再好不过；如果农村基础设施完善，交通运输问题得到有效解决，农产品市场前景好，那么农民是乐意采用新技术的[5]。这些情况充分说明，农民是否接受新技术在一定程度上也取决于环境条件。因此，积极改善包括社会组织环境、技术服务环境、基础设施、市场信息、政策法律环境等外部环境服务条件，建立健全各种社会服务体系，努力为农业技术推广的产前、产

中、产后提供配套服务，为农民使用新技术做好技术指导工作，这将在极大程度上促使农民采用新技术。在推广新技术时，政府给予一定的补贴资金，加大直补、间接补助以及购买农机具等多方面补贴力度，完善“三农”发展的各项政策措施，是农业新技术在农村得到有效推广的最佳方式。

参考文献：

[1] 中华人民共和国农业技术推广法，基层农技推广，2013（6）：12－15.

[2] 高启杰．农业推广学［M］．中国农业大学出版社，2003.

[3] 王维赞．蔗农采用“吨糖田”栽培技术影响因素研究［D］．中国农业大学，2004.

[4] 陈红卫．论新时期农业推广中农民行为规律变化及对策［J］．中国农学通报，2005（7）：428－430.

[5] 高启杰．农业技术推广中的农民行为研究［J］．农业科技管理，2000（1）：28－30.

[6] 董建平．浅议农业推广活动中的农民行为问题［J］．陕西农业科学，2004（2）.

[7] 王慧军．中国农业推广理论与实践发展研究［C］．东北农业大学，2003.

[8] 吴金霞，孙方胜．浅析农民接受新技术的行为特点、规律与行为改变［J］．安徽农学通报，2007，13（6）：140－141.

[9] 高辉，岳本奇等．农民对新技术的应用研究［J］．农村经济学，2012（14）：336－337.

[10] 龚凯，夏孝勤，沈雄．农业技术推广中的采用者行为分析［J］．农村经济学，2014（20）：286－287.

[11] 曹彬，张德仓等．刍议现代农业推广中的农民行为问题［J］．农业科技管理，2008（4）：84－86.

[12] 旷宗仁，左停．我国农民认知与行为改变研究综述［J］．中国农业教育，2006（4）：1－5.

[13] 闫树成．蔬菜新品种推广中农民行为改变层次性分析及应用［J］．河北农业科学，2009（12）：105－106.

[14] 黄群俊．新形势下农业技术扩散中农民选择行为的问题及对策［J］．安徽农业科学，2007（13）：3995－3996.

[15] 范志军，柏新娣等．农业推广与农民行为改变［J］．农技推广，2010（1）：11－13.

[16] 管红良，汤锦如，戴云梅．农民采用新技术过程、文化素质和推广方法

关系的研究——以江苏省经济欠发达地区淮安市为例［J］. 农业科技管理，2005（2）：41－43.

［17］汤锦如. 农业推广学［M］. 中国农业出版社，2001.

［18］谢宗权. 农业推广中农民的行为特点、规律及对策［J］. 科技兴农，1996.

［19］王磊，王志刚，李建等. 基于农民视角的农业科技推广行为：形式和内容孰轻孰重［J］. 中国科技论坛，2009（10）：115－120.

农民专业合作社“空壳化”问题及对策研究*

于福波**

【摘　要】论文讨论了合作社在发展过程中出现的“空壳化”问题。分析了合作社“空壳化”的内涵与特征，提出了“纯空壳化合作社”和“准空壳化合作社”两种表现形式，认为“空壳化”合作社产生的原因主要表现为“体制化”的政策落实、政绩观念，“人才化”方面缺乏人才、人员，以及“市场化”方面的竞争力弱、风险意识不强等根本原因。提出了“完善政府服务，将政策工作落实到位；整合资源，提高合作社的整体质量；落实政策资金，创新融资渠道”等解决“空壳化”的对策措施。

【关键词】合作社　空壳化　问题　对策

一、引言

我国已经步入工业化和农业现代化同步推进的重要时期，然而农业在发展过程中已经暴露出如农村人口老龄化，劳动力短缺，农村土地闲置，农村发展“空心化”等诸多问题。合作社作为农村经济发展的重要载体，在解决农村人、财、物资源分散，土地闲置，空心化等方面的问题发挥了重要作用。2011 年全国合作社达 52. 17 万户，2013 年上升到 98. 24 万户，年均增长达 44. 15%；县级以上示范社 2011 年 6. 5 万户，占当年合作社总量的 12. 5%，2013 年末县级以上示范社达 15. 6 万户，占 15. 9%。示范社的数量是衡量国家合作社健康运行的重要依据，合作社总量增长迅速，而示范社发展迟缓，在一定程度上反映了合作社质量的发展仍然存在较大问题。随着农村社会发展的“空心化”，合作社发展也存在“空壳化”现象。农民合作有名无实，先进技术、上级财政资金及管理人才无组织和产业载体，很多支农政策无法正确执行。

---

* 基金项目：贵州省教育厅高等学校人文社科重点研究基地“中国西部发展能力研究中心”招标项目“西部地区农村集体经济产权改革的实施机制研”资助。本文系贵州省教育厅人文社会科学重点研究基地“贵州大学中国西部发展能力研究中心”资助发表。

** 于福波（1993～　），山东人，贵州大学管理学院硕士研究生，研究方向：农业区域与发展。

本文拟从合作社“空壳化”的基本概念着手，深入分析“空壳化”的基本表现及产生原因，提出具有可操作性的解决措施，为促进合作社健康发展提供理论支撑。

二、合作社“空壳化”的内涵与特征

（一）合作社“空壳化”的内涵

合作社“空壳化”是指合作社在工商行政管理局依法登记，但没有按照《中华人民共和国农民专业合作社法》相关法律条款规定运行、管理合作社实体，导致合作社的部分或全部功能丧失，从而无法实现人们的共同的、经济、社会、文化的需求和愿望。

（二）合作社“空壳化”的基本特征

（1）无经营活动，合作社实体表现为“五无”合作社在成立前无“成员出资、场地设施、前置审批手续、管理机构”，成立之后，“无任何生产经营活动”。由于合作社的注册审批流程过于宽松，凭5名农民成员的身份证可申请注册，审批过程更无须验资、场地等，会使相当数量的合作社“预先注册，等待政策”。

（2）有经营活动，经营活动与合作社格格不入，合作社实体经营目的表现为“四取”。在经营过程中“套取国家优惠政策、套取项目资金和征地便利、争取融资和贷款支持、套取国家补助资金”合作社没有真正把农民组织起来实现合作共赢。合作社虽徒有其表，但经营活动与农民社员无关，运作模式归属于“追求利益最大化”的商业公司。

（3）合作社实体前期经营状况良好，一段时期后经营活动停止。这类合作社从形式和内容都符合合作社的本质，但由于不适应市场变化、竞争力薄弱等因素最终导致“空壳化”的形成。

三、“空壳化”合作社的表现形式及发展问题

（一）纯“空壳化”合作社

“空壳合作社”是指那些并没有明确的办社目的，从而申请注册合作社后，合

作社并没有实际运作，从而成为名副其实的套利工具。主要表现为：申请注册之初有明确的办社目的，但办社目的不纯，申请注册是为了套取国家优惠政策，从而利用国家给予的项目扶持资金。这类合作社虽在实际运作，却没有带动农民创收致富。所以“空壳合作社”只是在名义上获得了国家法律和相关部门的认可，但在实际运行过程中却完全没有发挥合作社的主要功能。“空壳合作社”主要包括“挂牌合作社”“套利型合作社”“套牌合作社”等。

（二）准“空壳化”合作社

“准空壳合作社”是指那些办社初衷是明确的，在运作过程中能够发挥出合作社的主体功能，有着规范的章程和组织机构，在经营之初运作情况良好，但之后由于自身实力有限、内部矛盾或者融资困难等问题而逐渐败落。主要表现为：合作社连年亏损，社员数量减少，却又在苟延残喘的经营运作。这类合作社获得国家法律和相关部门的认可，也能够在一定程度上带动农民创收致富，但却好景不长最终走向败落。这些合作社主要包括“亏损型”合作社、“融资困难型”合作社、“管理困难型”合作社等。

（三）“空壳化”合作社发展问题

合作社“空壳化”的产生从历史源头看，主要由于合作社在激进发展过程中产生诸多问题，之后发展一度中断。自 2007 年以来合作社事业重新起步，到 2015 年短短 8 年间，无论是人们对于合作社的认识，还是合作社在自身的运营等方面都存在经验不足，发展基础薄弱等诸多问题，甚至有学者质疑合作社的发展已经错过了黄金时期，当然从社会经济发展的长远角度来看这不过是杞人忧天的揣测，但不能否认我国合作社事业发展任务的艰巨性。目前，合作社“空壳化”问题集中体现在以下几个方面。一是，目前我国关于合作社的立法，仅有《中华人民共和国农民专业合作社法》一部较为完备的正式立法，在具体落实过程中，由于受区域以及农业问题复杂性的限制，尚不能给予地方合作社以较为精准的发展指导。这其中也包含两方面的问题，一方面“政绩”型政府，对于合作社的发展盲目推动，由于缺乏发展农业经济的责任感和使命感，导致大量“空壳化”问题越发严重；另一方面，相当数量的政府，由于缺少相关方面的专业人员以及缺乏完备的政策法令，无法在合作社的发展过程中对其进行合理指导。其次，合作社作为一种农民合作经济组织，市场竞争力较弱，抵抗风险的能力较差，一旦资金链断裂就无法正常运转，而合作社又在融资过程中受到信用等级较低、经营实力弱等困扰无法顺利进行融资任务。

另外，合作社大多数的经营场地分布于乡镇，由于农村的基础设施不完善，很难吸引合作社方面的专家、人才投入合作社事业发展中来。二是，合作社在经营、管理方面无法进行创新发展，对于自身的发展只是停留在表面，无法突破传统的经方式就不可能在目前的营运基础上有较大的改进，而合作社的营运能力差也会导致农民的参与度不高等一系列问题的产生。

四、“空壳化”合作社形成的主要原因

“空壳化”合作社的形成可以说是多方面原因造成，包括体制、政府监管、合作形式化、运行不当、融资困难及政策套利等原因。总体上看有“体制化”原因，“人才化”原因、“资金化”原因和“市场化”原因。

（一）“体制化”原因：宏观面上级政策落实要求、中观面政府监管缺位和微观面政绩需求引起合作社“空壳化”

（1）基层政府对合作社发展盲目推崇。合作社在推动农村经济发展方面的确有着重要的作用，但是对于合作社的利用不能盲目推崇，应因地制宜并且结合当地实际情况。对于合作社的推动方面，个别地方政府一味追求发展数量，甚至制定硬性指标，制定每年发展数量；即使政府表面上没有表明对于发展合作社数量的要求，但通过放宽行政审批程序，甚至不加以审查合作社的注册资产以及基地等具体情况都在很大程度上加速了合作社“空壳化”的严重程度。随着国家大力支持农民专业合作社的发展，地方政府激进地推动合作社发展的现象并不少见。

（2）上级政府扶持政策难以落实。合作社的成员要求80%以上属于农民，之所以这样规定，是因为合作社是主要为较为弱势的农民团体服务的。因此合作社是农民抱团致富的载体，国家也因此对于合作社有许多的优惠政策。地方的优惠政策包括财政资金、技术支持以及税收减免等，国家以及政府希望通过这些资金鼓励和扶持合作社的发展，加快解决三农问题，帮助农民增加收入。然而，国家以及政府的扶持基金和项目贷款等扶持款项在具体落实的过程中却会产生层层阻力，往往难以达到令人满意的效果。例如，某些合作社在发展过程中出现融资困难问题，需要国家项目基金的扶持，在审批程序中却难以获得相应的资金，即使在经过层层审批之后获得了国家的扶持资金，却错过了最佳发展时机，只能艰难发展，进而导致申请破产。另外，一些合作社虽不具有合作社的功能，不能真正发挥合作社的辐射带动作用，却因为是关系户便可顺利套取国家优惠政策，甚至侵占国家财产。除此之外，

还有一些政府官员或部门截留扶持资金占为己有的现象也屡见不鲜。种种的这些现象都是政府的扶持政策难以落实的主要原因。

（3）缺少发展指导和监管。对于政府对于合作社指导和监管的失利主要是政府缺少领导班子，无法建立有效的工作机制和配套的政策指导合作社的发展。主要表现为：国家只是通过农民专业合作社法对于合作社的设立以及发展提出了大概的要求，然而具体到各类不同的合作社到底应该如何发挥市场作用并没有做出详细规划。因此，许多地方政府只是简单地从审批程序中给予了合作社把关，却没有在合作社的具体发展中继续给予相应的政策、技术、监管方面的把关。这就导致一些合作社在成立之初便偏离了合作社的成立宗旨，成为了利益当先的企业；一些合作社在发展过程中会出现各种困惑，比如经营管理方面人才的缺失、融资的困难、市场信息匮乏等，而政府部门却无法及时提供相关方面的支持，甚至是有偿服务。另外，在合作社的进入和退出机制方面的不完善也是造成合作社"空壳化"的一个重要原因，由于缺少必要的监管，一些合作社在注册成立之后的两三年时间内就破产倒闭，但相关部门并没有相关的监管指标，难以发现这些倒闭的合作社，如果合作社的法人并没有申请破产或者携款潜逃，这些合作社就无法注销，仍然留在合作社队伍当中滥竽充数，这样就加剧了"空壳化"的严重程度。

（二）"人才化"原因：成立之初"无人员"，发展之初"无人才"

（1）合作社成立之初，原则上按要求组织农民，但实质上无真正参与人员。合作社的主要功能就是为发展农村经济服务，为提高农民收入服务。然而并不是所有合作社都是抱着这样的态度申请注册合作社的，而相关部门又难以察觉合作社成立的初衷，这必然产生一部分"假合作社"。这些"假合作社"一部分是抱着观望的态度而成立的合作社，这部分合作社认为，反正成立合作社也不会产生任何坏处，不如注册之后等待国家可能提供的各种福利。另一部分"假合作社"成立之初就是为了获得国家的优惠政策而来，他们利用自身实力、规模以及影响力，主动出击申请国家的各种项目扶持资金，这样一来会造成原本需要获得扶持资金的合作社可获得的资金更少，这种合作社的成立危害性相较于前一种更大。因此，合作社的成立初衷就决定了合作社是否是"空壳"的一个先决条件。

（2）合作社发展之初，技术人才、管理人员匮乏，农民社员参与程度低。合作社的健康运行需要注意许多方面的问题，例如，要有规范的章程、健全的组织机构、规定的社员比例、配套的管理和营销人员。这些出现问题的合作社，往往不具备上述所要求的内容。当然不具备的原因也是多方面的，一方面合作社的发展必然离不开相关的管理人员和营销人员，而合作社大多都处于农村，如果需要先进的管理人员就必然需要招聘懂得合作社管理的大学生或者从事过合作社管理的人员，但由于合作社在我国发展处于起步阶段，从事过合作社管理的人员寥寥无几；合作社大多分布于农村，农村的基础设施不完善，现实条件无法吸引青年大学生到农村从事合作社事业。所以造成“空壳化”的人才问题是目前最主要的原因之一。另一方面，一些合作社在经营过程中的管理问题，一旦管理混乱就会因为利益问题使合作社内部发生分歧，此类分歧包括合作社主要管理人员之间的利益纠纷以及合作社与普通社员之间的利益纠纷。任何一方的矛盾处理不当都会导致合作社的人心不齐，从而使合作社丧失凝聚力，最终导致不战而败，沦为“空壳”合作社。

（三）“市场化”原因：融资无门，发展无路，竞争力弱

（1）发展融资困难，扶持政策难以到位。虽然合作社是结束个体农民单打独斗，实现农民抱团致富的有力工具。但许多合作社在运作过程中并没有显示出强劲的市场竞争力。主要表现为：许多合作社并没有品牌意识，更没有什么生产标准，只是在执行合作社的基本功能，合作社没有独立品牌和严格的生产标准，最终导致合作社的市场竞争力不足；许多合作社不能认真分析自身优势，而盲目的开拓市场，与农业企业进行市场争夺，最终却被其他的大型农业企业所吞噬，从而丧失市场竞争力，逐渐走向衰败，最终沦为“空壳”合作社。

合作社在社会主义市场经济中应归类于“小微企业”，而“小微”企业要想发展就必须有足够的流动资金作为支撑，一旦合作社缺少资金支持，很快就会被架空。而造成合作社融资困难的原因归纳主要有两方面的原因，一方面是由于合作社自身的制度、规模、实力等内部因素从总体上决定了合作社的无法像其他大型农业公司一样进行资本运作，其经营的主要行业为农业行业，而农业的不稳定性、风险性大等因素是合作社的经营具有同样的特性，因此合作社的规模小、实力弱，以及经营的不稳定性等因素是其具有较低的信用评级，从而很难从大型国有银行获得贷款，只能借助民间借贷或小型商业银行进行贷款，或者申请国家项目基金。另一方面虽然合作社可以通过国有银行之外的方式进行贷款，但是民间借贷的利息高，如果合作社经营不善就难以还清贷款，而国家项目资金也是数量有限很难满足众多合作社的需求。另外小型商业银行数量不足等问题也是合作社融资难的原因之一。这种不健全的金融体系使得合作社很难顺利获得资金补助，一旦资金短缺就容易沦为“准空壳合作社”。

（2）发展转型缓慢，市场灵敏度低。由于合作社从分类上属于企业，因此就无法逃避市场竞争问题。合作社从功能上看又属于小微企业，因此由于资金、人才、技术等综合因素的困扰，很难再发展过程中紧随市场步伐，实现快速转型。另外，

市场信息流通不及时，农产品种植缺乏宏观指导，种植和市场结构单一等，导致农产品价格波动频繁、幅度大。而合作社同样在农产品种植加工销售信息一体化机制建设方面存在严重的不足，所以合作社的市场灵敏度低，就会严重影响农产品销售价格，影响合作社的市场竞争力。

（3）市场竞争力弱，运行风险较大。目前大多数合作社仅仅是按照政策层面上的运作模式与社员进行交易，随着市场竞争的不断加剧以及合作社自身的不断壮大，许多因素也可能导致“空壳化”问题的产生。在资源方面，大多数的合作社内部资产主要来自社员出资，仅靠社员的出资无法维持合作社进一步扩张的正常运营；在流通渠道方面，合作社的产品出售主要通过固定的分销商和经销商进行，随着“工业4.0”的到来，市场流通渠道、信息多元化、价格波动不确定性加大等新的变化，都会使合作社面临更加严酷的市场竞争，使其运营难度进一步加大。合作社的社员虽然已经加入合作社即使农民已经加入合作社却不能享受加入合作社而带来的既得利益，因此现实情况中，农民对合作社并没有深厚的情感，在合作社中也没有归属感，合作社只是被一个人或者几个人控制的“空壳合作社”，而农民只是机械地与合作社进行农产品的交易，从而会导致农民的参与意识不强，合作社的带动作用就如同虚设，从而产生“空壳化”。在走访调查中发现，有一些比较规范的合作社都会出现此种情况，个别合作社都已经获得“省级示范社”的称号，而合作社中的农民以及一部分理事却对合作社的功能全然不知，只是简单地跟随合作社理事长进行农产品的购买和销售，接受合作社的技术指导，可以推测那些不具备合作社主体功能的合作社更是比比皆是。

五、解决合作社“空壳化”问题的对策措施

对于解决合作社“空壳化”问题，要从至少有三个主体参与进来，首先是政府方面应该完善合作社进入经济市场的有关法律法规，设立完善的政策配套措施，加强国民教育为合作社的发展提供必要的政策环境；其次是合作社自身方面，顺应时代发展的潮流，善于整合资源、利用新生资源，创新发展模式，提高自身的运营能力；最后，作为合作社的主体社员更应该加强学习，完善自己的知识体系，关注有关合作社的相关方针政策，树立主人翁意识，真正参与到我国合作社事业的建设中来。只有这三方主体共同努力才能从根本上杜绝“空壳化”现象的发生。

（一）完善政府服务，将政策工作落实到位

（1）政府淡化政绩意识，保障政策落实。合作社发展过程中的“空壳化”问题

在一定程度上是由于政府的不良引导作用所导致的，所以要破除“空壳化”，首先政府需要淡化政绩意识，从追求数量发展转向谋求质量发展。政府引导合作社健康发展，首先要建立工作机制，成立专门领导小组从上自下将合作社的工作事宜落实到位；其次要完善政策，加强对合作社考核。虽然我国已经出台了《中华人民共和国农民专业合作社法》，但对于合作社的发展只是起到初步的指导和监督作用，要防止合作社“空壳化”就必须加快相关的法律制度的设立，完善法律的监督、监管和服务职能。地方政府应该根据当地合作社的发展问题以及问题出现的严重化程度，出台相关的法律条例规范合作社的发展。政府部门要通过法律文件量化对合作社的考核，约束和规范合作社的发展，强制取消不符合合作社服务宗旨的合作社，扶持和帮助弱小的合作社，维持市场秩序，促使合作社规范健康发展。

政府部门对于合作社的扶持政策应当惠及到确实急需资金的“困难户”，谨防合作社通过走关系或者其他不正当手段套取国家优惠政策，一旦发现应当立即缴回并给予相应的行政处罚。

其次，政府部门应当下派工作人员检查合作社的项目资金的利用情况，以便决定是否继续对其进行资金援助。对于政府的项目资金，不能只援助一些实力强、规模大的合作社，而应对一些举步维艰的弱小合作社给予一定的人力和财力帮助。

（2）完善政策配套，吸引更多人才加入到合作社。当前，国家提出“大众创业、万众创新”的目标，各界看法不一致，但有一点可以肯定，当前以及未来就业形势越加严峻。而且这一目标的实现，在农村广大土地上落实的可能性以及投身合作社事业成功的机率会更大。所以地方政府应该抓住这一契机，给予大学生、外出务工人员、乡土能人到合作社工作或创办合作社更优惠的政策支持，培养一批有文化、懂技术、会经营的合作社专业人才，使他们成为未来地方农业经济发展的中坚力量。随着我国“人口红利”的消退以及人口老龄化的加剧，未来的农业生产也将发生新的变化，农业生产必将需要进行产业化生产，同时也需要培育一大批职业农民进行农业生产。所以，政府只有提前采取行动，才能够在外界环境产生变化时做好准备。合作社作为一种农民企业，既可以为人才施展才能提供平台，也可以作为培育职业农民的场所。更多的人才加入合作社可以提高合作社的发展质量，反过来合作社又可以加速农业经济的发展，推动农业现代化的进程。

（3）加强监管，完善进入和退出机制。地方政府不能盲目地推动当地合作社的发展，应该加强监管和控制，政府部门应加强当地合作社的进入和退出机制，引导合作社有序成立与适时退出。

首先，地方工商局应严格审查合作社的注册资金、社员以及社员出资情况，严格审核合作社的组织机构代码证、税务登记证等，从源头上杜绝合作社的“空壳化”。其次，工商局应当对合作社的发展状况进行定期抽查，或对合作社进行年审制度，以便考察合作社是否正常经营，从而对合作社的发展提出必要的指导，如果合作社经营不善却混迹在市场当中，应当及时给予帮助，或者劝其注销登记。另外，工商局要完善合作社的退出条例建设，加强实地考察与巡查，建立相关的考核机制，及时检查合作社是否在持续经营，依据"空壳化"的程度对合作社做出停业整顿，或者吊销营业执照等处罚决定。

（二）整合资源，提高合作社的整体质量

（1）农业合作与土地整治结合。合作社的发展需要解决土地资源问题，无论是经营经济作物还是农作物，抑或是农机合作社，都需要土地资源作为基本的经营基础。

在农村现有土地有部分为荒坡地，土地利用率较低，集约度不高，水土流失较严重。合作社可以通过将荒坡地进行流转，组织社员进行荒坡地开发，整治成为条件较好的农用地进行耕种或作为经营场所，并将附近其他荒坡地纳入合作社发展规划之中。紧密结合土地整治，不但有效地利用未开发的土地，了解决合作社土地资源不足的问题，同时也很好的治理了水土流失，为生态环境建设贡献积极的作用。

（2）传统农作物与新型特色农作物结合。随着市场经济的发展，单纯依靠单一传统的农产品构建特色农业生产已形成不了有力的市场竞争，在农作物种类的选择上必须有所创新。合作社需要经过详细的市场调研，引进种植市场销路好、受顾客青睐的新型特色农作物与传统农作物结合种植。合作社可以在农业技术人员指导下进行套种，利用作物生长特点的不同增加合作社收入、集约利用土地资源。

此外，合作社还要加强品牌建设，通过品牌来提升自身的影响力。品牌建设对于合作社规范化发展具有深远的意义，一方面，如果合作社成立之初市场竞争力弱，可以通过品牌化使合作社逐渐打开市场，赢得客户，从而增强自身实力；另一方面，品牌化可以使合作社具有持续的影响力，可以提高合作社在当地的知名度，使更多的农民愿意加入到合作社，从而可以打动更多的农民增收创富。

（3）量化股权、推集体资源变股权。合作社在传统的发展模式中单纯地将社员的闲置资金吸引到合作社中来，并没有对的经营范围内的资源进行合理开发和利用，合作社可以在确定权属关系的基础上允许集体经济组织以集体耕地、土地、林地、滩涂、水面等自然资源折价入股，是集体经济组织持有合作社的股权，这样一来既可以发展壮大集体经济组织，又可以为合作社质量发展的提高提供有利的保障。

（4）推动农民变股民，提高社员的参与意识。提高合作社的发展质量，其中社员的数量是一个重要的指标。合作社的发展越好，社员的人数也就越多。相反，社员人数越多，越有助于合作社的发展。因此，应该通过多种方式吸引农民加入合作

社。农民变股民是指合作社允许农民以土地经营权、住房产权、专利权、发明权、大型农机具、资金、技术、劳动力等多种方式与合作社协商评估折价后投入合作社后成为合作社的股权投资人。这样一来，社员既是合作社的参与者又是合作社的拥有者，可以提高合作社社员关心合作社的发展责任心，参与合作社日常的主动性，也可以为合作社的务实发展解决人力资本问题。

（5）利用“互联网 +”模式提高合作社综合实力（见图 1）。当前，世界已经步入“大数据”时代，任何产业无论工业农业只有跟上时代的步伐，才能在激进的产业变革过程中保持长久不衰。合作社发展也要充分利用互联网技术，结合自身优势，生产符合市场需求的农产品，并利用互联网拓宽生产、销售和经营实力。

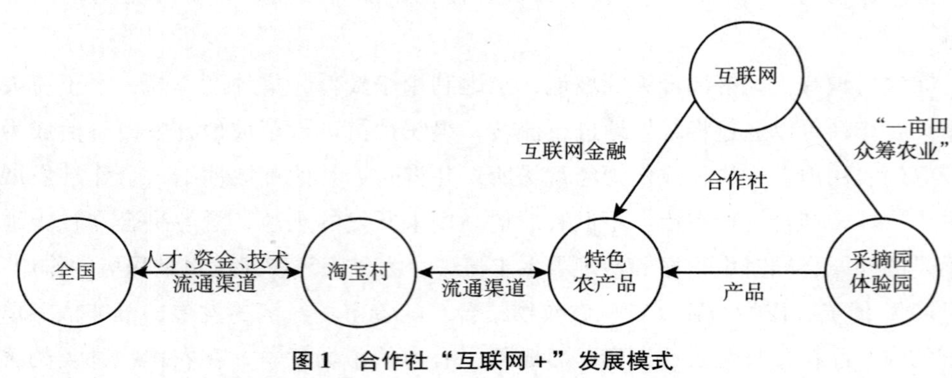

图 1　合作社“互联网 +”发展模式

图 1 的基本运作模式为：以合作社为切入点，围绕合作社为中心开展采摘园、体验园建设和特产色农产品生产以及互联网业务。合作社应该充分利用互联网金融特点和便利性，为合作社的特色农产品和园区建设提供资金支持；采摘园和体验园可以利用互联网金融的新特点，通过“一亩田”和“众筹农业”来提高经营效益和利润（“互联网金融”（ITFIN）是指传统金融机构与互联网企业利用互联网技术和信息通信技术实现资金融通、支付、投资和信息中介服务的新型金融业务模式；“一亩田”模式是我国“互联网 + 农业”的创新典型，一端服务批发商和采购商，一端服务农民和产地，通过移动互联网、大数据和能力，以及线上线下的撮合服务，帮助产地农民实现农产品产销对接，缓解农产品卖难和卖价低等传统难题；“众筹农业”是指通过众筹方式进行农业产品流通的互联网农业体系，通过互联网平台，在采摘园和体验园和大众消费者之间建立沟通平台和在线交易平台，大众消费者通过浏览采摘园和体验园项目，选择喜欢的项目，在线进行支持。消费者以众人筹资筹订单的方式，进行农产品的购买和投资；合作社以发起众筹项目的方式，获得消费者的认知和认可）。

同时，采摘园和体验园的产品可以与合作社的特色农产品进行捆绑销售。而合作社产品的流通渠道主要通过“淘宝村”销往全国各地。“淘宝村”是指村级组织为单位，大规模发展电子商务，将农产品通过互联网进行线上销售的专业组织。合作社通过互联网发展壮大之后，也会吸引全国的人才、资金、技术资源回流到合作社进一步促进合作社的发展，进一步促进合作社的质量发展。

（三）落实政策资金，创新融资渠道

资金是破除合作社“空壳化”进而务实发展的重要一环。传统的合作社的融资聚到主要来自政府政策资金、社员内部筹资、金融机构贷款三个主要方面。要解决“空壳化”问题，首先要合理利用政府的政策资金，而政府在对合作社的进行资金扶持之后，有很大一部分被合作社的负责人挪用、侵占，导致资金无法落实到位；合作社与社员所成立的内部资金互助人数少，所筹集到的资金也比较薄弱；合作社由于信用级别低，无法顺利向国有银行以及大型商业银行进行融资。所以合作社谋求生存发展，必须要利用好政策资金，吸引更多的社会资金，向新兴金融机构进行融资。

（1）政策资金变社员股金。政策资金是指国家财政资金对于合作社的扶持资金。政策资金能够落实到位，就必须转变资金的使用对象。一直以来政策资金下方之后直接归属到合作社层面，但实际表明大多数情况下这部分资金无法得到合理使用。所以在不改变资金的用途和性质的情况下，可以量化为社员个人持有的股金，合作社在使用资金时就必须征得社员的同意，社员也会加强对合作社资金的监管的责任感，促使合作社合理使用政策资金。这样合作社在发展过程中既提高了务实发展的能力，也能够真正带动农民增加收入。

（2）以政策资金撬动社会资金。政策资金应着力培育重点，以点带面逐步提高合作社的营运能力，在加大对示范社财政投入的同时，逐渐涉及实际需要资金的合作社。通过财政资金的投入，吸引更多的社会资金，一是将更多的分散的社会资金、金融资本吸引到合作社的建设中来，用资金的整合和聚集推动合作社的规模优质发展。

（3）转变合作社融资对象。当前，我国金融体系正逐步完善，2013 年来扶助小微企业发展的各种金融组织营运而生，展现出了强劲的发展势头，例如互联网金融、民营银行、村镇银行等小型金融服务组织。合作社要充分利用当地新型的商业金融组织，通过向几家金融组织同时提出贷款申请来满足自身的发展需要。这样不仅可以增大贷款成功的机率，也可以扩大贷款的数量，从而有效解决融资问题。

（4）合作社之间开展金融互助。合作社可以通过向内部成员募集发展资金，共同出资成立内部互助社，但是单个合作社即使社员人数再多能够向社员募集到的资

金也是有限的。合作社虽然规模小、实力弱，但地区内的合作社数量众多。合作社与合作社之间可以开展资金互助，成立合作社之间的资金互助组织，由独立部门进行管理。这样便可以协调合作社之间的发展资金，做到优势互补，从而在一定程度上解决合作社融资难问题。

参考文献：

[1] 吴天龙，刘同山，孔祥智. 农民合作社与农业现代化——基于黑龙江仁发合作社个案研究 [J]. 农业现代化研究，2015 (3): 335 - 361.

[2] 温铁军. 农民专业合作社发展的困境与出路 [J]. 湖南农业大学学报：社会科学版，2013 (4): 4 - 6.

[3] 秦愚. 中国农业合作社股份合作化发展道路的反思 [J]. 农业经济问题，2013 (6).

[4] 万秀丽. 农民专业合作经济组织：中国特色农业现代化的现实选择 [J]. 西北师范大学学报（社会科学版），2010 (6).

[5] 崔宝玉，刘峰. 快速发展战略选择下的合作社政府规制及其改进 [J]. 农业经济问题，2013 (2).

[6] 甫永民，姜法竹. 基于层次分析法的黑龙江垦区现代农业发展模式分析 [J]. 农业技术经济，2012 (9): 111 - 116.

贵州省贵阳市花溪区农户抵押贷款问题探讨*

余　坚　王秀峰　曾　先　汪海文　傅艳菊　周秀芳**

【摘　要】 随着我国农业的快速发展，现有的农户扩大生产的资金来源成了最大的问题。响应党中央的号召，为进一步支持农户增产增收，必定要探索农户抵押款的可行性途径，而花溪区特殊的地理位置具有作为改革试点的条件，就更加具有研究的必要了。本文从农户需求的角度阐明抵押的可行性，主要针对“三权”（土地承包经营权、林权、房屋权）作为抵押物，运用调查、访谈等揭示借贷中存在的问题，并为推动抵押贷款提出相应的对策以保证借贷过程的顺畅。

【关键词】 农户　抵押物　制度设计　抵押贷款

一、研究背景及问题由来

2013 年的党的十八届三中全会《中共中央关于全面深化改革若干重大问题的决定》中明确提出“保障农民集体经济组织成员权利，积极发展农民股份合作，赋予农民对集体资产股份占有、收益、有偿退出及抵押、担保、继承权”。以及 2016 年发布《中共中央关于制定国民经济和社会发展第十三个五年规划的建议》（以下简称《建议》）。《建议》提出：当前，我国农业农村发展环境发生重大变化，既面临诸多有利条件，又必须加快破解各种难题。在风险可控前提下，稳妥有序推进农村承包土地的经营权和农民住房财产权抵押贷款试点。积极发展林权抵押贷款。

作为十三五的开局之年，把解决好“三农”问题作为全面建成小康社会和维持我国经济又快又好发展的关键。解决“三农”问题的关键就是要推进农业的现代化、规模化、集中化建设，首先要求农业的活力得到激发。激发农业活力的关键就是资金问题。系统地、合理科学地安排农村资金问题要涉及农村金融的根本性问

---

* 基金项目：贵州大学 SRT 项目。

** 余坚（1994～　），男，江西省湖口县人，贵州大学金融学专业；王秀峰（1962～　），男，贵州省松桃县人，贵州大学经济学院教授。

题——农村金融抑制问题。那么，如何突破农村金融抑制问题，释放农村经济新活力，盘活农村资源就成为关键。结合我国农村实际情况，农村资源主要是房屋、土地、林木等。那探究房屋权、土地经营权、林权的抵押贷款显得尤为重要，本文正是基于这样的考虑，对花溪区农户抵押贷款进行了实地调查问卷，尝试探究农户抵押贷款症结所在。

近年来，针对农户抵押贷款问题学术界进行了广泛的讨论，取得了丰硕的成果。王平等（2011）认为，农村土地承包经营权抵押需求大，但制度创新突破难，农民权益保障难，农地市场发展难；提出废止农村土地抵押贷款禁令，完善农村土地产权制度，建立城乡统一的土地市场，以此来推动推进农村土地抵押贷款的顺利发展。赵显波（2009）、韩立达（2009）调查显示，小额林权抵押贷款已在福建、辽宁等先行试点省份取得了初步成效与典型个案，但主要是依靠政府推动、政策性银行参与下取得的。

纵观已有的研究，大多着眼于“三权”中的某一权，综合分析“三权”抵押的研究少而且集中于研究抵押贷款的意义以及机制设置问题。更好地解决“三农”问题要求研究的着力点要更加广泛，只是研究“三权”中的某“一权”，难以建立覆盖面更广的可行性建议方案的推广，所以本文结合“三权”进行抵押贷款进行研究。本文综合“三权”抵押贷款，以贵阳市花溪区为例通过对农户的实地调查研究分析出贷款中问题所在，相应提出对策，更好地盘活农村资源，打通农村金融抑制的关节，更好地服务于“三农”。

二、调查研究方案设计与方法选择

（一）调查方案设计

（1）调查目的。通过对花溪区农户抵押贷款的调查，获得农户贷款的相关数据，比如：贷款的经历、农户对贷款持有的态度及意愿、有贷款经历的农户贷款过程中实际遇到的问题、农户拥有并愿意用于贷款的抵押物有哪些、对银行利息及服务的满意程度怎么样以及农户期望的还款期限和贷款用途。通过各方面的调查获得一个客观的全面的与农户抵押贷款相关的数据。为接下来的数据分析奠定良好的基础，从而发现农户在抵押贷款过程中遇到的问题和困难，反映其实际需求，对发现的问题及困难进行分析与研究，寻找解决问题的最佳方案。

（2）调查范围及对象。为了保证调查数据的质量，更好地反映花溪农户对抵押贷款的实际需求，本次调查从花溪区9个乡镇中选择了5个具有代表性的乡镇进行调查。在地点的选择上结合分层抽样的方法，仔细考察了各个地区的发展模式并进行甄选。各地区的具体发展模式如下：石板镇是农业加物流中心的发展模式；燕楼乡是以传统农业为主的发展模式；孟关乡是农业加工业园的发展模式；青岩镇是农业加旅游业的发展模式；麦坪镇是传统农业加林业的发展模式。调查的地区各具特色，涵盖面广，分成5部分，各个乡镇调查24份；在调查过程中我们有目的在每个乡镇中选择两个村，平均每个村选择12户人家进行调查。共计调查了120份问卷。这样保证了数据来源的平衡性。在调查对象问题上，我们选择了入户调查，同时和农户面对面交谈保证数据的真实性。

（3）问卷设计及处理。设计一套问卷，分成六个部分：第一部分调查对象自身基本情况，共4题：包括问题年龄、性别、文化程度、民族四个基本问题作为对调查对象的基本了解；第二部分贷款农户意愿和目的问题，共9题（第5题～第13题），设置了如下指标：收入来源、是否是信用乡镇、信用额度是否满足需要、是否购买农业保险、是否有贷款经历，可以从客观上评价农户对于贷款的意愿以及自身动力的大小，这是抵押贷款进行的前提，要贷款就要有贷款的积极性，农户自身要行动起来这是研究的前提；第三部分农户的抵押物问题，共4题（第14题～第17题），设置如下问题：抵押资产有哪些、抵押物证件是否齐全、借款对象、愿意用于贷款的抵押物有哪些。这一部分重点研究农户自身的资产问题：比如有多少农户具备贷款所需的抵押物：房屋、宅基地、土地使用权和农作物、林权和林木；农户更愿意用房屋和宅基地来抵押贷款；相比较而言，农户拥有的抵押物中房屋和宅基地的证件更为齐全。他们可选择的贷款途径有：向朋友或亲戚借、高利贷、银行等金融机构。这些问题的设置能够更好地反映农户自身贷款条件及存在的问题。第四部分农户在贷款中和银行等金融机构协商上存在的问题，共7题（第18题～第24题），包括贷款的还款期限、资产评估方式、贷款审批手续、贷款利率、能接受的审批时间以及愿意选择的贷款银行等。这一部分能够更好地反映农户的实际需求；第五部分主要是贷款经历带来的生活生产的改变，共1题（第25题），主要是用来研究成功贷款的示范效应，从侧面推动农户抵押贷款融通资金积极性；最后一个部分（第26题～第27题）以主观题的形式呈现，给被调查者一个自由表达的空间，避免因调查者疏忽而遗漏重要信息的情况。从而做到调查结果全面客观具体。

（二）调查方法选择

问卷调查法：2015年8月开始通过简单的随机抽样对花溪区10个乡镇的120家

农户进行了问卷调查。通过大量的问卷调查，主要从农户抵押贷款意愿和目的、抵押资产、与金融机构协商问题、贷款结果四个方面具体了解花溪区抵押贷款的现状和其中存在的问题，在问卷设计中紧扣需要了解的问题，争取能够全面具体地了解到抵押贷款的问题。为下一步的问卷分析以及找出贷款存在的问题和给出相应的对策奠定基础。

三、调查实施及结果分析

（一）调查实施情况

为了检验问卷设置的合理性，于 2015 年 7 月初首先开始 20 份的预调查，从预调查的过程中发现农户对问题的描述理解较为困难，于是将问题和选项更改得更加简洁、通俗易懂，同时根据实际情况增加了信用贷款这一问题，使得问卷在设计上更加合理贴近实际。从 7 月底开始正式实施问卷调查，在 8 月底顺利完成实地走访调查。在实际调查过程中，实行访谈加问卷的形式，问卷中的问题之间相互验证，访谈过程中也同时验证选项之间是否矛盾并及时提醒农户填制问卷。农户的问卷填写质量较好。

本次共发放问卷 120 份，有效问卷 100 份，以下通过对这 100 份问卷的分析研究结果。

（二）调查结果及其分析

如表 1 所示，年龄在 30 ~ 50 岁的农户占比 89%，他们作为农村家庭主力，广泛代表了农户在以家庭为单位的经济和生活劳作过程中，所能体现出的对资金的需求配置能力。

表 1　　农户基本情况

指标		百分比
年龄	30 岁以下	6
	30 ~ 40 岁	46
	41 ~ 50 岁	43
	50 岁以上	5

续表

指标		百分比
文化程度	小学及以下	30
	初中	46
	高中	21
	高中以上	3
主要收入来源	农业	61
	务工	23
	经商	15
	其他	1

在文化程度问题上，初中及以下学历的占比为76%，考虑到农村教育发展水平的限制，结合这个年龄层的实际，综合来看，文化程度将会影响农户对于抵押贷款的了解，从而对农村经济发展产生影响。

在收入来源问题上，值得注意的是有61%是以农业收入为主，农业是农民生存之本，要想农民实现收入增加，关键还是在于农业投入，农户抵押贷款有利于实现资源与资金的结合，发展产生、扩大再生产、增加收入，由此可见农户利用“三权”融资的重要性。

在调查贷款需求问题上，结合贷款中访谈的结果，有86%的农户表示有贷款意愿，但是在贷款实际过程中阻碍重重，主要有以下几方面：第一，房产土地等证件不齐，无法可作为抵押物；第二，办理银行贷款手续复杂，贷款额度太低，渴望得到政策扶持，加大农村信贷规模。

由调查数据可见，不了解贷款知识的人数远远超过半数，贷款知识的欠缺导致抵押贷款无法进行，不了解贷款知识也成为无法便利获得贷款的一个重要因素。并且有73%证件不齐全，农户证件不齐全的因素有很多，一方面，农户自身办证意识不强、办证不积极；另一方面，政府相关部门的工作、服务不到位，因此不仅农户要改变思想意识、政府部门也要做出相应改变，以期能够为农户“三权”抵押贷款提供便利。而26%认为证件齐全的人当中有些证件目前还有政府等机构代为保管，实为“软拥有”，因此无法进行抵押。所以有必要加大对贷款知识的宣传普及，同时也需要政府相关机构对办证的支持。

如表2所示，在期待贷款金额问题上，期待贷款金额5万元以上的占比75%，这体现了农户对资金的需求，大多数农户想通过获得贷款来扩大生产；在农户的抵押物问题中，最愿意以房屋所有权作为抵押物，对于使用“三权”中的土地承包经营权和林权，由于政策问题，显得比较谨慎；在借款对象上，农户倾向于亲戚和朋友，占到了绝大多数，主要依靠个人感情借款，这就存在人情账问题。从银行借款占比虽然只达到了28%，但是通过调查发现农户其实最希望的是从银行借款，因为这不存在人情债等诸多私人感情问题，但是囿于从银行贷款需要抵押担保、走多道程序以及农户从银行取得的贷款数额较小等限制，使得农户在考虑借款时首先是亲戚朋友而不是银行。这就提醒了我们，要采取怎样的措施才能使农户通过“三权”抵押更好、更快、更便利地从银行获得贷款，满足资金需求。

表 2　　农户贷款的自身意愿

指标		百分比（%）
期待金额	2 万元以下	5
	2 万～5 万元	20
	5 万～10 万元	40
	10 万元以上	35
愿意抵押物（多选）	房屋所有权	87
	土地承包经营权	80
	林权	22
	其他	2
愿意借款对象（多选）	同事朋友	78
	亲戚	80
	高利贷	4
	银行	28
目标还款期限	1 年以内	17
	1～3 年	51
	3～5 年	24
	5 年以上	8
贷款用途（多选）	购买基本的生产资料（规模不变）	36
	扩大经营	66
	子女抚养	33
	务工和其他	28
合理的资产评估方式（多选）	自己评估	5
	贷款机构评估	19
	专业评估机构	25
	双方协商	51

在还款期限问题上，51% 的农户希望还款期限在 1～3 年，大多数以短期季节性贷款为主，辅以解决资金周转问题，资金占用时间不长。贷款用途上，主要是扩大经营，农户普遍希望通过贷款获得资金来投资于生产经营，实现收入的增加、生活水平的提高；调查中还发现在子女抚养上特别是教育上投入在加大，家庭教育水平在不断提高，可以预见文化水平的提高在未来将有利于农户更好地利用“三权”进行抵押贷款。

在抵押物评估问题上，农户认为双方协商较合理的占到了 51%，也有 19% 认为银行直接单方面评估也可以接受，只要能贷款成功，资产稍稍被低估可以接受，这也可见农户对于抵押贷款的评估问题较好协商，急切希望获得贷款的愿望。

如表 3 所示，农户在银行贷款过程中存在的很大的问题是信息的理解上较为困难，占比达到了 66%，农户由于理解上的困难、知识上的欠缺以及对网络应用的匮乏等各方面的原因造成对贷款信息不了解及了解不充分，农户往往表示信息繁杂，理解较困难。

表 3　　农户银行贷款办理过程中的问题

指标		百分比（%）
遇到的主要问题	服务差	24
	不了解信息	66
	其他	10
贷款利率能否接受	能	19
	将就着	63
	不能	18

在贷款利率问题上，63% 的农户可以接受现在的贷款利率，所以在利率问题上农户和贷款机构之间矛盾较小、可以很好地达成协调。需要重点强调的是访谈中发现对农户发放贷款的银行主要是农村信用社，信用社在执行政府优惠支农行政命令下发放贷款，扶持农村农业农民的发展，这对农户来说无疑是一个较好的政策支持，但是额度较小。随着农村经济的不断发展，农户对于资金的需求也越来越大，而银行目前在应对抵押贷款的资金需求数量急速增长问题上还未有相关的配套措施跟上；同时其他银行对农户抵押贷款的案例较少，要想获得更广的资金来源渠道则存在困难。

据此可知，农户获得贷款后，生产积极性得到提高，生产规模也得到扩大，农户收入增加。其中有 51% 认为生活得到改善，对社会的期望也普遍增加。为了贷款带来的积极影响更多更好地惠及更多农户，所以在农村大力提倡“三权”抵押贷款无疑是一个积极促进“三农”发展、促进社会民生有效途径。

四、农户抵押贷款问题及对策

通过对花溪区农户抵押贷款的调查，以及上文对于调查结果的分析，可以总结得到花溪区的抵押贷款存在的问题及其解决对策如下。

（一）存在的主要问题

（1）文化程度不足以及思想观念受到限制。根据上面的数据分析显示，处于高中及以上教育程度的只达到24%，而初中及以下学历的占比为76%，科学技术是第一生产力，同时结合现代社会经济发展实际，可见大部分农户的文化程度无法满足农业现代化生产的需求，同时在一定程度上制约着生产技术的更新和优化。同时在借贷过程中，出现的对于银行程序性的贷款信息了解不足的问题，例如：分析结果显示的“贷款中存在的主要问题”，选择“不了解信息”的占到了66%；结合银行的实际来说，银行的信息规范化、透明化程度较高，这样条件下出现不了解信息的结果，很大程度上是文化程度不足致使。同时上文的调查分析显示，向银行借款的占比还较小，和城市居民的借贷意愿相比，显示了在扩大资金来源的途径上农户显得很保守，主要原因就是思想观念上的限制。

（2）银行等贷款机构和农户之间信息不对称严重。由上文调查分析可得，在银行占主导下制定的利率有82%的农户能够接受，然而事实却出现了农户抵押贷款难的问题，说明农户和银行在信息沟通上存在障碍；同时进一步发展可能会出现逆向选择和道德风险问题，值得警惕。此外还有66%的农户对银行贷款信息不了解，在信息化程度如此高的时代，出现信息不对称、不理解。显示了在银行的信息传输上未能很好地以农户接受的形式传输给农户；一方面信息规范、全面，另一方面接收方理解出现了问题，恰恰说明了沟通方式不恰当、沟通不够导致信息不对称。在资产评估问题上，调查中农户希望以双方协商的方式进行资产作价的占很大的比重，这就揭示了银行与农户的信息沟通和信息反馈处理有很大的漏洞，银行没有能够更好地满足服务对象。

（3）农业风险降低手段有待改进。由上文调查分析可得，有61%的农户收入来源于从事农业生产活动，而农业生产受自然灾害等不可抗因素的影响非常大，收入来源作为自有资金，显示了自身抵御风险的能力。调查中发现的农户收入来源太单一，分散风险的能力不够。对于这一问题也可以通过购买农业保险来缓解，但是我们调查发现，竟没有一个人购买农业保险，说明了农业还未利用商业保险来转移风险。农业天然的高风险形成抵押贷款的障碍，可以解决的途径就是尝试利用各种手段降低农业风险。

（4）存在产权不明确问题。由上文调查结果分析可知73%的农户资产证件不齐全，证件齐全的只占到了26%。但是这26%中有相当一部分农户的证件为政府等机构代为保管，农户并没有实际使用权。我国农村土地承包经营权是模糊不清的，农户的土地资源没有确权，就不能交易实现增值，造成资源的闲置浪费。权威部门也尚未对农村的房屋进行颁证、确权。一旦资源或者资产没有明确归属，那么带来的就是资源或者资产的归属纠缠，严重影响资源或者资产的使用，更何况涉及到抵押贷款。

（5）在资产评估和利率等问题上农户处于劣势地位。目前资产评估较普遍的方式是银行作价评估。而调查结果显示，只有19%的农户认为这一评估方式合理。农户有强烈的贷款意愿，同时由于贷款过程中感受到处于劣势地位，造成农户转而向亲戚、朋友贷款的结果。不平等的地位导致不平等的交易是不可持续的，加上在利率问题双方协商或者农户方的话语权太少，这种交易双方不平等地位更加严重，长期以来带来农户抵押贷款的积极性不高，出现信心危机。

（6）贷款过程冗杂，服务机构不完善。在设置的2道主观题中，农户表示贷款的过程过于复杂，办理业务很困难，这打击了农户积极性，除此之外农户表示银行服务网点太少，服务人员不足等不能够满足办理业务的需要。对于抵押贷款这一耗时项目来说更是巨大的障碍，没有专业的服务人员，能够满足的贷款需求就不会增加。

（二）对策措施与建议

贵州省对于农户融资问题进行了有效的探索：其中成功的案例包括凤冈县的“三资转换”和六盘水市的“三变”等。对于凤冈县的“三资转换”改革，根据资源转换为资产，再转换为资本的思路，通过权威部门评估授信并进行抵押贷款或进入市场交易，资产转换成资本，实现了两个认可（金融部门认可，农民认可）。于是沉睡的资源被激活成流动的资本。而对于六盘水市的“三变”（资源变股权，资金变股金，农民变股民）改革，通过对农村资源的核查清理，转换为企业、合作社或其他经济组织的股权；将下拨给农村的财政资金投入到村的发展类资金，投入到企业、合作社或其他经济组织，实现资金变股金；按照“市场主导，平等自愿，自负盈亏，持股分红”的原则，鼓励农民将土地承包经营权、资金入股成为股民。

结合凤冈县的“三资转换”模式和六盘水“三变”模式在激活农村沉睡资本目的下，通过产权明确、政府介入评估、正确引导农民、加大政府对农民的支持措施实现了两个成功模式。运用在花溪“三权”抵押贷款上，我们认为有以下措施和建议。

（1）加大对农户的教育指导，转变农户思想观念，提高经营手段。加强农户之间的沟通交流以及不同地区的农户的沟通交流，同时加大基层组织对贷款知识宣传以及成功借贷人物作为优秀的典型的宣传，转变农户思想观念。利用大学和科研机构的资源对农户进行技术指导，提高农户的经营手段，使农户产业项目更好发展。

（2）加大农村地区信用体系建设力度，财政资金支持方向和结构转变。解决信息不对称问题经济学上的方法就是加强信息沟通，利用政府搭建信用平台的方式，使得抵押贷款的交易双方能够更好地达到信息的了解，从而在一定程度上缓解信息不对称。同时国家财政应加大对农村的支持力度，指导农户购买农业保险，使农业保险的宣传深入人心，为农户提高良好的保障，减少农户贷款风险，解决其后顾之忧。为抵押贷款疏通道路，从而促进金融机构的发展壮大。其次，贷款机构应选择公平合理的资产评估方式，与农户保持良好的信息沟通，及时进行信息交流与反馈。建立和完善信息沟通与反馈机制。对农户进行就业培训指导，培养多方面技能，从而使农户收入来源多元化，有利于更好地规避单一收入来源带来的风险。

（3）做好确权登记工作。由于目前《担保法》《物权法》的相关限制，可以利用政府牵头组建专门的小组进行农户"三权"的界定，使各资源落实到各所有者，并对相关的资源进行整体评估，结合农户本身的情况，颁发评估证书。该证书有一定的可信度，会得到农户和金融机构的认可，可以防止抵押贷款后续出现资产纠纷问题以及银行在将抵押物拍卖出现纠纷，同时在一定程度上解决农户和金融机构的信息不对称问题。同时调动农户和金融机构参与积极性，并进一步推动生产效率的提高，达到农业生产收益率增加，吸引更多的参与者完善市场的目的。

（4）搭建平台，建立"三权"流转市场。政府牵头将农户、金融机构、投资者三方集中进行交易，政府提供基本的服务，同时可建立农民协会，利用政府监督和行业监督的模式。农民协会内部可相互提供一定的担保，进一步减少银行损失的风险，有利于银行的机构贷款的顺利发放。政府机构制定相应的参与基本规则，保持各方平等地位，加之处于市场竞争中，银行在贷款的利率和资产作价方面将更加趋于公平合理，贷款程序方面也将更加简洁明了，同时也是节省交易成本，从而保证各方交易持续、顺利交易。

参考文献：

[1] 惠献波．农户土地承包经营权抵押贷款潜在需求及其影响因素研究——基于河南省四个试点县的实证分析 [J]．农村经济问题，2013（2）：9-11.

[2] 颜志杰，张林秀，张兵．中国农户信贷特征及其影响因素分析 [J]．农村技术经济，2005（4）：2-8.

[3] 肖克，刘久峰．"三资"转换激活农村资本——贵州省凤冈县农村产权制度改革观察 [N]．农民日报，2011-12-21.

[4] 宋静．六盘水"三变"新动力 [N]．新理财，2015-8-19.

[5] 王平，邱道持，李广东．基于农户意愿的农村土地抵押贷款需求探讨——以重庆市开县农户调查为例 [J]．中国农业资源与区别，2012（2）：73-77.

[6] 单智，赵京晋，韩威．农户抵押贷款中的主要问题及对策建议［J］．中国农业会计，2015（2）：56－59.

[7] 肖铁，魏朝富，尹珂．农户农村“三权”抵押贷款需求意愿及影响因素分析——基于重庆市20个县（区）114户农户的调查数据［J］．中国农村经济，2012（9）：88－96.

[8] 靳韦轩，张雷刚．农户农地抵押融资方式选择行为影响因素分析——以山东临沂、枣庄、莱芜为例［J］．经济与管理研究，2012（7）：75－83.

[9] 中国人民银行农户借贷情况问卷调查分析小组，农户借贷情况调查分析报告［M］．北京：经济科学出版社，2009.

[10] 张仁枫，杨继瑞．我国农村“三权”抵押贷款的实践与存在的问题［J］．农村金融，2012（9）：56－60.

[11] 曾维忠，蔡昕．借贷需求视角下的农户林权权抵贷款意愿分析——基于四川省宜宾市364个农户的调查［J］．农业经济问题，2011（9）：25－30.

[12] 王平，邱道持，李广东．农村土地抵押贷款发展浅析——以重庆市开县为例［J］．西南大学学报（自然科学版），2011（3）：90－95.

[13] 赵显波，李栋．辽宁省林权抵押贷款的调查报告［J］．林业经济，2009（4）：18－20.

[14] 韩立达，王静，李华．中国林权抵押贷款制度中的问题及对策研究［J］．林业经济问题，2009（3）：196－198.

产业发展与扶贫政策研究

贵州喀斯特旅游资源利用及产业发展的思考

魏　萍*

【摘　要】随着全球范围内的旅游活动不断扩展和我国人民生活水平的逐步提高，旅游消费和旅游产业在我国和地区经济中的重要性日益凸显，目前我国已有多个省市地区把旅游产业列为支柱产业。贵州喀斯特地区旅游资源丰富，但受各种条件制约，资源优势未能转化为产业优势。本文从梳理喀斯特旅游资源入手，对制约贵州省旅游产业发展的若干问题进行了分析，最后从旅游资源推广实施层面，以创新性视角提出了相关对策建议。

【关键词】喀斯特资源　旅游　发展

一、引言

贵州旅游产业起步于改革开放之初，经过二十余年的快速发展，已成为全省国民经济中的支柱产业之一，为推动贵州喀斯特地区经济发展发挥了十分重要的作用。喀斯特旅游资源是贵州旅游资源的主体之一，不仅种类多、分布广、组合好，更在于资源品位、级别和市场开发价值及科研价值高。但在具体开发中，喀斯特旅游资源中的文化内涵没有得到充分的提炼，旅游产品未能精准定位，各类优势资源未经充分整合，再加上较封闭的区域位置、推广不力、服务设施差、人力资源落后等因素，资源优势未能完全转化为产业优势。如何利用喀斯特优势资源，对制约发展的问题作出一定分析，促进旅游产业升级发展，是本文力图探索的内容。

* 魏萍，贵州大学管理学院。

二、贵州喀斯特旅游资源综述

“喀斯特”原是南斯拉夫西北部伊斯特拉半岛上的石灰岩高原的地名，那里有发育典型的岩溶地貌。“喀斯特”一词即为岩溶地貌的代称。喀斯特地貌是指可溶性岩石受水的溶蚀作用和伴随的机械作用所形成的各种地貌，如石芽、石沟、石林、峰林、落水洞、漏斗、喀斯特洼地、溶洞、地下河等。中国的喀斯特处于世界三大喀斯特集中分布区之一的东亚片区中心地带，喀斯特分布十分广泛，而西南地区的岩溶分布面积大、发育类型最为齐全。

贵州省是我国喀斯特分布最为典型的区域，因此，贵州省资源型产业的经济活动，以旅游产业为代表，具有浓厚的喀斯特地域特征。具体表现在：其一，自然资源富集，自然地貌景观奇特。喀斯特自然景观环境是喀斯特旅游发展的物质载体和基础条件。喀斯特自然景观类型多，包括典型地质构造、珊瑚礁、岸滩、峰林、峰丛、孤峰、石林、洞穴、风景河段、漂流河段、泉、瀑布、湖泊、天坑、喀斯特峡谷、钙化堆积景观等。喀斯特自然景观成为喀斯特地区开展特色旅游的有利条件之一。以泉水景观为例，贵州喀斯特区各类泉水众多，不少可供观赏游览，其中尤以温泉及多潮泉最具旅游观光价值。全省有水温 >22℃的温泉 90 余个，其中水温 >30℃者主要分布于黔北及黔东北地区。息烽、石阡、金沙、兴义等地的温泉水温高、流量大，并含多种有益于人体健康的微量元素，目前已得到不同程度开发。多潮泉是一种流量呈周期性变化的泉水，涨潮来水时流量突然增大，并发出奇异的轰鸣声，退潮时流量急剧变小直至断流，令人顿生神秘莫测之感。重安江、兴义、茂兰等地的多潮泉常与其他喀斯特景观相互辉映，因而有着良好的旅游开发前景。其二，丰富的生物资源环境。喀斯特环境下孕育了森林和各种奇花异草，还有珍稀动物如金丝猴等。喀斯特特有的动物、植物资源共同构成了喀斯特基本环境。丰富的生物资源环境对喀斯特区域旅游的开展起着积极的促进作用。其三，民族文化资源深厚，旅游吸引力强。众多喀斯特地区往往是少数民族的聚集区，在各民族的生活方式与生产方式中，蕴藏着古朴淳厚、绚丽姿彩的历史传统和多样性的原生态文化。比较典型的有①歌舞文化，多民族聚居的贵州，是一个歌舞的海洋，清水江、都柳江流域的苗族群众，历来以能歌善舞著称，他们既有热情奔放的“飞歌”，也有低回委婉的“游方歌”，更有质朴庄重的“古歌”“酒歌”，其调式不一，各具神韵。苗族的芦笙舞、木鼓舞等动作潇洒，风格纯朴，有很强的感染力；②服饰文化，喀斯特少数民族的服饰至少有上百种，款式丰富多彩，制作技艺精巧，堪称“无字史书”，是各个民族审美观念的体现。其中造型优美、最具代表的，主要有以刺绣编织为主的红枫湖一带的苗族服装，以蜡染编织为主的镇宁扁担山区布依族服饰等；③建筑文化：喀斯特地区的少数民族建筑具有十分鲜明的特点。如苗族的吊脚楼，它依山而建，后半边靠岩着地，前半边以木柱支撑，楼屋用当地盛产的木材建成。木楼一般分为三层，上层储谷，中层住人，下层堆放杂物和关牲畜。这些独特的民族文化因区别于其他环境中的民族文化而独具特色，成为发展喀斯特地区旅游业的独具魅力的重要资源。此外，贵州喀斯特地区的气候条件独具特色，总体气候温暖湿润，属亚热带湿润季风气候类型。气候的垂直差异比较明显，大山中河谷低洼地带气温较高，地势较高的地方气温较低，形成“一山有四季”“十里不同天”的气候特征。城镇则气温变化幅度比较小，大部分地区年平均气温在18℃上下，最冷的1月平均气温在3℃~6℃，而最热的7月平均气温只在26℃~30℃，是绝佳的避暑胜地。

三、贵州旅游产业升级发展中的问题分析

虽然贵州喀斯特旅游资源丰富，产业发展潜力很大，但制约产业发展的因素仍有很多，暴露出不少问题，使得产业的升级发展面临挑战。

（一）旅游资源开发力度不够，产品结构较单一

如前所述，贵州喀斯特旅游资源极其丰富，但旅游资源在实际开发过程中，应用于旅游活动的资源面较为狭窄，主要是以生态自然旅游产品为主，和人文旅游资源相结合的产品开发还略显欠缺，产品缺乏文化内涵。就旅游内容而言，参与点比较少，总体呈现出看的多，玩的少，静的多，动的少，就资源论资源，很少围绕景区的主题开展一些形式活泼，并鼓励游客参与，增加其亲身感受的旅游项目。旅游产品的性质仍是观光型占主体，满足不了市场日益多元化、个性化的需要，产品结构有待于优化升级。资源开发的过程注重量，忽略质，开发方式陈旧、单一。目前贵州省每年风景名胜区均有新增，但大多是复制开发，均是以喀斯特地貌为主的风景区，包涵了水洞和涵洞等，盲目模仿，缺少创新和失去个性，从而导致旅游产品的同质化，让人们不愿意去进行类似的旅游消费，阻碍新景区旅游的发展。一些具有优势的休闲度假资源，如温泉旅游、乡村旅游等产品的开发力度与档次还不能满足产品转型升级的要求。同时风景区的开发层次较低，程度也较轻，存在着严重的高价值资源低效率利用的问题，仍是低产出市场。

（二）宣传和推广的市场化和传播化问题

贵州省位于我国西部欠发达地区，与国内外的贸易联系相对较落后，在旅游业的宣传和促销方面也较为薄弱。尤其是对特色景观和本省独有的景观缺乏有力宣传和促销，致使许多国内外的游客对贵州省的旅游资源特色存在极大的不了解。人们在选择旅游地点的时候，往往想不到贵州的旅游资源。2007 年，学者曹新向对全国各省市旅游潜力需求做过比较研究，贵州省在 31 个省市中旅游需求位列第 24，排名相当靠后，在与贵州省邻近的几个省会中，四川省排第 4 位、云南省排第 13 位，排名都较为靠前，同处于云贵高原，有着相同的地理环境，近似的景观特征，其他两省在旅游需求中却更受人们的欢迎，一方面因为它们对自然景观有了良好的开发与利用；另一方面则得力于这些省份对于旅游资源的营销宣传推广，这些有效的推广可以使人们更好地认识和了解该地区的景观，并愿意进行旅游消费。近几年，贵州省推出了“多彩贵州”旅游品牌，但总体来说，贵州省对旅游市场的分析不够，没有多元化的品牌培育计划，旅游资源产品市场推广和传播仍是制约产业升级发展的薄弱环节。

（三）服务体系和配套体系建设滞后

主要表现在：①旅游基础设施和景区环境规划落后；基础设施落后突出体现在交通上，尽管贵州交通设施条件较前几年有了明显改善，但还不能充分满足旅游需求，仍是制约旅游产业发展的“瓶颈”。通往景区的公路等级低、路况差，铁路网较稀疏，一来导致了旅行时间过长，舒适性差，降低游客兴致；二来无法把旅游资源进行整合，形成集聚效应，使旅游产品的性价比较低，降低了游客满意度，影响了品牌塑造。景区环境体现着景区的形象，贵州许多景区还存在着脏、乱、差的现象。虽打着生态旅游的牌子，但使人感觉名不符实，与真正的生态旅游产品有很大的距离，有的景区生态环境遭到破坏，植被覆盖率降低；有的景区部分建筑与整个景观不协调，存在着乱建现象，破坏了景区的整体美；有的景区卫生状况差，顾客满意度低，许多景区餐饮、摊点和其他服务性设施在景区的布局不合理，形成视觉污染。这些公共服务体系等基础配套设施的滞后与旅游业升级发展需求不相适应。此外相应旅游景点的通信基础设施建设也较为滞后，导致旅游者缺乏相关旅游信息，同时游玩中与外界互动的需求无法及时满足，严重影响贵州省旅游业的竞争力水平。②贵州的城镇体系建设滞后，特色产业集群优势不明显、区域竞争力不强，与城镇化建设高度相关的旅游城镇体系建设也严重滞后，无法进一步带动周边小城镇集群发展，不能很好发挥城镇组群的特色，无法保障旅游目的地建设和休闲度假的需要。③人才培养和使用滞后。薄弱的旅游教育资源，有限的旅游人才供给，使贵州旅游业快速发展的需要未能得到满足。这在一定程度上抑制了旅游产业的发展速度。旅游业是一项新兴产业，旅游产业的发展，离不开专业知识面广的相关人才的支撑，旅游管理人才的紧缺，导游数量的不足，人才管理制度的不完善等，也是影响贵州旅游业快速发展的关键因素。

四、创新性对策建议

旅游产业作为贵州省大力扶持的支柱产业之一，如何应对存在的问题和挑战是当前的重要课题。旅游产业硬件环境的建设首先仍是强调交通基础设施的建设。交通的便利与否，直接影响着旅客对目的地的选择，交通便利与否直接影响旅客的旅行成本。按照“外部交通网络化、内部交通公交化”的目标，依托现有的交通规划体系，构建“航空、公路、铁路、水上交通”交通网络，改善交通条件，建设自驾游交通新道路，加快多种交通方式的联运，提供便捷的交通，提升交通旅游功能，以此提高旅游消费者的可进入性。其次，加快旅游景区配套服务设施建设。主要包括餐饮、住宿服务、景区娱乐设施、卫生设施、安全设施等。应根据景区旅游者的实际情况，发展高、中、低档不同的服务设施以满足不同消费层次的需求。同时加快旅游信息服务体系建设，建立旅游咨询信息中心，启动网络与电子商务（信息服务）工程建设，建设旅游资讯网站，整合全省各种旅游资源信息网络平台。加强旅游信息的及时发布，使旅游者第一时间掌握出行信息。建立旅游信息公共服务平台，便于游客查询所需要的信息，同时净化旅游相关网站环境，建立网络舆论监督系统，并且凭借旅游网络信息化，能够适时、准确、快捷搜集整理旅游相关数据线索，进行旅游相关数据的统计分析。开展网络在线服务、销售、订购、网上支付等旅游相关服务，实现数字化管理与经营，节约社会成本。以此促进公共服务体系建设与完善，提高游客旅游质量，提升贵州旅游整体形象，提高游客重游率。除去这些硬件方面的措施之外，本文试图从推广旅游资源产品实施层面，以创新性视角提出一些对策建议。

（一）实施贵州喀斯特旅游资源个性定位

旅游资源是一种产品，精准、个性化的定位才能吸引大众的注意，诱发其来贵州旅游的动机和兴趣。贵州宜人的生态旅游气候、独特的喀斯特地貌及其基础上的少数民族文化风俗构成了贵州旅游资源的核心要素。突出这些核心因素，利用独具特色的旅游资源实施差异化个性定位，在大众心中形成完全的可识别性是旅游产品开发的有效战略。基于这些核心要素，可将贵州旅游形象定位为“以宜人的生态旅游气候，喀斯特景观及多民族原生态文化为核心的，集自然生态和人文生态为一体的喀斯特生态旅游。”如提炼为口号，可为“养生气候的宜人感受，神秘风情的激情体验”。此定位的关键元素有三个：得天独厚的气候条件，天然喀斯特景观，原生态文化。贵州气候条件与云南相比，除了凉爽之外，有一个差异点是紫外线不强，不会把人晒得很黑，这是一个很好的传播点。喀斯特景观之前已做综述，原生态文化包含了贵州多民族文化“多元并存”和“多元共生”两方面的内涵。一方面它反映了众多少数民族文化共处在贵州这片喀斯特生态环境之中；另一方面又反映出这些文化还在生机勃勃地延续，或保持着民族的传统，或与其他文化交融而发展。“喀斯特生态旅游”定位具有以下几个方面的意义，第一，它展现了贵州原生态的自然环境和古朴淳厚的少数民族风情的特色，是对贵州旅游资源的精炼和升华；另一方面，它迎合了生态旅游的发展趋势，将有助于根据市场需求，指导旅游产品开发；第三，它表明了贵州旅游业的发展方向，即走可持续发展的生态旅游之路。这一形象定位突出了与云、川、桂三省的差别价值观。

（二）借助新媒体，强化旅游形象传播

将个性化定位的旅游资源产品进行传播推广是促进贵州旅游产业发展的第二个关键实施环节。通过有效传播，一为贵州有美誉度的景区强化品牌推广，二为有潜力的景区创造知名度。推广的内容可包括以下几个方面，第一，贵州具有良好的生态气候环境，是开展度假、休闲旅游和会展旅游的好去处；第二，贵州是世界喀斯特地貌强烈发育的中心地带，喀斯特类型丰富，数量多，质量高，是开展相关学术研究、讨论会、修学旅游、科考旅游、探险旅游和观光游览的首选之地；第三，贵州境内保存了相对完好的原生态文化，其表现就是现存于贵州的、保存完好的仡佬族、布依族、水族、苗族和侗族民族文化和民俗风情。既突出到贵州观光游览的“喀斯特”特色，保证既得的观光市场，又能吸引更多的对“喀斯特”感兴趣的潜在旅游者进一步开发和拓展以“喀斯特”为主题的度假、休闲、会展、修学、探险等旅游市场，最终实现“喀斯特生态旅游”客源市场的形成。

传播媒体的选择和运用要有所创新。传统大众媒体的使用以电影、电视、广播和杂志为主。从两方面考虑，一是受众面考虑，可选择收听收视率高普及面广的电视台和电台；二是针对性考虑，可选用一些深受旅游者喜爱的、定位于旅游爱好者的媒体频道或专业杂志，如中国国家地理等各类旅游杂志。甚至可以将宣传面扩大

到旅游学界或业界，利用一些在旅游学界和业界知名度较高的专业报刊杂志，如中国旅游报、旅游学刊、旅游科学等进行传播；网络作为新媒体，近十年的发展迅猛至极。在此提供的建议有①官方牵头创建贵州旅游门户网站，全面系统地介绍贵州旅游资源产品。这点其实已经在做，但最重要的一点目前还未改进，即围绕定位的旅游产品，创设和开放相关论坛，供网友直接交流评论，增加互动，这样的平台搭建一来让先体验者向潜在旅游者支招传经，激发后者兴趣；二来从中获取改进的信息建议供产业发展决策之用。②利用自媒体进行宣传，创建微博和微信公众号，丰富自媒体平台内容，吸引公众关注，并借助公众转发力量进行扩散传播。思路可从大众生活爱好和个人兴趣的角度开拓信息传播面，文字如贵州旅游形象定位口号；图片如大量精美的喀斯特风景；音乐如苗族飞歌、侗族大歌、布依族八音坐唱；舞蹈如苗族芦笙舞；民间工艺展示如苗绣、水族马尾绣、苗族蜡染、苗族芦笙制作、苗族银饰锻制等。建议多创作些既接地气又有文化内涵，既幽默又有深意的“段子”，能让人喜闻乐见，在公众平台口碑相传，逐渐扩大影响。

（三）改善产品结构，开发多元化旅游产品

贵州可以利用自己气候优势、生态环境优势和浓郁的民族风情优势，来打造差异性强的、丰富多元的旅游产品体系，突出贵州的资源独特性，形成强势竞争力。本文认为可开发以下多元化产品。

1. 大众旅游产品

（1）喀斯特资源观光旅游：贵州喀斯特旅游资源的优势在于其种类齐全、数量丰富。贵州是我国最大的喀斯特分布区，发育了复杂而典型的喀斯特景观，非广西和云南可比，具有明显的优势。仅就洞穴而言，全省具有旅游价值的溶洞多达1 000余个，全国已知的长度在10千米以上的大洞仅有十余个，而贵州就占了8个。贵州几乎所有的岩溶景区都有洞穴景观，实在称得上是“溶洞王国”。不论国内游客和国外游客，观光旅游在旅游活动中占有最大的比例，几乎为任何年龄阶段所喜爱。针对大众游客可推出喀斯特自然风光游，观光产品应尽量做到自然旅游产品和人文旅游产品的有机结合，并挖掘喀斯特旅游资源本身文化内涵。

（2）喀斯特少数民族生态文化游：随着旅游业的纵深发展，尤其国内旅游市场的不断扩大，旅游者不断成熟，旅游需求将逐步变化，旅游者由过去的“感官刺激消费者”升级为“精神文化消费者”，旅游者对旅游产品的文化内涵和品位不断提高，表现之一，即人们对民俗文化产品的需求已不仅仅停留在商品化、庸俗化，甚至伪民俗文化产品的满足上，而更将趋向于“品尝”更加原汁原味、古朴、凝重的

原生态民族文化产品。而贵州由于比较封闭的喀斯特环境才使其原生态的文化得以保存，而那古朴苍劲、神秘诱人的民族文化与当前所追求的返璞归真和文化多样性的市场需求高度吻合，成为旅游市场竞争中一大优势。

（3）度假避暑旅游：贵州冬无严寒，夏无酷暑，夜雨较多，清风拂面，空气清新的气候，是理想的避暑胜地。适宜的气候形成了度假旅游的良好条件，可针对华南、华东及东南亚市场等夏季炎热地区推出主打避暑度假的旅游产品。国外则针对东亚和东南亚亚热带、热带的大都市为主。

（4）乡村旅游：乡村旅游是以自然的农业资源和社会资源作为吸引物，以都市居民为客源市场，以省内客源市场带动省外客源市场。针对他们回归自然的旅游需求，将参与性融入项目，既可观光，又可务农，尝试乡村趣味农作。乡村旅游在国外发展成熟并已具规模，显示出极强生命力和发展潜力，喀斯特地区乡村因保留了其原始的风貌而更显吸引力。

2. 专项旅游产品

（1）喀斯特地区探险游：贵州复杂多样的地形，奇特而险峻的峡谷、洞穴、山脉为探险产品的开发提供了良好条件，针对中青年喜欢运动、冒险的特点，可开发参与性强、运动性强的喀斯特洞穴探险、峡谷探险等产品。

（2）漂流：贵州属山区，地势起伏较大，为漂流创造了很好的自然条件。河流有急有缓，游客可根据自己的情况作出选择。水流急，动力强的河流区域，可开发成针对中青年游客的漂流项目。

（3）科普旅游：贵州拥有最广泛、最典型的喀斯特地貌。丰富多样的生物物种，众多的遗迹和化石为科学考察奠定了良好的基础，可针对文化层次较高的群体开展科考游。这一群体可能人数有限，但消费水平高，来源广，知识层次高，对宣传贵州起到很大的作用。另外寒暑假期间，也可针对学生群体和教师开展科普旅游。

（4）徒步旅游：现在步行成为都市的一种新的流行运动，各个年龄层的人群都可以参与。喀斯特地区有很多优美的峡谷，蜿蜒崎岖，峰回路转，景色秀丽，还有很多生态森林，植被覆盖下的喀斯特景观，是一种充满原始自然韵味的绿色喀斯特景观，把婀娜多姿的喀斯特形态与森林碧绿的色彩糅合在一起，塑造出当代极为少见的、一派生机盎然的喀斯特风光，空气清新，天然氧吧，适于开展徒步旅游。

（5）红色之旅酒乡游：贵州是中国工农红军长征经过的省份之一，红军在贵州活动时间长、活动面广，很多地方留下了具有历史意义和研究价值的遗迹，如遵义、赤水。而红色之旅沿途又是美酒生产区，出产我国的茅台酒、习酒和郎酒等著名美酒，长征文化和茅台酒在全国均有极高的知名度，把长征文化和酒文化有机结合起来，就形成了全国独一无二的品牌。

总体来说，贵州省可挖掘的旅游资源产品潜力还很大，从产业发展的宏观层面仍有很多问题和对策可以研究。可以预见的是，贵州旅游产业的升级发展空间巨大，未来有望为贵州经济的腾飞做出更大贡献。

参考文献：

[1] 殷红梅，熊康宁，梅再美．贵州喀斯特库区的景观特征与旅游开发体制研究 [J]. 中国岩溶，2002 (2)：131－136.

[2] 陈安泽．中国喀斯特旅游资源类型划分及旅游价值初步研究 [J]. 南方国土资源，2003 (11)：14－22.

[3] 曹新向．中国省域旅游业发展潜力的比较研究 [J]. 人文地理，2007 (1)：18－22.

[4] 李蕾蕾．旅游目的地形象策划：理论与实务 [M]. 广州：广东旅游出版社，2006.

滇西地区水果产业风险问题研究*

琚婷婷　蒋　莹**

【摘　要】水果产业作为农业的重要组成部分，在我国国民经济中占有非常重要的地位。但水果产业有其自身的特殊性，受自然条件、当地消费能力、市场饱和度、储存时间、深加工程度等的影响较大。近年来，农业风险事件频发，对全世界的农业生产造成了巨大冲击。如何有效管理农业风险，已成为亟待解决的一项大事。云南省的水果产业与国内其他省区相比，有十分明显的优势，其中滇西地区优势更加凸显，例如宾川县气候条件优越，近几年来，水果产业发展突飞猛进。同时也由于宾川县水果品种多样，生产方式和管理方式不同，因而在种植、收获、贮藏、运输、处理和流通等各过程均会产生不同程度的风险，本文通过分析水果产业的风险，提出相应的对策和建议。

【关键词】水果产业　风险　宾川

一、研究背景和研究意义

水果产业作为农业的重要组成部分，在我国国民经济中占有非常重要的地位。自20世纪90年代以来，发展水果产业已经成为加快农民脱贫致富、促进农村经济可持续发展的有效途径。因此，各地人民政府都采取措施扶持农民种植适销对路的水果，一些地方还将大量的扶贫资金、项目投入到水果产业之中，如为贫困农民提供免费或者低价的种苗、提供相应的栽培种植技术，较早时间栽种新品种水果的农民从中获得了较好的收益，发了家，致了富，为当地水果产业的发展产生了良好的示范效应。于是乎农民相继效仿，再加上政府给予的倡导和优惠，水果产业发展十分迅速。但水果产业有其自身的特殊性，受天气条件、当地消费能力、市场饱和度、储存时间、深加工程度等的影响较大。当水果的种植面积和产生达到一定规模后如果遇到种植环节、运输环节、销售环节或极端自然天气等不得因素的影响，就会产

* 本文受教育部定点扶贫滇西专项课题资助。

** 琚婷婷，云南大学滇西发展研究中心。

生巨大的风险致使农民血本无归，已经脱贫的人群就可能返贫，国家前期投入的扶贫资金就可能付之东流。

2009 年 4 月 28 日，宾川县遭遇冰雹大风灾害，此次灾害范围广，受害作物多，经济损失严重。其中，葡萄受灾 11 286.6 亩、成灾 8 172.2 亩、灭产 3 625 亩；柑橘受灾 9 493.1 亩、成灾 6 465 亩；黑腰枣受灾 1 850 亩、成灾 1 408 亩、灭产 36 亩；其他水果受灾 180 亩、成灾 155 亩、灭产 30 亩（宾川县农业局供稿）。

2010 年 5 月 7 日中国新闻网报道称，云南、广西等全国多处水果主产区遭遇严重旱灾，水果大规模减产；加上近期油价升高等因素，使水果运输费用等附加费也随之上涨，导致水果价格普遍走高，云南本省出产的水果涨幅最为明显。

2014 年 5 月 9 日云南网报道称，玉溪大营街杨梅由于附近工地施工灰尘漫天，造成杨梅果面沾满灰尘黄土。由于杨梅不似其他水果表面光滑易于清洗，所以沾满灰尘的杨梅无法出售，甚至不能自己食用。

2014 年 9 月 15 日云南网报道称，呈贡龙潭山上的宝珠梨因中秋节提前、雨水多、增产等原因，出现了滞销的情况。行情好的时候，平均每千克能卖到 8 块钱，如今卖到三四块钱也难出手。果园里每天掉落的果子至少 200 千克左右，为了尽量减少损失，只好把烂果收集打碎后作为鸡饲料。

2015 年 3 月 23 日，云南省红河建水县南庄镇和弥勒县下了超过 20 分钟的冰雹，据悉，此次冰雹是建水几十年遭遇的最大一次，最大冰雹直径达 5 厘米。南庄镇葡萄种植面积 64 700 亩，占云南总量的 1/7 左右，亩产值近 2 万元。此次冰雹致使建水县近一万亩葡萄园受灾，其中有 8 600 亩将近绝收，经济损失超 2 亿元；弥勒县受灾葡萄园面积达两万亩，其中一万亩将近绝收，经济损失超一亿元。

水果产业发展潜力是巨大的，人们需要关注的不仅仅是经济利益，还应该更多地了解生产、交易的每一个细节。上文新闻报道中提到了多种造成水果生产、销售损失的原因，无论是自然的还是人为的，都是随着时间发展一直存在的，这对所有水果产业乃至农业的参与者来说，都是一个不容忽视的重要问题。因此，研究水果产业发展过程的风险防控问题具有十分重要的现实意义。

二、核心概念与研究综述

（一）水果的分类

无论在日常生活还是专业研究中，水果这个关键词都是出现频率极高的一个词，其中分类方法一定是所有有关水果的文章书籍所必须要涉及到的一个问题。由于专业背景和写作目的不同，所以本文要讨论水果的分类，首先要明确分类的标准，不同的标准，分类的结果也将截然不同。

例如，中医把水果分为寒凉性、甘平性和温热性，要和天气或身体的需要配合食用才能达到应有的功效。

一些食疗与健康的书籍中根据水果所含的糖分，把水果分为甜性、亚酸性和酸性三种类型，这与人们的消化吸收和健康等都紧密相关（陈静，·2012）。

较为普遍的一种分类方法是所谓的园艺分类法（北京瑞雅传播有限公司，2005），有时又称之为农业生物学的分类（姚志文、邹晓东，2010）。有人利用该分类法将水果分为七类（［日］平野太三，2009）：梨果类、柑果类、核果类、果蔬类、浆果类、莓果类和热带水果类；也有分为五类（贾冬英、姚开，2011）：仁果类、柑橘类、浆果类、核果类和瓜果类。有的分类还会加入坚果类，甚至更加细分为荚果类和聚复果类（姚志文、邹晓东，2010）。一些专业性的论文还将每一个分类在进一步进行细分，例如在论文“我国热带水果分类及编码体系研究”中，将热带水果又分为香蕉类、荔枝类、常绿果树浆果类等十一大类。

根据上文的描述，我们可以看出水果的分类是多种多样的。经过对比分析，本文的写作决定采用较为普遍的农业生物学分类法，结合水果的定义和滇西水果产业的特点，尝试将水果分为六类：仁果类、柑果类、浆果类、核果类、瓜果类和聚复果类。在此暂不将坚果列入其中。

（二）水果产业的特性

水果产业是种植业中继粮食和蔬菜之后的第三大产业，是劳动密集型和技术密集型相结合的产业，也是我国农业中具有比较优势和国际竞争力的产业之一。水果产业作为这样一个特殊的产业，除了具有一般的产业特征以外，还受其他方面因素影响较大。在本文中，作者尝试将水果产业的特性总结为资源性、区位性、季节性和时效性四个方面。

资源性指水果产业的种植环节中所需要种苗和品种，这可以说是水果种植的第一个也是最基础的环节。云南省具有丰富的种质资源，可以为水果产业的发展奠定良好的物质基础，同时也能为新品种的选育提供充足的条件。

季节性是指水果产业的种植环节需要依靠气候、温度、水土等条件。若遭遇反常的气候、温度、水土等条件，严重乃至发展为气象灾害时，水果产业将面临严重的打击；反之，良好的气候条件可以促进水果产业的良性发展，保证和提高水果的品质；有时，特殊的气候条件也能有所助力。

云南省有着特殊、丰富的气候条件，冬季寒冷晚，春季回暖早，省内各地气候条件的表现在时间上有所不同，许多引进的水果都表现出早熟或晚熟的现象。在这样的环境下，通过技术调节和固定水果的产期，可以占领和丰富全国的水果市场。并且由于云南省具有昼夜温差大的气候特征，给果实积累糖分增加了很大的优势，这样良好的品质也为云南的水果增强了市场竞争力。

区位性是指水果产业的发展需要良好的区位条件来作为支撑。此处所指的区位条件包含两个方面，一个方面是指水果种植的地域、地形环境等，水果的品种和品质也会随之有所变化；另一方面是指水果在进入销售环节后所处的区位以及流通的方向。

云南省地处我国西南边疆，与东盟接壤，是中国—东盟自贸区区域经济合作的前沿，特别是自贸区农产品零关税协议的签署，为中国与东盟水果交易提供了新的平台。此外，云南桥头堡战略的实施和澜沧江流域的开发等，为云南省果业发展和水果流通提供了地域优势。同时，由于紧靠东盟各国，在水果的运输、储存方面所花的时间短，运输成本较低，因此在产品价格上也有较大的优势。

时效性是指由于水果品质的特殊性，水果产业的运行受环境、市场等因素的影响，需要在指定的时间完成。虽然如今科技发达，可以依靠冷库，药物等方法使水果保鲜；可以利用温室大棚技术改变自然条件来实现反季水果的生产，但这并不是可以彻底消除水果产业时效性的方法。虽然目前在国内，大棚技术和冷冻技术已经较为广泛的使用，但是其中的技术还只停留在十分初级的阶段，远不像发达国家那样全面和先进。所以时效性还是目前中国水果产业发展的重要特性。

（三）水果产业链分析

产业链是产业经济学中的一个概念，是各个产业部门之间基于一定的技术经济关联。宏观上来说，产业链是一个包含价值链、企业链、供需链和空间链四个维度的概念。这四个维度在相互对接的均衡过程中形成了产业链，这种“对接机制”是产业链形成的内模式，作为一种客观规律，它像一只“无形之手”调控着产业链的形成。

也有人将产业链分为接通产业链和延伸产业链来理解。接通产业链是指将一定地域空间范围内的断续的产业部门借助某种产业合作形式串联起来；延伸产业链则是将一条既已存在的产业链尽可能地向上下游拓展延伸。产业链向上游延伸一般使得产业链进入到基础产业环节和技术研发环节，向下游拓展则进入到市场拓展环节。产业链的实质就是不同产业的企业之间的关联，而这种产业关联的实质则是各产业中的企业之间的供给与需求的关系。

1. 水果产业链结构分析

根据上文所示，目前中国的水果产业链结构大概可以分为供应链和需求链两个部分。

（1）供应链分析

水果市场供应链体系主要由生产、流通和消费三个环节所构成。

在美国等发达国家，农产品企业在物流环节的损耗率仅有2%～5%，他们的农产品生鲜供应链已经形成一种成熟的模式：田间采后预冷—冷库—冷藏车（船）—批发站冷库—超市冷柜—消费者冰箱（徐晔、韩宇，2007）。而长期以来，中国重视水果采前栽培、病虫害的防治，却忽视采后。而水果的采后商品化处理（如清洗、杀菌、分级、打蜡、包装等）却恰恰是提高产品附加值的重要环节。国内这方面技术较落后，完成此类商品化处理的水果只占水果总产量的1%左右，贮藏比例也不足20%，致使水果在采收、分级、包装、运输、贮藏、批发、零售整个采后流通过程中的腐烂损失相当严重，每年约有25%的产品因腐烂变质不能利用，农产品在物流环节中被白白消耗掉了（见图1）。

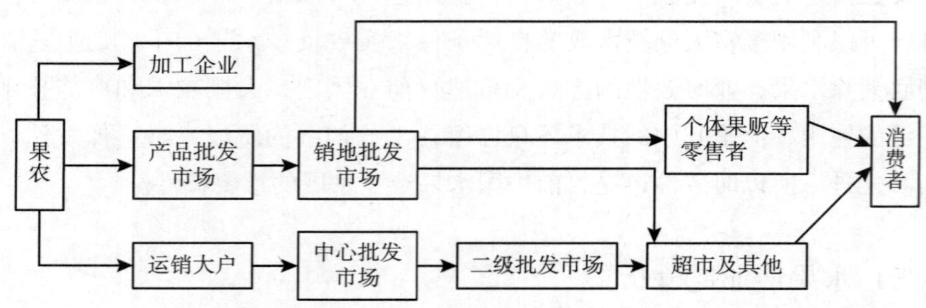

图1　中国水果流通渠道示意图（徐晔、韩宇，2007）

（2）需求链分析

专家指出，按比较科学的膳食结构推算，1个人1年的水果消费量应达到70～80千克。发达国家年人均水果消费量一般为60～100千克。中国目前只有山东、河北等极少数省份人均果品占有量超过80千克，所以，水果生产仍有市场潜力。

在水果贸易方面，中国水果在满足国内市场供应的同时，出口量逐年递增，出口主要品种为苹果、柑橘、梨等，但近年苹果出口增长缓慢，而柑橘、梨、杏、香蕉等品种出口增长较多。

2. 水果产业链发展建议

水果产业要想发展，提高品质、控制产量是首先要关注的方面。在控制现有产业生产面积的基础上，逐步淘汰气候或环境等非适宜产区和老旧劣品种水果，集中发展区域性名特优新水果生产。适当提高早熟、中熟和晚熟等错季品种比重，尽力使水果产业的产值达到最大化。

随后，在果品商品化处理的过程中对果品进行分级可以提高水果的档次；消除果品采后及储存过程中的病虫害可以减少流通领域中的腐烂损失；对果品进行采后的深入加工可以提高果品价值，增加产品的延伸效益；对果品进行包装以此来提高商品性能，扩大知名度，顺畅市场流通领域。这样，中国果品产业才能更好更加顺畅的发展。

（四）水果产业风险的研究现状

近年来，农业风险事件频发，对全世界的农业生产造成了巨大冲击。如何有效管理农业风险，已成为亟待解决的一项大事。黄英君在“我国农业风险可保性的理论分析”中提到：“农业是一个风险性很大的产业。随着现代立体农业、高新技术农业，以及农业产业化的推进，农业生产与经营风险的不确定性因素日益增多，各种风险因素相互交织、相互影响使其更趋复杂化。”水果产业作为农业的一个分支产业，也受到了广大学者的关注。国内目前对于水果产业的研究最集中在现状及发展策略，我们可以从这些研究中发现目前水果产业存在的风险并总结出应对风险的方法，这对水果产业的发展将起到至关重要的作用。

中国水果产业的现状总体说来处在上升优势阶段，在2009年3月3日农业日报的报道中提到：“水果产业是近年来快速发展的一个农产品产业，据农业部统计，2007年我国水果产量已经达到1.05亿吨，位居世界第一，比五年前增长了51%；优质率、出口创汇能力、农民增收贡献率都显著增加。”陈乐群在《我国水果产业发展中的问题及对策》一文中提到：“我国是世界果树大国，栽培历史悠久，资源丰富，水果达50余种，如今，果树生产已成为我国种植业的重要组成部分，对振兴农村经济，增加农民收入起到重要的促进作用。”2011年第12期世界热带农业信息中介绍了中国水果产业的基本情况：“中国水果面积和产量均为世界第一位。2010年中国果园面积约1 154.39万公顷，产量约1.29亿吨。”除此以外，还有多篇文章和新闻报道都对中国水果产业的规模以及现状做了描述。

虽然我国水果产业发展迅速，但也存在着许多问题，这些问题是制约水果产业再进一步发展的关键。农业日报有报道称：“水果产业也面临许多矛盾和问题：市场约束明显增强、病虫害威胁增大、结构调整难度大、质量安全要求更高、种植效益下降等。尤其在全球金融危机、经济增长放缓等多种因素影响下，2014年我国园艺产品出口增速明显放缓，国内水果市场也出现卖难，价格下跌，供求矛盾突出。”

这就说明，一个产业到达顶峰时，总会开始一个下滑阶段。颜伟在其论文《中国水果产业国际竞争力研究》中提出：我国水果品种栽种及其失衡，例如苹果的栽种量已达到北方水果栽种的70%，另外，我国水果成熟期过于集中，这就导致水果上市过于集中，供大于求非常严重，进而导致销售不畅和价格下跌。”这就是一个结构不均衡引发的问题。秦建丽在论文《广西水果产业现状与发展对策研究》中提出：“目前我国的水果种植，存在生产规模小、组织化程度低、技术落后等问题，水果种植主要以一家一户为单位，非常不稳定，农民会根据自己的需要和想法来改种自己的土地，这非常不利于水果产业的持续发展。还有，分散的农民无法预料市场的需求与变化，因此时常要自己担负着可能发生的风险。农民过于依赖自己传统的种植经验，这样没有在标准控制下种出的水果，往往会出现品质不一的状况，这样就难以把控水果的质量关。”以上这些都是关于水果的研究中普遍存在的问题。本文所做的尝试，正是从以上这些问题中总结出阻碍水果产业发展的风险问题，从而提出应对的方案，希望对水果产业的风险防范问题有所贡献。

三、滇西水果产业发展概况

由于拥有特殊优势的气候、资源、区位等条件，云南省的水果产业与国内其他省区相比，有十分明显的优势，其中滇西地区由于地处低纬度高原地区，海拔高差大，立体气候明显，落叶和常绿果树均能正常生长并混合栽培，因此，各类果树在滇西地区均能找到适宜的栽培区，一年四季均有鲜果供应市场。由于气候、地形等的差异，造就了滇西水果种植因地型气候而制宜的特点。在不同的海拔地区种植相同品种的果树，从而达到错季节收获的结果；对山坡地进行坡改梯的工程，人们在梯平面进行种植，在两阶间隔处还可以进行其他作物的种植，这样既充分利用了土地，也是防治水土流失的重要方法之一。

良好的气候资源也是滇西水果产业发展的最重要的一个优势。日照时间长、昼夜温差大能促进水果很好的累积糖分；冬季寒冷结束早，春季回暖早，这可以促进水果的提早成熟和上市，为农民争取最大利益。如此，滇西地区以其优势的条件走在了云南水果产业发展的前列。

丽江华坪素有芒果之乡的美誉，2013 年底成功申报为国家地理标志产品。华坪县是我国纬度最北端的晚熟芒果之乡，由于种植生长的自然环境和种植方式的特殊性，形成了其独特的品质和产业优势。

福贡古当梨是云南省怒江傈僳族自治州福贡县马吉区古当乡的特产，它在怒江峡谷众多的水果中首屈一指。由于其具有果实大、皮薄、肉白、汁多、味甜等优质特点，往往是傈僳族人民用于婚礼上或是接待远道而来客人的佳品。

每年农历六月初六，楚雄市都会举行杨梅节。长满杨梅的小黑箐梁子都会吸引上万当地以及外地的游客，人们在山头唱歌跳舞，一些青年男女则借着采摘杨梅和对歌的机会，寻找自己的意中人。不仅在市里，在不远的南华县雨露白族乡，也会借着杨梅节的契机宣传自己的产品，不少游客都会慕名而去，在体验采摘乐趣的同时也为种植户带来可观的收入，仅 2013 年，雨露乡杨梅种植户就可以拿到 20 万元以上的收入。

德宏气候宜人，一年四季的变化不是太明显，空气湿润，气候宜人，造就了德宏成为花果之乡。柚子、香瓜、象牙芒果、青芒果、木瓜、菠萝蜜、番荔枝、山竹等热带水果应有尽有，其中羊奶果为特色果品之一，酸甜味，一般吃法除生吃外，放上盐巴、辣椒腌吃。这些不仅给人们带来了经济收益，还为德宏的旅游业贡献了不容忽视的作用。

红河州地处亚热带季风气候区，各县市立体气候明显，春季回暖早，光热条件好，昼夜温差大，非常适宜水果生长，且同一品种的水果比省内其他地区早上市近 1 个月。“弥勒发展鲜食葡萄，蒙自发展甜石榴和枇杷，建水发展红提和酸石榴，泸西发展杏子和梨，河口发展香蕉，石屏发展杨梅等，这是红河州合理布局的水果种植区域，从而形成一地一品、一县一特色的发展格局。”

大理州宾川县素有“中国水果之乡”之称，有“天然温室”和“热区宝地”之称，光照充足，热量充沛，葡萄、柑橘、石榴、黑腰枣等水果一应俱全，水果产业在宾川县的经济发展中发挥了巨大作用。

四、滇西水果产业的主要风险——以宾川县为例

（一）宾川县水果产业发展情况分析

1. 宾川的概况

宾川县位于云南省西部、金沙江南岸干热河谷地区，东接大姚，北交永胜、鹤庆，西连洱源、大理，南邻祥云。宾川县资源丰富，开发前景广阔。宾川有得天独厚的热区资源优势。光照充足，热量丰沛，年平均日照时数 2 719.4 小时，年平均气温 17.9℃，平均降雨量 559.4 毫米；引洱入宾通水后，使素有“天然温室”“热区宝地”誉称的宾川充满勃勃生机。

2. 宾川县水果产业发展现状

宾川气候条件优越，适宜发展多种经济作物，形成了以冬早蔬菜、优质水果、香叶等为主的特色优势产业。近几年来，宾川县的水果产业发展突飞猛进，呈现出区域化布局、规模化生产、产业化经营的发展格局。宾川水果产业的发展以葡萄、柑橘、石榴、大枣等为主，山区以种植梨、苹果、桃子、李子为主。其中，葡萄和柑橘的发展最为迅速。2005 年，葡萄和柑橘的种植面积分别 1.03 万亩和 5 万亩，到了 2013 年，葡萄的种植面积高达 15.97 万亩，柑橘的种植面积也增长为 8.67 万亩（见表 1）。宾川先后被评为“中国柑桔之乡”“中国葡萄之乡”“中国水果之乡”“全国兴果富农工程果业发展百强示范县”“中国优质柑桔基地”“中国果菜无公害十强县”，宾川柑橘被评为“中国十大名橘”。

表 1　　近几年宾川县水果生产情况（2005～2013 年）　　单位：万亩、万吨、亿元

年份	所有水果			1. 柑橘			2. 葡萄			4. 其他水果		
	面积（万亩）	产量（万吨）	产值（亿元）	面积（万亩）	产量（万吨）	产值（亿元）	面积（万亩）	产量（万吨）	产值（亿元）	面积（万亩）	产量（万吨）	产值（亿元）
2005	7.5	10.3	1.83	5.0	8.2	1.31	1.03	1.37	0.38	1.47	0.73	0.14
2006	10	11.8	2.6	6.33	7.62	1.32	1.82	3.02	0.96	1.89	1.16	0.32
2007	13.2	18.84	4.01	7.12	9.31	1.54	2.57	4.25	1.67	3.54	5.28	0.8
2008	14.5	24.02	5.47	7.6	12.96	1.88	3.1	6.28	2.61	3.79	4.78	0.98
2009	17.4	31.65	10.27	9.42	15.91	2.64	4.29	10.15	6.45	3.72	5.59	1.18
2010	18.9	36.29	14.32	9.01	18.38	3.49	6.35	12.77	9.45	3.58	5.14	1.38
2011	23.3	46.11	20.12	7.72	18.35	4.77	12.2	22.31	13.7	3.35	5.45	1.7
2012	27.8	60.76	31.34	8.26	21.07	5.27	15	30.69	21.6	4.55	9	4.5
2013	29.3	61.14	38.14	8.67	19.58	8.42	16	35.95	27.7	4.62	5.61	2.04

归纳起来说，宾川县水果产业的发展具有以下几个特点。

第一，水果种植面积日益扩大，产量效益进一步提高。近年来，宾川县依托得天独厚的热区资源优势，加大水果的种植力度，基地面积进一步扩大。到 2013 年底，全县热区水果面积已达 29.3 万亩，产量达 61.14 万吨，水果产值近 38.14 亿元。水果产业已经成为全县种植业中最具竞争力的优势特色产业，成为农民增收及促进相关产业良性发展的“新亮点”。其中，葡萄的发展势头最为强劲，2013 年，全县鲜食葡萄总面积达 15.97 万亩，挂果面积 14.98 万亩，总产 35.95 万吨，均价 7.7 元/千克，总产值达 27.68 亿元，平均亩产值达 1.85 万元，葡萄产业总产值占全县农村经济总收入的 60.33%。

第二，水果品种结构不断优化，优质水果竞争优势明显增强。以市场为导向，

宾川县加大优质水果品种结构调整力度，目前基本形成了以葡萄、柑橘、石榴、火龙果等优良品种为主，特别是葡萄和柑橘的品种众多，竞争优势明显增强，已基本形成了以优质耐贮运品种为主，品种结构不断优化，种植效益稳步提高，科技含量明显提高，葡萄专业村、高效示范户、种植大户不断涌现的格局。

第三，水果产业化程度进一步提高，对相关产业的带动作用明显增强。随着水果产业种植规模的增大，社会化服务进程不断加快，产业链不断延伸，基本形成了种植、生产、包装、贮藏保鲜、运输、酿酒、销售、出口等产业化经营格局。截止到2012年，宾川县从事水果生产销售的省州水果产业龙头企业达7户，农民专业合作社达127个，专业协会达62个，经纪人达4 000余人。全县共有水果分级、打蜡生产线15条；冷库480座，库容量达3.4万吨；有泡沫箱、塑料筐加工企业12个，生产线83条，年设计生产能力2 394万只。同时，水果产业的发展，带动了相关产业和行业的发展，如餐饮、住宿、金融、保险等服务行业，以及房地产、汽车销售、农资销售等。水果产业及相关产业的发展，解决了大量的农村剩余劳动力的就业问题，完成了就近地转移，产生了较好的经济、社会和生态效益（杨凤刚，2008）。

第四，销售市场不断拓展。宾川县的水果具有优质、丰产的竞争优势，深受外来客商和销售地群众的青睐和好评，销售市场不断拓展，初步形成了“以省外市场为主，省内市场为辅”“以国内市场为主，国外市场为辅”的格局。目前，宾川县的水果已经销往全国各地以及周边的一些国家和地区，国内主要销往广州、深圳、东莞、福州、长沙、上海、成都、重庆、攀枝花、北京、昆明等大中城市，部分产品远销越南、泰国、缅甸、中国香港、中国澳门等国家和地区（第十八届全国葡萄学术研讨会，2012）。

（二）宾川县水果产业所面临风险的情况分析

由于宾川县水果品种多样，生产方式和管理方式不同，加上不同的员工素质及产品的种植、收获、贮藏、运输、处理和流通等各过程，因而涉及产品生产过程的风险因素来源各异。综合起来主要有：

1. 生产环节的风险分析

（1）种子种苗风险

种子种苗风险，比如品种不良、适应性差、带病种苗、未评估批准的转基因作物等。宾川县的水果种植以葡萄、柑橘为主，其中，葡萄品种主要有红提、夏黑、克瑞森和维多利亚等。从水果种子种苗购买途径上看，宾川县的水果主要是以本地自繁为主、外地调运为辅，带病苗木的比例较低，种苗品质得到保证。同时，就栽培方式来看，宾川县葡萄栽培方式以覆膜扦插单篱架扇形整形为主，还有少量单篱双臂整形、Y型架整形、一年两熟栽培和反季果栽培；柑橘则是露地栽培，采用矮化密植栽培技术。由于种子种苗的购买途径正规合理和栽培方式的科学合理，降低了宾川县水果产业的种子种苗风险，从根源上减少了水果产业发生损失的可能性。

（2）气象灾害风险

气象灾害风险，水果产业是对气候变化反应最为敏感和脆弱的领域。任何程度的气候变化都会给水果生产及其相关过程带来潜在的或显著的影响，比如冻害、霜冻、旱灾、洪涝灾害、雪灾和雹灾等气象灾害所引起的水果减产甚至绝收。其中最严重的风险即为干旱缺水严重，全县炎热少雨、气温高，1955～1989年的34年间，有27年发生不同程度的旱灾，其中有8年是全局性旱灾，是名副其实的“十年九旱”“滴水贵如油，年年为水愁”“好个宾川坝，有雨四周下”是当时的写照。近年来，宾川县水果产业的气象灾害出现了范围逐年扩大、发生频率不断提高的趋势，夏季干旱与暴雨并存，冬季霜冻、阴雨天气偏多，无论是在干旱的气候中突遇冰雹和暴雨天气，或是在冬季经历寒冷和霜冻，都会导致水果大面积减产，品质下降。因此，随着生产水平的提高，宾川县水果产业的气象灾害的困扰日益上升，影响着资源的持续利用和水果产业生产健康可持续发展。

（3）生物灾害风险

生物灾害风险，比如由严重危害水果生产的病害、虫害、杂草和鼠害等引起的。以柑橘、葡萄为例，宾川县柑桔真菌类病害主要有黄龙病、疮痂病、炭疽病、黑星病、煤烟病；葡萄的病害主要有白粉病、灰霉病、霜霉病、酸腐病等，每年水果生产者在这些病虫害的防治中都要投入大量的人力物力，防治不及时还会给柑桔、葡萄造成产量损失。据调查，自2005年起，柑橘炭疽病、红蜘蛛、蚜虫、潜叶蛾共发生60.44万亩次，防治214.59万亩次，造成产量损失175.22吨，经济损失35.04万元；自2010年起，葡萄的白粉病、霜霉病、灰霉病、白腐病、蓟马共发生50.03万亩次，防治184.32万亩次，造成产量损失295.08吨，经济损失147.54万元；全县水果无重大虫灾发生。这些病虫害不但影响了水果的正常生长，还危害了果实，影响其品质，但是宾川县实施了有效的防治措施，将病虫害的损失率基本保持在3%左右。

（4）地质灾害风险

地质灾害风险，比如河湖灾害、土地破坏、土壤退化以及水、土污染等。其中，土壤风险是宾川县水果产业所面临的最重要的地质灾害风险，比如土壤中重金属元素超标、土壤受到化肥农药的影响导致土壤肥力下降等。以葡萄为例，宾川县种植水果的土壤类型有壤土、砂砾土、黏土，宾川葡萄年施肥5～6次，基肥开沟集中施用，追肥撒施为主，水溶肥滴施或浇施，微量元素肥料以基施为主辅以根外喷施。

施用品种主要有三元复合肥、尿素、普钙、硫酸钾、硫酸亚铁、锌肥、硼肥，控释肥和水溶肥料等。葡萄用肥量占全年用肥量的2/3左右，由于前几年不重视有机肥的施用，大量施用化学肥料导致果园土壤板结、土壤有机质减少、水果品质下降。

2. 其他风险分析

除了以上生态环境方面的风险外，整个水果产业的完成还需要流通以及消费等环节。如在加工包装过程中，产品处理不当，水果贮存、清洗、整理、化学处理、包装等环节失控，造成产品污染风险。若部分厂商为了减少成本选用劣质的加工原料和包装工具，将会对水果的安全性和品质产生危害，从而产生加工包装风险；也有厂商将塑料盒制造与水果初加工置于一个空间内同时进行，在塑料盒加工过程中所产生的化学废气以及废弃物将对果品产生不利影响。

在冷藏保鲜环节，可能会出现一些果品在缺少必要的保鲜冷藏条件下造成大量腐烂引起损失的可能性。通过调查得知，近年来对于冷库的财政补贴更倾向于小规模生产的农民，但是农民的水果采收过后都是通过经纪人来联系企业进行包装配送。因此，出现了企业冷库紧张、农民冷库长期闲置的矛盾。同时，由于水果的产量的增速明显高于冷库的建成速度，每年还是会出现由于冷藏保鲜条件不够导致的水果烂果，产生损失的现象。

在运输环节中，可能会由于气象灾害和地质灾害等的发生造成道路运输中断或交通意外事故的发生，从而导致水果无法准时送达引起的损失。针对此种风险，企业在进行冷藏车运输前都会购买相关的货物运输保险，因此，在运输环节产生风险的可能性较低。

除此之外，水果产业的发展还存在市场需求、价格波动产生的风险；大型企业进驻当地从而凸显出当地果农竞争力弱的风险；先进技术与农民接受程度低而产生的风险；相关政策法规不完善以及出台滞后而产生的风险；生产种植环节人为操作失误和环境污染等而产生的风险

五、水果产业风险防范的基本对策建议

因资源条件、自然环境、市场环境、政策环境以及水果产业内部环境等不确定性因素的影响，水果产业的风险具有高度不确定性。尽管人们抵御自然灾害的技术和手段不断增多，能力不断增强，但是由于全球气候变迁和生态环境的恶化，自然灾害发生的频率和强度有加剧的趋势。伴随着水果产业生产规模的扩大，专业化、

区域化进程的加快，以及生产要素投入的增加，水果产业风险不仅增大而且更为集中，灾害事故的破坏力和造成的经济损失越来越大。同时，水果产业是弱质产业，它不仅对自然气候有极强的依赖性，对市场和社会环境也具有依赖性。一旦外部环境发生了不利的变化，将给水果产业生产带来高度不确定性和不可控制性。

由于水果产业的弱质性和生产过程的特殊性，风险贯穿于整个水果产业链的始终。水果产业风险对于农民和市场来说，都是不可避免的，但是我们可以采取措施对风险进行有效防范，减少风险发生的机会或降低风险造成的损失。

目前，我国的水果产业风险问题十分突出，而风险防范能力却十分脆弱，因此，亟待建立一个具备水果产业风险识别、预警、抵御、转移以及风险发生后的补偿等多方面功能的现代水果产业风险防范体系；同时，发展高科技水果产业，加强水果产业基础设施建设，提高农民的风险意识，增强农民防灾减灾的认知，从而有效防范水果产业风险，推动水果产业的跨越发展。这对于我国水果产业的持续稳定发展具有至关重要的意义。

参考文献：

[1] 艾志强，沈元军. 风险与技术风险概念界定的关系研究 [J]. 科技管理研究，2013 (12).

[2] 陈静主编. 不生病的智慧大全集 [M]. 南昌：江西科学技术出版社，2012年9月.

[3] 范丽萍，张朋. 农业巨灾风险的概念、特征及属性分析 [J]，世界农业，2014 (11).

[4] 胡志全. 水果产业自然风险分析及支持政策研究 [M]. 北京：中国水果产业科学技术出版社. 2010 (12).

[5] 黄胜利等. 美国和加拿大水果产业发展的经验与启示 [J]. 中国园艺文摘，2011 (11).

[6] 贾冬英，姚开编著. 食养与食疗教程 [M]. 成都：四川大学出版社，2011年11月.

[7] 李瑞奇，孙光明. 世界菠萝产业发展状况 [J]. 热带农业科学，2012 (9).

[8] 刘洪秀，庄天慧. 西南民族贫困地区农户防灾减灾认知及其行为的影响研究 [J]. 水果产业经济问题，2012 (12).

[9] 刘岩，孙长智. 风险概念的历史考察与内涵解析 [J]. 长春理工大学学报 (社会科学版)，2007 (5).

[10] 潘晓成. 转型期水果产业风险与保障机制 [M]. 北京：社会科学文献出版社，2008.

［11］［日］平野太三著．花样水果完全保存［M］．重庆：万卷出版社，2009.

［12］齐麟．当代中国水果产业基础设施建设问题研究［D］．吉林大学，2013.

［13］王宏伟．水果产业风险分析及防范体系构建［J］．水果产业经济，2013（8）.

［14］王晓燕．浅谈水果产业风险的识别与控制［J］．现代化水果产业，2013（8）.

［15］吴正林．“一村一品”与水果产业风险防范机制的探讨［J］．“一村一品”理论与实践创，2008.

［16］徐晔，韩宇．中国水果产业链管理的实践研究［J］．农业世界，2007.

［17］阎春宁．风险管理学［M］．上海：上海大学出版社，2002.

［18］颜伟．中国水果产业国际竞争力研究［D］．中国海洋大学，2007.

［19］杨凤刚．大理州亚热带水果产业发展潜力及对策［J］．中国果业信息，2008（11）.

［20］姚志文，邹晓东主编．大学生村官工作实务［M］．杭州：浙江大学出版社，2010.

［21］曾玉珍，穆月英．水果产业风险分类及风险管理工具适用性分析［J］．经济经纬，2011（2）.

［22］中共烟台市委党校课题组，发展高科技水果产业是防范水果产业风险的根本途径［J］．莱阳农学院学报，2002（6）.

［23］北京瑞雅传播有限公司主编．水果［M］．北京：中国轻工业出版社，2005.

［24］第十八届全国葡萄学术研讨会论文集．2012（6）：3.

［25］http：//baike. baidu. com/link？url = vSS3An68Id3TZNHek0tli9lgCNAZGToRBjrj67XSX5PtuU0PW_1aufcnQeJo028yG763hhvmKADl1vvqpJeACK.

喀斯特地区企业创新战略：驱动市场 VS 市场驱动

——市场导向理论回顾与展望*

黄 姚 王雪岩 柯金定**

【摘 要】本文根据市场导向理论三大争论问题对市场导向已有研究进行回顾，发现文化说与行为说主要存在问题：①现有的任何单一视角都不能清晰而全面地阐释市场导向；②直接将市场导向划分为市场导向行为与市场导向文化存在争议；③现有市场导向文化框架各部分内容与营销观念相去甚远。此外，主动说与被动说虽然认同企业一般会同时采用两种战略导向但却并未提及二者在不同市场生命周期的转换关系。主张关注范围扩大的研究也未根据利益的密切程度为关注对象分配权重。针对上述问题，本文认为未来研究可以构建贴近营销观念的市场导向组织文化框架，在此基础上根据市场生命周期建立循环往复的驱动市场—市场驱动导向，并探索为关注对象分配不同权重对组织绩效的影响。

【关键词】市场导向 组织文化 驱动市场 市场驱动 利益相关者导向

一、引言

作为企业竞争优势的来源，市场导向长期受到学术界的广泛关注[1]。然而，尽管市场导向一直被视为营销学界的重要前因变量[2]，有关市场导向与组织创新[2~4]、组织绩效[5~7]等的实证研究结论却并不一致。究其原因，一方面许多学者认为结果变量的选择会影响分析结果。贝克尔和辛库拉（Baker & Sinkula）[8]发现市场导向通常能够提高企业的整体绩效，但是如果把绩效细分为财务绩效和市场绩效，市场导向与他们的关系就变得不显著了。另一方面，我们则可以考虑市场导向定义存在争

* 基金项目：国家自然科学基金面上项目（71372208）、贵州省教育厅高等学校人文社会科学研究基地项目（2015JD019）。

** 黄姚（1988～ ），女，四川成都人，贵州大学管理学院副教授，博士，研究方向为销售管理，营销战略、金融营销；王雪岩（1995～ ），女，河北秦皇岛人，贵州大学管理学院；柯金定（1994～ ），女，福建泉州人，贵州大学管理学院。

议也是造成结论不一致的重要原因。为了进一步考察市场导向与产品创新、企业绩效的关系，有必要对市场导向的概念做出明确的界定[9]。

本文首先将学界对市场导向概念的争论归纳为三类：①文化说与行为说之争；②被动说与主动说之争；③关注范围是否应该扩大。此后，针对三大争论进行评述。最后，根据对争议问题的回答提出未来可能的整合框架。

二、行为说 VS 文化说

市场导向的两种视角都来源于营销观念，只因思考逻辑的不同而分道发展。行为说与文化说争论的发展过程如图 1 所示。文化视角认为组织文化是组织成员共享的价值与规范，市场导向需融入组织文化才能发挥作用[10]，所以市场导向作为组织长期竞争优势的来源可被看作一种能为组织带来超额利润的组织文化。它可以催逼员工、部门以及组织产生特定行为来创造顾客超额价值并维持组织超额利润[11]。市场导向文化由顾客导向、竞争者导向和跨职能合作组成，三者同等重要。

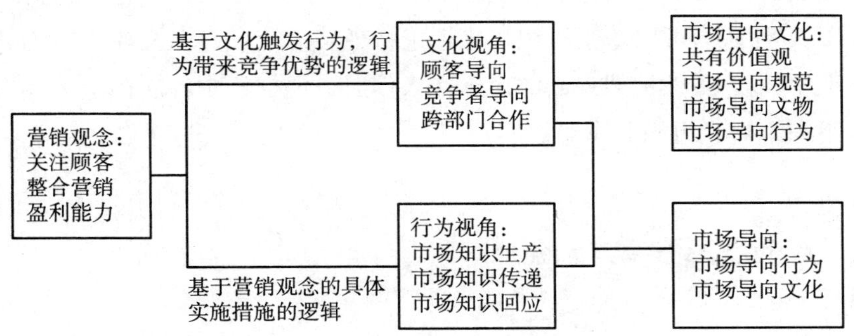

图 1　行为说 VS 文化说争论发展过程

具体来说，顾客导向要求卖方高效地了解目标顾客并持续地为他们提供超额价值[12]。卖方需要了解买家长期以来的整个价值链[13]。此外，卖方还应关注影响渠道各层面的经济与政策约束。基于这样完备的分析框架，企业才能准确地判断谁才是目标顾客和潜在顾客。竞争导向则要求卖方了解现有核心竞争对手和潜在核心竞争对手的长短期优劣势[14]。在分析竞争对手时需要涉及对方所有可以满足现有顾客和潜在顾客需求的技术[12]。跨部门合作是指各部门合作使用公司资源来为目标顾客创造超额价值[11]。买方价值链上的每一点都可以成为卖方创造超额价值的机会。卖方组织内的任何部门也都可能为买方提供价值[15]。

相反，行为视角流派却认为营销观念作为一种经营哲学应该被投射到基于营销观念而产生的各种具体措施中[16]。市场导向行为主要包括三个部分：市场知识生产、市场知识传播以及市场知识响应[17]。市场知识不同于消费者偏好的口头表达，而是一种更宽泛的概念。它不仅包括消费者现有以及潜在的需求，也包括影响消费者需求和偏好的外部因素，比如竞争者行动和经济形势等。

具体而言，市场知识生产的正式渠道有顾客会议、销售报告分析、全球范围顾客资料分析和定期市场调查。非正式渠道则包括与交易伙伴闲谈以及参与商务社交等。市场知识的生产需要整个组织通力合作来完成。其次，市场知识必须在组织内各部门间传播，甚至是被推销给组织内与营销职能密切相关的部门与个人。市场知识传播的正式渠道有培训、会议、书面报告，非正式渠道则包括餐后闲谈和工作间隙聊天等。最后，市场知识响应指组织内各部门决策都以组织内生产和传播的市场知识为依据[16]。组织的任何决策都是对市场知识的回应。

随着两个视角各执一词情形的加剧，后续研究提出了两种整合思路。其一，胡尔特（Hult）等学者提出将市场导向文化与市场导向行为清晰划分，并分别看作可被显著区分的两个变量[5]。针对此观点，部分研究认为二者可以完全区分，并在组织内发挥不同的作用[1][5]，也有研究发现两个种视角所提出的量表在可靠性、检验有效性、预测有效性以及偏量有效性方面相似，可相互替换[18]。其二，霍姆布格（Homburg）等则认为可以基于组织文化理论将现有的市场导向文化与行为整合到组织文化框架中[19]。虽然框架提出的逻辑让人信服，但框架中各层面的具体内容却主要关注了组织学习、组织分享等内容。

三、主动说VS被动说

通过回顾主动市场导向与被动市场导向、驱动市场与市场驱动的文献，本文认为市场导向理论还可以分为主动说与被动说。主动说与被动说根据关注需求类型、市场成员构成、市场行为以及灵感来源来进行区分。具体区别点以及提出的作者、年份罗列于表1市场导向主动说与被动说要点对比。

主动说与被动说的第一个区别是所关注的市场需求类型不同。主动市场导向关注潜在需求与未来需求，而被动市场导向囿于市场中现存的可见需求。随着市场导向理论的发展，许多学者指出当前有关市场导向的研究太过偏重于企业如何通过对信息的收集、传播和反应来满足市场的现有需求，而没有关注市场的潜在需求和未来需求[20]。纳威尔（Narver）等[21]指出仅仅使用传统的方式来满足可见的需求往往很难留住客户，且由于竞争对手也熟知这些方法和需求，企业就很容易陷入价格战。他们认为应该将消费者需求划分为已经察觉的和未曾察觉的需求分别进行研究。

此外，库马（Kumar）等[22]将市场导向的企业分为了市场驱动企业与驱动市场企业。与纳威尔等[21]的观点类似，他们提出市场驱动的企业关注市场中原有的价值定位，而驱动市场的企业则主动发掘市场中新的价值定位断点，并据此对市场进行彻底地革新。此外，由于其自身信息和能力的限制，消费者对需求的描述能力往往无法到达潜在需求和未来需求[23]。正如在互联网发明之前几乎没有普通民众想过原来信息沟通可以如此便捷。主动型市场导向企业的价值定位总是超乎消费者预期[22]。所以，一味跟从消费者所告知的需求，企业的产品创新也会遇到阻碍。

主动说与被动说的第二个区别是市场参与者构成会发生改变。市场参与者的结构改变主要包括消费者群体的改变、合作者群体的改变以及竞争对手群体的改变。库马等[22]认为驱动市场的企业会重新进行市场细分。随着市场细分的改变，企业所面对的消费者群体也会随之改变[24]。另外，驱动市场的企业还会主动教育消费者他们提出的颠覆性的价值定位具有存在的意义，向消费者传播新的技术与理念。当他们成功激活消费者的潜在需求，并用可见的方式向消费者展现潜在需求的满足方式时，消费者的群体范围也可能发生变动[22][25]。

与此同时，驱动市场的企业也通过删除不符合新价值定位的供应商来破坏现有的合作者构成，或者通过建立新的成员网络、增加价值链功能的实施者来构建新的合作者群体[24]。他们还会使用前向一体化或者后向一体化策略来重新定义价值链上各合作者的功能[25]。随着行业价值定位和价值链构成的改变，竞争对手群体发生改变是必然的。抱持传统价值定位和传统价值链的竞争对手会被现有的行业淘汰，驱动市场的企业将成功删除现有竞争对手[26]。

主动说与被动说的第三个区别是市场行为会否发生改变。驱动市场的企业会通过建立新的消费经验约束、竞争对手约束以及股东投资约束，或者破坏现有这些约束来改变市场行为[25]。他们在行业原有的消费者需求或者偏好上提供超越整个行业的高质量消费体验，从而在消费者心中树立新的购买期望。同时他们也会就这些偏好创立新的行业标准，并努力影响法律法规来改变同行的办事方法。例如，在家装行业，不论是各商家自身的生产标准还是国家对家装材料环保指数的要求都在随着行业内的龙头企业对此标准的提高而提高。上述几种行为都是市场驱动企业直接改变市场行为的方式。同时，他们还会通过开发新产品、新技术来改变消费者偏好和竞争对手偏好，从而间接改变市场行为。

主动说与被动说的第四个区别是组织创新的灵感来自于行业的主流智慧还是天才的奇思妙想。组织创新其实就是价值定位与传递价值系统的根本性改变。这些创新只有极少部分来自于对现有行业与消费者行为的调查分析，绝大部分来自于企业创始人或者组织内天才的奇思妙想[22]。驱动市场企业会跟随梦想的鼓舞而不是传统的市场研究结果。他们致力于寻找和保护那些拥有奇思妙想的个体，并将他们与传统部门相隔离，以确保他们能不受压力地将这些灵感闪光开发成真实的产品。此外，他们还支持好奇心驱动的研究，勇于承担试错成本。这样的冒险会带来极大的风险，但是一旦成功也会带来极大的收益（见表1）。

表1 市场导向主动说与被动说要点对比

区别点	主动说	被动说	提出者
顾客需求	潜在需求与未来需求	可见需求	Narver et al.[23] Hills & Sarin[24]
满足需求的方式	新方法	旧方法	Narver et al.[23]
价值定位	颠覆性的	原有基础上添加的	Kumar et al.[22] Day[3]
价值定位传递方式	新方式	旧方式	Kumar et al.[22]
顾客群体	新的	现有的	Hills & Sarin[24] Jaworski et al.[25]
竞争对手群体	改变	不改变	Jaworski et al.[25] Hills & Sarin[24]
合作群体	改变	不改变	Jaworski et al.[25] Kumar et al.[22]
消费者期望	超越行业的提高	无根本性变化	Jaworski et al.[25] Kumar et al.[22]
行业标准	颠覆性改变	无根本性变化	Jaworski et al.[25]
消费者偏好	新增加	无根本性变化	Jaworski et al.[25] Hills & Sarin[24]
竞争对手偏好	新增加	无根本性变化	Jaworski et al.[25] Hills & Sarin[24]
灵感来源	奇思妙想	传统智慧	Kumar et al.[22]
创新支持	承担试错成本	不愿承担开发风险	Kumar et al.[22]

四、关注范围的扩展

行为说与文化说、被动说与主动说虽然侧重点不同，但潜在理念仍是以关注客户需求为核心、以竞争对手动向为参考、以企业内部活动整合协调为途径、以响应市场机会实现收益最大化为目标的[27][28]。其核心关注的依然只有消费者和竞争对手。但是任何企业的发展都离不开各利益相关者的参与和投入，企业应该追求利益相关者的整体利益而非单一相关者的利益[29]。利益相关者分为首要利益相关者与次要利益相关者。首要利益相关者是指与企业的生存和发展密切相关的团体和个人，主要包括顾客、雇员、股东、价值链成员以及政府。次要利益相关者在法律上或合同上不具备决定企业存亡的能力，但对企业发展有一定的影响，主要有竞争对手、大众媒体、贸易组织以及其他特殊利益团体[30]。可持续发展的企业是利益相关者缔结的多元资本共生体[28]。为了实现可持续发展，企业需要通过满足各方利益相关者的诉求来获得经济资源、人力资源、社会资源以及生态资源的支持。为响应企业经营管理理念以及内外部环境变化的要求，市场导向从顾客导向、竞争对手导向逐渐开始向利益相关者导向演化。

五、各流派争议不休的原因

通过回顾以上三种争论，本文发现各个流派的争议都是有原因的。市场导向行为说与文化说难以取得一致结论主要存在三点原因。第一，现有的任何单一视角都不能清晰而全面地阐释市场导向。文化视角强调市场导向是一种组织文化，但其内涵描述和测量题目却透着浓浓的行为主义。组织文化一般包括价值观、行为规范、文化文物和外显行为四个层面[31][32]。其忽略了市场导向作为一种组织文化在价值观和文化文物层面的内容。而行为视角又将市场导向的内涵缩小，仅仅探索了市场导向如何在组织中通过组织学习过程来发挥作用[33]。

第二，直接将市场导向划分为市场导向行为与市场导向文化存在争议。随着行为说与文化说的争执加剧，研究者们开始直接将行为视角市场导向和文化视角市场导向分别命名为市场导向文化与市场导向行为（或者市场信息处理）。该思路中的市场导向文化与市场导向行为完全照搬已有的定义与测量量表。但是对于行为视角与文化视角提出的市场导向是否可以显著区分，研究者们还存在争议。部分研究者认为可以显著区分[5]，而另一部分则认为二者在可靠性、检验有效性、预测有效性以及偏量有效性方面高度相似，无法有效区分[18]。

第三，由于组织发展的好点子无法通过固定的技巧和方法获取，只能从文化入手[22]。所以，霍姆布格等[34]提出基于组织文化理论的整合思路非常可取。这一思路能够将市场导向行为当作市场导向文化的外显成分与市场导向文化进行融合。组织文化框架完全可以囊括两个视角。但是由于霍姆布格等的研究所提出的市场导向价值观、行为规范和文化文物与营销观念相去甚远，该整合思路仍存在很大的改进空间。

此外，现有研究指出企业一般都会同时采用主动市场导向与被动市场导向两种战略[25]，但却并未提及二者在不同市场生命周期的转换关系。市场导向主动说与被动说主张的战略导向适用于不同的市场生命周期，不能一概而论地评述优劣。驱动市场导向能够刺激管理者对目前并不存在的市场进行想象，鼓励他们思考当前市场边界以外的东西，为发展创造性提供更大的空间，有助于创造新的市场以及创新性的行为[35]。但在市场趋于稳定之后，企业追求对市场信息的迅速搜集与反应来降低环境变化带来的风险[36]。此时，根本性的创新会为企业好不容易创建的主导地位市场带来重创，形成自己与自己竞争的局面。其在企业初建与根本性创新阶段对组织绩效有显著的正向影响，但在成熟期却对绩效有负向影响。

另外，虽然市场驱动的企业由于过度关注顾客容易导致产品开发上的近视症，从而降低企业的创新能力，使企业倾向于从事竞争力低下的仿制品开发[37]。但是，占据市场主导地位的企业在产品市场的成熟期一般会选择此种战略来将前期的投入尽可能多地转换成利润。否则，企业一直处于创新期，而没有现金收割期，将难以持续为高昂的开发费用买单，其创新活动也无法持续地进行。其在企业初建与根本性创新阶段对组织绩效有负向影响，但在成熟期却能显著提高组织绩效。综上可知，企业应该根据产品或者市场生命周期循环使用两种战略导向[25]。

最后，现有研究未根据利益的密切程度为关注对象分配权重。现代网络传媒影响力提升，大众对企业社会责任感的要求越来越高，同时现代企业越来越只专注于自己的核心能力，将非核心事务进行外包，传统的顾客导向、竞争对手导向的确在向利益相关者导向转换。但是在转化的过程中仍然应该区分主次顺序。对企业发展与生存至关重要的消费者、竞争对手、股东以及合作者仍然应该更加看重，而对影响稍弱的政府、大众媒体以及其他利益社群组织则可以分配更少的注意力。

六、未来研究思路

针对上述不足本文提出了可能的解决思路。首先，未来研究可以基于组织文化理论整合市场导向的文化说与行为说。其次，未来研究也可以根据市场生命周期开发循环往复的驱动市场—市场驱动导向战略。最后，未来研究还可以为拓展关注范围后的市场导向分配各利益相关者的权重。详细阐述如下：

（1）构建贴近营销观念的市场导向组织文化框架。继承了霍姆布格等的研究思路，本文认为能够以组织文化理论为依据，将市场导向行为作为文化的外显行为成分被放置到组织文化的整体框架中。在此基础上，未来研究可以将现有文献中市场导向的特征描述以及测量题目进行汇总与分类，进而形成市场导向的全貌描述语句库。此后，借鉴组织文化框架的整合思路，依据组织文化的定义以及各组成部分的特征，将市场导向的属性描述归类对应地嵌入组织文化框架中，形成一个更切合市场导向内涵的双视角整合框架，进一步论证了市场导向的文化本质。

例如，组织文化理论认为价值观可被看作一种理念。这一理念明确或隐晦地展示了不同群体的个体或群体整体特征之间的区别，并影响了个体或群体对可获模式、方法和最终行动选择的偏好[38][39]。结合市场导向理论可知，无论是文化视角还是行为视角市场导向的内容描述都来发源于营销观念。组织对营销观念的采纳带来了组织中市场导向行为的产生。营销观念是组织市场导向行为规范和市场导向行为的基础。所以，营销观念可被看作市场导向文化的共有价值观。

（2）根据市场生命周期建立循环往复的驱动市场—市场驱动导向。驱动市场导向与市场驱动导向之间存在循环往复的关系[22]。未来研究可以根据市场生命周期的四个阶段：兴起阶段、成长阶段、成熟阶段和衰退阶段[40]研究不同阶段的两种市场导向战略发挥的作用，形成“双战略”循环闭环研究框架。在兴起阶段，企业急需开发出新的产品或服务来占领市场，此时组织适合采用驱动市场战略。而成长期时，企业更加重视如何更好地满足现有市场的消费者需求，产品开发活动向产品优化活动转变，驱动市场导向在组织内影响逐渐减弱，市场驱动导向崛起。进入到成熟期之后，企业主要的目标就是收割大量的现金，用于下一个循环周期的新产品开发，此时企业主要采取市场驱动战略。衰退期时，现有产品市场萎缩，企业亟待开发新的产品重新占领市场，此时驱动市场战略重新启动，而市场驱动战略退出历史舞台。两种战略在市场生命周期中循环往复，如命运轮回，推动着企业的可持续发展，维持了企业的长久生存。

（3）为利益相关者导向分配各利益相关者权重。传统市场导向的企业以利润最大化为目标，而利益相关者导向的企业则会综合考虑各方利益，追求相关者总体利益最大化。但是综合考虑不等同于对每一方都给予相同程度的注意力。不同的行业对各个利益相关者的看重程度不同，未来研究可以使用小组访谈来探索各个行业对各利益相关者关注度的分配比例，进而研究不同的分配比例对组织绩效的影响，寻求各行业能够产生利益最大化的黄金权重。

参考文献：

［1］ Hult G. T. M. , Ketchen D. J. Does market orientation matter?: A test of the relationship between positional advantage and performance ［J］. Strategic Management Journal, 2001, 22 (9): 899 -906.

［2］ Hamel G. Strategy as revolution ［J］. Harvard Business Review, 1996, (7 -8): 69 -82.

［3］ Day G. Misconceptions about market orient at ion ［J］. Journal of Market-Focused Management, 1999, 4 (1): 5 -16.

［4］ 戴万稳．基于组织学习过程视角的市场导向理论及其系统整合［J］．管理

学报, 2014 (3): 344 - 350.

[5] Zhou K. Z. , Li J. J. , Zhou N. et al. Market orientation, job satisfaction, product quality, and firm performance: evidence from China [J]. Strategic Management Journal, 2008, 29 (9): 985 - 1000.

[6] 王龙伟, 李垣, 谢恩. 企业战略导向影响联盟方式选择的实证研究 [J]. 科研管理, 2011 (1): 52 - 59.

[7] 杨智, 邓炼金, 方二. 市场导向、战略柔性与企业绩效: 环境不确定性的调节效应 [J]. 中国软科学, 2010 (9): 130 - 140.

[8] Baker W. E. , Sinkula J. M. The synergistic effect of market orientation and learning orientation on organizational performance [J]. Journal of the Academy of Marketing Science, 1999, 27: 411 - 27.

[9] Im S. , Workman J. P. Market orientation, creativity and new product performance in high technology firms [J]. Journal of Marketing, 2004, 68 (4): 114 - 132.

[10] Narver J. C. , Slater S. F. The effect of a market orientation on business profitability [J]. The Journal of Marketing, 1990, 54 (4): 20 - 35.

[11] Slater S. F. , Narver J. C. Market orientation, customer value, and superior performance [J]. Business Horizons, 1994, 37 (2): 22 - 28.

[12] Levitt T. Marketing myopia [J]. Harvard Business Review, 1960, 38 (4): 24 - 47.

[13] Day G. S. , Wensley R. Assessing advantage: a framework for diagnosing competitive superiority [J]. The Journal of Marketing, 1988, 52 (2): 1 - 20.

[14] Aaker D. A. Managing assets and skills: the key to a sustainable competitive advantage [M]. California: University of California, Haas School of Business, 1989.

[15] Porter M. E. Competitive advantage: Creating and sustaining superior performance [M]. Canada: Simon and Schuster, 2008.

[16] Kohli A. K. , Jaworski B. J. Market orientation: the construct, research proposition, and managerial implications [J]. The Journal of Marketing, 1990, 54 (2): 1 - 18.

[17] Kohli A. K. , Jaworski B. J. , Kumar A. MARKOR: a measure of market orientation [J]. Journal of Marketing Research, 1993, 30 (4): 467 - 477.

[18] Deshpandé R. , Farley J. U. Measuring market orientation: generalization and synthesis [J]. Journal of Market-Focused Management, 1998, 2 (3): 213 - 232.

[19] Homburg C. , Pflesser C. A multiple-layer model of market-oriented organizational culture: measurement issues and performance outcomes [J]. Journal of Marketing

Research, 2000, 37 (4): 449 - 462.

[20] Day G. S., Nedungadi P. Managerial Representations of Competitive Advantage [J]. Journal of Marketing, 1994, 58 (2): 31 - 44.

[21] Narver J. C., Slater S. F., Maclachlan D. L. et al. Total market orientation, business performance and innovation [R]. Marketing Science Institute: 2000.

[22] Kumar N., Scheer L., Kotler P. et al. From market driven to market driving [J]. European Management Journal, 2000, 18 (2): 129 - 142.

[23] Narver J. C., MacLachlan D. L. Responsive and proactive orientation and new product success [J]. The journal of product innovation management, 2004, 21: 334 - 347.

[24] Homburg C., Giering A., Menon A. Relationship characteristics as moderators of the satisfaction [J]. Journal of Business-to-Business Marking, 2003, 10 (3): 35 - 62.

[25] Jaworski, Kohli, Sahay et al. Market-driven versus driving markets [J]. Journal of the Academy of Marketing Science, 2000, 28 (1): 45 - 54.

[26] Hills S. B., Sarin S. From market driven to market driving: An alternate paradigm for marketing in high technology industries [J]. Journal of Marketing, 2004, Summer: 13 - 23.

[27] Noble C. H., Sinha R. K., Kumar A. Market orientation and alternative strategic orieotations: a longitudinal assessment of performance implications [J]. Journal of Marketing, 2002, 55 (4): 25 - 39.

[28] 张颖，孙林岩，冯泰文．从市场导向到利益相关者导向—基于企业可持续发展视角 [J]. 科技进步与对策，2014 (13): 7 - 10.

[29] Farley J. U., Assmus G., Lehmann D. R. How Advertising Affects Sales: Meta-Analysis of Econometric Results [J]. Journal of Marketing Research, 1984, 21 (1): 65 - 74.

[30] Mitchell R. K., Agle B. R., Wood D. Toward a Theory of Stakeholder Identification and Salience: Defining the Principle of who and What Really Counts [J]. Academy of Management Review. 1997, 22 (4): 853 - 886.

[31] Schein E. H. Coming to a new awareness of organizational culture [J]. Sloan Management Review, 1984, 25 (2): 3 - 16.

[32] Schein E. H. Organizational culture and leadership [M]. John Wiley & Sons, 2010.

[33] Deshpande R., Webster Jr F. E. Organizational culture and marketing: defi-

ning the research agenda [J]. The Journal of Marketing, 1989, 53 (1): 3 – 15.

[34] Homburg C., Koschate N., Hoyer W. D. Do Satisfied Customers Really Pay More? A Study of the Relationship between Customer Satisfaction and Willingness to Pay [J]. Journal of Marketing, 2005, 69 (2): 84 – 96.

[35] Hamel G., Prahalad C. K. Corporate imagination and expeditionary marketing [J]. Harvard Business Review, 1991, 69: 81 – 92.

贵州少数民族地区贫困及致贫因素研究

——基于对三都水族自治县农户微观调查数据的实证分析*

毕晓易　李福夺　傅汇艺　杨兴洪**

【摘　要】少数民族地区脱贫是制约贵州全面推进小康进程的首要难题，研究少数民族地区的致贫因素，对于摆脱贫困、促进少数民族地区的协调发展具有十分重要的意义。本文基于对贵州三都水族自治县农户的微观调查数据，通过构建非条件逐步 Logistic 回归模型，分别从农户对自身贫困的主观感受及国家贫困线的角度，研究了贵州民族地区贫困及致贫因素。研究发现：从农户对自身贫困的主观感受角度来看，生产性支出、家庭人均消费、家庭生活生产资料及农户主要劳动力的年龄结构对家庭贫困程度具有显著影响；从国家贫困线的角度来看，人均纯收入是造成家庭贫困的主要因素。基于以上结论，提出了注重农村消费与生产生活资料原始积累、优化家庭劳动力年龄结构提高人力资本等相关政策建议。

【关键词】少数民族地区　致贫因素　非条件 Logistic 回归模型

一、引言

作为我国西南地区一个经济发展相对落后的多民族共居省份，贵州全省 37% 的人口为少数民族，53.1% 的少数民族人口为贫困人口。根据国家统计局发布的数据，2015 年贵州人均 GDP 为 29 938.54 元，位居全国倒数第六；人均可支配收入为 7 400 元，远低于全国 21 966 元的平均水平。可以说，贵州是我国 2020 年实现全面

* 资助项目：国家社科基金重点项目（编号：15AJY022）、贵州省教育厅人文社科研究基地项目（编号：12JD022）、贵州大学人文社科重点特色学科重大项目（编号：GDZT12007）、贵州大学中国西部发展能力研究中心《减贫摘帽，同步小康》重大课题子课题“减贫摘帽，同步小康（三都卷）”研究专项（编号：2016XM01）。本文系贵州省教育厅人文社会科学重点研究基地“贵州大学中国西部发展能力研究中心”资助发表。

** 毕晓易（1992～　），男，河南信阳人，硕士研究生，研究方向：农村与区域发展。李福夺（1989～　），男，山东德州人，硕士研究生，研究方向：农业经济理论与政策、农业资源经济等。杨兴洪（1971～　），女，贵州都匀人，教授，贵州大学学术骨干、硕士生导师，主要从事农业经济理论与政策、农业保险等研究。傅汇艺（1992～　），女，山东烟台人，硕士研究生，研究方向：农业经济理论与政策、农业人口经济。

小康任务最为艰巨的省份之一。在 2014 年公布的贵州 10 个国家扶贫开发工作重点县中，8 个县为少数民族自治县或位于少数民族自治州。摆脱少数民族地区贫困是贵州实现全面小康的首要任务，只有弄清致贫因素，方能“对症下药”。

二、少数民族地区致贫因素文献述评

在研究少数民族地区贫困问题的中外文献中，学者基本上是从宏观和微观两个角度来分析致贫因素。宏观方面主要集中于分析地区经济发展、空间地理状况、基础设施建设和教育文化医疗卫生条件等方面对贫困问题的影响。微观方面主要以农户家庭情况为切入点，包括人口数量和健康状况，受教育水平，家庭收支情况等方面。宏观方面，祝伟[1]（2010）从经济发展的角度，通过研究经济增长、收入分配与农村贫困三者的关系，得出经济增长能够减少贫困的结论。蓝红星（2013）[2]和李昭楠（2015）通过 logit 回归分析，验证得出了贫困具有代际传递效应。徐爱燕、李怀建等[3]（2013）通过西藏各项宏观数据比较，认为在资本形成、储蓄积累、人力资本水平以及技术水平等方面大部分都低于全国平均水平的情况下，往往会陷入发展经济学理论的贫困陷阱之中。庄万禄[4]（2003）及林建、廖杉杉（2014）分别从少数民族地区财政贫困的角度得出基层财政贫困问题是重要致贫因素，财政政策的实施对少数民族地区贫困状况的影响很显著。茶洪旺[5]（2012）基于云南少数民族地区案例分析，认为基础设施不健全、教育发展落后和医疗卫生保障条件严重不足是制约少数民族地区脱贫的重要因素。陈健生[6]（2008），陈全功[7]（2011），王金营、李竞博[8]（2013），青觉、孔晗（2014）分别从地理位置和生态脆弱性角度论证了空间结构的优劣对贫困的显著性影响，认为连片贫困与重复贫困是少数民族地区难以脱贫的重要原因。李海鹏、梅傲寒[9]（2016）从生计转换的角度，阐述了少数民族地区风俗习惯与城镇化迅猛发展的冲突是造成民族地区持续贫困的原因。在微观方面，卢克·克里斯蒂安森（Luc Christiaensen）等[10]（2013）利用 2000 ~ 2004 年蒙古和甘肃两地农户家庭情况的面板数据分析得出农户未能积极投入到传统农业的生产是造成贫困的主要因素。古斯塔弗森（Bjorn Gustafsson，2009）[11]认为中国少数民族贫困问题与农户个体特征有关。伊迈和游（Katsushi S. Imai & Jing You，2014）[12]利用 1989 ~ 2009 年中国农户的面板数据通过实证分析论证了中国农村存在动态贫困问题并与农户的从业选择有关。徐爱燕、李怀建等（2013）通过对农户个体特征进行 logit 回归分析，认为家庭人口数量、人口结构、主要人员从事的行业类别以经济人员文化教育水平也对贫困的形成产生非常重要的影响；家庭拥有的社会资源包括家庭是否有村干部、家庭所在地与外部市场的交通状况、家庭是否有负债及负债的类型、对于当地政府给予的扶贫优惠政策的了解程度等因素同样对拼贫困的形成有重要的影响。郭洪、朱明熙等[13]（2011）指出人的精神文化因素问题也是一种致贫因素。随着精准扶贫战略实施，笔者认为基于微观农户层面的实证分析将更有利于诊断民族地区贫困农户个体的致贫因素，符合当前精准扶贫形势。

三、数据来源与模型构建

（一）研究区域选择

研究区域选择基于两方面考虑：一是地理位置；二是民族特性。根据贵州省当前的贫困形势，少数民族贫困地区多集中于贵州南部地区。其中关岭、紫云、荔波、三都、榕江、雷山等县在地理上隐约形成了一条呈东西方向的连片贫困地区，而三都县居中于此贫困区域，东邻榕江、雷山，南接荔波，在地理意义上具有研究代表性。三都县全称为三都水族自治县，是中国唯一的水族自治县，全国60%以上的水族人口居住在三都，众多村落是水族村落，也分散居住一些苗族和布依族人口，是典型的少数民族地区。

（二）数据来源与指标选取

本节所用微观农户数据均来自于“减贫摘帽，同步小康（三都卷）”课题组于2016年5~6月对贵州省黔南州三都水族自治县的农户调研数据。本次调研共发放问卷200份，回收192份，回收率为96%，其中有效问卷181份，有效问卷率达90.5%。

本节将通过构建Logistic模型来计算三都县的贫困发生概率并更为详细具体地找出致贫因素。Logistic模型中所用变量均基于上一节研究结果，分为经济因素、文化因素、社会因素和自然因素四类，其中经济因素包括农业生产投入（api，单位：元）、家庭人均消费（hcpc，单位：元/年）、家庭人均纯收入（hipc，单位：元/年）、家庭生活生产资料（hpd，包括家用电器、交通工具及生产工具，用购买年份的价格换算成价值量，单位：元）；文化因素包括受教育水平（educ，小学及以下赋值1，初中赋值2，高中及相关职业教育赋值3，大专及以上赋值4）；社会因素对应到微观农户就是个人因素，包括农户平均年龄（age，单位：岁）、家庭劳动力个数（hl，单位：人）、家庭成员健康状况（heal，很差赋值1，差赋值2，一般赋值3，良好赋值4，健康赋值5）；自然因素包括耕地面积（arab，单位：亩）（见表1）。

表1　　　　　　　　　　贫困指标描述性统计

一级指标	二级指标	三级指标	三级指标描述
三都县农户贫困致贫因素	经济因素	贫困状况	poor，0 = 不贫困，2 = 贫困
		农业生产投入	api，实际数值，单位：元
		家庭人均消费	hcpc，实际数值，单位：元/年
		家庭人均纯收入	hipc，实际数值，单位：元/年
		家庭生活生产资料	hpd，实际数值，包括家用电器、交通工具及生产工具，用购买年份的价格换算成价值量，单位：元
	文化因素	文化因素包括受教育水平	educ，1 = 小学及以下，2 = 初中，3 = 高中及相关职业教育，4 = 大专及以上
	社会因素（个人因素）	农户年龄	age，实际数值，单位：岁
		家庭劳动力个数	hl，实际数值，单位：人
		家庭成员健康状况	heal，1 = 很差，2 = 差，3 = 一般，4 = 良好，5 = 健康
	自然因素	耕地面积	arab，实际数值，单位：亩

（三）模型构建

在应用概率模型研究三都县农户致贫因素时，有线性概率模型（LPM）和非线性概率模型（如Logistic回归模型）两种。在应用线性概率模型过程中，会存在严重的缺陷，即当自变量太小或者太大时，所得到的事件发生概率有可能就会超过［0，1］区间，这样的结果是没有意义的[14]。而Logistic回归模型作为一种非线性的概率模型，既克服了线性判别模型的缺点，也不会存在线性概率模型的严重缺陷。这是由于：其一，Logistic回归模型对预测变量没有太苛刻的要求，自变量可以是连续变量，也可以是离散变量或虚拟变量，并且不需要将其假设为联合正态分布；其二，Logistic回归模型的非线性形式保证了概率值在会在有意义的区间内取值；其三，Logistic回归模型的因变量是一个二分类变量，这个变量只能取0或1两个值来代表某个事件是否发生，我们的研究是为了取得三都县农户贫困发生的概率，即因变量取0的概率，所以Logistic回归模型的结果是具有直观含义的，便于本研究进行解释。

Logistic回归模型构建如下：

$$p_i = F(Z_i) = F(\alpha + \beta x_i) = \frac{1}{1 + e^{-2i}} = \frac{1}{1 + e^{-(\alpha + \beta x_i)}}$$

其中，P_i 表示事件发生的概率；F 表示逻辑概率分布函数；α、β 为待估参数；X_i 表示影响因素。

在本研究中，以农户贫困情况作为因变量，定义 $y = 1$ 表示处于贫困状态，则

$y=0$ 表示处于不贫困状态。设 $y=1$ 的概率为 p，则 y 的分布函数为：

$$f(y)=p^{y}(1-p)^{(1-y)};\ y=0,\ 1$$

对应的 Logistic 回归模型即为：

$$p_i = F(Z_i) = F(\alpha + \sum_{j=1}^{n}\beta_j X_{ij}) = \frac{1}{1+e^{-Z_i}} = \frac{1}{1+e^{-(\alpha+\sum_{j=1}^{n}\beta_j X_{ij})}}$$

其中，P_i 表示农户家庭贫困发生的概率；β 为回归系数；α 为回归截距；i，j 分别为农户家庭编号和影响因素编号；n 为影响因素个数。

（四）基于农户贫困主观感受视角的 Logistic 回归分析

基于农户贫困主观感受的视角，使用 Stata 软件对相关数据指标进行非条件逐步 Logistic 回归，结果如表 2 所示。

表 2　三都县农户贫困发生概率的非条件 Logistic 回归结果

自变量	回归系数	Sig.	优势比（OR）
api	-0.001	0.004	0.999
hcpc	0.003	0.000	1.003
hipc	-0.002	0.000	0.998
hpd	-0.001	0.002	0.999
age	-0.109	0.011	0.896
heal		0.28	
heal（2）	4.275	0.014	71.890
heal（3）	3.452	0.024	31.573
常数项	4.867	0.049	129.957

注：①非条件逐步 Logistic 回归方法为 Forward：LR；Entry：0.05；Removal：0.10. ②显著性水平为 0.05。

对以上构建的模型进行似然比检验，Chi-square = 108.762，P = 0.000，表明该模型具有统计学意义。

由 Logistic 回归结果可知，在经济因素、文化因素、社会因素和自然因素四大方面，对三都县农户贫困影响较为显著的因素主要有以下几个方面。

（1）生产性支出（api）对贫困发生概率有显著的负向影响，即农户投入的生产性支出越多，贫困发生概率越低。数据显示每增加一个单位生产性支出，贫困发生概率就降低 0.1 个百分点。据调研情况，三都县山多坡陡，当地政府大力扶持民众依山种植葡萄。在技术成熟，气候适宜的条件下，农户对自家葡萄园投入越多，产出就越多。这是农业产业扶贫带来的正面效应，也进一步显示了农户的从业选择与资本投入对自身摆脱贫困的重要意义。

（2）经济因素中的家庭人均消费（hcpc）对贫困发生概率具有显著的正向影响，家庭人均纯收入（hipc）对贫困发生概具有显著地的负影响。即家庭人均消费越高，贫困发生概率越高，就越容易导致贫困。即家庭人均纯收入越高，贫困发生概率越低，就越有利于摆脱贫困。数据显示，家庭人均消费每增加一个单位，就会使贫困发生概率提高 0.3 个百分点。家庭人均收入每增加一个单位，就会使贫困发生概率降低 0.2 个百分点。当前，三都县农村居民总体收入水平不高，贫困农户的自身资本积累也都相对不足，这些收入和资本除了要满足基本的农业生产投资和日常生活消费支出外，几乎没有多余的资金可供用于其他方面的消费。在收入和资本积累有限的情况下，如果增加生产生活以外不必要的消费支出，其长期效应就极有可能会导致贫困或者使刚脱贫的农户重新返贫。

（3）家庭生活生产资料（hpd）对贫困发生概率具有显著的负向影响，即家庭生活生产资料积累越丰富，贫困发生概率就越低，就越不容易导致贫困。根据回归结果，家庭生活生产资料积累每增加 1 个单位，就会使贫困发生概率降低 0.1 个百分点。家庭生活生产资料积累是一个长期的过程，它反映的是一个家庭的财富积累能力和应对风险的能力，家庭生活生产资料积累越多，表明家庭的财富积累能力越强，当风险发生时可用来应对的财富资本和经验资本就越丰富，造成贫困的概率就越低。此外，丰富的家庭生活生产资料积累还具有帮助贫困农民摆脱贫困的功能和防止返贫的双重功能。

（4）社会因素中农户平均年龄（age）对贫困发生概率具有显著的负向影响；家庭成员健康状况（heal）与贫困发生概率具有显著的正相关。农户平均年龄每大一岁，就会使贫困发生概率降低 10.9 个百分点。即家庭成员健康水平越低，家庭贫困发生概率就越高，就越不容易导致贫困。由优势比可以看出，家庭成员健康水平为“差”和“一般”的贫困发生概率分别为家庭成员健康水平为“健康”的 71.890 倍和 31.573 倍。家庭成员尤其是家庭主要劳动力的健康状况直接影响着家庭劳动资本的状况，进而影响个人收入。另一方面，家庭成员健康状况越差，用于疾病治疗的消费支出就越多，家庭负担就越重，滑入贫困状态的风险就越大。这说明，改善农村居民的健康状况将有助于降低农户贫困发生率、减少农村贫困人口，进而实现可持续脱贫。年龄对贫困发生概率的显著性影响也不难解释。在家庭成员健康状况普遍良好的情况下，随着家庭劳动力身体机能、社会阅历与经验技能的增强，劳动力人力资本的增加会增强劳动力的收入能力，进而有利于脱贫。但人的生命周期有限，年龄这一影响因素还需放在一定年龄范围内来分析。

（五）基于国家贫困线视角的 Logistic 回归分析

（1）研究准备。在第一个回归分析中，对贫困户与非贫困户的划分是基于农户对自身家庭情况的全面认识和对贫困的理解而反馈给我们的“贫困”或“不贫困”的主观判定。笔者认为在研究贫困问题时，国家贫困线是值得纳入研究范围的。根据2015年人均纯收入为2 800元的标准线，将原样本数据中家庭人均纯收入与国家贫困线进行比较，小于2 800元则判定为贫困户，大于或等于2 800元则判定为不贫困。

（2）数据处理与回归过程。首先，除了被解释变量依据农户人均纯收入和2015年国家贫困线作比较而做更改，其余各农户样本信息均保持与先前的回归分析一致。其次，模型选取、回归方法和条件均不变。

（3）实证分析与结果讨论。基于国家贫困线的视角，使用Stata软件对相关数据指标进行非条件逐步Logistic回归，结果如表3所示。

表3　三都县农户贫困发生概率的非条件Logistic回归（基于国家贫困线）

自变量	回归系数	Sig.	优势比（OR）
hipc	-0.013	0.017	0.987
常数项	39.039	0.016	9.006E+16

注：①非条件逐步Logistic回归方法为Forward：LR；Entry：0.05；Removal：0.10. ②显著性水平为0.05。

根据回归结果，在以国家贫困线为标准判定农户贫困与否的前提下来研究农户贫困发生率与相关因素的影响关系时，唯一具有显著性的因素就是人均纯收入。与先前回归结果同样对贫困发生概率有显著地负影响。只不过在人均收入每单位变动对农户贫困发生概率的影响增强到1.3个百分点。

四、结论与政策性建议

（一）因地制宜做好产业扶贫

在实证分析结果中，农户生产性支出的增加有利于农户脱贫。就贵州民族地区而言，这离不开当地政府对三都自然环境的正确把握，大力支持农户种植葡萄这一经济作物，配套开展“葡萄节”等美食观光活动，有效拉动地区经济增长，增加农户收入，提高了农户生产积极性，同时增强了农户在好政策的扶持下积极生产、摆脱贫困的信心。扶贫政策的实施基本依靠扶贫项目的落地实施。产业的选择须因地制宜，符合区域实情。

（二）关注农村消费与生产生活资料积累

在以上研究中，我们探讨了农户家庭生活生产资料的积累对贫困发生概率的显著负影响，而过高的消费易使农户贫困。在城镇化迅速发展的大背景下，相关部门在不破坏少数民族风俗习惯的前提下，应该扶持和引导农户购买使用较为先进的生产和生活工具以提高生产效率和生活质量，在价格上要依家庭情况给予相应的购买补贴；要密切关注生活必需品市场，稳定物价，使收入的增加切实转换为生活质量的改善。据调查，人情费用基本占农户各类消费的首位，村干部应合理开导农户在人情花费上要理性而不能互相攀比。

（三）重视人力资本健康问题

从研究结果看，农户的健康水平与农户贫困有极强的相关性。农户身体状况不好已成为致贫的主要因素。笔者在调研过程中发现，个别家庭只要有一个重病患者或较为严重的慢性病患者，这个家庭的生产生活资料的积累基本不如相邻家庭健康水平良好的农户。如果是家庭的青壮劳动力染病，整个家庭更容易贫困。增加下乡诊疗队伍是较好的办法[15]。一是能消除民族地区村民去医院看病对手续和过度消费的疑虑；二是能加强医疗保健宣传，使村民养成健康生活习惯，增强保健观念；三是从医者仁心的角度给因病致贫户医疗服务上的人情关怀。

（四）精准扶贫不能靠“一条线”

在之前的研究中，我们发现在同一模型中考虑和不考虑国家贫困线得出的致贫影响因素有很大不同。之前众多文献综述观点也集中体现了贫困问题不是单纯的收入问题。国家贫困线的设立是站在高度宏观角度上的，是面向全国区域的。而在少数民族贫困地区，百姓习惯安逸于他们自己的风俗文化和生产生活而亟待分享现代化建设的诸多成果。他们大多与世无争而在收入之外的其他方面需要更多的关怀关注。精准扶贫是为了社会公平合理，只有综合考虑致贫因素才能有效避免扶贫过程中不公平现象的发生[16]。

参考文献：

[1] 祝伟. 经济增长、收入分配与农村贫困——以甘肃为例 [D]. 兰州，兰州大学经济学院，2010.

[2] 蓝红星．民族地区慢性贫困问题研究——基于四川大小梁山彝区的实证分析［J］．软科学，2013（6）：27.

[3] 徐爱燕，李怀建等．我国少数民族地区贫困问题探讨——以西藏为例［J］．西藏大学学报，2013（9）.

[4] 庄万禄．论民族地区的另类贫困——地方政府财政贫困问题［J］．西南民族大学学报，2003（6）.

[5] 荼洪旺．发展中的贫困问题研究——基于云南少数民族地区案例分析［J］．云南民族大学学报，2012（1）.

[6] 陈健生．生态脆弱地区农村慢性贫困研究——基于600个国家扶贫重点县的监测证据［D］．成都，西南财经大学，2008.

[7] 陈全功，程蹊．空间贫困理论视野下的民族地区扶贫［J］．中南民族大学学报，2011（1）.

[8] 王金营，李竞博．连片贫困地区农村家庭贫困测度及其制品原因分析——以燕山—太行山和黑龙港地区为例［J］．中国人口科学，2013（4）.

[9] 李海鹏，梅傲寒．民族地区贫困问题的特殊性与特殊类型贫困［J］．中南民族大学学报，2016（3）.

[10] Luc Christiaensen，Lei Pan，Sangui Wang. Agricultural Economics［J］. 44（2013）：25－44.

[11] Bjorn Gustafsson and Ding Sai . Temporary And Persistent Poverty Among Ethnic Minorities And The Majority In Rural China［J］. Review of Income and Wealth，Series 55，Special Issue 1，July 2009.

[12] Katsushi S. IMAI and Jing You. Poverty Dynamics of Households in Rural China［J］. Oxford Bulletin Of Economics And Statistics，76，6（2014）.

[13] 郭洪，朱明熙等．少数民族地区农村扶贫中值得关注的问题［J］．财经科学，2011（4）.

[14] 李昭楠，刘七军．族生态脆弱区慢性贫困问题实证研究——基于农户的视角［J］．北方民族大学学报，2015（4）.

[15] 林建，廖杉杉．民族地区财政金融政策的反贫困效应研究［J］．中国人口·资源与环境，2014（9）.

[16] 刘七军，李昭楠．地理资本视阈下西北民族地区贫困问题实证研究——以宁夏为例［J］．兰州学刊，2015（1）.

基于市场化扶贫法、社会企业家精神的扶贫模式研究[*]

邢文杰　董鹏伟[**]

【摘　要】社会企业家精神逐渐成为解决某一地区社会问题的创新方案。本文对社会企业家精神的概念以及与贫困问题的相关研究进行总结，结合相关案例，基于市场化扶贫方法视角对社会企业家精神进行研究，并且针对我国现存的贫困问题，提出相关解决方案。

【关键词】社会企业家精神　市场化扶贫法

一、引言

贫困问题一直是我国长期存在的社会问题，根据2010年的贫困标准线（人均纯收入元）进行计量，我国存在2 688万贫困人口；按照联合国规定的每人每天1.25美元标准计量，我国贫困人口高达2.5亿。2011年我国将贫困标准线提升到2 300元后，贫困人口激增，高达1.28亿人①。社会企业家精神对于解决就业、提高技能与公众参与度、缓解贫困问题等方面有重要影响。社会企业家精神作为一种解决社会问题的新方案，受到许多国家与社会组织的青睐。

市场化扶贫法是社会实体组织及跨国公司来解决贫困问题的主要方法。市场化扶贫法，公司试图通过开发和销售的产品和服务，解决低收入人群贫困的社会问题。西方已有学者基于社会企业家精神和市场化扶贫法进行研究，但未提出相关的扶贫模型，因此，本文基于之前已有研究，针对我国贫困问题提出相关解决方案。

---

* 贵州省软科学：贵州营商环境对企业家创业的影响及优化研究，编号：黔科合R字［2015］2005号。

** 邢文杰（1972～　），男，贵州大学管理学院副教授，博士，研究方向为战略管理、产业经济。董鹏伟（1992～　），男，贵州大学管理学院企业管理研究生，研究方向为战略与人力资源。

① 数据来源：中国农村贫困检测报告：2011年。

二、社会企业家精神研究现状

（一）社会企业家精神概念研究

有关社会企业家精神的研究最早兴起于20世纪后期，北美等发达地区的学者开始提出“社会企业家精神”（social entrepreneurship）这一概念。社会企业家精神源于非营利机构（Harris，Sapienza & Bowie，2009；Sud，Van Sandt & Baugous 2009；Weerawardena & Mort，2006），其作用是减少政府在经济和社会方面的参与程度（Nicholls，2006；Sharir & Lerner，2006），并起着创造就业、提高技能、提高公众参与度（Smallbone et al.，2001）、缓解社会问题（Bernstein，2004；Leadbeater，1997）等方面的作用。社会企业家精神不仅产生社会价值，而且能够创造就业和财富。关于社会企业家精神的不同定义，本文结合国内外学者的不同观点，进行了整理。

阿拉斯蒂、扎雷和迪德瓦里扎（Zahra Arasti，Hadi Zarei & Fatemeh DidehvarReza，2015）在研究中通过对伊朗社会企业家的样本进行分析，确定了社会企业家精神的调控政策的评价指标。对十四次访谈进行了分析，结果表明，社会企业家精神的调控政策的指标为：福利与社会价值的增长与社会的升华，减少社会不平等，文化促进，经济繁荣的社会，创造一个社会平台的增长，人民满意和国家团结。达辛、达辛和马蒂尔（Dacin，Dacin & Matear，2010）对国外学者关于社会企业家精神的不同定义进行了总结，见表1。

表1　　社会企业家精神的定义

	作者	定义
1	Alvord，Brown & Letts（2004）	产生创新的解决方案，直接解决社会问题，动员思想、能力、资源，为社会可持续发展所需要的因素进行转换安排
2	Austin，Stevenson，Wei-Skillern（2006）	社会企业家精神、创新、社会价值创造活动，可以发生在跨非营利组织、企业或政府部门
3	Cho（2006）	一套结合追求并促进实质性和终端价值目标的一套机构做法
4	Hibbert，Hogg & Quinn（2005）	社会企业家精神可以被宽泛地界定为基于社会目的而不是以营利为目的所采取的创业行为，或者说，利润是用来为特定的弱势群体的利益而产生的
5	Lasprogata & Cotten（2003）	社会企业家精神存在于非营利组织中，应用创业战略，以维持日常经营活动，同时对他们的社会使命有更大的影响
6	Mair & Mart't（2006）	涉及创新使用和资源组合的过程，寻求促进社会变革和/或解决社会需求的机会

续表

	作者	定义
7	Martin & Osberg（2007）	我们定义的社会企业家精神有以下三个组成部分：①确定一个稳定的，但本质上不公正的平衡，导致缺乏财政手段或政治影响力群体的排斥、边缘化或痛苦，以实现自己的任何变革性利益；②在这个不公正的平衡中，确定一个发展机会，发展一个社会价值命题，并给其带来灵感、创造力、直接行动、勇气和毅力，从而挑战稳定的国家霸权；③通过模仿创造一个稳定的生态系统，围绕着目标群体，甚至在全社会范围，锻造一个新的、稳定的平衡，释放被困的潜在或减轻目标群体的痛苦
8	Mort，Weerawardena & Carnegie（2003）	多维结构涉及企业家道德行为的表达来实现其社会使命，在面对复杂的道德目的和行动的统一时，意识到社会价值创造机会的能力以及创新性、前瞻性和风险的关键决策特征
9	Peredo & McLean（2006）	社会企业家精神是一些个人或群体：①目的在创造社会价值，要么完全地创造社会价值或至少以一些重要的方式来实现社会价值；②有能力识别和利用机会创造价值（“设想”）；③采用创新方式，完全适应别人的新发明，创造和/或分配社会价值；④在创造和传播社会价值方面，愿意接受高于平均水平的风险；⑤通常在相对不稀缺资产的情况下追求社会创业资源
10	Roberts & Woods（2005）	社会企业家精神是一种机会的建设、评价和追求，是充满激情的个人建设，评估和追求社会变革的机会
11	Robinson（2006）	把社会企业家精神定义为一个过程，包括：一个特定社会问题的识别和一个特定的解决方案。为了解决它：评价社会影响、商业模式和可持续发展风险，创建一个社会使命为导向的营利性或商业为导向的非营利实体，追求双（或三）底线
12	Tracey & Jarvis（2007）	交易社会目的是社会企业家精神的核心，要求社会企业家识别和利用市场机会，并整合必要的资源，以开发产品和/或服务，使他们能够为一个给定的社会项目产生“创业利润”
13	Yunus（2008）	任何创新性的主动行动都可以被描述为社会企业家精神。主动行动可能是经济或非经济、营利或非营利的行动
14	Zahra，Gedajlovic，Neubau & Shulman（2009）	社会企业家精神包括发现、定义和利用机会，以创新的方式创造新的企业或管理现有组织，以提高社会财富的活动和过程

注：本表根据 Dacin，Dacin & Matear 对社会企业家精神定义整理所得。

资料来源：Dacin P. A.，Dacin M. T.，Matear M. Social entrepreneurship：Why we don't need a new theory and how we move forward from here［J］. The academy of management perspectives，2010，24（3）：37 - 57.

国内学者钱惠英（2013）将社会企业家精神大体分为两类：强调其“社会”内容，着重于社会责任感与积极性的社会结果；强调其“企业家精神”内容，即强调创造力与创新性。钱惠英在总结西方社会企业家精神研究的基础上提出，社会企业家的社会责任感内容为我国企业的领导者与管理者提出了新的要求与启发，要积极转变成为具有社会企业家精神的新一代社会企业家而不仅仅是企业的企业家，并且为非营利组织与公共部门提高经营管理效率提供了启发。杨宇、郑垂勇（2007）在研究中给出了社会企业家精神序列（见表2）。在一定程度上表明了社会企业家精神是以社会目标为主的，但在一定程度上不忽视其经济目标。

表2　社会企业家精神序列

社会目标	商业活动	案例
***** 企业目标都是社会性的	* 没有商业活动	非营利组织
**** 企业目标都是社会性的	** 存在一些商业活动，所有利润都是社会效益，或者是用来维持社会企业发展	幸福工程组织；纽曼食品公司
*** 企业目标主要是社会性的，但并不全然是	*** 存在商业活动，部分利润给企业家或赞助者	阿尔比纳·鲁斯的 Ciudad Salud 组织
** 社会目标在企业的其他目标中比较突出	**** 存在商业活动，为企业家和其他人赚取利润是重要目的	Ben & Jerry's 的雪糕公司
* 社会目标是企业目标之一，但从属于其他目标	***** 存在商业活动，为企业家和其他人赚取利润是最根本目的	事业品牌

注：* 的数量摆明社会目标与商业活动的显著程度。

资料来源：杨宇，郑垂勇．“社会企业家精神”概念评述［J］．生产力研究，2007（21）：145－147。

国内外学者大多将社会企业家精神定义为一个过程或者机会利用过程，通过非营利组织等实现社会价值创造，完成其社会使命。社会企业家精神侧重实现社会目标而不是经济目标的实现，追求创造和实现社会价值。具有社会企业家精神的个人或组织不以实现经济利润为最终目标，经济利润是实现其社会目标的基础，所有的营利性活动都是为实现其社会目标而展开的。

（二）社会企家精神与贫困问题研究

基于社会企业家精神的定义，虽然学者对于社会企业家精神的定义并没有形成统一的定义，但是学者大多都强调社会企业家精神具有解决社会问题，创造社会价值的作用，因而，社会企业家精神的研究往往同解决社会贫困问题相关。

扎法里安等（Zaefarian et al.，2015）以及里维拉－桑托斯等（Rivera-Santos M. et al.，2015）基于非洲地区的文化背景，对社会企业家精神进行研究。扎法里安等（2015）在其研究中根据市场扶贫法，通过跨国公司在非洲等落后地区的扶贫措施的案例，研究社会企业家精神解决社会问题的维度，并提出了社会企业家精神在创造社会价值方面的模型。韦伯纳（Pnina Werbner，2015）通过研究博茨瓦纳的手工工人工会创业，总结了社会企业家精神在解决贫困、就业等方面问题的模式，并试图提出有效的解决策略。哈休和塔沃（Haugh H. M.，Talwar A.，2014）以及扎因（Monika Jain，2012）均以印度为背景，研究社会企业家精神对于贫困问题的解决。哈休和塔沃（2014）的研究结果表明，社会业家精神有助于推动社会变革和赋予妇女权利，解决当地贫困问题，提高生活质量。扎因（2012）在研究中提到，社会企业家通过商业手段，发展当地刺绣产业，促进创业，解决当地人民就业问题。徐树（2013）在其研究中提到，社会企业家对于解决中国现在的社会贫富分化、农村问题、环境恶化等问题起着重要的作用，要大力提倡和培育社会企业家精神。

韦伯纳（2010）通过开发预测关于贫困、非正式制度、殖民历史、族群认同与社会企业家精神自我感受风险及其社会使命活动选择之间的影响模型，研究结果表明族群认同和高贫困水平影响社会企业家精神自我感知风险和社会使命活动选择。

研究表明，社会企业家精神为社会解决贫困问题提供了解决方案，同时高贫困水平对社会企业家精神在一定程度上有刺激作用。

三、基于市场扶贫法

市场扶贫法，简单来说，就是企业运用相关商业手段解决社会问题。可持续发展工商理事会（2005），鼓励跨国企业积极参与解决社会问题，建议企业建立包容性的商业模式，为企业创造新收入流的同时，通过合理的商业运作服务于穷人的需求。市场化扶贫法将商业机会带到社会最底层的贫困人口之中。

传统扶贫法认为，穷人无法进行自救，需要慈善机构对其生活进行帮助。虽然，市场扶贫法同样认为商业活动不一定能够解决贫困问题。但市场扶贫法同样认为穷人是消费者和生产者，并且希望通过有效的手段解决自身贫困问题，创造价值。传统的慈善方式通过直接的公共投资、补贴或其他方法来解决未满足的需求。虽然这有助于满足基本需求，但实际上并没有消除。市场扶贫法的目的是通过新的商业模式，开发解决方案并且以实惠的价格出售新产品。这些解决方案是最终以市场导向和需求为驱动的，可能涉及市场的发展、混合经营策略、小额贷款、经营或零售代理，可以为社会创造工作机会，并且增加人民增加收入。通过这种方法，公司开发经济适用的产品和服务，将贫困人口纳入到生产供应链中，通过提供就业等方式解决贫困问题。

通过市场化扶贫法，企业可以通过新的商业模式获得经济收益。同时为贫困人口提供相应的机会以解决贫困问题，增加社会稳定的同时履行了企业的社会责任，实现了组织与社会的双赢。

四、相关案例

（一）新加坡 Eighteen Chefs 餐厅

新加坡社会企业家开办的 Eighteen Chefs 餐厅，餐厅的工作人员均为刑期已满的罪犯，为这些刑满释放的无工作人员，提供了就业机会，给这些无收入人员带来了收入，同时解决了当地的贫困问题，提高社会稳定程度。

（二）印度联合利华

联合利华在印度正在以这样一种方式对其产品进行修改，使其在保持相同质量的同时能够负担得起生产成本。印度联合利华还开发了一个新的分销渠道，招募贫困妇女向偏远地区的低收入人群分销其产品。

联合利华在印度通过这样的方式在回去经理收入的同时，向当地人民提供就业机会，提高生活水平。

（三）印度 Kotwara 地区传统编制业创业

社会企业家米拉和阿里（Meera & Muzzaffar Ali）通过建立了以“Kotwara”为品牌的国际时装品牌，提升设计理念，发展当地传统编制技艺，在发展当地传统编制技艺和设计行业的同时，向印度 Kotwara 地区的人民提供就业机会，帮助当地人民摆脱贫困。

米拉和阿里使用自己的资源、网络、知识和方法、新思路等资源，使 Kotwara 品牌成功涌入设计师团队。Kotwara 在当地设置非正式教育机构，Kotwara 工作室雇佣印度最好的工匠来对当地人进行培训与训练，使当地人用自己的工艺设计作为重要的开发工具。

慈善组织、自愿捐助和政府补贴不再是企业的主要收入来源，变得不再重要，企业可以通过自身的经济获取经济利润。

米拉和阿里将当地的房子作为一个工艺生活馆。它也可以转换成一个文化遗产酒店，成为一个阿瓦赫文化、工艺和美食的熔炉。对于 Kotwara 村庄而言，米拉和阿里将其视为农村教育中心，并且作为米拉和阿里的工作室、工艺中心及时装品牌，

Kotwara 已经成为一个有吸引力的旅游概念，需要定期的推广和营销。

通过以上措施，拓宽印度 Kotwara 地区人民的生活来源渠道，为当地人民提供多元化的就业机会，帮助当地人摆脱贫困。

（四）案例分析

社会企业家精神的方式不同于传统慈善组织，社会企业家精神依赖于健全的商业原则，使用这种模式的企业不害怕使用销售和营销原则来筹集资金，从而增加公众对他们所做事情的认知。

社会企业家针对系统的转型变化，解决贫困的根本原因。正如企业家改变企业经营一样，社会企业家作为社会变革的推动者，抓住机会，改善系统，发明新方法，创造更加合理的解决方案来更好地改变社会。社会企业家精神是对最紧迫的社会问题提供创新的解决方案。

当任何类型的公司创业以解决社会问题、创造社会价值为组织活动核心时，它们可以被认为是具有社会企业家精神的企业。

通过市场化的措施解决贫困问题，公司要学会抓住机遇，在社会获得先发优势，通过服务于这个巨大且尚未开发的市场，从而获得竞争优势。进入市场时，企业有时会有建立新的公司。例如，跨国企业通过创业活动的基金，建立服务于穷人需求的企业。最后，企业可以通过开发适合于低收入人群的新经营理念来进行自我更新。

当企业解决弱势群体需求时，他们创造社会价值。企业也可以通过雇佣弱势群体来创造社会价值，例如，印度联合利华、印度 Kotwara 地区传统编制业创业和新加坡 Eighteen Chefs 餐厅。

五、结论

基于上述研究及相关案例，结合我国的实际情况，本文提出扶贫模型。模型中新商业模式是指创办新企业，或者现有组织通过开发新产品或服务发展新市场。在大型公司中，新业务投资可以参考更正式的自治或半自治的部门或企业形成。在一般情况下，忽略组织规模和新企业的自主水平，新商业模式是指与现有产品或市场相比，创造新的业务领域（见图 1）。

企业利用自身知识、融资能力、技术、网络等资源开发新的商业模型，通过新的商业模型为个人提供就业机会，个人通过出卖劳动力获得生活来源，并且形成购买力，促进企业的发展。企业发展壮大之后，不断更新现有的知识、技术、网络等资源，提高自身的融资能力，不断发展壮大，逐渐开拓其他新的商业模式，提供更多的就业机会，逐渐形成可持续发展模式。

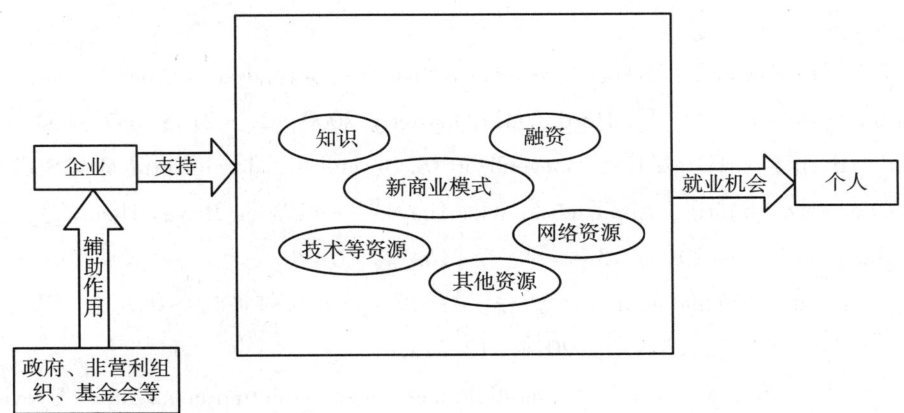

图1 基于市场化扶贫法、社会企业家精神的扶贫模式

本文的研究仅限于文献综述。未来的研究可以扩展该项研究，对数据进行收集并测试本文的相关模型及观点。

参考文献：

[1] Azmat F., Ferdous A. S., Couchman P. Understanding the dynamics between social entrepreneurship and inclusive growth in subsistence marketplaces [J]. Journal of Public Policy & Marketing. 2015.

[2] Auvinet C., Lloret A. Understanding social change through catalytic innovation: Empirical findings in Mexican social entrepreneurship [J]. Canadian Journal of Administrative Sciences/Revue Canadienne des Sciences de l'Administration. 2015, 32 (4): 238 –251.

[3] Andersson F. O., Self W. The Social-Entrepreneurship Advantage: An Experimental Study of Social Entrepreneurship and Perceptions of Nonprofit Effectiveness [J]. VOLUNTAS: International Journal of Voluntary and Nonprofit Organizations. 2015, 26 (6): 2718 –2732.

[4] Arasti Z., Zarei H., Didehvar F. Identifying the Evaluative Indicators of Regulatory Policies for the Development of Social Entrepreneurship [J]. Public Organization Review. 2015, 15 (3): 453 –474.

[5] Agafonow A. Toward a positive theory of social entrepreneurship. On maximizing versus satisficing value capture [J]. Journal of Business Ethics. 2014, 125 (4): 709 –

713.

[6] Arend R. J., A heart-mind-opportunity nexus: Distinguishing social entrepreneurship for entrepreneurs [J]. Academy of Management Review. 2013, 38 (2): 313 - 315.

[7] Alan Fowler. NGDOs as a moment in history: Beyond aid to social entrepreneurship or civic innovation? [J]. Third World Quarterly. 2000, 21 (21): 637 - 654.

[8] Bacq S., Hartog C., Hoogendoorn B. Beyond the Moral Portrayal of Social Entrepreneurs: An Empirical Approach to Who They Are and What Drives Them [J]. Journal of Business Ethics. 2014, 133 (4): 1 - 16.

[9] Breanna Digiammarino 撰文，珞宁翻译. 众筹如何将社会助力注入社会企业家精神 [N]. 21 世纪经济报道，2014 - 12 - 18.

[10] Bacq S., Janssen F. The multiple faces of social entrepreneurship: A review of definitional issues based on geographical and thematic criteria [J]. Entrepreneurship & Regional Development. 2011, 23 (5 - 6): 373 - 403.

[11] Bornstein D., Changing the world on a shoestring: ambitious foundation promotes social change by finding " social entrepreneurs" [J]. Atlantic Monthly. 1998, 281 (1): 34 - 39.

[12] Chandra Y., Jiang L. C., Wang C. J., Mining Social Entrepreneurship Strategies Using Topic Modeling [J]. PloS one. 2016, 11 (3): e0151342.

[13] Chell E., Spence L. J., Perrini F, et al. Social Entrepreneurship and Business Ethics: Does Social Equal Ethical? [J]. Journal of Business Ethics, 2014: 1 - 7.

[14] Chambers L., Growing a hybrid venture: Toward a theory of mission drift in social entrepreneurship [D]. University of St. Gallen, 2014.

[15] 蔡雪林. 非营利组织参与式扶贫的效果评价及政策建议——以中国贫困农村社区发展项目为例 [D]. 西南财经大学，2013.

[16] Dohrmann S., Raith M., Siebold N. Monetizing Social Value Creation-A Business Model Approach [J]. Entrepreneurship Research Journal. 2015, 5 (2): 127 - 154.

[17] Dey P., Steyaert C. Rethinking the Space of Ethics in Social Entrepreneurship: Power, Subjectivity, and Practices of Freedom [J]. Journal of Business Ethics. 2014, online first (online first): 1 - 15.

[18] Datta P. B., Gailey R. Empowering women through social entrepreneurship: Case study of a women's cooperative in India [J]. Entrepreneurship Theory and Practice. 2012, 36 (3): 569 - 587.

[19] Dafuleya G. Enterprising in the face of death: Social entrepreneurship in Afri-

can burial societies [J]. Journal of Enterprising Culture. 2012, 20 (3): 357 -378.

[20] Dacin P. A., Dacin M. T., Matear M. Social entrepreneurship: Why we don't need a new theory and how we move forward from here [J]. The academy of management perspectives. 2010, 24 (3): 37 -57.

[21] Friedman V. J., Desivilya H. Integrating social entrepreneurship and conflict engagement for regional development in divided societies [J]. Entrepreneurship and regional development. 2010, 22 (6): 495 -514.

区域经济与城镇化协调发展研究

中国—东盟自由贸易区对农产品双边贸易的影响研究

——基于随机引力模型的实证分析*

江东坡**

【摘　要】应用随机引力模型分析了中国与127个农产品贸易伙伴1996～2011年的农产品双边贸易数据。研究结果表明：中国和东盟自由贸易区（CAFTA）和世界贸易组织（WTO）都积极推动了中国与贸易伙伴之间的双边农产品贸易。CAFTA没有成为全球经济一体化的“绊脚石”，而是其“垫脚石”。在CAFTA实施后，中国与东盟各国的农产品双边贸易效率得到了明显改善，但无论在整体上还是与成员国内部都存在较大的改进空间。因此中国在新一轮开放战略实施中，坚持同时积极参与多边贸易和区域贸易协定，并通过贸易便利化、增大农业对外投资等措施深化CAFTA农业领域合作。

【关键词】中国—东盟自由贸易区　农产品贸易　随机引力模型

一、引言

多边贸易体制和区域贸易安排一直是驱动经济全球化向前发展的两个轮子。随着世界贸易组织（WTO）谈判陷入僵局，WTO解决争端的能力趋弱，区域贸易协定（RTAs）呈现出迅猛的发展势头。据WTO统计，从1958～2015年底，全球实施的区域贸易协定已达284个。自加入WTO以来，我国就开始积极参与区域贸易协定。至今，中国已经与东盟、澳大利亚、韩国等12个国家和地区签署了区域贸易协议，在与挪威等8个国家和地区进行谈判，对印度等4个国家进行可行性评估。根据全球经济发展状况和我国加快实施自由贸易区战略，积极推动区域贸易协定的情

* 本文为国家自然科学基金项目（编号：71463009）和贵州省教育厅人文社会科学研究项目（编号：12SSD021）项目。本文系贵州省教育厅人文社会科学重点研究基地“贵州大学中国西部发展能力研究中心”资助发表。

** 江东坡（1975～　），男，贵州都匀人，管理学博士，贵州大学经济学院，主要研究方向：国际贸易理论与政策。

况判断，区域贸易协定递增趋势在现阶段和未来一段时期内是不可逆转。

农产品贸易因事关各国社会和经济基础，具有高度政治敏感性，历来是区域贸易协定的重要内容。作为我国正式签署并实施的最具有代表性的区域贸易协定，中国和东盟自由贸易区（CAFTA）从一开始就把农业确定为五个重点合作领域之一，并率先推进农产品自由贸易。2002 年 11 月，中国和东盟 10 国签订《中国东盟全面经济合作框架协议》，决定到 2010 年建成 CAFTA。2004 年 1 月，“早期收获”计划正式启动，农产品关税开始大范围大幅度下降。2006 年，农产品关税全部下降至零。至今，CAFTA 全面建成已过 5 年，“早期收获”计划完全实施已过 10 年，就 CAFTA 对中国和东盟双边农产品贸易的影响进行事后评估不仅十分必要而且可行。事实上，从“早期收获”开始实施起，国内学者就广泛应用引力模型就 CAFTA 对中国农产品贸易及其潜力等问题进行了实证分析。尽管引力模型对数据的拟合效果较好，但因其把无法观察到的贸易阻碍因素并入残差项，导致估计的贸易潜力偏高。此外，目前的研究关于双边贸易潜力还存在多大空间各持己见，就 WTO 多边与 CAFTA 区域贸易协定对农产品贸易的相互作用的专题研究也很少见。

鉴于此，本文运用随机引力模型，从贸易效率的角度，就 CAFTA 双边农产品贸易贸易潜力以及 CAFTA 是否存在削弱 WTO 的问题进行分析，为完善 CAFTA，推动其 CAFTA“10+1”升级，正确对待多边和区域贸易安排，加快实施新一轮开放战略提供理论参考。本文分为五个部分，第一部分为引言，第二部分分析中国与东盟农产品贸易现状，第三部分为研究方法说明，第四部分为数据来源说明，第五部分为参数估计结果分析，第六部分为结论。

二、中国与东盟农产品贸易现状

（一）农产品贸易规模

随着“早期收获”的实施，CAFTA 的不断发展和深化，中国与东盟间的农产品贸易发展迅猛①。中国对东盟的农产品出口额从 2000 年的 13.4 亿美元增长至 2013 年的 115.7 亿美元，增长了 7.6 倍。东盟成为中国农产品第一大出口市场，占中国农产品出口的比重不断扩大，从 2000 年的 9.46% 增长为 2013 年的 18.8%。同时，中国从东盟的农产品进口额也在快速增长，从 2000 年的 12.5 亿美元增至 2013 年的

① 因一部分国家缺少 2014 年的农产品进出口贸易数据，本文采用较全的 2013 年及以前数据进行现状分析。

145.8 亿美元，增长了10.67 倍，进口增速是出口增速的1.5 倍。

（二）农产品贸易的产品结构

中国对东盟的农产品出口结构发生了显著的变化。2000 年，中国对东盟的农产品出口以HS代码中谷物、食用水果及坚果、柑橘属水果或甜瓜的果皮、烟草、烟草及烟草代用品的制品、食用蔬菜、根及块茎、蔬菜、水果、坚果或植物其他部分的制品等五种产品为主，占比为67.55%。而2013 年，中国对东盟的农产品出口则以鱼、甲壳动物、软体动物及其他水生无脊椎动物、食用蔬菜、根及块茎、食用水果及坚果、柑橘属水果或甜瓜的果皮、肉、鱼、甲壳动物、软体动物及其他水生无脊椎动物的制品、蔬菜、水果、坚果或植物其他部分的制品等五章产品为主，占比达到69.25%。

中国从东盟的进口农产品结构也发生了变化。虽然动、植物油、脂及其产品、精制食用油、动植物蜡等十五种产品仍是中国从东盟进口的主要农产品，但是其占比在逐渐下降，从2000 年的50.28%下降至2013 年的41.21%。鱼、甲壳动物、软体动物及其他水生无脊椎动物等三种产品的比重也在降低。与上述产品形成对比的是，食用蔬菜、根及块茎等七种产品以及制粉工业产品、麦芽、淀粉、菊粉、面筋等十一种产品以及谷物、粮食粉、淀粉或乳的制品、糕饼点心等十九种产品呈现上升趋势。

可以看出，中国与东盟双边农产品贸易结构的特征明显。从产品结构层面来看，动、植物油、脂及其分解产品、精制的食用油脂、动、植物蜡等十五种产品是双边农产品贸易的主要产品。但双边农产品贸易开始向互补型贸易模式转变，例如鱼、甲壳动物、软体动物及其他水生无脊椎动物等三种产品出口增长明显，而进口在逐渐减少。

（三）农产品贸易的市场分布

尽管日本、美国、韩国、中国香港、东盟等五个国家和地区是中国农产品的主要出口对象，而中国农产品进口则主要集中在美国、阿根廷、巴西、加拿大、俄罗斯、新西兰、东盟等国家和地区。但东盟在中国的农产品进出口中的地位越来越显著，2013 年中国对东盟的农产品总额达到115.67 亿美元，占中国农产品出口的18.84%，成为了中国农产品出口的第一大市场。

综合以上分析，CAFTA 的建立促进了中国向东盟的双边农产品贸易，进口增速高于出口。中国与东盟的双边农产品贸易呈现出较强的互补性，东盟成为继美国、日本、韩国、澳大利亚等传统贸易伙伴国之后的重要战略伙伴。

三、研究方法

（一）随机前沿引力模型

随机引力模型的一般形式为：

$$
\begin{gathered}
T_{ijt}=f(x_{ijt},\ \beta)\exp(\varepsilon_{it})\\
\varepsilon_{it}=\nu_{it}-u_{it},\\
\nu_{it}\sim N(0,\ \sigma_{\nu}^{2}),\\
u_{it}\sim F\\
(i,\ j=1,\ \cdots,\ N;\ t=1,\ \cdots,\ T) \qquad (1)
\end{gathered}
$$

式（1）中，T_{ijt}为国家i和国家j贸易水平，x_{ijt}为$1\times k$阶向量，包含两国经济规模、距离、边界、语言等影响贸易且在中短期中保持不变的“自然”因素，⇦为$k\times 1$阶的待估计参数向量。ν_{it}为系统误差项，u_{it}为贸易非效率项，ν_{it}和u_{it}相互独立。ν_{it}服从期望为0的正态分布，u_{it}常见的分布包括：半正态分布、断尾正态分布、指数分布、伽马分布。

由式（1）可知，随机引力模型与传统引力模型的根本区别在于，前者将后者中的系统误差项进一步分解为两项：一是反映随机冲击的系统误差项（*idiosyncratic error*），二是反映贸易效率损失（*inefficiency term*）的单侧非正误差项（*one-sided non-negative random disturbance*），u_{it}。它表明，在贸易阻碍因素的影响下，两国之间的贸易水平并不能达到其最大水平（也称为贸易潜力）。贸易效率（*Trade efficiency*，TE）定义为：

$$
TE_{ijt}=\frac{E\left(\dfrac{T_{ijt}}{u_{it},\ x_{ijt}}\right)}{E\left(\dfrac{T_{ijt}}{u_{it}=0,\ x_{ijt}}\right)}=\exp(-u_{it}) \qquad (2)
$$

（二）贸易效率损失函数

贸易效率损失函数的一般形式为：

$$
\begin{gathered}
u_{it}=z_{it}\phi+\omega_{i}\\
\omega_{i}\sim N(0,\ \sigma^{2}) \qquad (3)
\end{gathered}
$$

式（3）中，u_{it}为贸易效率损失，z_{it}为$1\times k$阶向量，包含两国关税水平、政治关系、制度差异、双边或多边贸易协定等影响贸易且在中短期中可变的“人为”因素，←为$k\times 1$阶的待估计参数向量，$\triangleright_{it}$为系统误差项。

由式（1）和式（3）可知，随机引力模型与传统引力模型的另一个区别在于，随机引力模型将影响两国贸易的因素分为“自然”贸易阻力和“人为”贸易阻力，将“自然”贸易阻力作为随机引力模型的解释变量，将“人为”贸易阻力作为贸易效率损失函数的解释变量。通过式（3）的估计，进一步准确把握经济、社会、政治制度变化对贸易效率的影响。

（三）实证模型

在实际估计过程中，传统的做法是：在对式（1）进行估计的基础上，对式（3）进行估计，即“两步法”。但 *Wang and Schmidt*（2002）指出，由于在式（1）的估计中没有控制式（3）中影响效率的因素，“两步法”会导致式（1）的估计结果出现严重偏误，如果假定u_{it}服从期望为0的半正态分布，就可以同时对式（1）和式（3）进行有效估计，即将“两步法”合并成“一步法”。

本文根据“一步法”建立实证模型：

$$
\begin{aligned}
LnT_{ijt} = {} & \beta_0 + \beta_1 Ln(GDP_{it}GDP_{jt}) + \beta_2 Ln(POP_{it}POP_{jt}) \\
& + \beta_3 DIS_{ijt} + \beta_4 Adj_{ijt} + \beta_5 Lang_{ijt} + \beta_6 Landlock_{jt} + \nu_{it} - u_{it} \\
u_{ijt} = {} & \phi_0 + \phi_1 CAFTA_{ijt} + \phi_2 WTO_{ijt} + \omega_{it}
\end{aligned}
\tag{4}
$$

式（4）中，i为中国，$j=1,\cdots,N$，为中国的农产品贸易伙伴；$t=1,\cdots,T$，为1992～2014年的23年时间，其他变量及其预期符号具体见表1。

表1　　变量一览

变量名称	变量解释	预期符号
T_{ijt}	中国和j国t时期的农产品双边贸易额	
GDP_{it}	中国t时期的国内生产总值	+
GDP_{jt}	j国t时期的国内生产总值	
$PGDP_{it}$	中国t时期的人均国内生产总值	−
$PGDP_{jt}$	j国t时期的人均国内生产总值	−
POP_{it}	中国t时期的人口	+
POP_{jt}	j国t时期的人口	
DIS_{ijt}	中国和j国的地理距离	−
Ad_{jijt}	虚拟变量，表示中国和j国是否具有共同边界，如果是设为1，否则设为0	+
$Lang_{ijt}$	虚拟变量，表示中国和j国是否使用同种语言，如果是设为1，否则设为0	+
$Landlock_{jt}$	虚拟变量，表示j国是否为内陆国家，如果是设为1，否则设为0	
$CAFTA_{ijt}$	虚拟变量，表示中国和j国是否均为CAFTA成员国，如果是设为1，否则设为0	+/−

四、数据来源与说明

为了保证研究的完整性和客观性，本文收集整理 1992 ~ 2014 年的中国与全部农产品贸易伙伴的双边贸易数据构成历时 23 年的面板数据。在剔除包含较多零值的贸易数据及其他相关数据的国家和地区后，总共选取了 127 个贸易伙伴 1996 ~ 2011 年间的双边贸易数据作为研究样本。

农产品贸易数据是根据 WTO 农产品定义的范围，以中国为报告国取自联合国的 UNCOMTRADE 数据库，涵盖了包括海关协调分类制度 HS（1992）的前四类、24 章的所有产品。名义国内生产总值、人均国内生产总值、人口数据取自是世界银行 WDI 数据库。两国家的地理距离、是否具有共同边界、是否使用相同语言等数据取自 CEPII 数据库。

五、参数估计与结果分析

本文使用 Stata12. 1 对式（4）进行估计。估计过程中，使用了专门处理面板数据的非官方随机前沿分析命令 sfpanel（Federico Belotti et al.，2012），其中选择了格林（Green，2005a）提出的“真实”随机效应模型（“true” random-effects model，TRE）①，最后利用 predict 命令计算贸易效率。

（一）参数估计结果

在表 2 中，模型 1 总结了运用“一步法”对式（4）进行估计的结果。因为一些学者认为，人均国内生产总值除了包含人口规模外，还包含了经济发展程度、代表性需求水平、要素禀赋比例等其他因素，采用人均国内生产总值来代替人口变量更为科学。为了保证参数估计结果的客观性和可比性，本文还使用人均国内生产总值来替代人口作为解释变量进行估计，结果总结在模型 2 中。模型 1 和模型 2 的估计结果表明，使用人口或人均国民生产总值作为解释变量并不会影响估计结果的性质，从而保证了本文的分析结果的稳定性和可信度。

---

① 贝罗蒂等（Federico Belotti et al.，2012）指出，目前的各个技术效率分析模型之间难分优劣，最终取决于具体数据。本文在估计过程中，也尝试了其他模型，最终根据最大似然估计检验结果（lrtest）估计效果选择“真实”随机效应模型。

表 2　　参数估计结果

变量名称	模型 1	模型 2
Constant	−29.7449 *** (−15.68)	29.1370 *** (−11.16)
$Ln\ (GDP_{it}GDP_{jt})$	0.5511 *** (35.33)	0.9550 *** (35.33)
$Ln\ (POP_{it}POP_{jt})$	0.4166 *** (10.52)	—
$PGDP_{it}$	—	−0.3863 *** (−6.44)
$PGDP_{jt}$	—	−0.4228 *** (−6.62)
DIS_{ijt}	−0.6671 *** (−6.40)	−0.6771 *** (−5.56)
Adj_{ijt}	0.4022 *** (2.51)	0.3755 *** (2.51)
$Lang_{ijt}$	1.8921 *** (8.30)	2.7112 *** (9.71)
$Landlock_{jt}$	−0.3717 *** (−2.52)	−0.4064 *** (−2.66)
WTO_{ijt}	−2.1117 *** (−8.34)	−2.0869 *** (−8.11)
$CAFTA_{ijt}$	−3.2159 ** (−2.08)	−3.2014 ** (−2.04)
sigma_u	1.2865 *** (25.23)	1.2846 *** (24.24)
sigma_v	0.4146 *** (20.43)	0.4139 *** (19.56)
lambda	3.1027 *** (47.76)	3.1030 *** (45.62)

注：括号内数值为 z 统计量，*、** 和 *** 分别表示通过 10%、5% 和 1% 水平的显著性检验。

正如表 2 所示，所有的解释变量都在统计上非常显著。中国与贸易伙伴的经济规模和人口规模对双边农产品贸易产生的效应均为正，完全吻合引力模型的思想。中国与贸易伙伴的地理距离以及贸易伙伴是否为内陆国家对于双边农产品贸易额产生的效应为负。因为距离代表了运输成本的高低，而内陆国家交通极为不便，会大大增加运输成本。这意味着运输仍是农产品贸易的重要阻碍。中国与贸易伙伴共同边界和共同语言均对双边农产品贸易产生的效应均为正。共同语言的显著的正效应表明，中国与东盟成员国语言和文化传统为双边贸易提供了极大的便利。

最后，中国与贸易伙伴是否同为CAFTA成员国和WTO成员对双边农产品贸易产生的效应均显著为正，但CAFTA产生的效应比WTO产生的效应更高。这首先说明，WTO并不像其他研究表明的那样，对双边贸易影响较小，而是积极推动了双边农产品贸易。更为重要的是，本文结果表明，虽然CAFTA区域贸易协定对于农产品双边贸易的推动更大，但至少CAFTA区域贸易协定并没有成为WTO多边贸易协定的“绊脚石”。在新一轮的开放中，中国应坚持同时积极参与多边贸易和区域贸易安排的“双轮”战略。

（二）贸易效率

限于篇幅，本文只总结了2004~2011年中国与东盟成员国及主要贸易伙伴的双边农产品贸易效率。如表3所示，在主要贸易伙伴中，中国与澳大利亚的贸易效率最高，稳定在0.91以上，加拿大次之，美国是第三，接下来是日本、韩国、德国、俄罗斯。但德国呈逐渐上升趋势，而日本则持续下降。这与日本和欧盟严格的农药最大残留量标准为主的食品安全标准严重阻碍中国农产品出口的现实是十分吻合的。香港特别行政区与中国内地的贸易效率略高于平均水平，澳门特别行政区则逐渐下降到了平均水平以下。中国与两个超级邻国——俄罗斯和印度的农产品则是远低于平均水平。其中，与俄罗斯还有较大的上升空间。

表3　主要国家（地区）贸易效率

国家/地区	2004年	2005年	2006年	2007年	2008年	2009年	2010年	2011年
澳大利亚	0.9335	0.9292	0.9245	0.9218	0.9176	0.9118	0.9190	0.9264
中国澳门	0.6517	0.6360	0.5986	0.5622	0.5253	0.4968	0.4239	0.3939
德国	0.4847	0.5688	0.5712	0.6004	0.5850	0.5368	0.6028	0.6195
俄罗斯	0.3926	0.3583	0.3305	0.3230	0.2833	0.2717	0.2727	0.2714
菲律宾	0.7951	0.7789	0.8044	0.7860	0.7629	0.7704	0.7835	0.7964
韩国	0.6682	0.7437	0.6887	0.7189	0.6507	0.6148	0.6126	0.6195
加拿大	0.8974	0.8726	0.8237	0.8540	0.8680	0.8936	0.8892	0.8798
柬埔寨	0.3914	0.4311	0.4957	0.5334	0.4865	0.3666	0.3978	0.4929
老挝	0.1980	0.2094	0.3604	0.4605	0.4790	0.6555	0.6605	0.5113
马来西亚	0.8574	0.8409	0.8442	0.8663	0.8661	0.8454	0.8400	0.8548
美国	0.8747	0.8544	0.8554	0.8590	0.8793	0.8713	0.8823	0.8862
日本	0.7376	0.7402	0.7280	0.7037	0.6150	0.5967	0.6031	0.5979
泰国	0.8949	0.8886	0.8918	0.8825	0.8676	0.8911	0.8969	0.9011
文莱	0.5801	0.5388	0.4603	0.5057	0.5211	0.5582	0.6086	0.5734
中国香港	0.7396	0.7169	0.6877	0.6728	0.6580	0.6445	0.6538	0.6658

续表

国家/地区	2004 年	2005 年	2006 年	2007 年	2008 年	2009 年	2010 年	2011 年
新加坡	0.6635	0.6336	0.6538	0.6272	0.6455	0.6698	0.6628	0.6194
印度	0.1288	0.1364	0.2486	0.2243	0.2384	0.1487	0.2504	0.2952
印度尼西亚	0.8743	0.8663	0.8727	0.8844	0.8846	0.8724	0.8769	0.8830
越南	0.7225	0.7039	0.7580	0.8071	0.8018	0.8364	0.8398	0.8630
最大值	0.9491	0.9477	0.9401	0.9488	0.9519	0.9430	0.9492	0.9502
最小值	0.0050	0.0183	0.0166	0.0432	0.0136	0.0231	0.0726	0.0639
平均值	0.5401	0.5603	0.5573	0.5458	0.5497	0.5303	0.5486	0.5580

中国与东盟成员国的农产品双边贸易效率整体上呈快速增长势头，但贸易效率均在0.90以下，还存在一定的改进空间。具体到中国与各成员国之间，则贸易效率差异较大，存在着很大的改进空间。其中，与泰国的双边贸易效率最高，在0.89～0.90，印度尼西亚次之，接近0.90，接下来是马来西亚、越南、菲律宾、新加坡、文莱、老挝、柬埔寨。文莱略高于平均水平，老挝、柬埔寨则长期明显低于平均水平。

六、结论

本文应用增强的引力模型——随机引力模型，分析了我国与127个农产品贸易伙伴1996～2011年的农产品双边贸易数据，得到以下两个只要结论：①区域贸易协定CAFTA和多边贸易协定WTO都积极推动了中国与贸易伙伴之间的双边农产品贸易。虽然CAFTA区域贸易协定对于农产品双边贸易的推动作用更大，但至少CAFTA区域贸易协定并没有成为全球经济一体化的“绊脚石”，而是可能成为其“垫脚石”。②在CAFTA实施后，中国与东盟各国的农产品双边贸易效率得到了明显改善。但整体上还有一定的改进空间，与文莱、老挝、柬埔寨之间的贸易效率则还存在很大的改进空间。

据此，本文给出两条建议：①在新一轮开放战略实施中，中国应坚持同时积极参与多边贸易和区域贸易协定，保证多边农产品贸易和区域农产品贸易“两翼齐飞”，从而在全球经济一体化中占据主动地位；②在“早期计划”完全实施，农产品关税下降至零后，要进一步通过贸易便利化、增大农业对外投资等措施完善CAFTA，促进与东盟各国的农业领域合作。

参考文献：

［1］ Armstrong, S. Measuring Trade and Trade Potential: A Survey［R］. Asia Pacific Economic Paper，2007，No13681.

［2］ Federico Belotti et al. Stochastic frontier analysis using Stata ［J］. The Stata Journal，2012，v（ii）：1－39.

［3］ Kalirajan，K. Stochastic Varying Coefficients Gravity Model：A n Application in Trade Analysis ［J］. Journal of Applied Statistics，1999，26（2）：185－193.

［4］ Hung-jen Wang，Peter Schmidt. One-Step and Two-Step Estimation of the Effects of Exogenous Variables on Technical Efficiency Levels ［J］. Journal of Productivity Analysis，2002，18（2）：129－144.

［5］ 刘金山，黄智立. 区域贸易协定对经济全球化是推还是阻？——来自中国对外贸易的证据 ［J］. 产业经济评论，2013（4）：94－102.

［6］ 鲁晓东，赵奇伟. 中国的出口潜力及其影响因素——基于随机前沿引力模型的估计 ［J］. 数量经济技术经济研究，2010（10）：21－35.

［7］ 孙林，谭晶荣，宋海英. 区域自由贸易安排对国际农产品出口的影响：基于引力模型的实证分析 ［J］. 中国农村经济，2010（1）：74－82.

［8］ 原瑞玲，田志宏. 自贸区贸易创造和贸易转移效应测度：以中国—东盟自贸区为例 ［J］. 系统科学与数学，2013（1）：36－44.

［9］ 赵雨霖，林光华. 中国与东盟10国双边农产品贸易流量和贸易潜力的分析——基于贸易引力模型的研究 ［J］. 国际贸易问题，2008（12）：68－77.

中国宏观经济对股票市场波动影响机制探究

郑玉平　廉梦鹤*

【摘　要】波动性是股票市场最本质的特征，股市波动的原因是复杂的。本文研究了宏观经济因素与股市波动之间的关联性，用 VAR 模型的方法，尝试从新的角度研究宏观经济对股市波动性的影响。最终得出以下结论：股市受自身波动影响显著，其次是通货膨胀预期；上证 A 股指数与公司盈利、无风险利率、股市风险溢价存在弱式的长期均衡。

【关键词】股市波动　宏观经济　风险溢价

一、绪论

（一）问题的背景

2007 年以来，我国股市在经历了多年的熊市之后突然飙升，迎来了史无前例的大牛市，由此进入了全民炒股时代，股市的赚钱效应让各路资金源源涌入。股市的巨大波动引起了政府及监管部门的高度关注，监管部门也出台了众多调控措施试图控制资本市场投资过热现象，2007 年央行连续 6 次提高存贷款基准利率，10 次上调金融机构法定准备金率，调整股票交易印花税税率（由 1‰调整为 3‰）并多次发行定向票据。2008 年股市进入深度调整期，政府出台四万亿元的经济刺激计划，但股市最低点一度达到 1 600 多点。2010 ~ 2013 年的中国股市的关键词是通货膨胀和外围经济不确定性，进入了震荡下跌期。

近些年来，中国经济运行整体较好，GDP 增速可以维持到 8% 以上的增加速度，

---

* 郑玉平（1992 ~ ），男，浙江衢州人，汉族，贵州财经大学硕士研究生，主要从事研究社会经济现象研究；廉梦鹤（1992 ~ ），女，黑龙江双鸭山市，汉族，贵州财经大学硕士研究生，主要从事社会旅游、人口研究。

为上市公司的运行提供了较好的经济基础。近些年来，中国的 CPI 一直较低，虽然在 2006 ~2007 年出现了 CPI 指数达到 7% 左右，但是 CPI 一直维持在 4% 以下，总体稳定。在 2001 ~2013 年中，中国的进出口一直维持在较高的水平，年度增长率为 10% ~15%，这为股市的良好运行提供了很好的条件。从宏观经济政策的角度来讲：货币政策手段主要有调控利率和控制货币供给量两种手段：首先，从利率角度考虑，实际贷款利率上升，会增加企业贷款的成本，对股市不理。其次，从货币供给量角度考虑，若货币供应量增长加快，则说明国家的货币政策较为宽松，公司能够从银行贷款的额度也随之上升；中国的利率的水平一直较低，为股市的发展提供了较好的条件，但是中国人民银行为了更好地控制流通市场的货币数量，近些年来，不断地提高人民币存款准备金率。但是近些年来，中国政府不断地稳定贷款利率，贷款利率一直稳定在 5.5% ~8% 的水平，这样的宏观的金融政策为中国上市公司的发展提供了很好的经济环境，从而为股市的发展提供了良好的宏观条件。

（二）研究现状

在早期的研究中，人们认为股票市场处于适度波动，并采用经典金融经济学理论对股价波动产生的原因加以分析。经典金融经济学理论是在有效市场假说的基础上建立起来的一系列资产定价理论。主要包括资本资产定价模型（CAPM）、套利定价模型（APT）、期权定价公式（BS）以及基于消费的 CAPM 模型（CCAPM）等。其特点是在市场有效的前提下，通过严密的数学推导为金融资产及其衍生产品确定价格标准。在经典金融经济学理论框架下，证券价格遵循随机游走规律，并且能够完全反映证券的经济价值，人们对风险资产的未来贴现率是固定不变的，风险资产对数回报率的标准差应当等于对数红利的标准差。即股票价格的波动完全取决于其基本面因素（如流动性、交易成本、市场信息流动等）的变动，进而从股票价格的变动中能反映出基本面变动的信息。

然而随着研究的深入，人们发现现实中的股票市场往往出现异常波动。对股价异常波动的研究，较早有席勒（Shiller，1981）等人，发现股票价格和股息都是高度可变的，同时股票价格的波动性高于股息的波动性，即当股息现值稳定增长之际，股票价格仍然在剧烈波动[1]。这显然不是所谓“价格由未来股息的预期现值而决定”所能解释的。卡普贝尔（Campbell，1999）对美国股市的研究也表明，股票收益和价格红利比（price-dividend ratio，简称 P/D）都有较高的波动性[2]。在同一数据集中，S&P500 每年超额对数回报的标准差为 18%，而对数红利增长的标准差只有 12%，而每年对数价格红利比的标准差也有 0.27，非基于消费的资产定价模型中得到的 0。这说明股票收益率的变动远高于价格红利比的变动，前者的变动很难由后者来加以解释，卡普贝尔将这一现象称为“股价波动之谜”。同时由各国经验来看明显存在风险资产对数回报率的标准差大于对数红利增长率的标准差，即资产回报的波动远大于红利波动的现象。在中国股票市场上，也有研究表明中国股票指数在1994～2005年平均波动为51.1%，远远超过全球其他主要股市，甚至新兴市场。中国股市与宏观经济关联性到底如何，两者之间是如何影响的，证券监管部门应该如何正确引导股市健康发展，这些都是本文基于上述现象提出的问题。

二、国内外文献综述

（一）宏观经济股市波动者的关系

国外的研究表明，宏观经济对股市波动的影响不一而论。法马（Fama，1990）用美国股票市场股票1953～1987年的月收益率、季度收益率和年收益率研究了收益率和未来的实际经济活动之间的关系，发现两者存在高度相关，并且长期来看股票收益率的波动是受未来的经济运行状况影响的[3]。哈密尔顿（Hamilton，1996）提出了双变量的状态转移模型，模型假设存在一个潜在的单变量（即描述经济运行状态的变量），决定了经济增长率与股票波动性，发现总体的经济变量（如工业生产指标），有助于股票市场波动性的预测[4]。

但是，舒维特（Schwert，1989）采用向量自回归（VAR）模型研究了名义通货膨胀率、货币供应量、工业生产值等宏观经济变量波动性和股市波动性之间的关系发现美国宏观经济变量的波动性不能很好地预测和解释股市回报的波动性[5]。哈里斯（Harris，1997）对发达国家和发展中国家的上述关系分别进行了研究，结果表明，在发达国家中股票市场与经济增长之间存在着相互促进的正向关系，但在发展中国家两者之间的联系非常弱[6]。莫里利（Morelli，2002）采用ARCH/GARCH模型以及VAR模型，用月度数据研究了英国股市条件波动性和宏观经济条件波动性（包括工业生产、货币供应量、通货膨胀率、汇率和实际零售额）之间的关系，发现宏观经济中的汇率波动对股市波动性的预测能力是显著的，但是这些宏观变量波动性对股市波动性的联合解释能力是比较弱的[7]。

国内的研究大多表明股市波动和宏观经济波动之间的联动性较弱：赵振全、张宇（2003）通过多元回归和VAR模型来研究两者波动之间的关系，发现这种相互关系很弱，其原因可能是影响股票市场的因素太多，我国的股票市场受政策或重大事件的影响比较大[8]。晏艳阳（2004）发现，沪深股指与部分宏观经济因子（如

M1、出口额、信贷额、短期贷款利率等）存在长期协整关系，股指可在一定程度上反映我国经济发展的整体趋势及水平，但由于其与GDP之间联系较弱，所以股市仍不能充当我国经济发展的“晴雨表”[9]。孔东民、郭磊（2007）基于1994～2004年度的月份数据，采用舒维特（1989）的12阶自回归模型对各经济变量序列的波动性进行估计，并进一步通过Granger因果检验和冲击反应函数考察各波动序列之间的内在关系，发现股市波动并未受到总体经济波动的影响，股市波动与经济波动之间的影响大体在6～8个月内传递完毕[10]。

（二）宏观经济、金融政策与股市波动三者的关系

朴等（Kwangwoo Park et al.，2000）通过实体经济指标（工业产值增长率）、通货膨胀率、货币政策指标（月度联邦基准利率的一阶差分）和预期股市回报率的VAR回归分析，发现紧缩性的货币政策对通货膨胀、预期股市收益率的变动产生相反的影响，这种影响在统计上是显著的，“政策预期”假设——高通货膨胀加强人们对紧缩性货币政策出台的预期，从而引起股市下跌——能有效解释通货膨胀率和股市回报率的反向关系[16]。

马向前、刘莉亚、任若恩（2002）引入收益率余值概念作为政策因素的代理变量，采用增长核算方法构建了股票收益率的双因素回归模型，并分解出基本面因素、技术面因素和政策面因素各自对股市波动的贡献率。从短期来讲，基本面因素的影响很小，而技术面和政策面因素的贡献率分别达到26.4%、70%；从中长期角度看，基本面因素的贡献率有22%，政策面因素的贡献率最大，达到75%以上[13]。岳朝龙、储灿春（2010）从宏观经济变量中提取了宏观经济状态因子和金融政策因子，建立了股价波动、金融政策和宏观经济三变量VAR回归模型，研究表明，金融政策因子对股价波动的影响显著，而宏观经济状态因子对股价的影响不显著，而且发现基于标准差的VAR（5）模型优于基于收益率的VAR（3）模型[14]。李田荷（2008）从微观、宏观两方面对引起柜式异常波动的因素作分析，在微观方面，构造股票指数月度收益率和损失规避投资者效用的GARCH－M模型，在宏观方面，定性研究了历次存款准备金率调整、金融机构一年期法定存贷款利率调整，印花税调整及其他政策对股市波动的影响。研究结论是，投资者的非理性行为以及政府的过度干预是造成中国股市异常波动的主因[15]。

德·博德特（Gabe J. de Bondt，2010）运用常规的基本面因素：公司盈利、无风险利率和股票风险溢价来实证分析上证A股指数的均衡水平，并定义长期股票市场的失调水平来划分A股的牛市期和熊市期，政策因素（如存款利率调整、股票市场改革）和过剩流动性对A股市场的失调具有显著的影响[17]。

三、实证分析

（一）数据的处理与来源

由于本文的数据都比宏观数据的范畴，数据较大，根据计量经济学原理，较大的数据变动会引起种种误差，为了减少数据的波动对计量经济结果造成较大影响，本文对数据进行自然对数化处理，不仅可以减少数据的变动，而且可以保留数据的变化趋势，分别对股市收盘价，进口金额，出口金额、CPI、同业拆借利率、中国GDP，进行对数化处理，以减少数据的波动，又因为数据属于季节性数据，所以对数据采用X12法对数据进行季节性调整，已消除季节性因素对数据造成的影响（见表1、表2）。

表1　　变量说明与数据来源

变量	变量解释	数据来源	单位
LNSTOCK	股市收盘价对数	wind 数据库	指数
LNIM	进口金额对数	wind 数据库	百万元
LNEX	出口金额对数	wind 数据库	百万元
LNCPI	CPI 对数	wind 数据库	指数
LNINTEREST	同业拆借利率对数	wind 数据库	%
LNGDP	股市收盘价对数	wind 数据库	亿元

表2　　数据的描述性统计

	LNSTOCK	LNIM	LNGDP	LNEX	LNCPI	LNINTEREST
Mean	7. 266924	4. 503279	8. 1007	4. 625101	4. 891533	1. 024568
Median	7. 358241	4. 315853	8. 009096	4. 400267	4. 845367	1. 096006
Maximum	8. 644213	6. 143386	9. 515385	6. 266033	5. 122773	2. 096151
Minimum	4. 886809	2. 918493	6. 379225	2. 966221	4. 60517	-0. 127833
Std. Dev.	0. 725353	1. 013439	0. 832214	1. 043978	0. 149714	0. 49734
Sum	610. 4216	378. 2754	680. 4588	388. 5084	410. 8888	86. 06374
Sum Sq. Dev.	43. 66937	85. 24581	57. 48414	90. 46088	1. 860381	20. 52984
Observations	84	84	84	84	84	84
增长率	+/-	+	+	+	+	+/-

（二）数据稳定性检验

以往的文献表明，非平稳的时间序列用传统的计量经济学分析方法进行分析不大适合，采用最小二乘法对非平稳时间序列分析进行分析会产生种种误差，原因在于进行最小二乘法对数据进行分析时要求数据服从正态分布，但是非平稳的时间序列的许多变量不服从正态分布，容易产生误差，从而对数据结果造成影响。因此在对 LNSTOCK、LNIM、LNEX、LNCPI、LNINTEREST、LNGDP 进行分析以前，需要对变量序列进行 ADF 单位根检验以判断各序列的平稳性及单整阶数，如变量序列为同阶单整，可进行协整分析；如变量不是同阶单整，则一般不能进行协整分析。

图 1 对 LNSTOCK、LNIM、LNEX、LNCPI、LNINTEREST、LNGDP 的单位根检验。首先，使用 eviews6. 0 软件包对变量 LNSTOCK、LNIM、LNEX、LNCPI、LNINTEREST、LNGDP 绘制时序图以确定该时间序列是否含有截距和趋势项。由图 1 我们可以发现变量 LNSTOCK、LNIM、LNEX、LNCPI、LNINTEREST、LNGDP 含有截距，并且具有明显的趋势，因此对数化以后的数据 LNSTOCK、LNIM、LNEX、LNC-PI、LNINTEREST、LNGDP 也含有截距，并且具有明显的趋势。所以，应该选择既包含截距项又包含趋势项的单位根检验模式。

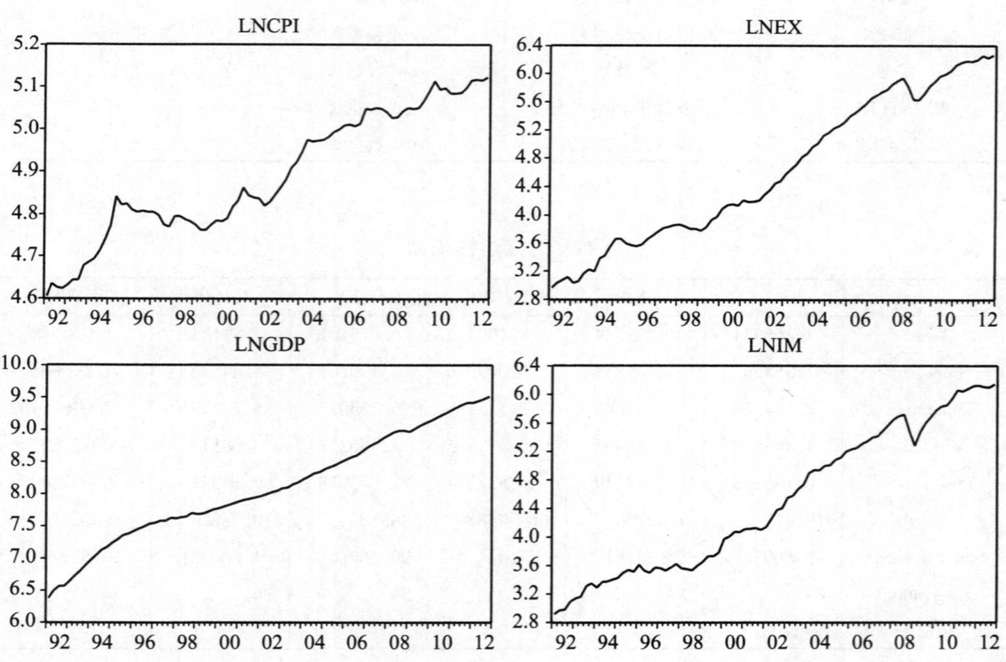

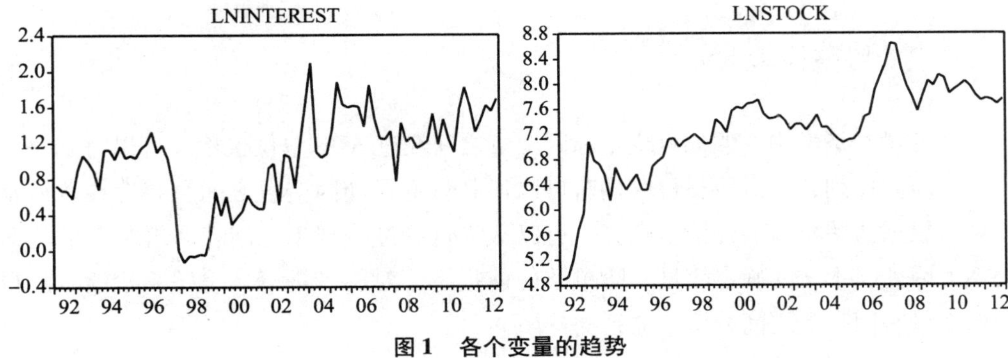

图1　各个变量的趋势

表3是对LNSTOCK、LNIM、LNEX、LNCPI、LNINTEREST、LNGDP的水平值及一阶差分进行ADF检验的结果。由ADF检验可知：LNSTOCK、LNIM、LNEX、LNCPI、LNINTEREST、LNGDP均没通过临界值检验，不能否认零假设，即说明LNSTOCK、LNEX、LNCPI、LNINTEREST水平值均不平稳；LNSTOCK、LNIM、LNEX、LNCPI、LNINTEREST、LNGDP的一阶差分DLNSTOCK、DLNIM、DLNEX、DLNCPI、DLNINTEREST、DLNGDP均通过了临界值检验，说明其是平稳的。由以上分析可知：DLNSTOCK ~ I（0）、DLNIM ~ I（0）、DLNEX ~ I（0）、DLNCPI ~ I（0）、DLNINTEREST ~ I（0）、DLNGDP ~ I（0）均为单整序列，是平稳序列，可以运用协整方法来分析它们之间的相互关系。

表3　　单位根检验结果

变量符号	检验形式	ADF值	5%临界值	概率	结论
LNSTOCK	（C，T，1）	-2.016414	-3.587527	0.5666	不平稳
LNIM	（C，T，3）	-4.105421	-3.587527	0.0168	不平稳
LNEX	（C，T，4）	-1.159441	-3.587527	0.8989	不平稳
LNCPI	（C，T，0）	-2.877382	-3.587527	0.1847	不平稳
LNINTEREST	（C，0，0）	-2.254611	-3.658446	0.4407	不平稳
LNGDP	（C，0，0）	-2.353553	-3.595026	0.3931	不平稳
DLNSTOCK	（C，0，0）	-5.372814	-2.986225	0.0002	平稳
DLNIM	（C，0，0）	-7.612381	-2.981038	0.0000	平稳
DLNEX	（C，0，0）	-3.234677	-2.981038	0.0292	平稳
DLNCPI	（C，0，0）	-6.770983	-2.981038	0.0000	平稳
DLNINTEREST	（C，0，0）	-3.849455	-2.981038	0.0072	平稳
DLNGDP	（C，0，0）	-12.221669	-3.081002	0.0000	平稳

注：①C表示常数项，也就是截距，T表示趋势项，即数据有着长期的正向或者是负向趋势，K表示最佳滞后期。②T以数据的趋势项为准确定，滞后阶数k的选取以不含有自相关和异方差情况下AIC最小准则为准确定。

（三）协整检验

在计量经济学中，假如自变量和因变量之间经过 ADF 单位根检验可以得到一个平稳的时间序列，经过协整检验倘若可以得到自变量和因变量之间存在存在着协整关系，根据协整检验的经济学意义，可以认为这些经济现象之间存在着长期的均衡关系。因此，本文在确定变量一阶单整的前提下，对两者进行协整关系检验。已得到自变量和因变量之间的协整关系。

经过以上的分析，我们可以看到，LNSTOCK、LNIM、LNEX、LNCPI、LNINTEREST、LNGDP 存在着一阶差分平稳的现象，在确定变量一阶单整的前提下，对两者进行协整关系检验。我们在这进行的协整为 Johansen 检验法，进行协整分析前，首先协整关系进行确定。

从表 4 和表 5 的结果，我们可以得出：在给定 5% 的显著性水平下，无论是迹检验还是特征值检验都表明 LNSTOCK 与 LNIM、LNEX、LNCPI、LNINTEREST 个变量之间至少存在一个协整关系。

表 4　　Johansen 协整检验结果（迹检验）

Hypothesized No. of CE（s）	Eigenvalue	Trace Statistic	0. 05 Critical Value	Prob. **
None *	0. 476269	144. 8077	103. 8473	0. 0000
At most 1 *	0. 381516	93. 06560	76. 97277	0. 0018
At most 2 *	0. 238821	54. 62691	54. 07904	0. 0446
At most 3	0. 202959	32. 79593	35. 19275	0. 0887
At most 4	0. 133962	14. 64795	20. 26184	0. 2472
At most 5	0. 038512	3. 141871	9. 164546	0. 5546

注：星号在 None 表示变量之间不存在任何协整关系，星号在 At most 1 表示变量之间至多存在一个协整关系，其他情况按照以上类推；* 表示在 5% 的水平下具有显著的统计学意义。** 表示在 10% 的水平下具有显著的统计学意义。

表 5　　Johansen 协整检验（最大特征值检验）

Hypothesized No. of CE（s）	Eigenvalue	Max – Eigen Statistic	0. 05 Critical Value	Prob. **
None *	0. 476269	51. 74213	40. 95680	0. 0022
At most 1 *	0. 381516	38. 43869	34. 80587	0. 0176
At most 2	0. 238821	21. 83097	28. 58808	0. 2853
At most 3	0. 202959	18. 14798	22. 29962	0. 1721
At most 4	0. 133962	11. 50608	15. 89210	0. 2165
At most 5	0. 038512	3. 141871	9. 164546	0. 5546

注：星号在 None 表示变量之间不存在任何协整关系，星号在 At most 1 表示变量之间至多存在一个协整关系，其他情况按照以上类推；* 表示在 5% 的水平下具有显著的统计学意义。** 表示在 10% 的水平下具有显著的统计学意义。

表 6　　　　标准化协整回归结果

LNSTOCK	LNIM	LNGDP	LNEX	LNCPI	LNINTEREST	C
1.000000	-0.636242 (0.84680)	-0.670180 (0.67427)	-2.585092 (0.89876)	5.696641 (2.91543)	0.626788 (0.27347)	-32.48716 (11.0584)

$$LNSTOCK = 0.63 \times LNIM + 0.67 \times LNGDP + 2.59 \times LNEX - 5.70 \times LNCPI - 0.63 \times LNINTEREST + 32.49 \quad (1)$$

从协整方程可以看出，股市收盘价与进口金额是正方向的，与预期是一致的，进口金额影响着股市收盘价，进口金额弹性为0.636242，进口金额每增加1%将股市收盘价增加0.636242%，统计上显著；LNEX弹性为2.585092，表明LNEX上升1%，股市收盘价将增加2.585092%，结果显著；LNCPI弹性为-5.696641，表明LNCPI上升1%，股市收盘价将减少5.696641%，结果显著；同业拆借利率弹性为-0.626788，表明同业拆借利率上升1%，股市收盘价将减少-0.626788%，结果显著,；GDP弹性为0.670180，表明GDP上升1%，股市收盘价将增加0.670180%，结果显著。

（四）向量自回归模型分析

根据最小准则判断原理，在本文中，判断最佳滞后期的准则选择LR、FPE、AIC、SC、HQ最小的准则，利用Eviews6.0软件包进行最佳滞后期的判断，得到如下最佳滞后期判断表格，表7中给出了判断指标LR、FPE、AIC、SC、HQ在各个滞后期的判断数据和各种信息，表中用*表示LR、FPE、AIC、SC、HQ指标在各个滞后期的最佳滞后情况，表7是在标准值最小的情况下所选的滞后阶数。

表 7　　　　VAR模型滞后阶数检验结果

Lag	LogL	LR	FPE	AIC	SC	HQ
0	128.3457	NA	1.89e-09	-3.058641	-2.879989	-2.987015
1	661.9498	973.8276	7.50e-15	-15.49875	-14.24818*	-14.99736*
2	686.5324	41.17577	1.01e-14	-15.21331	-12.89083	-14.28216
3	722.5704	54.95801	1.05e-14	-15.21426	-11.81987	-13.85335
4	777.1156	74.99967*	7.12e-15*	-15.67789*	-11.21159	-13.88722

从表中可以看出，根据LR、FPE、AIC、SC、HQ最小原则，结果显示LR、FPE、AIC合理阶数为2阶，所以本文的VAR模型选用的阶数为4阶。VAR方程表明，VAR的可决定系数为0.908364，模型可决定系数为0.868377。F值为22.71663，最大似然

值为28. 86972，可以得知，误差修正模型拟合良好。

在利用VAR模型进行分析时，要求VAR模型是平稳的，在行平稳性检验中，要求其所有根模的倒数都小于1，即位于单位圆内，如果模型不满足稳定的条件，如脉冲响应函数分析等结果将不是有效的。因此，如果VAR模型的单位根的模都位于单位圆内，则满足稳定性的条件。为了更直观的给出稳定性结论，我们用eviews6. 0做出了单位的图形见图2。

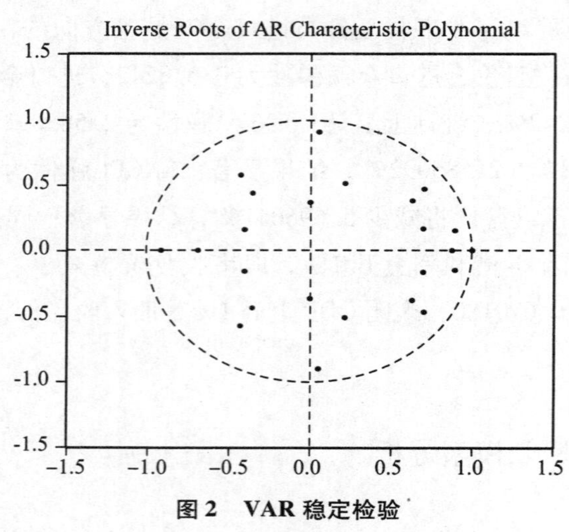

图2　VAR稳定检验

从图2中可以看出，我们构建的VAR模型的单位根的模都位于单位圆内，则表示所构建的VAR模型满足稳定性条件。

（五）脉冲方程检验

脉冲响应函数是分析当一个误差项发生变化，或者说模型收到某种冲击时对系统的动态影响，基于VAR模型，可以得到股市收盘价对其影响因素的一个正的冲击的脉冲响应函数，利用eviews6. 0做脉冲响应函数分析，得到的结果如图所示，其中横轴表示追溯期数（单位：季度），纵轴表示股市收盘价的变化，实线则是表示脉冲响应函数，反映了股市收盘价对相应的影响因素的冲击反应，虚线表示正负两倍标准差形成的偏离带。本文使用脉冲响应函数检验LNSTOCK与LNIM、LNEX、LNCPI、LNINTEREST的之间的动态效用。

分析一下LNIM对LNSTOCK的冲击效应。

从图3可以看出，当给LNIM一个冲击后，对LNSTOCK影响明显，在第一个时期中冲击很明显，迅速下降，在脉冲检验的观测期中，可以看到，LNIM对LN-

STOCK 的冲击一致为负值，这种趋势一致不稳定，在第十期达到最小值为 -0.04，说明进口对股市的影响是负向的。

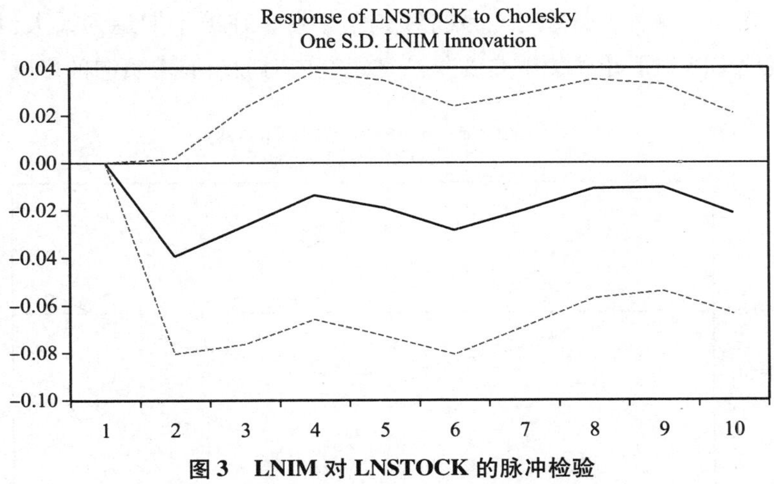

图 3　LNIM 对 LNSTOCK 的脉冲检验

分析一下 LNEX 对 LNSTOCK 的冲击效应。

从图 4 可以看出，当给 LNEX 一个冲击后，对 LNSTOCK 影响明显，在第一个时期中冲击很明显，冲击较大，但是冲击为正值，在脉冲检验的观测期中，可以看到，LNEX 对 LNSTOCK 的冲击一直为正值，而且一直上升或者是平稳态势，这种上升趋势一致持续到第十期，在第十期达到最大值，最大值为 0.02。说明出口对股市的影响是在正向的。

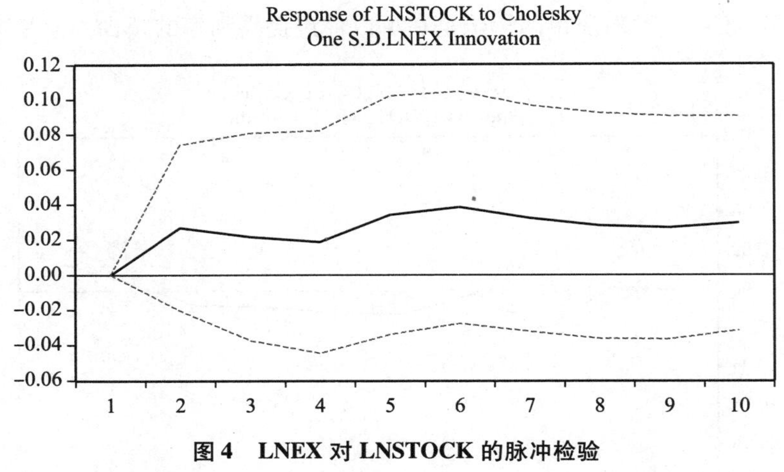

图 4　LNEX 对 LNSTOCK 的脉冲检验

分析一下 LNCPI 对 LNSTOCK 的冲击效应。

从图5可以看出，当给 LNCPI 一个冲击后，对 LNSTOCK 影响明显，在第一个时期中冲击很明显，冲击较大，而且冲击为负值，在第6期达到最小值，最小值为 -0.04，然后迅速上升，随后几期都处于上升趋势，但是随着时间的推移，冲击增强趋势慢慢增加，这种上升趋势一致持续到第十期，在第十期达到最大值，最大值为负值。说明 CPI 对股市的影响是在虽然在短期内对股市有着负向的影响。

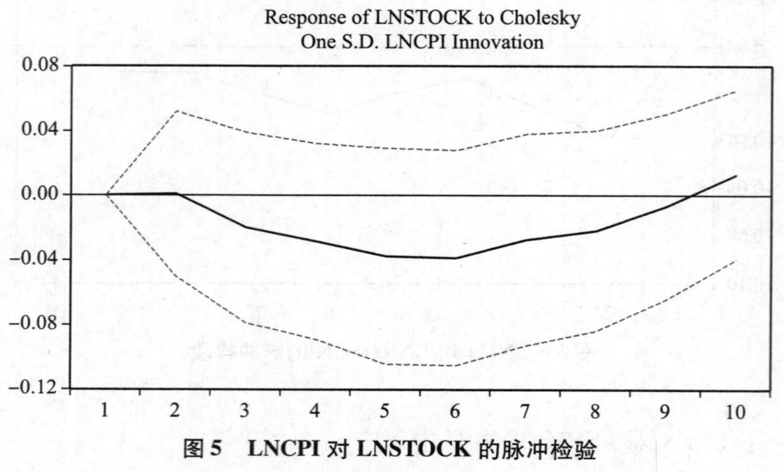

图5 LNCPI 对 LNSTOCK 的脉冲检验

分析一下 LNINTEREST 对 LNSTOCK 的冲击效应：

从图6可以看出，当给 LNINTEREST 一个冲击后，对 LNSTOCK 影响明显，在第一个时期中冲击很明显，冲击较小，而且冲击为负值，在第桑拿期达到极值，极值为 -0.02，然后迅速上升，随后几期都处于不平稳趋势，在第9期达到零值，然后迅速上升，这种上升趋势一致持续到第10期，在第10期达到最大值为0.02，随后保持平稳。说明利率对股市的影响是在可以促进提高利率的减少，但是不稳定。

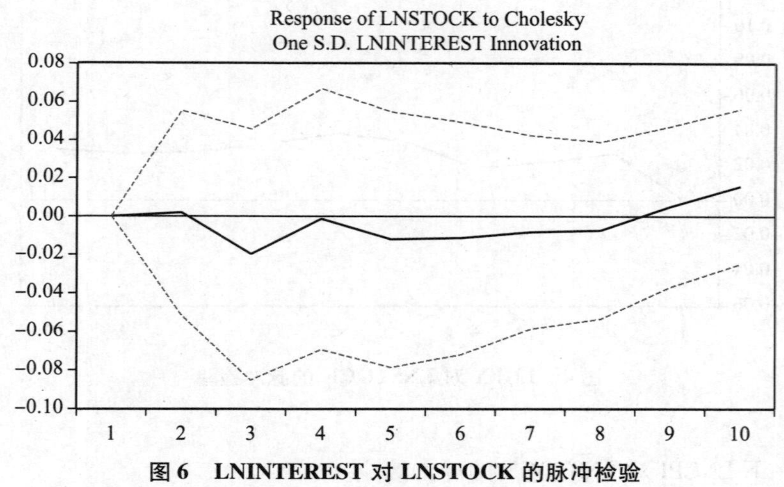

图6 LNINTEREST 对 LNSTOCK 的脉冲检验

分析一下 LNGDP 对 LNSTOCK 的冲击效应。

从图 7 可以看出，当给 LNGDP 一个冲击后，对 LNSTOCK 影响明显，在第一个时期中冲击很明显，冲击较大，但是冲击为正值，在脉冲检验的观测期中，可以看到，LNGDP 对 LNSTOCK 的冲击一直为正值，而且一直上升或者是平稳态势，这种上升趋势一致持续到第十期，在第十期达到最大值，最大值为 0.08。说明 GDP 对股市的影响是在正向的。

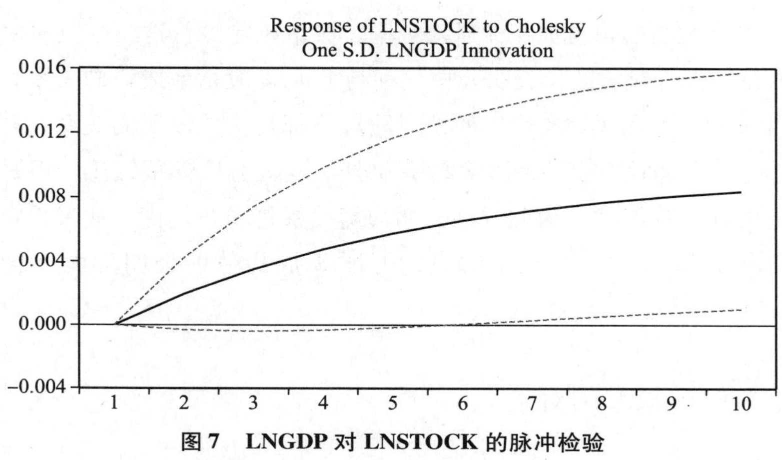

图 7　LNGDP 对 LNSTOCK 的脉冲检验

经过上述实证分析，得出了以下结论。首先，利用单位根检验，对 LNSTOCK、LNIM、LNEX、LNCPI、LNINTEREST、LNGDP 进行了平稳性检验，得出 LNSTOCK、LNIM、LNEX、LNCPI、LNINTEREST、LNGDP 变量都是非平稳的时间序列。在此基础上，进行了一阶差分单位根检验，检验结果表明了其一阶差分序列是平稳的。随后，利用 Johansen 协整检验证明了 LNSTOCK 与 LNIM、LNEX、LNCPI、LNINTEREST、LNGDP 之间存在协整关系，进而，根据检验结果列出了协整方程，最后，利用 VAR 得出 LNSTOCK 与 LNIM、LNEX、LNCPI、LNINTEREST 之间的短期关系，再用脉冲检验和得出 LNSTOCK 与 LNIM、LNEX、LNCPI、LNINTEREST、LNGDP 的动态关系。

四、结论及政策建议

（一）研究结论

1. 股市受自身波动影响显著，其次是通货膨胀预期

从 VAR（3）模型的结果可知，股市受到自身滞后项的影响最为显著，通货膨

胀预期的影响其次，而宏观经济因子的影响不显著。说明股市有其自身运行的规律，其时间序列表现出较强的自相关性。同时也印证了第二章结论：股市与宏观经济形势在大部分年份是背离的。通货膨胀预期对股指波动率的冲击效应保持为正数，也即通货膨胀率预期越高，股票价格指数的波动就越大，而且这种影响要比宏观经济因子的影响持久，大约持续两年左右。

2. 上证 A 股指数存在弱式的长期均衡

上证 A 股指数与公司盈利、无风险利率、股市风险溢价这三个变量之间的对数线性模型的系数都是显著的，表明公司盈利与上证 A 股指数成正向关系，两者之间弹性系数为 0.47，而无风险利率、股票风险溢价都与指数成反向关系，并且弹性都大于 1，说明上证 A 股指数对无风险利率和股票风险溢价都很敏感。但是短期回归模型的决定系数只有 0.37，因此这种长期均衡关系是弱式均衡。通过设定模型中的参数，估算出在 2011 年 6 月这个时点，上证 A 股指数的长期均衡市盈率区间为 [11.6，15.8]。

（二）破解政策市的对策

政策市的实质是政府部门拥有太大的权力对市场干预过多而且政策不当，干扰了市场的正常运行。现代经济学认为，纯粹的市场经济是不存在的，同时政府包揽一切的纯计划经济也是行不通的。正常的市场应该是混合经济，即一个政府合理监管之下的市场。在股票市场应该正确界定政府和市场的界线，打造一个正常的市场，这样才能破解政策市的症结。

首先，要进一步壮大机构投资者的力量并规范其投资行为。根据中国证券登记结算公司的统计数据，2011 年底专业机构投资者的证券持股比例达到了 15.7%，而其交易金额占比为 16.5%，其中，投资基金交易金额占比为 16.1%。这组数据说明，我国资本市场中投资者结构不均衡的现象十分突出，特别是机构投资者的规模偏小，没有充分发挥其市场“稳定器”的作用，所以 A 股市场更容易出现大幅波动。因此出台针对机构投资者的税收减免、递延等优惠政策，鼓励长期投资，这将为吸引机构投资者更大规模地进入 A 股市场创造良好的机制环境。

其次，要管理好通货膨胀预期。通货膨胀预期会干扰市场信号的传递并使信号失真，影响投资者和消费者的市场行为，导致市场供求关系发生重大变化，对实际通货膨胀起着推波助澜的作用。通货膨胀预期直接影响股市投资者对于政府出台政策的预期，如果 CPI 指数过高那么投资者会预期政府出台紧缩的货币政策或者财政政策，反之 CPI 指数过低那么投资者或预期政府出台扩张的货币政策或者财政政策。

最后，注重制度的“博弈性”，实现政府与市场的“双赢”。制度是博弈的结果，只有对相关利益主体都有利的制度才能够在长期内稳定执行。根据信息经济学任何制度安排和政策只有满足个人的激励相容约束才是可行的。在证券市场上，监管部门是制度的供给者，如果在制定政策时只是自说自话，而不考虑下面的对策，就会导致上有政策，下有对策。因此，在制定政策时，要把握时机和力度，实现政府与市场的“双赢”局面才能够有力推进政策的实行。

参考文献：

[1] Shiller, Robert J. The Use of Volatility Measures in Assessing Market Efficiency [J]. Journal of Finance, American Finance Association, 1981, 36 (2): 291 –304.

[2] Campbell, John Y. Asset Pricing at the Millennium [J]. Journal of Finance, 2000, 55 (4): 1515 –1567.

[3] Fama E. F. Stock Returns, Expected Returns, and Real Activity [J]. The Journal of Finance, 1990, 45 (4): 1089 –1108.

[4] Hamilton J. Analysis of Time Series Subject to Changes in Regime [J]. Journal of Econometrics, 1990 (45).

[5] Schwert G. W. Why Does Stock Market Volatility Change Over Time [J]. Journal of Finance, 1989 (44): 1115 –1154.

[6] Harris, Richard D. F. Stock Markets and Development: A Reassessment [J]. European Economic Review, 1997 (1): 156 –163.

[7] David Morelli. The relationship between conditional stock market volatility and conditional macroeconomic volatility Empirical evidence based on UK data [J]. International Review of Financial Analysis, 2002 (11): 101 –110.

[8] 赵振全，张宇．中国股票市场波动和宏观经济波动关系的实证分析 [J]. 数量经济技术经济研究，2003 (6): 143 –146.

[9] 晏艳阳，李治，许均平．中国股市波动与宏观经济因素波动间的协整关系研究 [J]. 统计研究，2004 (4): 45 –48.

[10] 孔东民，郭磊．中国股市波动与经济波动的传递性研究 [J]. 山西财经大学学报，2007 (6): 24 –29.

[11] Schwert G. W. Stock Volatility and the Crash of' 87 [J]. Review of Financial Studies, 1990 (3): 77 –102.

[12] 唐齐鸣，李春涛．影响上海股市波动的因素分析 [J]. 数量经济技术经济研究，2000 (11): 62 –65.

[13] 马向前，刘莉亚，任若恩．增长核算方法分析上海股市波动的敏感

性——基本面、技术面和政策面因素的影响［J］. 财经研究，2002（12）：24－29.

［14］岳朝龙，储灿春：股市波动、金融政策和宏观经济关系研究——基于因子 VAR 模型［J］. 广东金融学院学报，2010（06）：3－16.

［15］李田荷. 中国股市波动性及其影响因素实证分析［D］. 长沙：中南大学，2008.

［16］Kwangwoo Park，Ronald A. Ratti. Real Activity，Inflation，Stock Return，and Monetary Policy［J］. The Financial Review，2000（35）：59－78.

［17］Gabe J. de Bond etc. Booms and busts in China's stock market：Estimates based on fundamentals［J］，Applied Financial Economic，2011，21（5）：287－300.

上海市对外贸易和金融服务经济增长的影响研究

廉梦鹤　郑玉平*

【摘　要】现代经济发展的显著特征是，一方面，对外贸易对于推动经济的快速发展做出了巨大贡献；另一方面，金融服务业也在蓬勃兴起，在现今的社会发展中发挥着越来越重要的作用。本文利用协整方法和VAR模型对此进行分析，实证研究结果指出，对外贸易和金融服务与经济增长之间存在着长期均衡关系，上海市经济增长和外贸出口总额、金融相关比率、金融效率都存在着双向的因果关系。

【关键词】对外贸易　金融服务　金融相关比率

一、引言

随着经济全球化的不断发展，中国的经济发展势头愈发迅猛，也越来越融进世界经济发展的大队伍中。现代经济发展的一个显著特征是：一方面，对外贸易对于推动中国经济的快速发展做出了十分巨大的贡献；另一方面，金融服务业的蓬勃发展，在现代经济中发挥着越来越重要的作用。这样一个高效发展的进程，对于加快宏观经济的发展和增强微观经济的发展效率，已经并将持续扮演十分重要的角色。在我国加入WTO、稳步推进金融市场对外开放的背景下，探讨并把握好对外贸易和金融服务业与经济发展关系的作用机理，有助于我国经济持续健康发展。上海市作为我国的沿海开放城市，在过去的几十年里，都给世界以经济发展迅速而且总体水平高的印象。对外贸易是近代上海经济发展的起点，它的发达首先直接刺激了近代上海商业的繁荣，而新兴的金融服务业也在上海近些年的经济中扮演了十分重要的角色。上海被打造成为了现代服务型国际大都市，带来机遇的同时，又充满挑战。

---

* 廉梦鹤（1992～　），女，黑龙江双鸭山市，汉族，贵州财经大学硕士研究生，主要从事社会旅游、人口研究；郑玉平（1992～　），男，浙江衢州人，汉族，贵州财经大学硕士研究生，主要从事研究社会经济现象研究。

对外贸易已成为上海市十分重要的产业，上海也在一定程度上确立了其国内金融中心的地位。本文试图解释对外贸易和金融服务业在上海经济增长中所扮演的角色，通过实证研究上海对外贸易和金融服务业的发展现状与经济增长之间存在怎样的互相关系，其机理是什么，对其进行分析，从而促进经济增长。

二、国内外相关研究综述

（一）国外研究综述

英国古典经济学家亚当·斯密是经济增长与国际贸易相互关系研究的最早的一批学者，他提出了动态生产率理论和“剩余产品出口”模型，对于之后的理论发展有着重要的影响。斯密认为，分工的发展是促进生产率保持长期增长的主要因素，而分工的程度却受到市场范围的强烈制约。对外贸易是市场扩张的一个重要的标志，因此对外贸易的发展必然能够促进分工的深化和生产率的提高，加快经济增长[1]。从20世纪70年代末期至今，越来越多的人注意到，对外贸易发展得比较快并且实行外向型战略的国家和地区，也在同时实现了较高的经济增长率。因此许多经济学家倡导“出口导向”。而后，巴拉萨等利用各个国家之间的横截面数据和单个国家的时间序列数据，对于经济增长和出口的关系做出了很多的回归分析，而且得出了“外贸有利于促进经济增长”的结论。

进入20世纪90年代之后，关和考特索米蒂斯（Kwan & Cotsomitis，1991）以及关和郭（Kwan & Kwok，1995）对中国的情况使用Granger因果检验法进行探究，得出中国是出口导向的假设[2]。乔丹·山和芬奥娜·孙（Jordan Shan & Fiona Sun，1998）两位学者使用时间序列（1987年5月～1996年5月的月度数据）为样本，使用时间序列的因果检验，得出了中国经济增长与出口存在因果关系，并且工业产出与我国出口额之间也存在因果关系[3]。戈德史密斯（Goldsmith，1969）构造了“金融相关率”FIR（financial interrelation ratio），即在某一时点上，一国现存的金融资产总额与国民财富的比值。他对35个国家的数进行实证分析，得出金融发展与经济增长是正相关的结论。通过对一些国家，近10年的数据考察，研究结果表明，经济发展和金融发展之间存在着大致平行的关系。伴随着人们收入的增加，金融结构的规模也越来越大，金融结构的层次也越来越复杂。在一些国家统计资料充分的前提下，甚至还有研究发现，经济发展的同时也是金融发展速度很高的阶段。然而由于依然缺少对经济发展和金融发展的相关关系的理论证明，没有指出因果关系的方向。这意味着这种相关关系可能只是一种巧合，因为这二者可能同时受某一变量影响而产生相似的波动[4]。

通过利用内生经济增长等理论，一些经济学家一方面研究了金融机构和金融市场的关系；另一方面深入探讨了金融机构和金融市场与经济增长之间存在的因果关系。其中以金和莱（King & Levine，1992，1993）、格林伍德（Greenwood，1997）等为代表。莱文则主张选取一些能够全面反映金融发展与经济增长关系的指标，而后他们通过大量的实证研究得出金融机构不仅与经济增长存在着相关关系，而且与资本积累以及经济效率的提高有关的结论。莱文（Levine，2000）认为，金融是利用资本的积累和技术不断地创新这两个方式来影响经济的增长，而金融市场才是实现金融功能的平台。格林伍德（1997）建立模型，研究表明经济发展与金融发展之间存在着双向因果关系[5]。

（二）国内研究综述

我国学者佟家栋（1995）利用1953~1990年37年的部分进口额、国民收入数据进行分析，最后得出进口额有利于我国经济增长[6]。

赵陵等（2001）通过分析1978~1999的数据，对实际GDP、实际出口额、名义有效汇率指数等变量进行了格兰杰因果关系检验、协整分析，研究表明出口有利于经济增长[7]。范柏乃等（2002）利用回归分析和格兰杰因果检验对我国1952~2001年的GDP、进口总额数据进行研究，得出了经济增长与进口两者互为因果关系。[8]王坤（2004）利用1978~2002年的年度经济数据，通过协整分析，对我国经济增长和对外贸易的关系进行了实证分析，结果得出：中国的对外贸易和经济增长互为因果的关系；并且，进口与出口的增长都是GDP增长的Granger原因[9]。进入90年代以来，王志强、孙刚（2003）研究认为中国经济增长和金融发展之间有着显著的双向因果关系[10]。冉茂盛（2003）则认为中国的金融发展对GDP的增长具有明显的促进作用[11]。孙力军（2008）也认为推动金融发展的政策，对于中国经济的增长有一定的意义[12]。刘丽萍（2010）认为经济增长是经济货币化及金融中介发展Granger原因，但金融发展并不是导致经济增长的原因，这反映了中国经济在改革初期获得较快发展，而金融改革滞后于经济体制改革，中国的金融在短期对经济增长发挥的作用有限，我国的金融发展遵循“需求跟随”的模式[13]。杨艳、李新波（2009）通过统计工具对国内各地区的金融发展与经济增长的现状进行一些描述，利用经济模型对各地区金融发展与经济增长之间的关系进行实证分析，得出东部地区的金融发展与经济增长之间的关系比较显著结论[14]。

三、对外贸易对国民经济增长影响的描述性分析

（一）指标说明及数据来源

本研究中选取了以下一系列指标对上海金融发展与经济增长进行了度量（见表1）。

表1　各指标定义、记号

指标名称	定义	记号
GDP	是指在一定的时期内，将一个地区所在的单位的生产活动产生的价值换算成市场价格	GDP
进口贸易对国民经济增长的贡献率	是指在一定时期内，将一个国家（或地区）实际出口的商品总金额与GDP增量之比用货币表示出来	
出口贸易对国民经济增长的贡献率	指在一定时期内，将一个国家（或地区）实际出口的商品总金额与GDP增量之比用货币表示出来	
金融相关比率	是指某一个时点上，金融资产总额与GDP之比	FIR
金融效率指标	是指某一个时点上，金融机构的贷款余额与存款余额之比	FE

资料来源：《上海统计年鉴》《广东统计年鉴》《重庆统计年鉴》《上海金融年鉴》上海统计网。

（二）三省对外贸易对国民经济增长的贡献率分析

本书选取了上海市、重庆市以及广东省的对外贸易和GDP数据进行分析和比较。通过公式：对外贸易对国民经济增长贡献率 = 对外贸易增量/GDP增量 * 100%，来简单地分析和对比，以期发现上海市对外贸易存在的优势。从公式中，我们可以看出，只要进出口量有增长，其对国民经济的贡献总为正值，现在我们根据此公式得出的数据，制得如下三张折线图（见图1～图3）。

首先，我们看到上海市，上海市对外贸易对经济增长的贡献率在1987达到最高点27%，此后出现下浮，到2003年，降到了－15%，之后慢慢开始回温，2007年和2011年都出现较高的贡献率7%（见图1）。

图1 上海市对外贸易对国民经济增长的贡献率

其次，我们看到重庆市，对比之后，我们发现重庆市在2003年之前始终维持在1%左右，处于上下波动的状态，2009年之后快速上升，在2011年对经济增长的贡献率达到了14%（见图2）。

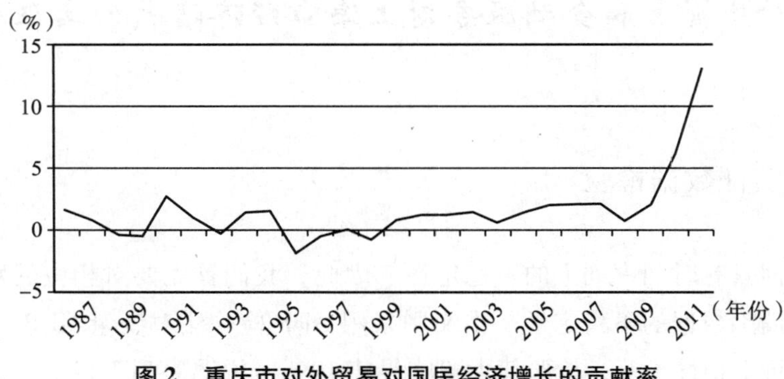

图2 重庆市对外贸易对国民经济增长的贡献率

最后，我们再将上海市的对外贸易和广东省的进行对比后发现，广东省处于一个不稳定的状态，在1988年，广东省对外贸易对经济增长的贡献率为负值且达到这20余年里最低值，此后出现较大上浮，又在1990年开始下降，直到1994年之后，重新恢复上升的状态，且始终保持正值，2008年达到最高值21%。

在1987年、1988年、1994年，出现负值的原因可能与对外贸易不稳定有关，没有保持足够的竞争力，则不能保持每年增长，但近几年三个省市则一直保持在正值，说明在这几年，三个省市的对外贸易发展态势良好，且给经济增长带来贡献。

通过对这三个省市的对比，可以看出，近些年上海市的对外贸易对上海市其本身的经济增长的贡献率不如从前，但当我们看到上海市GDP庞大的数据，便可以十分清楚贡献率数值变小的背后，是上海市整体的经济增长，这有对外贸易的影响力，更有其他，诸如金融业的蓬勃发展的贡献。在本文接下来的分析中，也将针对这两大点进行深入探讨。

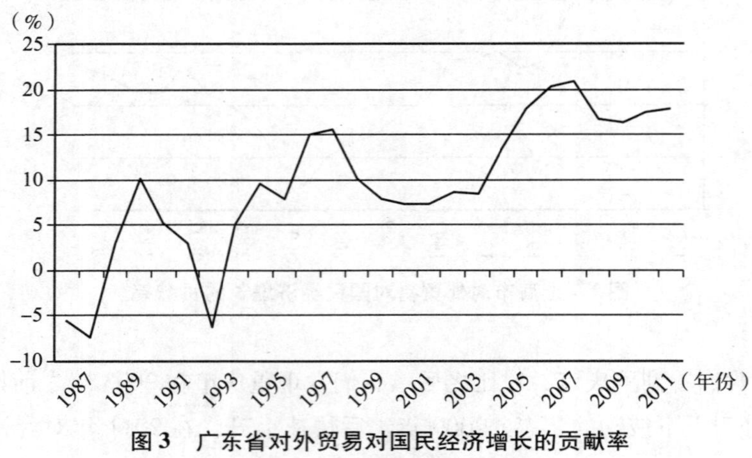

图 3 广东省对外贸易对国民经济增长的贡献率

四、对外贸易和金融服务对上海市经济增长的实证分析

(一) 实证数据检验

样本数据具有时间序列上的不稳定性。因此，我们首先要对相应的数据进行平稳性检验来消除数据的不稳定性。本文则采用 ADF 检验法对变量 GDP、FSE、FSI、FIR、FE 进行平稳性检验，检验值大于临界值 10% 时说明序列不稳定。因此，我们取对数的一阶差分进行平稳性检验，从数据检验结果可以看出，DLGDP、DLFIR、DLFE、DLFSE、DLFSI 经过 ADF 检验，一阶单整，说明数据存在长期趋势关系的可能性。

协整检验的思想是：2 个（或 2 个以上）非平稳的时间序列，如果它们同阶单整的，那么变量之间的某种线性关系可能是平稳的，则可以说明变量之间可能存在长期稳定的均衡关系（即协整关系）。因此时间序列 DLGDP、DLFIR、DLFE 三者之间，DLGDP、DLFSE、DLFSI 三者之间可能存在某种平衡的线性组合（见表 2）。

表 2 平稳性检验

变量	ADF 值	临界值 $a=10\%$	结论
LGDP	-0.486598	-2.673459	不平稳
DLGDP	-4.084538	-2.681330	平稳

续表

变量	ADF 值	临界值 $a=10\%$	结论
LFIR	-1.346506	-2.673459	不平稳
DLFIR	-2.758584	-2.681330	平稳
LFE	-1.451146	-2.666593	不平稳
DLFE	-9.125035	-2.673459	平稳
LFSE	-0.770044	-2.666593	不平稳
DLFSE	-2.986461	-2.673459	平稳
LFSI	-1.769451	-2.666593	不平稳
DLFSI	-3.537559	-2.673459	平稳

我们先看到 DLGDP、DLFIR、DLFE 之间的协整关系（见表3），通过迹统计量，我们可以发现，协整检验统计量拒绝了协整个数为 1 的假设，接受了协整向量为 2 的假设，因此我们可以认为，在 10% 显著水平下，DLGDP、DLFIR、DLFE 这 3 个时间序列之间存在长期均衡关系。因此可以认定，上海市的经济增长和金融相关比率、金融效率之间都分别存在长期稳定关系，而且它们之间呈现同向的变动关系。

表 3　　DLGDP、DLFIR、DLFE 之间的协整关系

零假设	特征值	迹统计量	临界值 5%	伴随概率
不存在协整向量	0.803344	43.33695	29.79707	0.0008
至少有 1 个	0.693852	18.94247	15.49471	0.0145
至少有 2 个	0.076095	1.187189	3.841466	0.2759

再看到 DLGDP、DLFSE、DLFSI 之间的协整关系（见表4），通过迹统计量，我们可以发现，协整检验统计量拒绝了协整个数为 1 的假设，接受了协整向量为 2 的假设，因此我们可以认为，在 10% 显著水平下，DLGDP、DLFSE、DLFSI 这 3 个时间序列之间存在长期均衡关系。因此可以认定，上海市的经济增长和外贸出口总额、外贸进口总额之间都分别存在长期稳定关系，而且它们之间呈现同向的变动关系。

表 4　　DLGDP、DLFSE、DLFSI 之间的协整关系

零假设	特征值	迹统计量	临界值 5%	伴随概率
不存在协整向量	0.986570	86.87713	29.79707	0.0000
至少有 1 个	0.695049	22.22274	15.49471	0.0042
至少有 2 个	0.0954652	2.408699	3.841466	0.1357

（二）格兰杰因果检验

协整检验考虑的是变量之间是否存在长期均衡关系，同时如果要检验两者之间的因果关系，协整检验并不能得出答案，需要通过格兰杰因果关系检验解决这一问题。在时间序列情形下，两个经济变量 X、Y 之间的格兰杰因果关系定义为：若在包含了变量 X、Y 的过去信息的条件下，对变量 Y 的预测效果要优于只单独由 Y 的过去信息对 Y 进行的预测效果，即变量 X 有助于解释变量 Y 的将来变化，则认为变量 X 是引致变量 Y 的格兰杰原因。进行格兰杰因果关系检验的一个前提条件是时间序列必须具有平稳性，否则可能会出现虚假回归问题。如果是，则称序列 X 是 Y 的格兰杰原因，此时 X 的滞后期系数具有统计显著性。根据 AIC 准则确定各变量的滞后阶数为 2，各变量的检验结果见表 5 和表 6。

表 5　　DLGDP、DLFIR、DLFE 格兰杰因果检验结果

零假设	滞后阶数	F－统计量	伴随概率	结论
LGDP 不是 LFE 的格兰杰原因	2	12.8145	0.0013	拒绝原假设
LFE 不是 LGDP 的格兰杰原因	2	3.81217	0.04688	拒绝原假设
LGDP 不是 LFIR 的格兰杰原因	2	4.52827	0.07249*	拒绝原假设
LFIR 不是 LGDP 的格兰杰原因	2	3.74110	0.05726*	拒绝原假设
LFIR 不是 LFE 的格兰杰原因	2	1.68428	0.2247	接受原假设
LFE 不是 LFIR 的格兰杰原因	2	1.75722	0.2176	接受原假设

注：* 表示在 10% 的显著水平下，存在 Granger 因果关系。

DLGDP、DLFIR、DLFE 格兰杰因果检验结果显示，根据赤池信息准则（AIC）确定各变量的滞后阶数为 2；检验结果发现在 10% 显著性水平上，多数变量之间都存在着双向的因果关系，FE 和 FIR 都是 GDP 的 Granger 原因；同时 GDP 也是 FE 和 FIR 的 Granger 原因，但 FE 和 FIR 之间不构成 Granger 因果关系。上述结果表明：上海市金融业的发展对经济发展有促进作用，同时经济发展也促进了金融业的发展；而金融效率与金融相关比率之间不存在因果关系。

表 6　　DLGDP、DLFSE、DLFSI 格兰杰因果检验结果

零假设	滞后阶数	F－统计量	伴随概率	结论
LGDP 不是 LFSE 的格兰杰原因	2	3.15960	0.0424	拒绝原假设
LFSE 不是 LGDP 的格兰杰原因	2	2.21405	0.0556*	拒绝原假设
LGDP 不是 LFSI 的格兰杰原因	2	2.57361	0.0795	拒绝原假设

续表

零假设	滞后阶数	F－统计量	伴随概率	结论
LFSI 不是 LGDP 的格兰杰原因	2	2. 01256	0. 10451	接受原假设
LFSI 不是 LFSE 的格兰杰原因	2	3. 64161	0. 0856 *	拒绝原假设
LFSE 不是 LFSI 的格兰杰原因	2	3. 24620	0. 0995 *	拒绝原假设

注：＊表示在 10% 的显著水平下，存在 Granger 因果关系。

DLGDP、DLFSE、DLFSI 格兰杰因果检验结果表明，根据赤池信息准则（AIC）确定各变量的滞后阶数为 2；检验结果发现在 10% 显著性水平上，多数变量之间都存在着双向的因果关系，FSE 是 GDP 的 Granger 原因；同时 GDP 也是 FSE 和 FSI 的 Granger 原因，FSE 和 FSI 之间也构成 Granger 因果关系，但 FSI 不构成 GDP 的 Granger 原因。上述结果表明：上海市出口贸易对经济发展有促进作用，经济发展也促进了进出口贸易的发展，而进口贸易对经济发展不存在促进作用。

（三）脉冲响应函数

为了探究变量短期变动情况，建立向量自回归（VAR）模型，由于模型包括 3 个变量，需要 3 个（$k(k-1)/2$）限制才能对自回归冲击进行识别。当取滞后期为 2 时，滞后长度准则检验（Lag Length Criteria）下四项评价指标（FPE 准则、AIC 准则、SC 准则、似然比检验法）检验结果为最优；滞后剔除项检验（Lag Exclusion Test）显示 2 期滞后显著，概率为（0. 0575），同时模型特征根倒数都在单位圆内表明本文建立模型平稳。

皮萨兰和辛（Peasaran & Shin，1998）所提出的广义脉冲响应函数是用来分析系统标准误受到某种冲击时对系统的动态影响，它能够比较直观地刻画出变量之间的动态交互作用及效应，衡量随机扰动项的一个标准差冲击对其他变量当前和未来取值的影响轨迹。

脉冲响应函数曲线，横轴代表响应函数的追踪期数，纵轴代表因变量对解释变量的响应程度。图中实线为响应函数曲线，两条虚线代表两倍标准差的置信带；在模型中，考虑到金融发展与经济增长之间可能的长期均衡关系，本文将响应函数的追踪期数设定为 10 年。

从图 4（a）中我们可以看到，金融效率对经济增长的一个标准差扰动，在前三年呈现负向响应，但下降后开始缓慢上升的状态。第四年以后出现了正向响应，但幅度不大。这表明当前的金融效率与经济增长有一定的关联，且在第四年后关联度趋于稳定；从图 4（b）中我们可以看到，金融相关比率对经济增长的一个标准差扰动，但下降后开始上升并趋于稳定的状态。这表明当前的金融相关比率与经济增长有一定的关联；从图4（c）、图4（d）中看到，经济增长对金融效率和金融相关比率都呈现正向相应，且十分稳定，这表明经济增长与金融效率和金融相关比率有一定的关联。

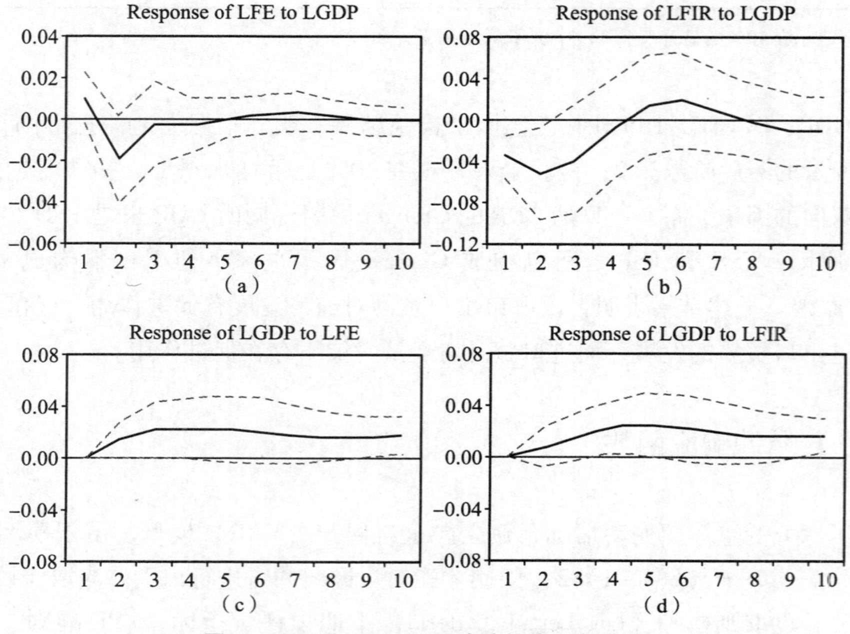

图4　GDP和FE、FIR脉冲相应函数曲线

从图5（a）中我们可以看到，外贸出口总额对经济增长的一个标准差扰动，始终呈现正向响应，且在第六年之后呈现上升的状态。这表明外贸出口总额与经济增长有一定的关联，且关联度趋于稳定。

从图5（b）中我们可以看到，外贸进口总额对经济增长的一个标准差扰动，也依然呈现正向响应，且稳定上升。这表明外贸进口总额与经济增长有一定的关联；从图5（c）、图5（d）中看到，经济增长对外贸进口总额和外贸出口总额都呈现正向响应，这表明经济增长与外贸进口总额和外贸出口总额有一定的关联。

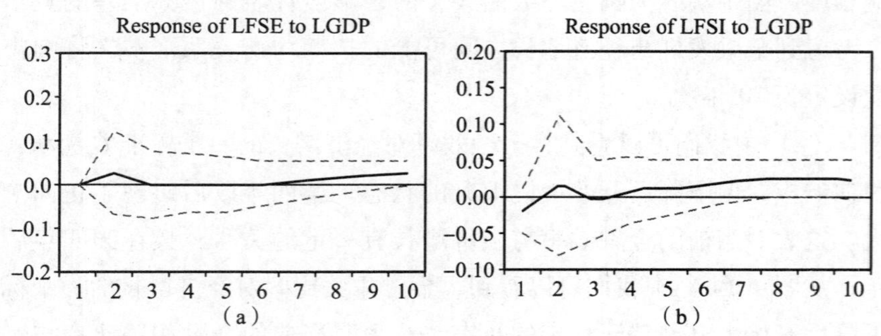

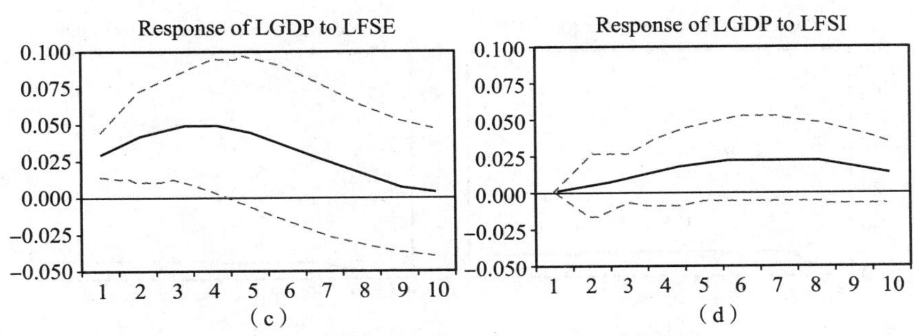

图5　GDP和FSE、FSI脉冲相应函数曲线

（四）方差分解

方差分解是另一种描述系统动态变化的方法，当系统的某个变量受到一个单位的冲击以后，以变量的预测误差方差百分比的形式反映向量之间的交互作用程度，它的基本思想是把系统中每个内生变量的变动按其成因分解为与各方程随机扰动项相关联的各组成部分，以了解其对模型内生变量的相对重要性。即变量的贡献占总贡献的比例，根据相对重要性信息随时间的变化，估计该变量的作用时滞，以此分析上海市的金融相关比率、金融效率、外贸出口总额、外贸进口总额对经济增长的贡献率。

从图6（a）（b）中，可以看出，金融效率和金融相关比率对经济增长的贡献度在前三年处于逐步上升的状态，之后趋于稳定，维持在10%左右。从图6（c）中可以看出，经济增长对金融效率的贡献率在前三年处于快速上升的状态，第四年和第五年有所下降，随后开始缓慢上升，维持在25%左右。从图6（d）中可以看出，经济增长对金融相关比率的贡献率在前三年有所下降，第四年开始，快速上升，在第六年之后趋于稳定，达到了60%。综上，从长期看，金融效率和金融相关比率与经济增长之间存在着相互的影响，与之前的设想和脉冲响应函数的结果一致。

从图7（a）可以看出，外贸出口总额对经济增长的贡献率在前两年是十分强劲的，在第二年之后开始有所下降，但之后一直十分平稳地维持在55%左右。从图7（b）可以看出，外贸进口总额对经济增长的贡献度始终在40%左右浮动。从图7（c）可以看出，经济增长对外贸出口总额的贡献度较低，第五年之后开始缓慢上升。从图7（d）可以看出，经济增长对外贸进口总额的贡献度虽然开始比较低，但逐步在上升，并在第六年后稳定在20%左右。综上所述，从长期看，金融效率和金融相关比率与经济增长之间存在着相互的影响，与之前的设想和脉冲响应函数的结果一致。

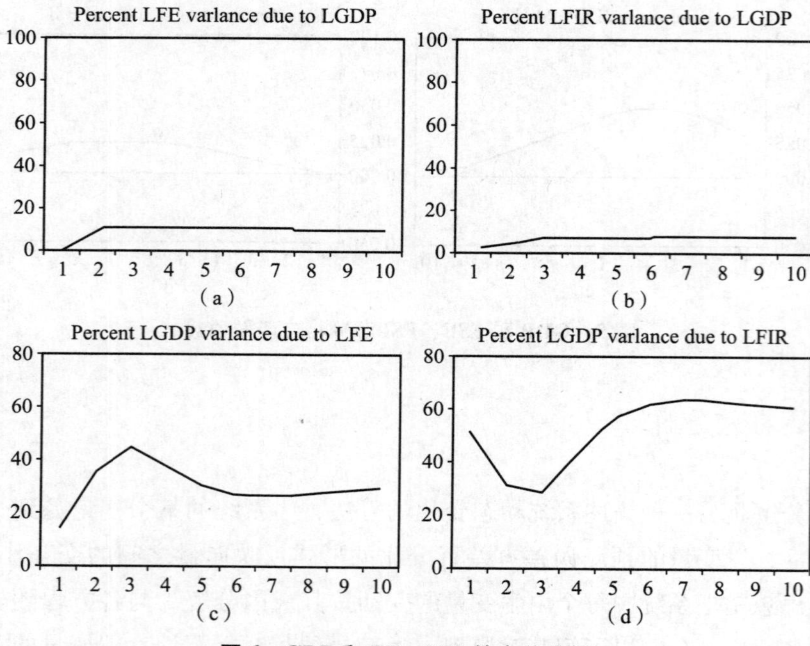

图6 GDP 和 FE、FIR 的方差分解

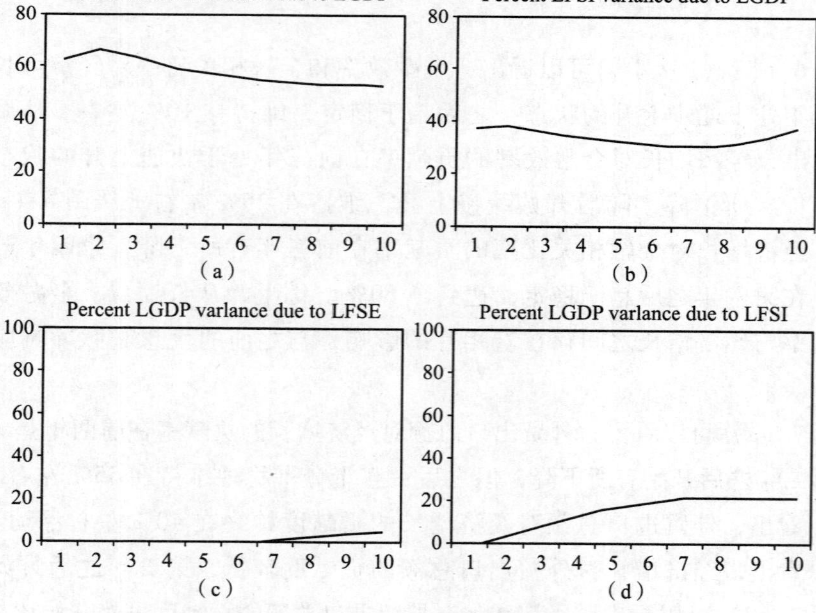

图7 GDP 和 FSE、FSI 的方差分解

五、结论

本文通过查阅相关文献，了解到我国进出口贸易、金融相关比率与金融效率都在一定程度上影响着国民经济的增长。通过对这三个省市的对比，近些年上海市的对外贸易对上海市其本身的经济增长的贡献率不如从前，但当我们看到上海市庞大的 GDP 数据，便可以十分清楚贡献率数值变小的背后，是上海市整体的经济增长，这有对外贸易的影响力，更有诸如金融业的蓬勃发展的贡献。本文在进行实证分析的过程中，发现上海市的经济增长和外贸出口总额、外贸进口总额、金融相关比率、金融效率之间都分别存在长期稳定关系，上海市经济增长和外贸出口总额、金融相关比率、金融效率都存在着双向的因果关系，外贸进口总额除外，这可能是由于进口产品结构的不合理，造成了负面影响，但经济增长对其有一定的影响力。经济增长对金融效率的贡献率在前三年处于快速上升的状态，第四年和第五年有所下降，随后开始缓慢上升，维持在 25% 左右。

因此，未来上海市需要调整对外贸易的进口商品结构，促进资源在行业间的优化配置，以此对经济带来积极的影响，继续提高对外贸易的出口商品层次，改善对外贸易政策环境，促进进出口的进一步扩大，推动经济增长。同时，进一步加快金融体系、金融体制与金融发展，以此促进上海市经济更快增长。

参考文献：

［1］ Kwan，A. C. C. and Cotsomitis，J. A. Economic Growth and the Expanding Export Sector：China 1952～1985 ［J］. International Economic Journal，1991（5）.

［2］ Kwan，A. C. C. and Kwok，B. Exogeneity And The Export-led GrowthHypothesis：the Case of China ［J］. South-ern Economic Journal，1995（6）.

［3］ Jordan Shan and Fiona Sun. On The Export-led Growth Hypothesis：The Econometric Evidence from China ［J］. Applied Economics，1998（30）.

［4］ Raymond W. Goldsmith，Financial Structure and Development，The Journal of Fomamce，Vol. 25 No. 1 pp204 －205.

［5］ King and Levine. Finance and Growth：Schumpeter might be Right. Journal of Economics，1993.

［6］ 佟家栋．关于我国进口与经济增长关系的探讨［J］．南开学报，1995（3）：9～12.

［7］ 范柏乃，王益兵．我国进口贸易与经济增长的互动关系研究［J］．国际贸

易问题，2004（4）：8～13.

［8］赵陵，宋少华，宋泓明．中国出口导向型经济增长的经验分析［J］．世界经济，2001（8）：14～20.

［9］王坤，张书云．中国对外贸易与经济增长关系的协整性分析［J］．数量经济技术经济研究，2004（04）.

［10］王志强，孙刚．中国金融发展规模、结构、效率与经济增长关系的经验分析［J］．管理世界，2003（7）.

［11］冉茂盛．中国金融发展与经济增长作用机制研究［D］．重庆：重庆大学，2003.

［12］孙力军．金融发展与经济增长的因果关系——基于中国省份数据的实证检验［J］．山西财经大学学报，2008（3）.

［13］刘丽萍．中国金融发展与经济增长的Granger因果关系分析［J］．经济研究导刊，2010（8）.

［14］杨艳，李新波．中国区域金融发展与经济增长关系实证研究［J］．云南财经大学学报，2009（2）.

河南省城镇居民基本消费需求的实证分析

潘东阳*

【摘　要】 消费是拉动经济增长的“三驾马车”之一，扩大居民消费需求是推动转变经济发展方式的重要途径。居民的基本消费需求在全部消费中具有特殊地位，本文通过采用扩展性线性支持系统模型，以河南省2014统计年鉴公布的数据为参考，对河南省城镇居民基本消费需求进行计算推导，并进行基本消费需求比重分析、低收入家庭消费支出与基本消费需求差距分析。并在此基础上进行消费投向分析、收入弹性分析、消费类别的绝对增长额分析。最后提出完善收入分配制度；稳定物价，完善社会保障制度；加快现代服务业的发展，培育和发展新的消费热点的建议。

【关键词】 基本消费需求　扩展性线形支出系统模型　收入水平

一、引言

居民个人日常生活中的消费包含食品、衣着、家庭设备、医疗保健、交通通信、娱乐教育文化、居住、其他杂项。按收入来源的不同，我们把居民消费又分为城镇居民消费和农业居民消费。既有消费需求又具备消费能力的城镇居民的消费是整体经济稳定增长的重要保证，研究城镇居民基本消费需求，不仅可以更好地组织生产，促进市场供需，而且可以为政府部门制定相关的消费政策、物价政策等提供参考依据，也可进一步作好扶贫帮困工作。但需要注意的是，在实际的基本消费需求测算中，影响因素明显有很多，要将扩展的线性系统支出模型和定性分析相结合，才能得到更好的效果。

* 潘东阳（1991～　），河南周口人，贵州大学管理学院农村与区域发展专业硕士研究生。

二、数据来源及基本消费需求的计算

我们选取的数据来自2014年河南统计年鉴中按收入等级的城镇居民平均每人全年消费性支出，并将采用扩展性线形支出系统模型来计算各消费商品或服务的基本消费需求（见表1）。

表1　　按收入等级分的河南省城镇居民家庭平均每人全年消费性支出（2013年）

单位：元

项目	按收入高低分组							
	总平均	最低收入户	低收入户	较低收入户	中间收入户	较高收入户	高收入户	最高收入户
食品	4 913.87	3 197.26	3 328.43	4 198.77	4 907.60	5 960.14	6 584.19	7 865.91
衣着	1 916.99	841.59	1 128.02	1 631.50	1 891.43	2 390.62	2 765.30	3 681.14
居住	1 315.28	725.67	720.62	932.03	1 195.92	1 704.70	1 839.10	3 073.57
家庭设备用品及服务	1 281.06	495.28	595.90	1 084.11	1 092.94	1 554.65	2 196.10	2 975.34
医疗保健	1 054.54	504.52	795.99	776.50	835.02	1 490.31	1 569.16	2 091.69
交通和通信	1 768.28	699.63	823.63	1 080.18	1 616.64	2 270.90	2 673.21	5 172.92
教育文化和娱乐服务	1 911.16	1 120.90	1 312.06	1 344.56	1 762.02	2 515.52	2 720.12	3 806.30
杂项商品和服务	660.81	187.16	218.06	384.58	565.71	597.38	1 293.18	2 125.60

资料来源：河南统计年鉴2014。

线形支出系统模型和扩展性线形支出系统模型是从微观角度对城镇居民基本消费需求行为进行数量描述和分析时最广泛的专门的分析方法。线性支出系统模型实在柯布—道格拉斯生产函数基础上形成的。公式为：$I_i = P_iQ_i + a_i(I - \sum P_iQ_i)$。其中消费者对某商品（或劳务）$i$ 的消费支用 I_i 表示，P_i 表示某商品 i 的市场价格，Q_i 表示消费者对某商品 i 的基本需求量，右端的第一项 P_iQ_i 表示消费者对商品 i 的基本需求支出，右端第二项表示消费者满足基本消费需求之外的追加支出，ai 表示追加于商品 i 的需求的比例，$I = \sum I_i$ 表示消费者对几种商品（或劳务）的总消费支出。线性支出系统模型表明：消费者对每一种商品（或劳务）的消费支出是价格和总消费支出的组合。在特定的价格和总消费水平下，消费者总是首先购买各种商品（或劳务）的基本需求量，然后，再对基本消费需求之外的剩余（$I - \sum P_iQ_i$）按不同的 ai 分别进行支配。然而，在线形支出系统模型中，有一些不足之处——没有考虑居民的储蓄，把对商品 i 的消费支出 Ii 看作总消费支出的函数，即 Ii 随着 I 的变化而变化。而事实上，总消费支出 I 受到收入多少的影响，而且两者关系非常密切，所以，I_i 还应直接受其收入 Y 的影响。针对线形支出系统模型的上述缺陷，后人提出了扩展的线性支出系统模型。它的不同之处在于把消费支出看作价格和收入的函数。表达为 $I_i = PQ_i + b_i(Y - \sum P_iQ_i)$ 其中，Y 表示消费者的收入。由上式可得 $I_i = PIQ_i - b_i \sum P_iQ_i + b_iY$. 如果令 $P_iQ_i - b_i \sum P_iQ_i = B_i$，则 $I_i = B_i + b_iY$. 这是一个只含变量 I_i，Y 的一元线形回归方程，可通过 OLS 法，估算出参数 B_i 和 b_i 的值．现对上面所令 $B_i = P_iQ_i - \sum b_iP_iQ_i$ 两边求和并整理得 $\sum P_iQ_i = \sum B_i/(1 - \sum b_i)$，又由 $P_iQ_i - b_i \sum P_iQ_i = B_i$ 联立解得：第 i 种商品（或劳务）的基本消费需求 $P_iQ_i = B_i + b_i \sum B_i/(1 - \sum b_i)$. 只要将统计数据代入，通过 OLS 即可估算出参数 B_i、b_i 的值，然后再代入上式就能求出各种商品（或劳务）的基本消费需求。由表 2 数据可得 B_i 和 b_i。

表 2　　2013 河南省城镇居民年各消费商品的估计值 *Bi* 和 *bi*

消费类别	B_i	b_i
食品	2 516. 6420	0. 104441
衣着	543. 3908	0. 059663
居住	163. 3425	0. 051287
家庭设备用品及服务	53. 9659	0. 054509
医疗保健	295. 2731	0. 033988
交通和通信	-351. 7998	0. 095224
教育文化和娱乐服务	586. 11820	0. 059395
杂项商品和服务	-307. 4369	0. 042646
合计	3 499. 4958	0. 501153

注：由 EVIEWS 软件计算所得。

由表 1 可知，河南省 2013 年城镇居民人均可支配收入 $Y = 22\ 398$，则有公式 $I_i = B_i + b_iY$ 和表 2 的估计值可得出各种商品和服务的消费支出：

食品：$I_1 = 2\ 516.6420 + 0.104441Y$

衣着：$I_2 = 543.3908 + 0.059663Y$

居住：$I_3 = 163.3425 + 0.051287Y$

家庭设备用品及服务：$I_4 = 53.9659 + 0.054509$

医疗保健：$I_5 = 295.2731 + 0.033988Y$

交通和通信：$I_6 = -351.7998 + 0.095224Y$

教育文化和娱乐：$I_7 = 586.1182 + 0.059395Y$

杂项商品和服务：$I_8 = -307.4369 + 0.042646Y$

由 $P_iQ_i = B_i + b_i \sum B_i/(1 - \sum b_i)$ 和表2可得出各种商品（或劳务）的基本消费需求 P_iQ_i（见表3）。

表3 各种商品（或劳务）的消费支出和基本消费需求

I_1	I_2	I_3	I_4	I_5	I_6	I_7	I_8
4 855.9	1 879.7	1 312.0	1 274.8	1 056.5	1 781.0	1 916.4	647.7
P_1Q_1	P_2Q_2	P_3Q_3	P_4Q_4	P_5Q_5	P_6Q_6	P_7Q_7	P_8Q_8
3 247.44	960.971	533.2	435.54	533.155	313.02	1 001.82	-8.9572

三、基本消费需求结果分析

（一）基本消费需求比重分析

由表4看出，2013年河南省城镇居民人均基本消费需求的估计值为7 005.3814元，河南省城镇人均消费支出14 821.99元。基本消费需求占人均消费支出的47%，也就是说2013年河南省城镇居民要满足生活基本需要，其平均需支付的货币量占总消费支出的47%，用于发展和享受的消费支出占总消费支出的53%，这表明河南城镇居民的基本生活水平比较高，生活质量也比较好。

表4 2013年河南省城镇居民基本消费需求比重

消费类别	人均消费支出（元/人）	基本消费需求（元/人）	基本消费需求比重（%）
食品	4 913.87	3 247.442	66
衣着	1 916.99	960.9713	50
居住	1 315.28	522.3	40
家庭设备用品及服务	1 281.06	435.544	34
医疗保健	1 054.54	533.155	51
交通和通信	1 768.28	313.1025	18
教育文化和娱乐服务	1 911.16	1 001.8238	52
杂项商品和服务	660.81	-8.9572	-1
合计	14 821.99	7 005.3814	47

此外食品类基本消费占食品支出的比重最高，为66%。表明食品类消费的弹性

比较小，食品基本消费需求与实际消费的差距与其他类相比最小，食品在生活消费中非常重要，应加强供应保障。教育文化和娱乐服务、医疗保健、衣着基本消费需求比重分居二、三位，分别占比52%、51%。这与近年来医疗、教育费用持续上涨有关。从另一方面可以看出城镇居民在教育娱乐和文化和医疗保健的消费上还有近一半支出是发展型和享受型消费。对于低收入居民和较低收入居民来说这两项的基本消费还是显得捉襟见肘。交通和通信以及杂项商品和服务的基本消费需求比重最小，其中交通和通信基本消费需求比重为17%。表明它属于发展和享受型的比重高，具有较大的发展潜力，居民对其也有较大的承受能力。杂项商品和服务的基本消费需求为-8.9572元，说明社会公共服务和社会福利水平的提高，居民可以免费获取一些杂项商品和服务，这也是整体居民生活质量水平提高的一种表现。

（二）低收入家庭消费支出与基本消费需求差距分析

2013年河南省城镇居民家庭平均每人全年消费性支出分组方法是将所有调查户按户人均消费性支出由低到高排队，按10%、10%、20%、20%、20%、10%、10%的比例依次分成：最低收入户、低收入户、较低收入户、中等收入户、较高收入户、高收入户、最高收入户七组。

由表5可知，整体来看最低收入户和低收入户的消费支出分别为7 772.01、8 922.71，均大于基本消费需求7 005.3814，这表明2013年河南省城镇居民生活质量总体较高，整体上不仅能满足基本生活需求，并且向发展型，享受型消费迈进。但对于低收入户和最低收入户，他们的发展型、享受型消费比重并不大，在一些主要消费类别上仅仅甚至不能满足基本的生活需要。

表5　　低收入家庭消费支出与基本消费需求对比

消费类别	最低收入户消费支出（元/人）	低收入户消费支出（元/人）	基本消费需求（元/人）
食品	3 197.26	3 328.43	3 247.442
衣着	841.59	1 128.02	960.9713
居住	725.67	720.62	522.3
家庭设备用品及服务	495.28	595.90	435.544
医疗保健	504.52	795.99	533.155
交通和通信	699.63	823.63	313.1025
教育文化和娱乐服务	1 120.90	1 312.06	1 001.8238
杂项商品和服务	187.16	218.06	-8.9572
合计	7 772.01	8 922.71	7 005.3814

从各项消费支出来看，其消费额明显偏低。对于10%的最低收入户而言，食

品、衣着、医疗保健均不能满足人均基本消费需求，其余各项能够满足基本生活需要。此外，10%的低收入各项均能满足基本生活需要。也就意味着90%的居民户各项消费支出整体上不仅能满足基本生活需求，并能满足发展型、享受型消费，生活质量较高。

（三）基本消费需求基础上的消费投向分析

由扩展性线性支出系统模型可知 $I_i = P_iQ_i + b_i(Y - \sum P_iQ_i)$ 。不难看出居民满足基本的生活需求之后，如何来支配剩余下来的支出，投向系数 b_i 就是一组反映其投向的重要指标。它意味着消费者除去基本的消费需求支出后。剩余的可支配收入用于第 i 种商品或服务的消费比重，这种消费以相对数的形式表现在发展型和消费型的货币投放比例中。

从各项投向系数中，可以看出食品比重最大，为0.104441。表明城镇居民满足基本消费需求后，会有10%的剩余可支配收入来投向食品。随着生活水平的提高，居民恩格尔系数会下降，但食品是体现我们生活质量重要消费类别，这就从侧面说明，河南省城镇居民的食品消费不仅是追求吃饱，而且向更高层次迈进。交通和通信投向系数为0.095224，位居第二位。表明居民对该消费类别继续保持强劲的消费势头，短期时间内，消费者将继续对其保持较大的消费支出。从侧面表明了交通和通信的市场前景较好。从整体看 $\sum b_i$ 为0.501153，这表明在河南省城镇居民在满足基本消费需求后的可支配收入中，用于生活消费的比例仅占50%，反映了当前居民消费需求低迷的现象，近年来各项消费制度的改革，也使得居民潜在支出预期增强，更愿意把钱留在手中防范风险（见表6）。

表6　　消费投向系数

消费类别	bi
食品	0.104441
衣着	0.059663
居住	0.051287
家庭设备用品及服务	0.054509
医疗保健	0.033988
交通和通信	0.095224
教育文化和娱乐服务	0.059395
杂项商品和服务	0.042646
合计	0.501153

（四）基本消费需求基础上的收入弹性分析

当居民可支配收入一定时，投向需求系数可以为消费者支出行为进行考察。如果消费者可支配收入水平是变得的，进而又会做出什么样的消费决策，就将需要进行收入弹性的分析。所谓收入弹性就是指在价格不变的情况下，由于收入变动引起的需求的相应变动率[1]。根据商品的需求的收入弹性系数值可以将商品分为正常品和劣等品，需求量与收入为同方向变动为正常品，反之，该商品或服务为劣等品。然后，有可以将正常品分为生活必需品和奢侈品。当需求的收入弹性系数小于1时，该商品或服务为生活必需品，表明当收入增加是时，对其需求量的增加是有限的，缺乏弹性的。当需求的收入弹性系数大于1时，该商品或服务为奢侈品，表明当收入增加时，对其需求量的增加时较多的，富有弹性的。

将扩展性支出系统模型进行变换，得到收入弹性系数的具体求解公式：$e_i = (b_i Y)/I_i$. 由2013年河南省城镇居民的人均可支配收入为22 398元，同时根据表2的估计值，求得弹性系数，见表7。

表7　　收入弹性系数

消费类别	收入弹性系数
食品	0.48
衣着	0.71
居住	0.88
家庭设备用品及服务	0.96
医疗保健	0.72
交通和通信	1.19
教育文化和娱乐服务	0.69
杂项商品和服务	1.48

由表7可知，食品的弹性系数最低，为0.48。即收入每增长1%，食品类支出仅增长0.48%，体现了食品类消费缺乏弹性。与此类似，还有教育文化和娱乐服务，衣着，医疗保健等，它们的弹性系数都小于1，明显都属于生活必需品，居民对此类支出的倾向受收入增减的影响较小。教育文化娱乐服务消费需求。杂项商品和服务的弹性系数最高，为1.48. 其次为交通和通信，弹性系数为1.19。这表明随着收入水平的提高，这两类商品或服务的消费支出增长最快，并且主要为发展型和享受型消费，此类商品和服务为奢侈品[2]。

（五）基本消费需求基础上的消费类别的绝对增长额分析

研究收入变化对消费支出的影响，比较不同消费类别的相对变动率，计算收入弹性系数是最常用的方法，此外，我们还可以结合收入每增长1%时，各项消费支出的绝对增长额来考察。其绝对增长额 $V_i = I_i \times 1\% \times e_i$. 例如居民收入每增加1%，用于食品类支出增长0.48%，其增长额 $V_1 = 4\ 855.91 \times 1\% \times 0.48 = 23.31$。各类的绝对增长额见表8。

表8　　收入每增1%，各项消费支出增长额

消费类别	增长额（元）
食品	23.31
衣着	13.34
居住	11.54
家庭设备用品及服务	12.23
医疗保健	7.61
交通和通信	21.19
教育文化和娱乐服务	13.22
杂项商品和服务	9.59

虽然食品类的收入弹性系数为最低，但是其支出额比较大，最后得出的绝对增长额是最大的。交通和通信绝对增长额为21.19，位居第二位。因此，当居民可支配收入提高时，食品和交通通信这两类的市场消费总量会有较大增长。通过对绝对值分析，还可以反映随着居民收入的提高可能会对消费品和服务市场带来的变化。可以为科学的组织生产，安排流通，促进市场供需平衡，或者为政府部门制定相关的消费政策、物价政策等提供参考依据。

最后，需要说明的是，以上分析是有不足之处的，在实际的测算居民的基本消费需求的过程中，要将扩展的线性系统支出模型和定性分析相结合，才能得到更好的效果。居民的基本消费需求除了与收入变化有关，还会受价格、生产力水平、国家政策等因素的影响。为此，在实际的分析居民基本消费需求和水平特征和数量变动时，应当结合研究有关因素对其产生的影响。

四、结论与建议

以上分析表明，河南省城镇居民生活水平已经达到比较富裕阶段，整体上不仅

能满足基本生活需要更日益享受更多的发展型、享受型消费。整体上河南省城镇居民的消费结构更加优化，但是食品、衣着、医疗保健、教育文化和娱乐服务的基本消费需求比重仍然比较高，食品类仍然有较高的消费投向。低收入家庭的可支配收入仍然较低，扶贫帮困的任务仍然比较艰巨。此外，交通和通信类收入弹性系数大于1，收入增长1%的绝对增长额较高，今后仍将具有较大的市场潜力。整体上表明河南省消费结构处于从生存型和供给型消费结构向商品型和享受型的过渡时期，这将是一个相对漫长的发展过程，河南省城镇居民的消费在未来将有巨大潜力可供挖掘。要从根本上有效释放河南省城镇居民消费潜力，应考虑从以下几个方面采取有力措施。

完善收入分配制度。提高收入是拉动消费的最根本动力，影响城镇居民消费支出水平和消费结构升级的最主要因素之一是中低收入城镇居民收入水平较低。加快收入分配制度改革，就是要确保城镇低收入居民的收入增长速度，只有这样才能促进其消费能力持续稳定增长，这也是扶贫帮困工作的必然要求。其次是要扩大中等收入家庭的收入，他们占有相当大的数量，是提升城镇居民整体消费潜力的主力军。

稳定物价，完善社保制度。基本生活必需品价格波动对中低收入城镇居民消费结构升级，消费意愿和消费潜力都会影响较大。一方面，要降低基本生活消费品价格，同时提高中低收入户的收入水平；另一方面，就是要完善社会保障制度，使医疗保健、教育文化、就业等社会服务保障体系更好的发展，消除中低收入家庭的不确定预期和心理障碍，激发其对发展和享受型消费的意愿和潜力。

加快现代服务业的发展，培育和发展新的消费热点。中高收入城镇居民是消费新热点的主要消费群体，他们在服务型消费上表现为较高的消费意愿和消费潜力。居民消费结构的升级不仅要求全社会产业结构转型，推进现代服务业的发展，还要求严格执行服务业的准入和监管，加强服务水平的考核管理，这些都会对培育并巩固高收入城镇居民的消费热点创造条件。

参考文献：

[1] 吴焕，梁俊芬．基于ELES模型的河南省新型农村合作医疗中农民支付能力分析［J］．中国卫生经济，2012（11）：33－35.

[2] 孙仁龙，李辉来．我国城乡居民消费结构的比较分析［J］．经济问题探索，2014（10）：65－69－75.

[3] 唐国兴编著．计量经济—理论·方法和模型［M］．上海：复旦大学出版社，1987.

[4] Qian Long，Zhao Yong，Zhong Sheng. The Empirical Analysis of the Impacts of Income Distribution Gap on Consumption Demand：Based on the Statistic Data of Chinese

Urban Residents in 2000 – 2010 [J]. Chinese Journal of Population, Resources and Environment, 2012, 04: 116 – 120.

[5] Study on Characteristics of Consumption Demand and Its Constraints of Rural Areas in China [J]. Asian Agricultural Research, 2011, 06: 87 – 89 + 93.

基于承载力视角的城市增长极选择研究

——以四川省为例

姜 豪 兰 静*

【摘　要】 增长极理论对区域发展有特别重要的现实意义，而城市承载力是城市可持续发展的重要内容。本文基于承载力的视角，采用城市承载力的评价方法对四川省城市增长极的选择进行研究，进而提出四川省城市增长极体系的构建和相关结论与建议。研究结果表明：城市承载力的高低是城市增长极选择的重要参考因素，四川省应构建以成都为核心城市增长极，以攀枝花、达州和广安为区域城市增长极的城市增长极体系，促进区域经济的发展。

【关键词】 城市承载力　增长极理论　核心城市增长极　熵权法

一、引言

2016 年 1 月，《成都市国民经济和社会发展第十三个五年规划纲要》提出，“十三五”时期，通过全市人民的共同努力，将高标准全面建成小康社会，基本建成西部经济核心增长极。所谓增长极，就是经济增长通常是从若干“增长中心”，通过极化效应和扩散效应，实现自身的快速发展并逐步向其他地区传导，最终带动整个地区的社会与经济发展。在当代区域经济研究中，增长极理论具有重要的理论意义和现实意义。

增长极理论（Growth Pole Theory）是一种不平衡增长理论，被认为是区域经济观念的基石。法国经济学家佩鲁（1955）在《略论增长极的概念》一书中最早提出增长极的概念。他提出，受力场的经济空间中存在着若干个中心或极，产生各种类似“磁极”作用的离心力和向心力，从而在一定范围产生相互交汇的一定范围的“场”。佩鲁把增长极的向心力作用称为极化效应，离心力作用称为扩散效应。增长极通过极化和扩散效应，加强增长极与周围地区的经济联系，推动区域经济的发展。

---

* 姜豪（1992～　），西南民族大学，硕士研究生，研究方向：区域经济与发展；兰静（1994～　），四川民族学院，本科生，研究方向：区域发展。

法国经济学家布代维尔在其《区域经济规划问题》（1957）和《国土整治和增长极》（1972）等著作中首次把地理学的“增长中心”概念引入增长极理论，并提出可以通过最有效的规划配置增长极，来促进区域经济的发展。瑞典经济学家缪尔达尔（1957）提出“循环累积因果”理论，并使用回波和扩散概念，说明增长极地区对周围落后地区的双重影响，形成了“地理上的二元经济结构”理论。他认为经济发展过程首先是从一些较好的地区开始，这些地区通过循环累积因果的过程来不断积累有利因素快速发展。此后，国内外学者如赫尔希曼（1958）、艾萨德（1960）、夏禹龙等（1982）、陆大道（1986）、窦欣（2009）等都对增长极理论进行了继承与发展，促进了增长极理论的政策化和实用化。总的来说，增长极理论认为区域经济的发展主要依靠少数基础较好的地区，主张政府应该集中各种资源要素把这些地区培育成增长极，进而实现整个区域的经济发展。

从增长极理论的应用来看，其具有重要的现实意义，对各国的区域发展起到了重要的指导和促进作用。就国外来看，把这一理论应用到实践并取得成功的案例不得不提战后日本经济的腾飞。战后的日本民生凋敝，百业待兴，经济发展的难度相当大。但时任政府利用对自身有利的国际环境，制定科学的区域发展规划，建立以法律为核心的区域发展政策体系，确立了东京、名古屋和大阪三个重点发展的城市增长极，并不断强化其扩散效应以带动整个区域的发展，从而使日本经济得到迅速恢复并成长为世界经济强国。就国内来看，长三角、珠三角和环渤海三大经济带作为国内区域经济发展的典范，无不是应用了增长极理论。长三角经济带通过建立以上海为中心、南京和杭州为副中心的增长极，不断向周围地区扩散资本、技术、劳动力等生产要素，从而带动长三角地区的快速发展，使之成为全国最具活力的地区之一；珠三角经济带通过建立以广州、深圳为中心的增长极，带动珠三角地区经济的整体腾飞；环渤海湾经济带则通过建立以北京、天津为双核的增长极，促进环渤海地区的经济发展。

就一些国家和地区的失败实践来看，增长极理论的应用存在一些问题，对增长极的选择也必须符合一定条件。这些问题主要表现在：第一，增长极的极化效应促使其周围地区的资本、人力、科技等生产要素集聚到增长极地区，剥夺了周围地区的发展机会，拉大了地区间的发展差距；第二，增长极的极化阶段是漫长的，而不断扩大的地区差距会带来诸多社会问题；第三，在具体实践中，相关政府对增长极理论的应用条件及增长极的培育缺乏深入认识，在实际操作时出现空间选择失误、产业和资源错配等问题，造成资源和空间浪费。事实上，在增长极培育中，要特别强调市场在空间和资源配置上的基础作用，要认识到市场中微观主体追逐利润最大化的区位选择行为才是增长极培育的核心因素。政府的引导和扶持不管怎样重要，也只能是第二位的因素。

就增长极的选择条件来看，佩鲁认为至少应具备三个条件：一是具有创新能力的企业和企业家群体；二是具有规模经济效益；三是具有适当的外部环境。而黄林（2012）认为，增长极的选择要从区位和产业两方面进行考虑，应选择交通便利、经济基础较好、较为先进的城市作为增长极。除此之外，大多学者主要研究增长极理论在特定地区的应用，而对增长极的选择条件关注较少。根据区域发展的实际情况，笔者认为城市增长极应拥有良好的自然环境、社会经济环境和生态环境，具备较高的综合承载力。所以，本文基于承载力的角度研究城市增长极的选择。

城市承载力是城市可持续发展的重要内容，也是城市竞争力的主要体现。国内外学者关于承载力的研究已经从土地人口承载力、资源承载力、生态承载力等单要素承载力发展到多要素综合承载力。本文从承载力角度，运用承载力和增长极相关理论与方法，考虑到甘孜州、凉山州、阿坝州是经济基础薄弱的民族地区，仅选取四川省18个地级市2014年综合承载力方面的数据进行评价与分析，进而研究确定四川省城市增长极的选择，并提出相关政策建议，以期促进区域经济更好更快发展。笔者也希望能通过本文的研究得出城市承载力对城市增长极选择的积极意义。

二、城市承载力计算与评价

（一）研究对象的空间界定

四川省位于长江上游和祖国的西南腹地，面积49万平方千米，拥有丰富的自然资源和良好的区位优势，工业基础和交通体系较完整。四川省是西部人口最稠密的地区，常住居民8 140万人，劳动力资源丰富，农业条件较好，自古就有“天府之国”的美称。

从全省来看，四川省总体处于全国中上等水平，2014年全省实现地区生产总值2.85万亿元，居全国第八位，综合实力高居西部地区首位。但2014年四川省人均GDP仅为3.5万元，尚远未达到全国人均GDP的4.6万元。这其中的原因是多方面的，有地理位置、经济基础等原因，也有四川省人口较多和多民族聚居的原因。从各地区来看，四川省下辖18个地级市和3个民族自治州，是“中国第二藏区”“中国唯一羌族聚居区”“中国第一彝族聚居区”。考虑到甘孜州、凉山州和阿坝州是经济基础薄弱的少数民族地区，本文仅选取四川省18个地级市作为研究对象。就2014年统计数据来看，四川省各地区的GDP、人均GDP等经济发展指标存在较大的差异，地区经济发展不平衡。因此，实施增长极战略，通过重点区域的发展带动四川全省经济的发展，是经济发展的必然选择。

（二）评价指标体系的构建

城市承载力包含承载主体和承载对象，承载对象是城市发展的最大规模，承载主体是包括城市自然环境、社会经济环境和生态环境在内的综合环境。本文在传统的自然环境维度和生态环境维度之外加入社会经济环境维度，选取单位 GDP 耗水、单位 GDP 能耗、人均 GDP、人均城市道路面积、每万人拥有病床数、污水处理率、城市绿化覆盖率、人均公园绿地面积等质量指标，构建了城市承载力评价指标体系（见表 1）。

表 1　城市承载力评价指标体系

目标层	因素层	指标层	指标说明
城市承载力	自然	人均日用水量（升）	每人每天的生活用水量
		单位 GDP 耗水（立方米/万元）	水资源消费总量/GDP
		单位 GDP 能耗（吨标准煤/万元）	能源消费总量/GDP
	社会经济	人均 GDP（亿元）	GDP/总人口
		人均可支配收入（元）	个人可支配收入的平均值
		人均城市道路面积（平方米）	城市道路总面积/总人口
		每万人拥有病床数（张）	病床总数/万人口
		城镇化率（%）	城镇人口/总人口
		人口密度（人/平方千米）	每平方千米的常住人口
	生态	污水处理率（%）	污水处理量/总排放量
		城市绿化覆盖率（%）	城市绿化面积/建成区面积
		人均公园绿地面积（平方米）	公园绿地总面积/总人口

（三）研究方法

本文对城市承载力评价的步骤是：选定评价指标、评价指标数据的标准化处理、确定指标权重、计算承载力值并分析。为了体现指标评价的客观性和科学性，本文采用客观赋权法中的熵值法确定指标权重，并用多目标线性加权函数计算承载力值，具体步骤如下：

（1）选定评价指标 X_{ij}（$i=1, 2, \cdots a$；$j=1, 2, \cdots b$）表示第 i 个城市第 j 项指标的初始值；

（2）评价指标数据的标准化：评价指标数据的单位和正负不同，需要对原始评价指标数据进行标准化处理。本文选用最常用的标准分数法和负值求绝对值法，并考虑到熵权法求对数需要对标准化处理后的数据进行平移，得出数据标准化处理公式为：

$$Z_{ij} = \left| \frac{x_{ij} - \mu}{\sigma} \right| + h$$

其中，μ 是算术平均值，σ 是标准差，h 是平移幅度，Z_{ij}为数据标准化后的值。

（3）确定指标权重：

①计算第 i 个城市第 j 项指标的比重（Y_{ij}）：$Y_{ij} = \frac{Z_{ij}}{\sum_{i=1}^{a} Z_{ij}}$

②计算指标熵值（e_j）：$e_j = -\frac{1}{\ln a}\sum_{i=1}^{a}(Y_{ij} \times \ln Y_{ij})$

③计算指标熵值冗余度（d_j）：$\mathrm{d}_j = 1 - e_j$

④计算指标权重（w_j）：$w_j = \frac{\mathrm{d}_j}{\sum_{j=1}^{b} \mathrm{d}_j}$

⑤计算承载力值（S_i）：$S_i = \sum_{j=1}^{b} Z_{ij} \cdot w_j$

（四）数据来源

本文的数据主要来源于2015年的《四川省统计年鉴》。其中，人均日用水量、单位GDP能耗、人均GDP、人均可支配收入、人均城市道路面积、城镇化率、人口密度、污水处理率、城市绿化覆盖率和人均公园绿地面积等指标取自于2015年的《四川省统计年鉴》，而单位GDP耗水和每万人拥有病床数指标没有直接数据来源，则通过相关数据计算得出。

（五）结果分析

根据四川省城市承载力评价结果（见表2）中的城市承载力值和人均GDP对比来看，城市承载力的高低与城市人均GDP并不存在直接关系，它更取决于一个城市自然环境、社会环境和生态环境的综合承载力。通过四川省城市承载力值对比可知，各城市的承载力值差异较大，分布不均衡。具体来看，四川省内城市只有成都市属于高承载力区，它的承载力值达到最高的1.827，较大幅度领先排在第二位的攀枝花市，这与成都市具备良好的软环境和硬环境是分不开的，也是其城市竞争力较强的体现。攀枝花市、达州市和广安市以较高的承载力值分属到较高承载力区，攀枝花市是川西南的区域中心城市，其人均GDP居四川省第一位，同时其人均可支配收入和城镇化率仅次于成都市居四川省第二位；达州市是川东的区域中心城市，其人均日用水量仅次于成都市居四川省第二位，人均公园绿地面积仅次于广安市居四川省第二位；广安市紧邻重庆市，其人均公园绿地面积居四川省第一位，人均城市道路面积、污水处理率和城市绿化覆盖率也处于较高水平。通过对较低承载力区和低承载力区的城市进行分析可知，它们或多或少地存在经济发展水平不高、城市交通和医疗等基础设施不完善等问题，对城市承载力影响较大的因素主要来自于社会经济环境，如人均 GDP、人均城市道路面积、每万人拥有病床数等指标数据。

表 2　　四川省城市承载力评价结果

承载力区分	城市
高承载力区（$S>1.332$）	成都
较高承载力区（$0.666<S<1.332$）	攀枝花、达州、广安
较低承载力区（$S<0.666$）	遂宁、巴中、宜宾、内江、资阳、雅安、广元、德阳、南充、乐山、自贡、泸州、眉山、绵阳

注：S 代表各城市承载力值。

根据佩鲁等学者的研究，增长极的选择应该考虑城市的区位条件和经济基础等综合环境，这样才能最大程度的发挥增长极的极化效应和扩散效应，带动区域的发展。城市承载力作为城市可持续发展和城市竞争力的重要内容，对城市增长极的选择也具有重大的意义。

三、基于承载力视角的四川省城市增长极选择与培育

根据增长极理论的基本原理和四川省的经济特点，加快四川省城市增长极形成和发展的总体思路是：适应四川省自然地理条件，依据现有社会经济基础，坚持效率与公平的统一，核心城市增长极和区域城市增长极的统一，构建结构合理、功能互补的增长极体系。通过对四川省城市承载力评价结果进行分析，可以得出四川省城市增长极的最佳选择。

（一）核心城市增长极的确定

从承载力值结果来看，成都市的承载力值最大，是四川省唯一的高承载力区，与其良好自然环境、社会经济环境和生态环境是分不开的。成都市是西部地区重要的中心城市，地处四川省中心地带，坐落于成都平原之上，是国家重要的商贸物流

中心和综合交通枢纽，具备较大的区位优势，同时也具备良好的经济基础和经济发展环境。值得一提的是，2014 年 10 月 2 日，四川天府新区获批成为国家级新区。根据《四川天府新区总体规划（2010—2030）》，成都市规划面积约占整个天府新区规划面积的 81% 。

由此可以看出，成都市已经成为四川省社会与经济发展的核心城市，具备相当强的城市竞争力和综合承载力，成都市的持续快速发展能够对全省的社会与经济发展发挥带动作用。本文认为，应选择成都市作为四川省的核心城市增长极，大力推动成都市及天府新区的发展。

（二）区域城市增长极的确定

从承载力值结果来看，紧随成都市之后的城市是攀枝花市、达州市和广安市，它们的承载力值较高，属于较高承载力区。攀枝花市是川西南的区域中心城市，是“南方丝绸之路”上重要的交通枢纽和商贸中心，综合竞争力较强。值得一提的是，2014 年攀枝花市人均 GDP 突破 7 万元，超越成都市居四川省第一位。达州市和广安市相邻，达州市是川东的区域中心城市，是四川省的农业大市、人口大市和工业中心，是西部地区重要的枢纽城市；而广安市紧邻重庆市，是四川省唯一的“川渝合作示范区”，也是成渝经济区的重要承载。

从地理位置来看，攀枝花市位于川西南地区，达州市和广安市位于川东南地区，它们与位于四川省中部的成都市核心增长极相互影响、相互作用，共同构成结构合理、功能互补的四川省城市增长极体系。而且，攀枝花市紧邻四川省最大的贫困地区——凉山州，通过对攀枝花市区域城市增长极的建设，可以有效促进其周边木里县、盐源县、普格县等国家级贫困县的经济发展，这有利于完成贫困人口脱贫的目标和实现全面建成小康社会的艰巨任务。

基于此，本文认为，应选择攀枝花市、达州市和广安市作为四川省的区域城市增长极，集中人力、物力、财力等生产要素促进其发展，进而配合成都市核心增长极，带动全省的社会与经济发展。

四、结论与建议

（一）结论

第一，城市承载力是城市可持续发展的重要内容，对城市增长极的选择具有重大的意义。一个城市的承载力高低决定了这个城市的发展潜力和发展前景，也是城市增长极选择的重要参考因素。

第二，城市增长极的选择与培育，不仅可以促进增长极地区的快速发展，还可以通过增长极的扩散效应增强其对周边地区的经济带动作用，最终促进整个地区的社会经济发展。

第三，就四川省而言，应该构建以成都市为核心城市增长极，以攀枝花市、达州市和广安市为区域城市增长极的城市增长极体系，在集中人力、物力、财力等生产要素促进增长极地区社会经济发展的同时，并协调增长极对四川省其他地区的支持与拉动，进而带动全省社会经济的发展。

（二）建议

纵观我国国家级新区的建设，都在某个时间段内对所在地区发挥了“引擎”的作用。如上海浦东新区，已经成长为全国发展速度最快的地区；天津滨海新区，其GDP已占整个天津市的大部分。我们有理由相信，伴随着天府新区的建设与发展，成都核心城市增长极一定会成为新的“引擎”，带动四川省乃至整个西部地区的发展，并成长为整个西部地区的核心城市增长极。为了更好地培育四川省城市增长极，促进四川省的区域发展，本文通过借鉴其他地区增长极战略的实施经验，并结合四川省的实际情况，提出如下建议。

1. 重视城市增长极的培育和城市承载力的研究

在城市增长极的培育过程中，政府应加强宏观调控，实行积极有效的行政干预，协调各方面利益。除此之外，针对地方官员过分追求政绩，四川省应该向社会经济发展较成熟的上海、浙江、广东等地学习，构建系统全面的政绩考核标准，建设服务型政府。同时，重视城市承载力的研究与分析，根据城市承载力制定有针对性的政策，并着力提高城市增长极的经济承载力、公共产品和公共服务承载力，推动城市增长极的发展。

2. 营造良好的社会经济环境，增强社会经济的承载能力

社会经济环境包括硬环境和软环境，它是决定城市承载力的主要因素。硬环境主要包括交通、通信、能源等基础设施的状况，展现了城市的硬实力；软环境主要包括政治、经济、文化和制度环境等方面，是城市软实力的表现。为了促进四川省更好更快地发展，政府应该努力营造良好的社会经济发展环境，增强城市增长极的极化效应和扩散效应。一方面，政府应该持续加大基础设施建设与投入，建设便利、

高效的“互联互通”省际网络。通过加强对公路、铁路、航空和水路的建设，构建一个多层次、立体的交通格局，创造良好的交通环境；通过完善通信、能源等基础设施建设，提升城市社会经济环境的硬实力。另一方面，政府应努力营造良好的社会经济软环境。政治方面，政府部门应改善服务质量和服务水平，提供良好的政府服务环境；经济方面，促进产业结构优化升级，大力推进第三产业发展，提高人均可支配收入和人均 GDP，建设优质的经济环境；制度方面，充分发挥政府和各利益相关者的积极性，实现多维度、多层次的制度创新，进而建设制度“高地”，培育依托于制度创新的城市增长极。

3. 四川省的非均衡发展与全省域的统筹协调发展

增长极的选择和培育是拉动欠发达地区经济增长的引擎，但是任何事物都有两面性。纵观全球和中国的区域经济实践，增长极在其发展的初期和中期，由于增长极的报酬递增特征，资源、要素向极点的快速集中不可避免，进而形成增长极的极化效应远远大于扩散效应的情况，导致区域的非均衡发展态势更加明显。其中，农村地区要素，特别是农村劳动力向极点地区的流动，往往造成“三农”问题的恶化，导致农村的萧条与农业的停滞；而资源要素从低生产率、低收益率地区向极点地区的流动，也会造成省域内其他地区的产业空壳化，并形成大量边缘化区域。

因此，增长极战略必须要和全省域范围内的城乡统筹和区域统筹放在一个总体框架中，全面考虑，整体解决。一方面，要合理引导农村劳动力向城市增长极地区的流动，逐步实现农民向市民的转变，特别要提高对农村流入人口的公共产品供给并提高公共服务水平，让农村流入增长极地区的人口安居乐业；另一方面，要高度重视边缘化地区的公共产品供给和公共服务水平的均等化，逐步引导这些地区形成特色经济，实现产业再造，促进四川省域的统筹协调发展。

参考文献：

[1] 佩鲁．略论增长极的概念 [J]．应用经济学，1955 (8).

[2] J. Boudeville. Problems of Regional Development [M]. Edinburgh: Edinburgh University Press, 1966 (10): 44.

[3] G. Myrdal. Economic theory and underdeveloped regions [M]. London: Duekworth, 1957.

[4] G. Myrdal. Rich Lands and Poor: the Road to World Prosperity [M]. New York: Harper&Brothers, 1957, 83 -90.

[5] Friedmann J. A General Theory of Polarized Development [J]. Hansen N Growth Centers in Régional Economie Development, 1967.

[6] 艾伯特·赫尔希曼. 经济发展战略 [M]. 北京: 经济科学出版社, 1991, 120.

[7] 瓦尔特·艾萨尔德. 区域科学导论 [M]. 北京: 高等教育出版社, 1991, 61.

[8] 夏禹龙, 刘吉, 冯之浚等. 梯度理论和区域经济 [J]. 科学学与科学技术管理, 1983 (2): 5-6.

[9] 陆大道. 2000 年我国工业生产力布局总图的科学基础 [J]. 地理科学, 1986 (2): 110-118.

[10] 窦欣. 基于层级增长极网络化发展模式的西部区域城市化研究 [D]. 西安: 西安电子科技大学, 2009.

[11] 黄林. 区域性城市经济增长极的选择研究——以川南城市群为例 [J]. 经济体制改革, 2012 (6): 70-72.

[12] 颜鹏飞, 邵秋芬. 经济增长极理论研究 [J]. 财经理论与实践, 2001 (2): 2-6.

[13] 任军. 增长极理论的演进及其对我国区域经济协调发展的启示 [J]. 内蒙古民族大学学报: 社会科学版, 2005 (2): 51-55.

[14] 张娟, 王宪明. 次级中心城市选择中的经济意义 [J]. 企业经济, 2013 (5).

[15] 张娟. 基于空间引力模型的河北省城市增长极选择研究 [J]. 商业时代, 2014 (14): 140-142.

[16] 刘海龙, 石培基, 杨勃等. 基于生态承载力的黄土高原地区城镇体系等级规模结构演化研究——以庆阳市为例 [J]. 干旱区地理, 2015 (1): 173-181.

贵阳市要努力构建国家大数据中心城市*

赵广示**

【摘　要】 有中国第三张名片之称“大数据产业”已在全国形成绿色发展的共识。贵州省率先抢滩大数据，架设新引擎。如今，贵阳大数据交易所已经代替“山水甲天下”成为贵州省的“新名片”。贵阳市要充分利用国家发展大数据产业政策优势以及国家战略先行先试的先机，以产业促进城市发展，积极构建国家大数据中心城市，并相应带动贵阳城市的发展和社会经济的发展，同时提升贵州城市化水平。

【关键词】 贵阳市　国家大数据中心城市　城市化水平

2016 年 5 月 25 日，2016 中国大数据产业峰会暨中国电子商务创新发展峰会（以下简称“数博会”）在贵阳开幕，中共中央政治局常委、国务院总理李克强出席开幕式并发表重要讲话。全球互联网大佬们翻山越岭漂洋过海而来，齐聚贵阳观山湖畔。贵州省贵阳市一跃成为我国大数据产业发展重镇。这次“数博会”从贵州省层面上升全国性的会议，这也标志着贵州省大数据产业也一同跃升为国家战略。贵州省大数据产业终于又一次迎来千载难逢的历史机遇。同时，又是贵州省城市发展和城市化水平得到提升的大好时机。

目前，在西南地区重庆市、成都市、昆明市率先迈入国家特大城市行列。至今贵州省还没有一个城市被列为国家特大城市行列。这在我国西南地区来说是极为少见的。同时这与我们贵阳市所处全国省会城市的地位是极不相称的。这又恰恰为贵阳市的城市发展带来发展的机会。而目前贵阳市距离国家特大城市标准又是咫尺之遥。所以贵州省贵阳市要以发展大数据产业为契机，在城市建设、大数据产业发展方面二者相互发展，共同促进，二者发展融合可以相得益彰，以此推动贵阳市的城市建设和城市发展，并以此推动和促进贵州城市化水平的提升。应该说，当下的贵州省贵阳市在构建国家大数据中心城市上从来没有过像今天这样具备了这么好的建设条件。具体来说，这些有利的建设条件有以下几点。

---

* 基金项目：贵州省教育厅高等学校人文社会科学研究基地项目“黔中经济区亟待上升为国家战略”阶段性研究成果（项目编号：10JD0001）。

** 赵广示（1963～　），男，贵州大学学报副主编。

第一，强大的国家政策支持是贵州省发展“大数据产业”最大政策底气。

目前贵州省正处在非常好的建设发展时期。贵州省的 GDP 增长速度连续多年在西部省份中名列前茅，有的部分指标已然领先于全国前列。贵州省发展“大数据产业”，可以看作是一项投资于未知的事业。若要实现商业化盈利，则一定需要市场起到决定性资源配置作用，需要明星企业脱颖而出，比如同阿里巴巴之于杭州、一大批互联网科技公司之于中关村。现在政府已经搭台开始唱戏，三五年之后，还没有明星企业上台扮演主角。贵州省委和省政府在发展大数据行业中扮演的角色，可以是初期的培养、扶持、打造适宜环境，但应该懂得适时退出，将这个新兴行业放到市场中经历颠簸。在锤炼中它或许生长，由小到大、由弱变强。真正取得发展的必经之路。贵州省作为我国经济相对落后省份，进行过许多次不同的尝试，而发展“大数据产业”是最近的、希望把握机遇、政府决心空前、实现弯道超车的一次实践。对于并非由市场自发发展起来的行业，政府在行业起步时做主导可以理解，扮演初始推动力的角色并无不妥。据贵阳市的官员介绍，贵州省在政府公开数据方面走在全国前列，建成全国首个省级政府、企业和事业单位数据整合管理的云平台，初步打破了政府各部门间的数据壁垒。

“大数据产业”属于绿色无污染的环保产业。多年来，贵州省一直以来都在苦苦寻找产业转型，推动实现贵州省跨越发展的新路子。“大数据产业”既是国家战略，又是产业结构调整和推动全省跨越发展历史性的必然选择。我们从贵州省建省600 年来的社会经济发展历史来看，什么时候贵州不被全国边缘化，那么贵州就一寂迎来产业兴起和经济快速的时代。如今，“大数据产业”已经上升为国家战略，还有又属于中国的第三张“名片”之称的环保产业。贵州省“大数据产业”发展思路已经正式与国家战略对接。意味着，贵州省“大数据产业”发展已不再边缘化。可以这样讲，强大的国家政策支持是贵州省发展大数据产业最大政策底气。我们相信，经过贵州省人民的艰苦的努力，共同奋斗，并经过 5 ~ 10 年的建设与开发，“大数据产业”一定会在贵州省结出丰硕的产业果实。

现在，贵州省已经建成了烟酒食品、磷化工、电解铝等工业部门类齐全的工业生产体系和产业体系。据统计，2015 年贵州省地区 GDP 产值已达万亿元以上。成功地跻身“全国万亿元俱乐部”又一个西部省份。这些都为贵州省今后产业调整和社会经济发展，为工业发展兴办大事积蓄了重要的力量，奠定了一定的经济基础。目前贵州省委省政府正带领全省人民，举全省之力，现在全省上下不遗余力地正雄心勃勃地大力推进“大数据产业”，努力将贵阳打造成“中国数谷”。

第二，充足的能源供应是贵州省发展大数据产业具有比较明显的能源优势。

众所周知，大数据产业和数据中心最大特点是高耗能，电力成本占整个支出成本的 50% ~ 70%，其中一半机器设备散热需要空调费，而贵州气候凉爽。因此，从气温和能源来说，贵州被公认为是中国南方最适合建设数据中心的地方。与此同时，贵州的电力资源极为丰富，是西电东输的主要电源省，不但可以为数据企业提供稳定的电力支持，就全国而言，发展大数据产业而且具备了一定的价格优势。同时，在地质结构上，贵阳市是一个无地震、无风灾、无水涝的“三无”城市，为大数据中心建设提供了天然的安全屏障。此外，贵州物产丰富资源充足，劳动力充沛价格低廉。

第三，目前贵州“大数据产业”已经形成良好的基础并形成一定的规模。

正因为如此，目前已有中国移动、联通、电信三大运营商将南方数据中心的选址地建在了贵州。据统计，2015 年，整个贵州省的服务器规模为 20 余万台，未来规划建设服务器规模 200 万台。在呼叫中心方面，包括蚂蚁金服、华为、富士康在内的多家巨头都将客服中心放在了贵阳市。目前，仅贵阳市的呼叫中心座席已经达到 10 万席，计划到 2017 年扩张至 20 万席。我们仅以贵安新区为例，贵安新区自成立以来，充分把握国家实施大数据战略机遇，坚持“快做、优做、强做、新做”，积极打造大数据全产业链、全治理链、全服务链“三链融合”的贵安模式。在打造大数据全产业链方面，贵安新区将积极培育大数据核心业态、关联的业态和衍生业态，重点建设全国领先的大数据创新应用示范基地，形成全国最大的国家级大数据中心。目前已引进了三大通信运营商、IBM 等一批国内外知名大数据企业，力争用 3 年左右时间实现大数据产业规模达到 2 000 亿元。

继 2016 年 2 月贵州获批建设全国首个国家级大数据综合试验区后，国家工业和信息化部新近发函授予贵州省“中国南方数据中心示范基地”称号。目前，贵州省已有 10 个以上数据中心布局建设，并在营造政策环境、政府使用云服务、数据容灾备份等方面开展了积极探索，通过打造“云上贵州”树立了较好的品牌形象，吸引了相关产业在贵州聚集，具备了较好的示范基础。还有，云上贵州大数据产业基金启动仪式于 5 月 26 日在贵阳举行，基金总规模 50 亿元，首期发行 10 亿元，首批签约 10 家企业。该基金将致力于培育一批行业领先企业，构建贵州省大数据产融生态圈，助力国家大数据综合试验区建设。经过四五年的培育和发展，贵州省大数据产业必将获得进一步的发展。贵州省提出力争用 3 年左右时间实现大数据产业规模达到 2 000 亿元。到 2020 年，贵州省大数据产业必将成为贵州省经济社会全新的支柱产业。贵州省率先抢滩大数据，架设新引擎。如今，贵阳大数据交易所已经代替“山水甲天下”成为贵州省的“新名片”。

自 2015 年 4 月，贵阳大数据交易所正式挂牌。据了解，贵阳大数据交易所不仅是全国第一家，同时也是全球首个数据资产价值指数在贵阳大数据交易所正式诞生了。贵阳大数据交易所运营以来，已先后接待各地参观团 400 余组。围绕贵阳大数据交易所，贵州省大数据生态圈正在逐步建立。据统计，2015 年 5 月至 2016 年 5

月，贵阳大数据交易所一年的交易量达到700亿元。

2016年2月，全国首个“大数据综合改革试验区”也在贵州省挂牌成立。这是国家战略顶层设计又一次在贵州的实践。所有这些表明了贵州省再一次跻身国家大战略的范畴。国家要求贵州省大数据试验区通过3~5年时间的探索，有效打破数据资源壁垒、强化基础设施统筹，打造一批大数据先进产品，培育一批大数据骨干企业，建设一批大数据众创空间，培养一批大数据产业人才，有效推动相关制度创新和技术创新，发掘数据资源价值，提升政府治理能力，推动经济转型升级。国家大数据（贵州）综合试验区将围绕数据资源管理与共享开放、数据中心整合、数据资源应用、数据要素流通、大数据产业集聚、大数据国际合作、大数据制度创新七大主要任务开展系统性试验，通过不断总结可借鉴、可复制、可推广的实践经验，最终形成试验区的辐射带动和示范引领效应。目前，全国大数据产业相关指标显示，贵州大数据产业已有9项指标体系领先或率先走在全国的前列。数据统计显示：贵州省全省中在2015年大数据交易金额就达7 000亿元。这些数据都显示了贵州大数据产业在全省已有良好的基础和形成一定的规模。未来5年，贵州大数据产业又将是另外一番大发展的景象。大数据应用服务、智能制造、呼叫中心、数据交易等产业发展。

与此同时，在自然环境之外，我们还要大力发展为“大数据”产业服务的第三产业，以产业发展集聚人口增长，城市发展。并城市发展带动“大数据”产业和其他相关产业提升和发展。贵州省贵阳市还为大数据产业的发展不断完善升级城市建设，创造了良好的社会城市环境。这也为我们把贵阳市构建为国家大数据中心城市打下良好的基础。

一般地说来，一个城市的兴起与发展和繁荣，大致都离不开产业群落的集聚。产业群落的大量集聚又带动城市的发展和兴旺。产业兴，则城市旺。产业与城市建设二者是相辅相成的关系。贵州“大数据”产业要“抓两头促中间”，一头是和消费者呼应的呼叫中心；另一头是关联商业的数据中心，而在过去，这两个单元被认为是不盈利的单元。恰恰是我们利用了这样的机遇，在我们这个区域它却具有一定的营利性。而这两个单元又有很大的特点。呼叫中心可以解决大量人口就业。产业工人大量增加，城市规模就会相应扩大。这就为贵州省城镇化率的提高和城市化水平带来明显的和积极的变化。

第四，发展“大数据”产业已成当下贵州省经济领域全省上下一致热词。

目前，贵州省“一切为了大数据!”“发展大数据，引领经济‘新常态’”“数据创造价值，创新驱动发展”“让大数据产业引领新经济产业发展业态”等已成为动员全省社会各界支持“大数据”产业最好的口号和条件。这在贵州全省上下迫切要求发展“大数据”产业的共同心声和一致愿望。时下，发展“大数据”产业已成当下贵州省经济领域中全省上下的一致热词形式。当下贵州省正在全力实施的两大战略之一就是“大数据产业”战略。可以这样说，“大数据产业”战略将成为5～10年引领全省经济社会全面发展的重要产业。比如“发展大数据　引领经济‘新常态’”“大数据　新经济　新动能”“加快发展大数据　打造经济新引擎”。或许决策者和实践者首先应注意的，是避免大数据产业沦为噱头或一时的炒作，然后才能真正挖掘大数据带来的潜力和机遇。现今全省发展“大数据产业”最为紧缺就是高端大数据的人才。高端大数据的人才主要靠引进。这势必会增加一定的优秀人才。贵州目前最要紧工作就是为高端大数据的人才服好务。产业兴盛，城市人口必定集聚在一起，促进城市面貌有一个比较大的改观。

第五，贵州省现在交通基础设施大为改观贵州成为外商投资的新热点。

改革开放以来，贵州省交通等基础设施建设取得了很大的改观。特别是在2015年贵州省在我国西部地区率先实现了县县通高速。这样好的热点投资机会，贵州省高速铁路已经成为中国西南的中枢，贵州省的高速公路已经通到了每一个县。我们相信，由于我国政策稳定和贵州省委省政府大力支持，贵州省已成为吸纳国内外投资的好去处。据从2011～2015年的不完全统计，贵州省实际利用外商投资金额呈逐年上升的趋势。而且贵州省成为外商投资新热点。

总之，上述五大有利条件，十分有利于“大数据产业”的发展，这有利于贵阳市构建国家大数据中心城市计划的有力实施和完全建成。

好风凭借力，送我上青云。贵州省要紧紧抓住“大数据产业”发展这千载难逢的、历史性的机遇，真干巧干。力争用5年左右的时间，努力把贵阳市建设成为国家大数据中心城市。贵州省贵阳市因“大数据产业”发展，形成产业集聚的良好势头，从而带动贵阳市产业集聚而城市人口大幅度增长的发展机遇，并使贵阳市城市建设和城市面貌有一个脱胎换骨大改观。努力改变贵阳市城市“脏乱差”、城市建设欠账太多的局面，让爽爽的贵阳紧紧跟上全国大都市的时代步伐，真正成为时尚之城、魅力之都。

目前，贵州省在“大数据产业”发展上，具有得天独厚的比较优势。现在贵州大数据产业在全国来讲，有9项指标率先或领先于全国或处于全国平均水平之上。近日，贵州省政府办公厅印发了《贵州山地特色新型城镇化示范区建设实施方案》，该方案提出到2020年全省常住人口城镇化率达到50%以上。根据要求，贵州省将推动贵阳市中心城区与贵安新区、安顺市中心城区同城化发展，引导贵阳市与龙里、惠水等周边县（市）一体化发展，培育和发展贵阳—安顺都市圈、遵义都市圈。到2020年，贵阳构建承载超过500万人的城市框架；遵义、贵安新区构建承载200万人的城市框架。到2020年，贵阳才可能正式成为贵州省首个跻身于国家级的特大城市之列。这将会使贵州的城市化水平迈上新台阶。同时将使贵州省城镇化率水平从目前的45%左右，以每年一个百分点的水平逐年上升。

中心镇的发展实践及对策研究

——以六盘水市为例

聂开敏*

【摘 要】城镇化发展之路已经成为国家长期的发展战略，但是随着城市化的发展也出现了大城市病、农村社区及乡镇发展相对萎缩等问题。在此背景下，中心镇的发展和研究探索，进一步发挥中心镇的县域城镇化发展过程中的纽带功能，实现乡村和县域中心城区统筹发展显得尤为重要。本研究以六盘水市中心镇的发展实践为研究案例，总结经验，为下一步更好地推进中心镇发展提供借鉴。

【关键词】中心镇　六盘水市　城镇化

一、引言

中心镇兼具了小城镇的一般性功能，直接面向基层农村，不仅是农村经济、政治和文化教育中心，也是农村物资和人流的初级集散地。[1]中心镇的发展有利于促进农村产业结构优化，有利于培育农村市场体系，有利于培育农村特色产业和优势产业，有利于促进农村剩余劳动力就近转移。从功能上讲，中心镇是指区域内发挥中心作用的镇，位于区域内一般城镇体系的中心位置。从城乡关系的角度来看，中心镇是承接大中城市和小城镇的连接体，具有较强的集聚和辐射作用。然而，新型城镇化发展道路成为国家战略，到2020年全面建成小康社会时，城镇化率要达到60%左右，这就意味着急需开展中心镇研究以促进其健康快速发展。

同时，结合贵州的实际，在城镇化发展的战略路径选择上需要坚守“发展和生态”两条底线，在贵州的实践中总结了相关的经验，也有了一些理论层面的创新。[2]而且，中心镇的发展路径选择以山地特色为基础的新型城镇化发展道路，充分体现了与贵州的自然条件和经济社会基础相适宜的特征，具备很好的发展条件保

* 聂开敏（1972～　），女，贵州水城人，贵州省水城县县委党校讲师，研究方向：城乡社会学。

障，同时也面临相应的“瓶颈”。[3]而贵州省六盘水市的中心镇发展实践和经验为我们开展中心镇研究提供了较为充实的案例。

二、六盘水市城镇化发展的基础条件

六盘水市作为贵州西部重要资源型工业城市，同样具有一般性的资源型工业城市推进新型城镇化建设过程的基础条件和困境。[4]当前，六盘水建设目标是加快转型和发展提速，以围绕建设国家循环经济示范城市、区域中心城市、国际标准旅游休闲度假城市、大健康旅游目的地城市为载体，推进全市的城镇化建设步伐。

（一）城镇化发展速度和水平大幅加快和提高

2014 年全市城镇化率达到45. 50%，高于全省5. 49 个百分点，步入城镇化“新常态”发展阶段，全市各县（区）城镇建设步伐不断加快，建成区面积快速增长，城镇建设规模逐步壮大。其次，城镇产业支撑能力不断增强，居民生活质量进一步提高。全市城镇产业支撑能力逐步增强，引导更多农业人口向城镇转移，多方向、多形式促进形成“城区以三产为主、工业园区以二产为主、郊区以特色农业产业为主”的城镇产业由内向外、合理分布的新格局，优化了三次产业发展路径，增强了发展活力。2014 年，全市生产总值完成1 042. 73 亿元，50 万元以上固定资产投资完成1 336. 27 亿元，规模以上工业增加值完成456. 36 亿元，公共财政预算收入完成128. 74 亿元，社会消费品零售总额完成236. 9 亿元，金融机构存贷款余额分别完成817. 1 亿元、701. 2 亿元，三次产业结构比例达到7. 2∶54. 4∶38. 4，产业投资比重达到45%。民生持续改善，2014 年减少贫困人口14. 55 万人，新增就业10. 02 万人。农民生活质量进一步提高，农村和城镇居民人均可支配收入分别达到6 791 元、21 168 元，同比增长12. 9%、11. 1%。全面小康实现程度达到77. 4%。

（二）传统工矿产业优势明显

矿产资源丰富，矿产资源是六盘水市大多数中心镇（乡）的重要资源，也是六盘水市大多数中心镇（乡）的发展源泉和产业支撑。六盘水素有“江南煤都”之称。蕴藏着煤、铁、铅、锌等30 多种矿产资源，其中煤炭最为丰富，资源总量为844 亿吨，已探明储量196 亿吨，保有储量187. 2 亿吨，且煤种全、煤质好、易开采，尤其炼焦用煤保有储量为104. 12 亿吨，占全省的88. 7%。区域内煤层气资源量达1.42万亿立方米，约占华南地区煤层气资源量的1/3，页岩气资源量达0.45万亿立方米。

工业发展优势明显。除了资源优势外，工业发展基础成为了六盘水市中心镇（乡）未来发展的重要优势。六盘水境内矿产资源、水资源、电力资源开发装备及技术不断提升，六盘水市工业转型发展在资源、人才、技术等方面具备了强大的优势。以“三线建设”以来发展壮大的盘江投资控股（集团）公司、水矿控股（集团）公司和六枝工矿（集团）公司、水城钢铁集团等国有大型能矿集团为支撑，以全市相继建设的11个工业园区为载体筑巢引凤，吸引了山西海螺集团、路喜集团、黔桂天能、华润集团等一批国内大型集团公司相继到六盘水投资兴业，促进六盘水市产业集聚发展，形成了规模大、经济效益好、相对集中的一大批大中型企业，煤炭、电力、冶金、建材等产业成为六盘水市的经济支柱。2013年，全市煤炭产能8 000万吨，产量7 309万吨；电力总装机796.8万千瓦时，发电量421.75亿千瓦时，工业用电量122.55亿千瓦时，其中外销电量近300亿千瓦时；钢铁产能500万，产量454.55万吨；水泥产能1 000万吨，产量720.8万吨；建成的焦化企业设计产能795万吨/年，在建的5家焦化企业，规模630万吨/年；老鹰山煤基气化替代燃料项目（一期年产30万吨甲醇、配2×60MW动力车间）建成。

（三）旅游业已成为城市转型升级的新兴产业

丰富的旅游资源不仅是旅游开发的前提和条件，也是六盘水市一些中心镇的重要名片和富民强镇的重要宝贵资源。目前六盘水依托于“中国凉都”和西南滑雪胜地的品牌定位，实现了消夏文化与冬季运动的衔接，结合全域旅游的发展思路，实现了六盘水旅游业的升级，助推了六盘水产业转型升级。六盘水境内旅游资源丰富，其地势位于海拔多在1 400～1 900米，全市大部分属北亚热带高原山地季风湿润气候区，气候凉爽，年平均气温12.3℃～15.2℃，其中夏季最热月平均气温19.7℃，有“贵州屋脊·中国凉都”之美誉。境内山奇水秀，文物古迹珍奇精美，民族风情纯朴浓郁，绚丽多彩。区域内有盘县大洞古文化遗址等省级文物保护单位及六枝牂牁江风景区、六枝梭戛长角苗国际生态博物馆、六枝迴龙溪生态旅游区、盘县坡上草原风景名胜区、盘县妥乐古银杏风景名胜区、盘县哒啦仙谷农业生态休闲园区、盘县普古娘娘山农业生态休闲园区、水城玉舍森林公园、凉都湿地公园等许多富有特色的国家级和省级旅游景区，被评为中国十佳避暑旅游城市和十佳绿色环保标志城市。

（四）城镇化发展资源要素集聚且配置优化

2014年，全市完成工业投资490亿元、交通投资92.6亿元、水利投资43亿元、城市建设与房地产投资219亿元、社会投资455亿元、其他投资134.3亿元，全年招商引资实际到位资金1 100亿元。城镇空间结构体系逐步完善，形成“三核三带一走廊”的城镇体系空间结构，实现以城带乡，城乡社会、经济、文化、生态统筹发展的目标。城镇体系的逐步完善，进一步明晰了发展层级，有效带动生产要素集中集聚，优化资源配置，为城镇化进一步扩容增效增大了发展空间，城镇空间结构体系逐步完善，增强了发展后劲。

三、六盘水市中心镇发展面临的困境

2014年，六盘水市的城镇化率仅为44.5%，而这与2020年全面建成小康社会时城镇化率达到60%以上的目标还相差较远。尤其在中心镇的发展方面，总体上呈现出城市化发展水平滞后、产业结构低端、环境破坏严重、低水平均衡发展格局等一系列问题，导致中心镇发展不够充分，且难以发挥其应具有的优势。

（一）城镇规模等级体系不匹配

当前L市城镇规模结构处于极核发展阶段，中心城市与两个县城人口规模之比超过4∶1，城镇规模等级体系不匹配。设区市与县城城镇人口规模之和占市域城镇人口超过80%，其他建制镇人口规模不足3万人，尤其是该市48个乡镇城镇人口规模还不到2 000人，占全部乡镇数量的51%。这些小城镇普遍地理条件约束大，经济欠发达、人民生活贫困，缺乏基本的公共服务，集聚吸纳人口能力不足，难以带动周边乡村的发展。

（二）中心城市综合职能不足难以带动中心镇的发展

从交通时间、经济影响力等方面分析，六盘水市中心城市综合职能不足，其影响范围不足以覆盖市域范围。全市四个区（县）三次产业结构存在较大差异，城镇职能并不完全一致。以2014年是统计数据看，钟山区第一产业占比微小，而第三产业占比则超过40%；六枝特区和水城县第一产业占比超过10%，经济总量明显较小；盘县第二产业占比则高达72.93%。全市煤炭主产区逐渐向盘县转移，市区产业结构逐渐发生转变。钟山区（市区）经济总量在全市并不占有主要优势，盘县经济总量与钟山区与水城县总和相当，属于弱中心型的市域中心。以市为单位分析，中心城区影响力无法覆盖市域范围，属于偏中心的结构；以区县为单位分析，中心城区腹地向北，可包括毕节西部威宁、赫章等县，盘县腹地呈东西向沿交通走廊分布，可覆盖黔西南州的普安等地，六枝腹地较小，主要受到安顺方向经济辐射，市域四个区县呈现不同的经济联系方向。如此，伴随中心城区辐射能力的弱化，加上第三产业发展不够充分，一产发展条件基础差，二产发展不够稳定，未能形成稳定而充分的就业吸纳能力。而且，从产业类型看，就业吸纳能力弱的采矿业与传统能源产业占总工业增加值比重较高，就业吸纳能力强的装备制造等产业占总工业增加值比重较低。如此，这在导致城镇就业吸纳能力仍然难以满足现实需求的同时，也难以助推中心镇的产业发展和就业等社会民生事业得以快速发展，总体上不利于城镇化快速发展。

（三）地形和环境资源条件限制导致城镇空间分布不均衡

六盘水市域城镇发展受地形、自然资源、交通条件影响大，以212省道和320国道为轴线，市域东中西部呈现明显的空间分异现象。水城县与盘县以北盘江为界，水城县和盘县东北部地区大部分山高谷深，地广人稀，地形复杂，地质灾害多发区较多。相对来说，盘县大部分属于高原丘陵地区，地形较为平缓，交通通达性好，因此交通沿线乡镇人口密度较高，依托煤炭资源初步形成了小城镇密集地区。六枝特区经济社会发展历史较长，传统小城镇发展也比较好，基本呈现以六枝中心城区为核心，郎岱和岩脚为次中心的规模等级体系。而且，受地形条件限制之外，还面临资源环境约束难题待破解，表现为耕地保护和城镇建设矛盾突出和工程性缺水制约城镇发展。从全市现有增耕地面积情况来看，仍低于全国人均耕地水平。随着城镇化和工业化进程的推进，城镇建设用地需求量大，耕地保护压力大。工程性缺水制约城镇发展方面，由于受喀斯特地貌影响，全市水资源分布不均，工程性缺水现象突出，水利工程建设成本高。这些地形和资源条件无疑对六盘水的中心镇发展造成了先天的限制，同时对中心镇自身以及中心镇之间经济和社会方面的互动发展也形成了难以跨越的天然屏障，呈现了目前存在的城镇空间分布不均衡的现象。另外，建设用地紧张和粗放低效使用，无疑对城镇化发展和中心镇的发展造成了人为的障碍。在建设用地紧张方面，六盘水市地处贵州西部山区，土地资源严重短缺，建设用地供应先天不足。建设用地紧张严重束缚了城市建设用地发展，造成一批急需建设的重点项目布点困难，随着城镇化步伐的加快，新增建设用地需求量逐年猛增，使土地供应远远不能满足建设需要。土地资源利用效率也有待提高。全市农村居民点土地利用效率普遍不高，集约化程度远低于城镇建设用地。个别开发区和工业园区存在占地过大、土地利用效率不高、粗放经营的现象。部分城区棚户区改造进程缓慢，存量土地有待盘活。地下空间开发力度较小。土地资源紧张、交通拥挤、人口密度大、城市地下空间利用率低等问题在我市普遍存在，地下空间开发项目少，城市地下空间开发滞后。

（四）城镇间联系弱导致城乡发展不平衡

六盘水市的四个区（县）之间，高等级公路联系时间超过2小时，市区与两县间铁路联系时间也超过2小时，市区与两县之间呈三角形，难以形成市区辐射全市域的发展格局。其余小城镇主要依托三个中心城市组织交通，并未形成依托交通走廊的产业集聚和城镇发展带，城镇间的联系较弱，具有中心集聚效应的中心镇难以形成。同时，城乡发展不平衡严重，2013年城乡居民收入差距3.31倍，虽比2012年的3.62倍略有下降，但城乡居民收入差距仍明显。另外，城乡公共服务设施水平差距较大，优质公共服务资源主要集中在城市，农村基础设施配套水平薄弱，污水、垃圾处理设施有待完善。总体来看，全市贫困面大、贫困人口多、贫困程度深的现实问题仍然存在。

（五）城镇基础设施建设依然滞后

整体上看，全市交通已逐渐适应经济社会发展的要求，但仍能完全满足当前中心镇的发展需要。部分分镇（乡）尚未完全实现通畅的外部交通网络；内部交通相对滞后，一些镇（乡）的公路等级低、路况差、车辆少，路牌标识系统相对匮乏。由于地理条件的限制，六盘水山高谷深，高速路建设成本高、难度大，与省内其他市（地、州）相比公路交通状况有待改善。同时，全市公共交通基础设施仍较薄弱，城市轻轨、快速公交等大运量交通设施缺乏，市民出行交通方式选择机会较少，市民公共交通出行比例仍偏低，乘车路线不合理，换乘不方便，城市交通拥堵路段日益增多，拥堵时间延长，居民通行成本增加等问题仍然存在。公共交通网络规划有待完善，慢行交通系统有待建立，绿色交通体系有待健全。

（六）城乡公共服务供给不足

全市住房保障覆盖面仍不高，部分中低收入家庭住房难的问题依然存在。医疗卫生资源仍然紧缺，资源配置不够合理，仍不能满足就近就医需求；优质的医疗资源主要集中在市中心城区及县城，乡村地区看病难的问题依然存在。教育资源供给不足，优质教育资源分布不均，农村教育严重滞后于城市，导致农村优质生源流向城市，造成了农村和城市双向的教育不均衡现象，其中就存在农民工子女入学难问题有待解决，让农民工子女流动于城市和乡村之间求学，难以有稳定的求学环境。在此之外，城乡之间、地区之间社会保障标准存在一定差异，相互转接不畅，导致中心镇的教育、科技、文化、卫生等社会事业发展相对滞后，劳动者素质亟待提高，就业和社会保障面临很大压力。当然，最为现实的困境是中心镇财力人力不足。首先，建设资金严重不足。由于建设压力大，投入镇建设开发的资金少，加之引资有限，致使中心镇建设资金严重不足。其次，财力严重不足。镇级财政运转困难，刚性支出多，运转所需的基本经费难以得到保障。此外，人才严重缺乏。大部分镇普遍缺乏懂农村农业经济管理的经营性人才和城镇规划管理人才。

（七）中心镇发展存在定位不清

从当前六盘水市中心镇的发展现状来看，除了基础设施建设滞后、产业支撑乏力、生态环境脆弱和资源要素释放不够等“瓶颈”问题外，还存在发展方向不明、功能定位不清的问题，主要体现在：缺乏中心镇空间规划、总体定位、发展策略、空间谋划、重点指引、基础设施等重大问题需要进一步明确，有的地方没有根据中心镇的区位、环境、产业结构来确定自身发展的功能布局。总体上，目前的中心镇发展现状存在农业基础薄弱，以及城镇化滞后于工业化的现状和定位不准确的问题。而农业基础薄弱的定位偏差表现在农业人口比重大，农村生产条件差，农产品结构不合理，专业化、商品化以及深度开发水平低，农业科技含量低，劳动生产率低，农民收入增长缓慢，城乡二元结构突出。六盘水是一个城镇化严重滞后于工业化的城市，工业结构调整速度偏慢，产业趋同度高；工业产品深加工不足，附加值低；工业企业经济效益有待提高。传统产业比重大，缺乏能带动经济迅速增长的高新产业和重化工产业，缺少一批带动力强的大公司、大集团。除中心城区外，城镇的工业增加值所占的比重不高，吸纳农村剩余劳动力的能力不强，工业化对城镇化的拉动明显不足。

四、中心镇发展的实践探索

六盘水市不断探索中心镇的发展路径，立足自身基本条件，充分发挥优势，针对自身劣势提出应对措施，进行科学的发展布局、合理划分发展战略与发展任务，打造一批风景美、街区美、功能美、生态美、生活美的中心镇。依据各中心镇的资源禀赋和历史条件，总体上按照综合服务型、交通枢纽型、工矿园区型、绿色产业型、旅游景观型5种类型的中心镇加以建设。[5]六盘水市“十三五”时期的中心镇建设类型分类见表1。

表1　　六盘水市"十三五"时期中心镇发展布局一览

定位类型	布局镇	定位类型	布局镇
综合服务型	保田镇	绿色产业型	平关镇
	玉舍镇		老厂镇
	大湾镇		鸡场坪乡
交通枢纽型	汪家寨镇		龙泉镇
	刘官镇		南开乡
	岩脚镇		龙场乡
工矿园区型	柏果镇		木岗镇
	乐民镇		滑石乡
	洒基镇	旅游景观型	石桥镇
	响水镇		大山镇
	发耳镇		大河镇
	化乐镇		郎岱镇
	比德镇		羊场乡
	蟠龙镇		毛口乡
	都格镇		米箩乡
	木果镇		落别乡
	松河乡		
	淤泥乡		
	新场乡		

其中，综合服务型中心镇是指充分依托区位优势，注重综合开发，全面发展，积极培育商务办公、科教卫生、商贸流通、文化服务、房地产等综合配套服务功能，建设功能完善的中小城镇。交通枢纽型中心镇是指依托镇域具有的地理位置良好、交通便捷的优势，加快建立完善各种交通设施和服务设施，大力发展专业市场、现代物流及餐饮、信息、娱乐等配套产业，形成中心镇发展的核心竞争力。工矿园区型中心镇是指主要依托丰富的矿产资源和现有的工业发展条件，以工矿园区建设为抓手，通过调整矿产开发结构、推动产业升级、促进资源高效开发利用，推进工业化和城镇化建设，促进产城互动，提高中心镇产业发展竞争力。绿色产业型中心镇是指依托生态农业资源，以工业化的理念推进生态农业产业化，积极推进高效生态农业的专业化生产、集约化经营，提高农业的组织化、规范化、标准化水平，以现代农业的发展促进二、三产业升级，实现中心镇经济的快速发展。旅游景观型中心镇是指依托镇域内的自然资源、人文资源、生态资源，大力发展生态休闲旅游业，积极培育具有特色的旅游主导产品，配套发展交通运输、餐饮住宿、购物娱乐等相关产业，以做大做强旅游业带动中心镇整体发展。

五、推动中心镇发展的政策建议

中心镇在区位和经济发展上对县域经济社会的发展起着重要作用。在规划和发展过程中，要坚持以人的城镇化为核心，通过统筹山水、田园、乡村、城镇等要素建设彰显自然景观、民族风情和文化品位的精品小城镇。[6]同时，在建设用地、财政支持、基础设施、公共服务及产业发展上都需要进行一系列的改革和制度创新才能助推中心镇的健康发展。

（一）产业经济驱动力是中心镇发展的根本动力

农业是城镇化的基础，工业是城镇化的核心，第三产业是城镇化的后续发展动力。[7]为充分发挥市场对六盘水市城镇化的驱动作用，必须从农业、工业和第三产业的协同优化升级的角度着手，整体提升六盘水的产业综合竞争力。

农业产业化发展方面。充分发挥六盘水市特色珍稀农林资源，如猕猴桃、杨梅、刺藜、会甘子、山楂等特色水果，三七、黄连、天麻、何首乌等名贵中草药资源，大力发展特色农业。打好“生态牌”、念好“山字经”、种好“摇钱树”，引导传统种植农业向集种植、加工、研发、物流和销售于一体的现代农业发展。考虑采取“普通乡镇＋中心镇＋经济开发区”的发展模式，把“生态做成产业、把产业做成生态”。选择若干经济基础和发展条件较好的乡镇为中心集镇合并设立县城经济开发区。普通乡镇主要负责农作物的种植，采用现代科学技术进行大棚设施种植，生产特色农产品及果蔬类产品，然后运输到中心镇，进行统一的物流配送和初级加工，最后统一运送到经济开发区进行统一的产品研发、加工、检疫和销售，并通过农超对接和电子商务平台进行产品销售，把农业产业培育成为新的经济增长点。如此构建起现代农业产业链条，不仅能够有效解决山区村庄布置分散的限制，同时通过增加配送、加工、研发等产业功能拓宽了农民的就业途径，增加了农民收入，促进了中心镇的发展进程。

工业发展方面。工业结构优化升级主要体现在延长工业产业链条、提高产品附加值、促进资源可持续发展方面，以此增加农民就业岗位、增加农民收入、加快城镇化进程。以六盘水市煤炭工业的产业转型升级为例说明如下。产业链升级之前，煤炭工业主要以初级煤炭开采为主，农民工作危险性高、收入低，提供工作岗位有限，对生态环境污染大。产业链延伸后，由单纯初级开采的传统煤炭产业升级到集开采、初级加工、资源循环利用于一体的现代煤炭产业，不仅优化可提升六盘水的工业发展结构，还可降低工作危险性、增加就业岗位、拓宽收入渠道，起到推动工矿型中心镇走质量型得城镇化发展的功效。

第三产业发展方面。第三产业助推中心镇发展的核心突破口，在于发展以其特色地域环境和山地旅游资源为主的生态旅游、山地休闲运动业等。[8] 基于六盘水市丰富的特色农作物、中草药资源及奇特的高原地貌、景观资源，将六盘水市传统观光旅游与特色资源结合起来发展高原生态旅游，选择农田体验采摘、自然景区游览观光、少数民俗景区、农家乐等生态旅游项目，拉动旅游产业发展、拓宽就业渠道。此外，可充分发挥六盘水少数民族聚居的特殊社会背景，建设少数民族特色民俗村寨，大力发展少数民族特色休闲旅游，在有效解决少数民族聚居问题的同时，还能保护地方少数民族文化遗存，增加农民收入，助推中心镇的发展。

（二）积极保障中心镇的建设用地需求

中心镇的发展是新型城镇化发展战略得以实现的重要组成部分，要与大中城市的发展统筹考虑，制定科学的发展规划，合理布局，有序推进土地流转。[9] 新增用地指标向中心镇倾斜，对符合条件的项目，优先解决用地指标。中心镇通过复垦、造地等途径增加的土地指标可全部留用，使用有结余的，由市、县（区）优先收购。中心镇非农建设项目占用耕地不能实现占补平衡的，在本县（区）域范围内实行异地补充。同时，科学制定发展规划，特别是建设用地规划是搞好中心镇建设的前提条件和基础工作，既要量力而行，又要尽力而为，适度超前，即使中心镇当前的发展有保障，也为中心镇今后的建设和发展留有余地。节约用地是中国的基本国策，中心镇的建设应高举这面旗帜，从大局出发，处理好建设与吃饭、近期与远期的关系，采取有力措施，严格控制建设用地。

（三）按照县级行政中心标准建设中心镇基础设施

首先，按县级行政中心标准，积极推进示范镇建设、特色镇（乡）建设、绿色小城镇建设工程。其次，大力推进六项行动计划，在“十三五”期间完成小康路建设，实施通村油路、县乡道路改造、通组（自然村寨）公路建设及村寨路面硬化，建设镇客运站和行政村招呼站，逐步实现行政村通客运车率达 100%。完成小康水建设工程，逐步解决中心镇 918 个行政村 155.08 万人的饮水安全问题，基本解决中心镇行政村周边 100 亩以上集中连片耕地的灌溉问题。逐步完成小康房改造、小康电、小康讯、小康寨等工程的建设，为新型城镇化发展道路打下硬件基础，到 2020 年真正实现同步小康。

（四）扩大中心镇财政权限和融资渠道

增加中央、省、市财政资金直接到中心镇的比例，使中心镇的发展有财政资金保障。实行中心镇财政增量分享机制，对中心镇财政当年地方财政收入比核定收入基数增收部分原则上全额交由中心镇使用。在中心镇范围内收取的规费和土地出让金，地方留存部分原则上按规定全额用于该中心镇相关项目和事务。同时积极发展农村金融事业，引导金融机构到各中心镇增设网点，加大信贷支持力度。"十三五"期间鼓励小城镇设立村镇银行、农村资金互助社、小额贷款公司、融资性担保公司等，改善对小微企业、个体工商户和农户的融资服务。鼓励支持各镇进一步扩大融资渠道，积极争取银行信贷、扩大直接融资、吸收社会资本等，以多种方式参与基础设施、公共服务设施和产业园区建设，形成政府与社会力量共同推动新型城镇化的发展机制。

（五）下放事权及改革人事权

在新的形势下，新型城镇化的发展需要进一步扩大中心镇在事权和人事权，疏通体制机制。[10]在有产业园区的中心镇，积极推动园政合一，疏通园区与政府之间的权限关系。具体包括下放事权，赋予中心镇发展决策、项目审批、社会管理、综合执法和检查特许等方面和行政管理权限，以委托、交办等形式交由中心镇行使。改革人事权，中心镇主要负责人，符合条件的，可以确定为副县（区）级，并继续担任原职务，有产业园区的中心镇可将其纳入中心镇政府管辖之下。上级垂直部门派驻机构年度考核及主要领导任免需事先征求中心镇党委意见。同时，鉴于事权扩大、相关专业人员缺乏的实际情况，县（区）应通过下派等途径加强中心镇技术力量，以适应扩权需要。

参考文献：

[1] 费孝通. 小城镇大问题 [J]. 费孝通文集（第九卷）. 北京：群言出版社，1999：192.

[2] 杨昌鹏. 贵州城镇化理论与实践研究 [D]. 华中师范大学博士论文，2012.

[3] 姜良强. 贵州城镇化"瓶颈"问题研究 [J]. 市场研究，2015（1）：60.

[4] 霍海鹰，李雅洁等. 新型城镇化视角下资源型城市转型途径的创新研究 [J]. 煤炭工程，2015（3）：109.

［5］张鸿雁．中国新型城镇化理论与实践创新［J］．社会学研究，2013（3）：1.

［6］李强，陈振华，张莹．就近城镇化与就地城镇化［J］．广东社会科学，2015（1）：186.

［7］李光考，陈淑惠．新型城镇化与农业现代化协调发展存在的问题与对策［J］．2014（351）：19.

［8］李强，陈宇琳，刘精明．中国城镇化“推进模式”研究［J］．中国社会科学，2012（7）：82.

［9］刘彦随，杨忍．中国县域城镇化的空间特征与形成机理［J］．地理学报，2012（8）：1011.

［10］吴理财，杨桓．城镇化时代城乡基层治理体系重建：温州模式及其意义［J］．华中师范大学学报（人文社会科学版），2012（6）：10.

贵州工业化发展阶段演进的逻辑线索及推进战略研究*

杨丽莎**

【摘　要】本文旨在从经济发展水平、产业结构、工业结构、就业结构等方面，基于经典理论结合现代发展要求进行调适后对贵州工业化发展阶段进行评价，从理论和实践角度提炼贵州工业化发展阶段演进的逻辑线索。结论表明：2010 年以来，贵州工业化发展已经进入初期阶段，处于初期腾飞状态。这一时期的基本特征表现为“布局分散、结构低端、发展粗放”，应该采用“特色化、园区化、生态化”的战略措施，全面促进工业转型发展。

【关键词】经典理论　工业化阶段　逻辑线索

一、引言

贵州省经济发展长期以来一直处于落后地位。与全国相比，2011 年人均 GDP 16 413 元，全国倒数第一，生产总值仅相当于全国 1983 年、1984 年的水平，落后 15 年左右。欠发达、欠开发是贵州的基本省情，而工业化、城镇化发展落后是贵州省经济发展长期落后的主要原因。走新型工业化道路，以园区化、生态化促进工业化，以工业化带动城镇化，推动产业结构升级和调整，是实现贵州后发赶超的重要途径。但是，对工业化发展水平的判断常常会影响国家或地区产业结构调整的方向与产业政策的制定，因此划分发展阶段具有较强的政策意义，理论偏误导致的政策偏差有可能形成巨大的发展成本。当前对于工业化发展阶段的判断通常使用的是罗斯托（1960）、霍夫曼（1958）、钱纳里（1975，1986）等的理论，这些理论大都是

* 基金项目：2013 年贵州大学重点学科项目“贵州农业现代化与城镇化协调机制研究”；2014 年贵州大学重点学科项目“农业生态安全问题的经济学研究”；2014 省社科规划项目“西部水源涵养地生态补偿及水权配给机制研究（编号：14GZYB13）”；2015 年贵州省软科学研究项目“贵州守住‘两条底线’的发展路径研究”（编号：黔科合 R 字［2015］2007 – 2 号）。本文系贵州省教育厅人文社会科学重点研究基地“贵州大学中国西部发展能力研究中心”资助发表。

** 杨丽莎（1978～　），女，贵州毕节人，博士，贵州大学管理学院副教授，中国西部发展能力研究中心兼职研究人员，主要研究方向：产业经济、合作组织。

20 世纪 70 ~80 年代或更早时期的理论，钱纳里（1986）工业化阶段理论简明扼要，常被用于指导区域乃至国家产业政策选择[1]。然而，理论与实践证明，继续沿用早期经济发展阶段理论作为参照系，并由此确定工业化发展阶段，由于不同区域经济社会发展环境、资源禀赋、技术创新与制度环境的差异性，据此提出经济发展政策建议可能会有不妥之处[2]。因此，既不能简单沿用传统理论，也不能擅自进行“理论原创”，而要在原来的理论基础上进行“特殊对待”，结合贵州省情与现实经济社会发展的客观需要，加入新的要素，才能对贵州工业化演进阶段做出科学合理的判断，进而提出可行的政策措施才是科学的路径。

二、贵州工业化发展阶段演进的理论线索

对工业化发展阶段的判断常常采用如克拉克、霍夫曼以及钱纳里的理论。但是上述理论产生的时代背景与现在的经济环境有差异，简单应用可能不适宜。因此，立足于三种理论的基本，结合现代工业化发展的背景和要求，进行修改、调适后用于贵州工业化发展阶段的判断。

（一）配第·克拉克定律修正及应用

随着经济的发展，人均国民收入水平的提高，第一产业就业率逐渐下降，第一产业国民收入比重缓慢下降；第二产业国民收入和劳动力的相对比重上升，经济进一步发展；第三产业吸纳劳动力的能力也开始上升，第三产业国民收入有所上升。该定律以工业化过程中三次产业就业结构与人均 GDP 的一般关系来判断工业化阶段。结合贵州经济不断发展、人均收入不断提高、劳动力在三次产业中的比例也不断发生变化的实际，本文将 2010 年人均 GDP 折算到 1978 年实际水平，上表折算后用 GDP 平减指数平减后形成新的判断标准（见表 1）。

表 1　　配第—克拉克工业化发展阶段判断标准

阶段	1	2	3	4	5
人均 GDP	614.73	1 284.57	2 632.84	4 387.5	8 775
第一产业（%）	80.5	63.3	46.1	31.4	17
第二产业（%）	9.6	17	26.8	36	45.6
第三产业（%）	9.9	19.7	27.1	32.6	37.4

注：根据贵州各阶段人均 GDP 与产业结构变动情况，运用配第—克拉克标准分析贵州工业化发展阶段。

结论显示：根据配第一克拉克标准，从人均GDP指标看，贵州2013年人均实际GDP为514.60元，贵州还未进入工业化发展阶段；从产业结构看，贵州2013年产业结构是63.3∶14.2∶22.5，贵州工业化基本处于发展初期。综合来看，贵州省工业化处于发展初期初级阶段（见表2）。

表2　　贵州2000～2014年人均GDP与产业就业结构变化

阶段	2005	2006	2007	2008	2009	2010	2011	2012	2013
人均GDP（元）	208.47	232.75	263.09	286.65	312.73	347.2	368.47	442.49	514.60
第一产业（%）	75.23	76.2	74.1	72.3	70.5	68.3	66.6	65.1	63.3
第二产业（%）	6.51	8.9	9.2	9.7	10.8	11.5	12.0	13.0	14.2
第三产业（%）	18.26	14.9	16.7	18.0	18.7	20.2	21.4	21.8	22.5

（二）钱纳里规律修正及应用

钱纳里将一国经济整个变化过程划分为三个阶段六个时期，从任何一个发展阶段向更高一个阶段的跃进都是通过产业结构转化来推动的。可概括为：随着收入水平提高，需求结构变动促使产业结构变化，由收入水平增长引起的需求结构变化促使工业结构演化。而保护带即三个假说是：一是工业化发展阶段呈现明显的规律性；二是各发展阶段代表性产业明确；三是收入水平提高促进产业结构变动。但三个假说并不是在所有的国家或者地区都具有适用性，在贵州地区，产业结构的变动就和钱纳里假说不相符，贵州产业发展过程中并不是先是第一产业比重较大，而后第二产业，最后是第三产业，实际情况是贵州产业比重中直接是第一产业到第三产业。另外，钱纳里工业化发展阶段判断标准主要是针对国家而言，对地区的使用性不强[3~4]必须驾修正。钱纳里标准折算并平减后的标准见表3。

表3　　经济发展阶段判断标准　　单位：美元

阶段	阶段名称	1970	2000	2010
第一阶段	传统农业阶段	100～280	1 288.26～2 824.26	700.39～1 963.58
	工业化初期	280～560	2 824.26～6 168.78	1 963.58～3 939.66
第二阶段	工业化中期	560～1 120	6 168.78～12 312.78	3 150～6 300
	工业化后期	1 120～2 100	12 312.78～23 089.56	3 939.66～14 770.61
第三阶段	发达经济初期	2 100～3 360	23 089.56～36 963.11	14 770.61～23 637.98
	发达经济时代	3 360～	36 963.11～55 444.67	23 637.98～35 456.97

注：2000年和2010年数据折算成人民币并平减到1978年实际水平。

根据钱纳里工业化阶段理论，运用贵州实际GDP进行分析判断，将表3与表4

对比分析：

表4　　贵州省各年人均实际GDP

年份	2006	2007	2008	2009	2010	2011	2012	2013
人均实际GDP（元）	354.29	705.62	769.79	839.84	932.4	989.51	1 050.12	1 114.45

贵州省2000年人均实际GDP为354.29元，钱纳里标准第一阶段为1 288.26～2 824.26元，贵州在2006年并未进入初级产业阶段，仍然处于传统农业阶段，生产力水平较低；贵州省2007年、2008年、2009年、2010年、2011年人均GDP分别为705.62元、769.79元、839.84元、932.4元、989.51元，2012年，2013年人均GDP为1 050.12元和1 114.45元。2010年钱纳里标准第一阶段和第二阶段人均GDP分别为700.39～1 963.58元和1 963.58～3 939.66元，则贵州进入工业化发展的第一阶段，处于起飞状态，但离工业化发展初期还有一段距离。产业结构的变动中，贵州产业发展过程先是第一产业比重较大，而后第三产业，随后第二产业比重开始缓慢上升，如前面配第—克拉克标准所描述，此时贵州工业化处于发展初期。因而，根据修正后的钱纳里判断标准，贵州开始步入工业化，进入起飞阶段，但离工业化发展初期还有一段距离。

（三）霍夫曼系数修正及应用

霍夫曼定理指出：资本资料工业在制造业中所占比重不断上升并超过消费资料工业所占比重。霍夫曼将工业化进程划分为四个阶段：第一阶段，消费资料比资本资料工业发展快，近5倍差距；第二阶段，资本资料加快发展，消费资料仍是资本资料的2.5倍；第三阶段，消费资料工业与资本资料工业在规模上大致相当；第四阶段，资本资料工业在制造业中的比重超过消费资料工业并继续上升。各阶段霍夫曼系数如下：工业化第一阶段：霍夫曼系数＝5（±1）；工业化第二阶段：霍夫曼系数＝2.5（±1）；工业化第三阶段：霍夫曼系数＝1（±0.5）；工业化第四阶段：霍夫曼系数＜1。随着工业品的升级，其比率是逐步下降的。在工业化前期，消费资料主要是轻纺工业部门生产的，资本资料主要是重化工部门生产的，因而，霍夫曼对工业结构的研究实际上是在分析工业结构的“重工业化”趋势。

贵州省工业化发展过程与西方国家不同，霍夫曼系数比例从起点就步入了发展国家水平，用原有的判断标准对我国工业化阶段进行分析具有很大的缺陷性。本文采用杨海军、肖灵机、邹泽清等[5]的修正办法，将农村人口转化为城市人口所需要支付的消费品总额纳入比例中，即修正后的霍夫曼系数＝［轻工业产值＋轻工业产值X农村人口比例/(1-农村人口比例)]/重工业产值，判断标准同样如上。修正后的霍夫曼系数见表5。

表5 贵州各年相关指标值与霍夫曼系数

年份	轻工业总产值	重工业总产值	农村人口比例	修正的霍夫曼系数	霍夫曼系数
2000	206.3	425.3	0.7613	2.03	0.49
2001	220.1	476.5	0.7604	1.93	0.46
2002	253	544.9	0.7573	1.91	0.46
2003	279.5	698.1	0.7523	1.64	0.40
2004	307.8	1 087.1	0.7372	1.10	0.28
2005	380.9	1 309.6	0.7313	1.08	0.29
2006	449.67	1 617.1	0.7254	1.01	0.28
2007	527.16	1 993.2	0.7176	0.93	0.26
2008	641.78	2 469.34	0.7089	0.89	0.26
2009	758.14	2 668.55	0.7011	0.95	0.28
2010	914.19	3 292.18	0.6619	0.82	0.28
2011	1 253.14	4 541.7	0.6504	0.80	0.28
2012	2 026.18	5 824.12	0.6360	0.96	0.35
2013	2 995.47	7 386.75	0.6217	1.07	0.40

2000~2006年，修正后的霍夫曼系数都大于1，说明贵州省工业化处于发展初期，2007~2013年霍夫曼系数在1左右波动，从判断标准看，贵州从2007年起工业化进入起飞阶段，工业迅速发展；但各年修正后的霍夫曼系数均在1左右波动，因而贵州工业化处于发展初期。

（四）贵州工业化发展阶段的综合判断

工业化发展阶段的判断通常会影响一个地区的产业政策调整方向，判断的失误会导致政策调整偏差，带来更大的发展成本。如前分析显示：传统工业化判断常常用钱纳里、克拉克、霍夫曼和库兹涅茨的理论，不过这些理论大多产生于20世纪50~70年代，理论的产生背景、条件与现在发展要求差异较大，但是理论的精神实质还具有生命力[6~8]。直接用于目前的发展阶段判断，可能会导致失误。因此，在充分研究各理论适用性的基础上，结合当前发展背景、发展条件、发展要求进行调适和修正，再加以应用。综合结论见表6。

表6　基于传统理论的2013年贵州省工业化发展阶段判断

理论	发展阶段
配第一克拉克定律	传统农业（准备阶段）向工业化初期过渡阶段
钱纳里规律	基本完成传统农业积累的第一阶段，处于传统农业向工业化初期过渡阶段的起飞状态
霍夫曼系数	工业化初期
总体判断	基本进入工业化初期阶段

结合贵州有关数据表明：2010年贵州工业化处于初期中级阶段，属于传统农业刚进入工业化初期的起飞状态。即2000～2009年属于初期准备（传统农业）阶段；2010年至今属于初期初级阶段。

三、贵州工业化发展阶段演进的实践线索

（一）2009年以前：准备（传统农业）阶段

（1）1978～1988年。新中国成立以后，在全国“超英赶美”政策的大背景下，贵州推进了“大跃进”和“人民公社”运动，加之“内地建设”的推进，以政府主导模式推动了贵州工业的发展，这为贵州工业化奠定了一定的基础。改革开放以后，贵州省在已有基础上逐步推进工业化的发展。在此阶段，全部工业增加值从41.26亿元增加到1988年的166.81亿元，10年增长了125.55亿元，增长额度较大，增长率约为304.3%，表明贵州省工业化发展步入正轨，以较为稳定的速度发展（见图1）。

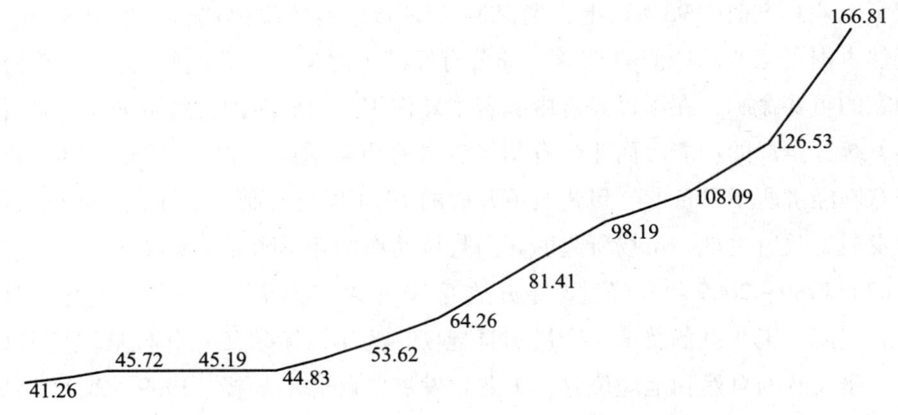

图1　准备阶段贵州工业增加值变化情况（单位：亿元）

从全部工业增加值指标看，1978 年为 15.24 亿元，1988 年增加到 68.32 亿元，10 年指标值翻了三番，增加了 53.08 亿元，增长率约为 348%，与全部工业总产值增长率相当，表明在此阶段，贵州工业发展速度较为稳定，工业各方面发展速度协调。改革开放 10 年的工业发展为贵州工业化继续发展奠定了基础，为初级阶段工业化发展提供了有力基础保障（见图 2）。

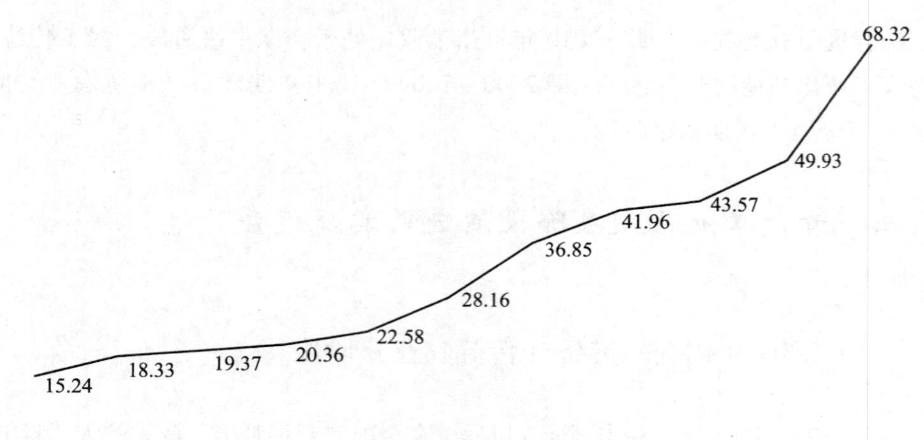

图 2　准备阶段贵州全部工业增加值指标变化情况（单位：亿元）

但 10 年准备阶段期间，工业化的发展几乎全是政府主推。按公有非公有构成的工业总产值比例看，10 年期间公有经济一直占据绝对优势，1978 ~ 1983 年公有经济构成了工业总产值的 93% 以上，到 1984 年才逐渐有下降的趋势。但 1988 年公有经济仍然占据了工业总产值的 88%，非公有经济少之又少。我们知道公有有经济把握着国家的重要命脉，在国民经济中起着主导作用，因而对国民经济的发展具有控制、协调、统筹全局的功能。而非公有制经济具有市场适应性强、机制灵活的特点，这是公有制经济所不具备的。贵州改革开放的 10 年以公有制为主导，表明此阶段贵州工业发展是政府主推，市场所起的导向与拉动作用并不明显（见图 3）。

（2）1989 ~ 2009 年。经过改革开放近 10 年以来的发展，贵州工业化初具雏形，工业总产值、工业设备及工业产量初具规模，为第二阶段工业化发展奠定基础，但由于贵州天然的自然和地理位置，工业化发展之路并不顺畅。1989 ~ 2009 年是贵州工业化发展的初级准备阶段，在此期间，邓小平南方谈话为此阶段的发展注入了活力与希望。南方谈话突出了解放和发展生产力，为贵州工业化发展指明了方向。工业化之路在艰难中继续推进，工业总产值逐年增加，1989 年工业总产值为 201.45 亿元，2009 年增加到 2 104.37 亿元，20 年期间工业总产值翻了几番。工业规模逐渐扩大，区域生产总值从235.84亿元上升到2 005.42亿元，生产总值翻了几番，年均增长率较高，工业化的发展一定程度上拉动了贵州经济的持续发展（见图4、图5）。

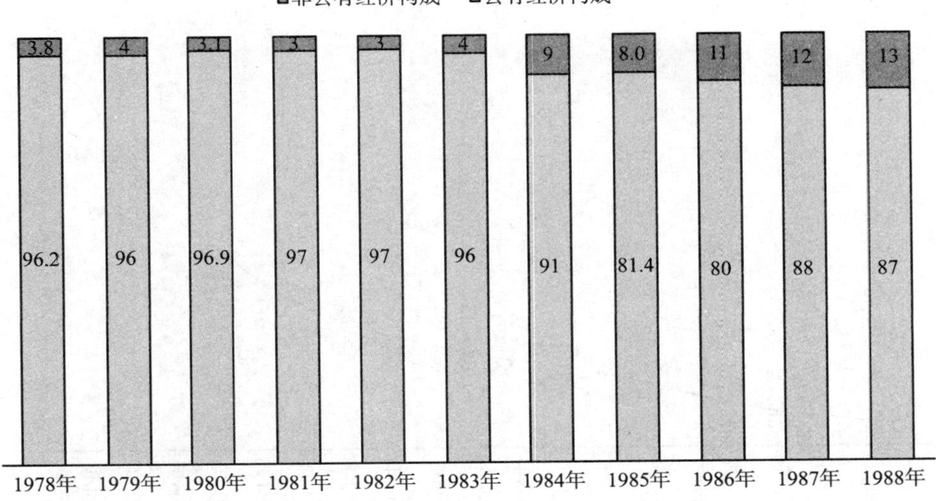

图3 准备阶段工业总产值构成变化（单位：%）

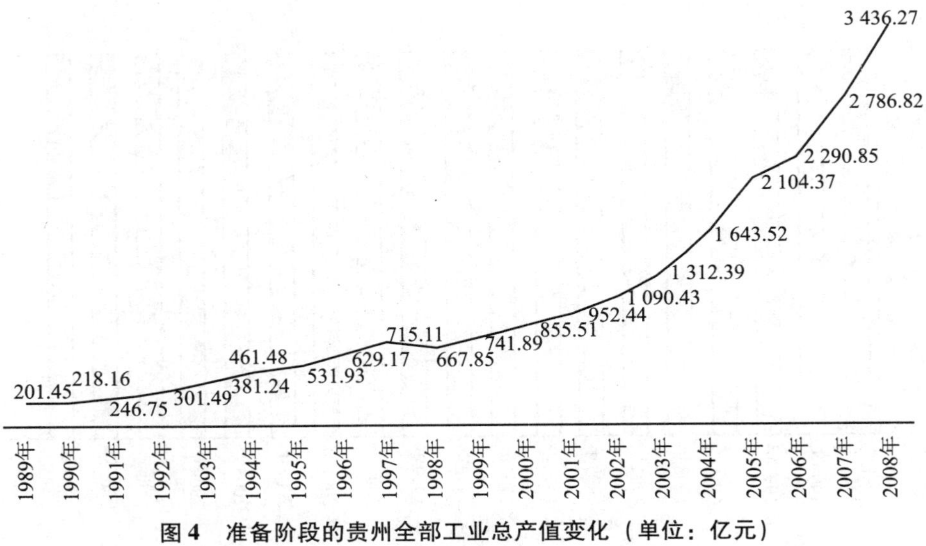

图4 准备阶段的贵州全部工业总产值变化（单位：亿元）

与此同时，代表市场经济的非公有经济进一步发展，公有经济的占比从1989年的89%逐步下降到2008年的62%，近20年期间公有经济占比下降了27%，下降幅度较大。同时非公有经济占比稳步上升（见图6）。虽然期间非公有经济占比某些年份有所下降，但就整个趋势而言，非公有经济如发酵的馒头，在慢慢膨胀。非公有制经济的发展，对于满足贵州人民物质和文化生活的多样性需要，扩大就业、内需和整个区域经济的发展具有重要作用。在此阶段非公有经济虽然有了较大幅度的发展，但一直都是在公有经济为主导的前提下稳步发展的。表明贵州工业化在坚持社会主义经济制度的前提下，努力做到工业发展的多样化。

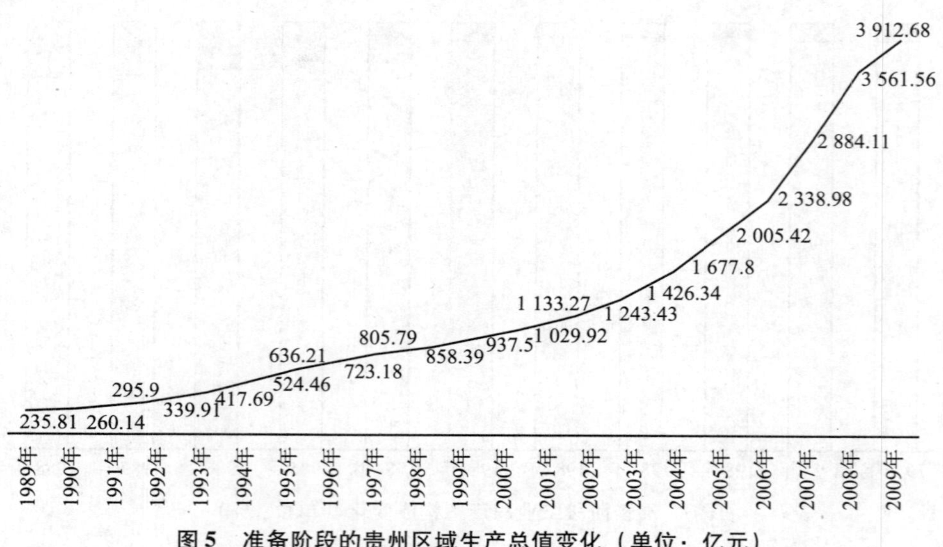

图 5　准备阶段的贵州区域生产总值变化（单位：亿元）

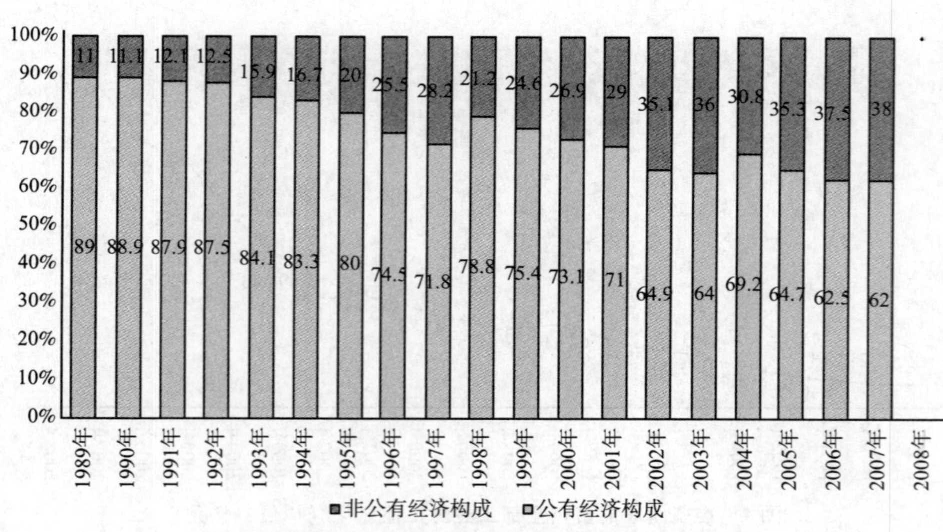

图 6　准备阶段的贵州工业总产值构成比例（单位：%）

（二）2010年至今：初期初级阶段

传统农业阶段和准备阶段的发展，为初始阶段工业化的发展为贵州奠定了物质基础。在已有成就上，2010年10月26日，贵州省召开了历史上第一次工业大会，大会果断提出了“工业强省”战略选择，“工业强省”战略口号为贵州工业发展带来了政策支持。全省在此背景下大力推动工业化的发展，工业化进入了改革开放后的起步阶段。由于贵州人多地少，农村剩余劳动力众多，为贵州工业发展提供了充足的劳动力保障。同时，农村剩余劳动力的转移一方面提升了城市生产率，增强了城市盈利能力；另一方面，转移的劳动力在城市慢慢接受了现代文化的熏陶，在第二、第三产业从事活动提高了他们的科技知识，增强了市场意义，提高农村劳动人员的竞争力，使得贵州人力资源得到了一定程度的提升，为贵州工业的腾飞提供了人员保障。

“工业强省”战略口号提出后，贵州“十二五”工业发展规划出炉，规划提出：全省应在“十二五”期间建200亿元以上的工业园区9个，分别位于贵阳、遵义、安顺、黔东南和毕节地区，建100亿元以上工业园区23个，100亿元以下的园区因地制宜建设，在规划引领下，各地区兴起了工业园区的建设热潮，至今已经完善了44个园区的建设，工业园区的建设为贵州工业发展提供了强大支撑，园区化的工业发展符合实际。贵州经济社会发展水平落后，经济底子薄，自我发展能力弱，需要大量的外部资源来发展工业、推进工业化进程；同时贵州又具有大力发展工业的资源条件和交通运输条件，因而贵州工业化的园区化路径为贵州工业的起飞找到了出路。园区化有利于产业集聚，推进产业集群发展，增强产业关联度，加长产业链条，提高产业发展效益。最后，园区化有利于实现发展方式转型。园区化有利于引进和应用现代科学技术，引进高级人才，树立现代发展理念，增强创新能力，实现发展方式转型。前面的实证判断表明贵州省2006年前工业化处于传统农业阶段，2007～2010年贵州省工业化处于准备阶段，2010年至今处于工业化初期阶段。园区化路径促进贵州工业化的进一步发展，为贵州稳步步入工业化初期阶段出了一把力。

2011年贵州工业化处于发展初期阶段，市场经济发展逐步完善，奠定了工业的腾飞基础。工业强省战略决定提出了奋斗目标：“十二五”期间，工业增加值年均增速20%以上，到2015年，全省工业经济总量明显扩大，产业结构明显优化，创新能力明显增强，节能环保水平明显提升，工业增加值比2010年增加1.5倍，在西部地区位次提升1～3位；单位工业增加值能耗和主要污染物排放达到国家要求，大宗工业固体废弃物资源综合利用率达到60%以上；全社会累计新增就业人员150万人以上；实现“两个万亿”，工业投资累计实现1.5万亿元以上；到2015年，工业总产值实现1万亿元以上；提升“四个比重”，到2015年，工业增加值占国内生产总值的比重提升到40%以上，非公有制经济占国内生产总值的比重提升到45%，装备制造业和高新技术产业占工业的比重提升到20%，第二产业从业人员占全社会从业人员比重提升到20%；壮大“八大支柱”，到2015年，电力、煤炭、冶金、有色、化工、装备制造、烟酒、民族医药和特色食品及旅游商品为主的特色产业等八大支柱产业产值分别超过1 000亿元；打造“五大基地”，力争用5~10年时间，把贵州省建成国家重要能源基地、资源深加工基地、国家优质轻工产品基地、装备制造业基地、战略性新兴产业基地。目标的提出为贵州工业化发展提出了具体要求，起步阶段工业园区的建设为目标的实现奠定了可能性。

新一轮西部大开发提出了在西部地区应大力推进优势矿产资源开发利用。贵州是著名的矿产资源大省，拥有丰富的优质矿产资源，截至2011年，已发现矿种125种，有76种探明了储量，有41种储量排名全国前10位，但贫穷仍然是贵州的现状，不少学者与专家将贵州人民比喻为“坐在金山上的贫困”。国发二号文件将贵州定位于全国重要的能源基地、资源深加工基地、特色轻工业基地、以航空航天为重点的装备制造基地和西南重要陆路交通枢纽。大力实施优势资源转化战略，构建特色鲜明、结构合理、功能配套、竞争力强的现代产业体系，建设对内对外大通道，打造西部地区重要的经济增长极。战略定位加强贵州走工业化发展之路，促进贵州腾飞。

四、现阶段贵州工业化发展的总体特征及推进战略

（一）基本特征

处于发展初期起飞状态的贵州工业化，总体上表现出“布局分散、结构低端、发展粗放”的基本特征。

第一，产业布局分散化。历史上看，贵州工业是因“三线”建设而发展起来的，但“三线”建设的企业布局主要是偏向边远、山区、山洞等比较隐蔽的地区，由此发展起来的工业必然是乱散的布局。虽然近年来贵州建立了部分国家级开发新区以及大量工业园区，但散、乱、小的问题基本没有解决。

第二，产业结构低端化。多年来贵州工业产品上表现为“三多三少”的基本特征：原料类产品多、终端消费品少；初加工粗加工产品多、深加工精加工产品少；低端产品多、高端产品少。所以，工业产业结构和产品结构不合理，产业基础相对

薄弱，产业层次低、定位低，导致大量的工业制成品附加值流失。而工业原材料的产值低又制约了贵州社会再生产的资本需求。产业之间的关联和同一产业的区域间合作程度低，规模效应难以形成。

第三，发展方式粗放型。统计显示，贵州每万元生产总值能耗为全国平均水平的2～3倍；以能源和优势原材料为主的重化工业占全省工业比重的70%以上，而且我省是国家确定的重要能源、矿产资源主要接替区，“西电东送”工程的重点省份之一，随着以能源、优势原材料为主的新兴支柱产业的加速发展，人口总量增长、城镇化建设加快，能源、水、土地、矿产等资源不足的矛盾越来越突出，生态和环境压力越来越大。如果不注重生态保护和生态建设，将影响工业化发展水平发展速度和发展质量。

（二）贵州工业化发展战略取向

基于评价结论工业化初期腾飞阶段的判断，结合本阶段发展特征，认为走好“特色化、园区化、生态化”三条道路，可促进工业化战略转型。

（1）走工业特色化道路。立足比较优势理论，走一条具有贵州特色的工业化道路[9]。依靠资源禀赋的比较优势来发展经济，是一个国家取得经济健康、快速、稳定发展的最佳途径。贵州工业强省战略构想的实现，必定要依托贵州的要素禀赋结构，发展具有贵州优势的工业产业。只有坚持比较优势发展战略，根据生产要素禀赋结构在时空上的分布和变化情况，确立合适的产业、产品和技术结构，才能够使国民经济以潜在的最快速度增长。要素禀赋结构的三要素是劳动、自然资源和资金。贵州资源优势明显，如量大质优、分布广泛的矿产优势，其中，铝、磷、锰、锑、金以及重晶石等资源优势尤为突出；而贵州也是全国重要的动植物种源地和四大中药材主产区之一，如此的资源优势为贵州工业经济发展提供了扎实的基础。贵州正在逐步开发、培训劳动力资源，提高劳动力素质。要素禀赋的现实结构表明贵州在发展工业经济的过程中，不能完全依赖发达省份的经验，应根据自身的优势和劣势，合理布局，抓住深入实施西部大开发战略、产业转移等机遇，发展具有贵州优势的工业产业，带动贵州经济社会的全面健康发展。

（2）走工业园区化道路。园区化是工业经济发展的关键路径[9]。工业园区不仅能有效实现欠发达地区的区域优势转化，同时还能为产业聚集提供了一个空间场所，是可以有效创造聚集力、共享资源、保护环境并带动关联产业的发展，从而保质保量地推动产业集群形成和工业化进程。工业园区化同时也是欠发达地区加快工业化进程的主要模式，是产业集群、产业结构调整与升级的重要方式。作为具有市场竞争优势、区域品牌共享优势、招商引资的区位优势、要素集聚优势的工业园区，对加快贵州经济发展、提升区域经济竞争力具有重大的现实作用。

(3) 走工业生态化道路。生态化是工业化发展的基本要求[10]。贵州工业经济发展要在实施清洁生产、保护生态环境、重视生态建设的前提下推动。首先要明确工业经济发展中生态化的运行路径、战略目标、基本任务、监测指标、生态进步监测、生态经济社会监测和战略措施等。当前要积极建设绿色工业化、绿色城市化、生态补偿制、环境责任制和国际资源战略等促进措施，构建生态化工业经济体系。其次要突出节能、减排、环保、低碳的工业技术创新机制建设。工业经济发展面临的主要挑战之一就是如何处理与自然环境的关系，国家“十二五”规划着重指出节能减排是经济发展的基本要求。贵州生态环境脆弱，山地和丘陵、喀斯特面积比重大，牵一发而动全身，使得工业经济发展面临重大挑战。因此，贵州工业经济发展要努力将节能、减排、环保、低碳作为标准，在保护生态环境的同时推进工业技术创新，促进工业经济发展。

参考文献：

[1] Hausmann, R., Hidalgo, C. A. et al. The Atlas of Ecomomic Complexity: Mapping Paths to Prosperity [M]. MA: MIT Press, 2011.

[2] Pisano. G. and W. C. Shi Restorring the American. Competitiveness [J]. Harvard. Business. Review, 2009, (July - August): 114 - 125.

[3] 黄群慧．“新常态”、工业化后期与工业增长新动力 [J]. 中国工业经济，2014 (10): 5 - 19.

[4] 陈佳贵，黄群慧，钟宏武．中国地区工业化进程的综合评价和特征分析 [J]. 经济研究，2006 (6).

[5] 高洁．中心城市工业化与城镇化互动评价及模式探析——基于对直辖市和副省级城市的比较分析 [J]. 经济问题探索，2014 (12): 79 - 84.

[6] 甄江红，贺静，陈芸芸，李灵敏．内蒙古工业化进程的综合评价与演进分析 [J]. 干旱区资源与环境，2014 (2): 25 - 30.

[7] 中国经济增长前沿课题组．中国经济转型的结构性特征、风险与效率提升路径经济研究 [J]. 经济研究，2013 (10): 4 - 17.

[8] 张可，汪东芳．经济集聚与环境污染的交互影响及空间溢出 [J]. 中国工业经济，2014 (6): 70 - 82.

[9] 林毅夫．展望未来 20 年中国经济发展格局 [J]. 中国流通经济，2012 (06).

[10] 中国经济增长前沿课题组．中国经济长期增长路径、效率与潜在增长水平 [J]. 经济研究，2012 (11).

贵州省实施创新驱动战略的重点研究

叶家斌　万　坚*

【摘　要】本文结合创新及创新驱动的主要理论研究成果，分析了贵州省实施创新驱动战略的重要意义，对贵州省“十二五”时期实施创新驱动发展战略的现状和突出问题作了全面的分析研究，最后，在此基础上提出了贵州“十三五”时期实施创新驱动战略的重点。

【关键词】创新　创新驱动战略　贵州省

一、引言

目前，全国经济发展开始进入“新常态”，“创新2.0”浪潮涌起，贵州加快实施创新驱动后发赶超战略迎来新的重要机遇。习近平总书记指出：“要立足贵州产业发展需要，加大自主创新力度，构建科技创新体系，增强科技引进、消化、吸收和再创新能力，促进科技创新成果向现实生产力转化，使经济发展走上科技引领、创新驱动的轨道”。创新驱动是推动产业结构不断优化的必然要求，是提升自主创新能力的必然要求，是转变经济发展方式、提高经济增长质量的必然要求，是守住“两条底线”、推动历史性跨越、同步建成全面小康社会的必然要求。本课题力求通过对创新驱动的重点和政策研究，为全省深入实施创新驱动战略、实现创新动力和效益的最大化提供研究成果支撑。

二、文献综述

（一）创新的内涵

创新是一个民族进步的灵魂，是一个国家兴旺发达的不竭动力，也是一个政党永葆生机的源泉。创新的定义是指以现有的思维模式提出有别于常规或常人思路的

* 叶家斌，贵州省发展和改革委员会国土经济研究室。万坚，贵州省社会科学院。

见解为导向，利用现有的知识和物质，在特定的环境中，本着理想化需要或为满足社会需求，而改进或创造新的事物、方法、元素、路径、环境，并能获得一定有益效果的行为。

美籍经济学家熊彼特（1912）[1]最早使用了创新的概念，并将其解释为：创新是指把一种新的生产要素和生产条件的“新结合”引入生产体系。它包括五个方面：引入一种新产品；引入一种新的生产方法；开辟一个新的市场；获得原材料或半成品的一种新的供应来源；新的组织形式。创新对经济发展的功能可以概括为以下两个方面：首先，创新可以不断地提升要素的总体生产效率，抵消经济生产过程的边际报酬递减效应；其次，创新通过提升全要素生产率，重新组合和分配生产要素的投入，突破经济发展中由要素短缺引致的发展“瓶颈”。熊彼特所传达的这种经济思想，其实质是将创新看作是经济发展的本质驱动要素，他认为走创新驱动的经济发展是必然的选择和趋势。

（二）创新驱动的内涵

“十八大”报告中明确提出实施创新驱动发展战略，就是要使市场在资源配置中起决定性作用和更好地发挥政府作用，破除一切制约创新的思想障碍和制度藩篱，激发全社会创新活力和创造潜能，提升劳动、信息、知识、技术、管理、资本的效率和效益，强化科技同经济对接、创新成果同产业对接、创新项目同现实生产力对接、研发人员创新劳动同其利益收入对接，增强科技进步对经济发展的贡献度，营造大众创业、万众创新的政策环境和制度环境。

我国著名经济学家洪银兴（2013）[2~3]指出创新驱动是以知识、技术、制度、管理等创新要素为经济发展主要推动力的资源合理高效配置的一种方式，其本质是指依靠自主创新，充分发挥科技对经济社会的支撑和引领作用，大幅提高科技进步对经济的贡献率，实现经济社会全面协调可持续发展和综合国力不断提升。根据科学发展观的要求，经济发展转向创新驱动是要把它作为经济发展的新动力，使得经济发展更多依靠科技进步、劳动者素质提高和管理创新驱动。驱动经济发展的创新是多方面的，包括：科技创新、制度创新、商业模式创新；其中科技创新是关系发展全局的核心。创新驱动最早由美国管理学家迈克尔·波特（1996）[4]提出，他以钻石理论为研究工具，从竞争现象中分析经济的发展过程，从而提出了国家经济发展四个阶段的概念，即生产要素驱动阶段、投资驱动阶段、创新驱动阶段和财富驱动阶段；国家竞争优势的源泉在于各个产业中的企业活力，即创新力。

三、实施创新驱动战略的意义

当今社会处在一个日趋开放、充满竞争的发展环境，世界经济正在发生重大而深刻的变革，经济全球化趋势不可逆转，产业结构的调整转移、资源的配置进一步在全球范围内展开，科技创新能力已成为国际竞争的主导因素，自主创新成为调整经济结构、转变增长方式、提高国家和地区竞争力的中心环节。

（一）创新驱动对实现经济结构转型升级的意义

长期以来，我国经济增长主要是以高投入、高消耗、高污染的粗放型增长方式为支撑，导致我国主要生产的产品是低档次的，处于产业链低端，并且造成了资源的浪费和自然环境的破坏；因此，随着经济社会的不断发展，转变粗放型的经济增长方式成为必然的选择。理论和实践都证明，创新尤其是科技创新可以成为转变经济发展方式的抓手。经济发展方式转变，不仅意味着从要素扩张向生产率提高转变，而且意味着要在经济发展过程中实现经济结构的转变，改变经济结构中投入结构不合理、物质资源消耗太多、科技进步贡献率低的状态。创新驱动能够很好的推动经济结构的转型升级，其主要表现包括：在产业结构方面，从主要依靠第二产业带动向一、二、三次产业协同带动转变，大力培育战略性新兴产业。在空间结构方面，调整城乡二元结构，缩小城乡差距，推进工业化、城镇化、农业现代化和信息化的同步协调发展。在动力结构方面，促进济发展由主要依靠投资拉动向消费、投资、出口协调拉动转变。在要素投入结构方面，以提高创新能力为核心，促进经济增长从要素驱动型向创新驱动型转变。

贵州经济发展方式以粗放型为主，科技创新对经济社会发展的贡献率偏低，这种增长方式不可避免而且正在遇到资源和环境不可持续供给的极限，生态环境的“瓶颈”制约日益突出，造成产业大多仍然处于价值链低端，经济发展缺乏可持续性。近年来，贵州省积极转变经济发展方式，产业结构得到不断优化，经济社会加速发展。但是经济发展仍然以能源、原材料等要素投入驱动为主，科技型、知识密集型和战略新型产业比重较低，产业链短，带动能力差，产品附加值低。只有通过实施创新驱动发展战略，才能进一步推进贵州省的体制机制改革，充分发挥市场在资源配置中的基础性作用，促进市场主体不断调整和优化投资结构以适应市场需求；才能提高全民的创新意识和科技意识，依靠科技的优先发展，支撑和引领产业技术进步，提高企业技术创新能力和农业、社会科技进步水平，推动产业结构调整，促进高新技术产业发展。进而，提升贵州省的自主创新能力和水平以提高经济增长的质量，促进贵州省产业转型升级和经济发展方式转变。

（二）创新驱动对经济增长的意义

创新驱动可以通过创新来不断提高要素生产率，通过重新组合生产要素，改变要素结构，推动科学技术成果在生产领域和商业领域的应用和扩散，从而给经济发展提供了新的增长动力，推动经济增长。同时，创新驱动改变了过去单纯依靠要素驱动和投资驱动的模式，而把创新作为推动经济增长的主动力，从而解决了要素供给不足的难题，保证经济增长平稳有序。

贵州长期依赖低端产业、廉价劳动力和资源消耗等低成本要素投入推动经济增长，属于由投资带动的要素驱动阶段，能源、生态环境“瓶颈”日益凸显，经济社会发展动力不足。只有通过实施创新驱动发展战略，才能不断加强创新的体制机制建设，完善贵州省的创新激励机制和创新成果转化机制，激发各类创新主体不断提高自主创新能力，以增强其核心竞争力，提高经济效益，形成技术、管理创新与经济社会发展之间的良性循环，从而提升贵州的创新能力，为经济社会科学发展提供强大的内生动力，带动全省的经济社会发展。

（三）创新驱动对可持续发展的意义

当前我国传统的高储蓄、高投资的发展模式导致了经济发展的高速度和低质量，一方面表现为经济发展与社会发展的失衡日益严重；另一方面表现为经济增长与资源环境的矛盾十分突出。在这种发展模式下，人与社会、自然关系失衡，意味着其不可持续。同时，随着欧美国家再工业化浪潮的兴起，承接国外技术和产业转移的难度加大，技术引进受到更多限制。因此，要实现可持续发展就必须实施创新驱动，通过全面构建创新体系，发挥各项创新机制的协同作用来提升生产效率。

在相当长的一段时间里，贵州仍将处于大发展、大建设时期，新型工业化、新型城镇化和新农村建设步伐必将进一步加快。但是，贵州目前粗放型的发展模式仍未彻底改变，“高投入、高能耗、高排放、不协调、难循环、低效率”的增长模式带来了严重的资源、生态环境问题。只有实施创新驱动发展战略，才能促进资源的节约和优化配置，使得经济发展方式由要素投入驱动向创新驱动转变，在保证经济快速平稳发展的同时，实现资源消耗与污染排放增长的最小化，有效的缓解资源及生态环境问题，提升资源环境承载能力，真正做到在发展中保护生态环境，在发展中解决生态问题，守住贵州生态环境保护和经济社会发展的“两条底线”，实现经济社会和资源环境可持续发展，建设资源节约型、环境友好型社会。

（四）创新驱动对提高竞争力的意义

现代社会的国际竞争是创新能力和科技实力的竞争，国际金融危机之后，经济复苏和新经济增长点的形成，将主要依靠创新驱动，并以新产业的发展为主要特征。虽然我国的 GDP 总量进入了世界第二大经济体，但产业结构还处于低水准，转型升级的能力弱，缺乏国际竞争力。随着全球化进程的加速，世界经济发展已经由资源驱动、资本驱动向创新驱动过渡；在今天的国际经济格局中，一个国家或者地区在国际分工中地位的提升主要表现为产业链条或者产品工序所处地位及增殖能力的提升上，发达国家更为注重科技研发，依靠知识产权来增加物质财富总量而把制造业等转向发展中国家，从而形成技术上的依附关系。因此，我们提出实施创新驱动发展战略，切实发挥创新驱动替代要素驱动在经济发展和结构调整中的作用，提高自主创新能力，加快关键领域的核心技术突破，提升国际竞争力，在经济全球化不断加深的背景下，是客观需要和切合时宜的。

四、贵州创新发展的现状分析

在“十二五”时期，贵州创新能力有了长足的进步，在全国的排名取得一定提升，推动了经济社会跨越发展，但创新驱动内生动力依然严重不足。

（一）贵州创新发展水平的现状

2014 年，贵州省综合科技进步水平指数达到 32.42%，增幅排全国第八位；发明专利申请量同比增长 105.70%，增幅居全国第一；发明专利授权同比增长 34.90%，增幅居全国第二；全省高新技术产业产值突破 2 200 亿元，同比增长 27.0%。

1. 创新的基础条件

创新的基础条件包括了经济、教育、信息化、公共基础设施和对外开放 5 个方面。经济方面，2014 年全省 GDP 总量实现 9 266.39 亿元，相比 2013 年增长 10.8%，“十二五”期间年均增速为 13%；2014 年全省固定资产投资为 9 025.75 亿元，同比增长 22.4%。教育方面，2014 年贵州省普通高校在校大学生数为 460 401

人，普通高校专任教师为 28 144 人，在校研究生数 14 667 人；技工学校在校学生数 61 458，专任教师数 5 591；教育经费占财政支出比重为 18%。信息化方面，2014 年全省长途光缆线路总长度达到 46.13 万千米，宽带接入端口数 668.4 万个，互联网出省带宽能力达到 1 000Gbps，电话普及率达到 97.98%。公共基础设施方面，2014 年公共图书馆 95 个，科技馆 3 个，人均拥有道路面积为 9.72 平方米/人，建成区绿化覆盖率为 24.35%，与 2010 年相比，全省的公共基础设施建设都有了长足的改善。对外开放方面，2014 年进出口总额占 GDP 比重为 7.1%，出口额占工业生产总值比重为 18.4%，实际利用外资额 21.3 亿美元，与 2010 年相比，各项指标都表明全省对外开放程度都有了显著地提升。从各方面的相关指标可以看出，贵州省经济社会经过“十二五”以来的快速发展，创新基础条件得到了显著改善，为接下来进一步实施创新驱动战略打下了一定基础。

2. 创新投入

创新投入包括了经费、人才和创新主体 3 个方面。经费方面，2014 年科技经费占财政指出比重为 1.25%，R&D 经费支出为 554 795 万元，占全省地区生产总值 0.6%。人才方面，2014 年全省科技活动人员 71 771 人，R&D 人员人数为 38 158 人，规模以上工业企业 R&D 人员数为 20 771 人；共全职引进博士 608 人，硕士 2 256 人，具有副高级以上专业技术职务的 233 人；“百千万人才引进计划”评选出首批“百人领军人才”14 人、“千人创新创业人才”16 人。创新主体方面，2014 年全省科研机构数量为 449 个，其中规模以上工业企业科研机构数 224 个；研究生培育机构 8 个，普通高等学校 55 所，中等职业教育学校 209 所。

3. 创新产出

创新产出包括了知识产权和创新产品两个方面。知识产权方面，2014 年贵州省专利申请量突破两万件大关，达到 22 471 件，全省专利授权量达到 10 107 件，首次迈上万件台阶，每万人发明专利拥有量达到 1.2 件。创新产品方面，规模以上工业企业新产品开发项目数 1 802 个，其中大中型工业企业 1 289 个；省级以上成果登记 147 项，国外引进消化和吸收创新 12 项，国内技术二次开发 103 项。

（二）创新驱动存在的突出问题

上海财经大学课题组通过构建“创新驱动，转型发展”评价指标体系，评价了我国 31 个省自治区直辖市的“创新驱动，转型发展”能力，评价结果显示贵州排名倒数第二，略好于新疆。由此可以看出，贵州创新驱动发展的能力严重不足，实施创新驱动发展战略面临诸多挑战。结合贵州省的现状分析，阻碍其创新驱动发展能力的主要因素。

1. 创新能力仍然较弱

2011～2015 年，贵州科技论文发表总数从 14 455 增加到 19 360 篇，增长 13.4%，取得较好进展。但无论是科技论文发表总数还是每十万人论文发表数，贵州都低于周边地区，且与四川、湖南和重庆的差距非常大。贵州论文发表总数只相当于四川的 26.6%、湖南的 34.6%；每 10 万人发表数只相当于重庆的 44.8%、四川的 61.5%。在技术合作方面，贵州技术合作程度明显低于周边区域，且与四川、湖南和重庆相差甚远。同时，周边区域的研究机构和高等学校参与技术合作的程度也高于贵州，两大主体所获资金规模合计均高达 80% 以上。

贵州企业创新能力较弱、效果较差。新产品开发经费支出方面，贵州规模以上工业企业支出总量和增速均低于周边区域。2013 年贵州支出总量分别相当于湖南、四川、重庆、广西和云南的 13.62%、18.87%、28.01%、47.45% 和 81.11%；同时，2013 年与 2011 年相比，贵州支出总量仅增长 11.18%，比广西低 3 个百分点以上，比其他周边地区低 10～30 个百分点以上。新产品销售收入方面，贵州企业的表现则显得更差，2013 年贵州的销售收入分别相当于湖南、重庆、四川、广西和云南的 6.43%、13.66%、14.88%、23.21% 和 83.07%；2013 年与 2011 年相比，贵州与重庆销售收入出现负增长，分别为 -17.08% 和 -10.96%，其他地区则实现 15%～55% 不同程度的增长。

2. 创新缺人才支撑

“十二五”以来，我省出台了一系列技术和人才引进的相关政策，吸引了一批优秀人才参与到贵州省的经济社会建设中，科技活动人员队伍规模不断扩大，科技企业数量增多，创新能力明显增强。但是由于人才政策体系尚不完善，人才创新平台还处于起步阶段，产业聚集尚未形成规模，引进的高层次人才数量和质量都不是很高，与产业结构优化升级、转变经济增长方式对人才的需求还不相适应，创新人才紧缺的局面仍未得到根本改善。2014 年贵州科技活动人员数 71 771 人，其中 R&D 人员数 38 158 人，均低于云南、四川、重庆等周边省份，与发达省份相比，差距更大。

3. 创新缺资金保障

“十二五”以来，贵州省对于创新方面的投入不断增多，对企业、高校和科研机构的支持力度不断加大，但是与全国发达省份和地区相比，差距仍较大。2011～

2014年，贵州R&D经费投入总量从36.3亿元增至55.5亿元，但增长率总体呈现递减的趋势，从21.1%下降到17.6%；特别是作为衡量一个区域创新发展能力重要指标的R&D经费投入强度逐年下降，从0.64%降低至0.6%。而且，贵州与周边地区在研发投入强度方面的差距在逐步扩大。四川、重庆和湖南的研发投入强度逐渐向1.5%的高水平接近；贵州与广西、云南虽均未超过1%这一临界值，但只有贵州呈现逐年下降的趋势，与两者的差距逐步扩大规模以上工业企业R&D经费外部支出总额分别相当于湖南的11.85%、四川的12.19%、重庆的19.75%、云南的31.88%和广西的38.21%。此外，贵州高等学校和研究机构的R&D经费外部支出总量规模远低于四川、湖南和重庆，分别只相当于其2.8%、11.2%和21.5%。这直接决定了贵州与周边地区研发投入的比较弱势地位。

在民间融资方面，资金往往流向已经发展较为成熟的传统行业和国有大中型企业，而迫切需要通过融资和贷款来进行创新的中小企业却筹资无门。此外，贵州在多层次的资本市场建设方面相对滞后，面向创新型企业的融资工具及其市场，如票据市场、融资租赁以及应收账款融资等业务还较为落后，融资方式相当有限，无法满足创新活动的资金需求。

4. 相关体制机制不健全

第一，市场资源配置机制不完善阻碍技术创新，导致创新活动无法与市场需求相互对接，市场承接技术转移的机制不健全，创新成果无法通过市场的配置功能实现其价值，使得高校等研究机构的研究能力无法得到充分发挥，产学研联合缺乏有效的利益和知识产权分享机制，这就造成创新中断和创新过程出现危机的局面。而法制化建设的滞后，使得知识产权保护跟不上经济社会形势发展，创新无法得到完善的法律保护，进而打击了创新的积极性。

第二，政府行政部门仍控制着许多重要经济资源的配置，而市场难以发挥其价格形成和价格信号传递的作用，使得政府和企业在扭曲的价格信息引导下，在投资和管理等方面作出不科学的决策，进而阻碍创新的推进。政府在有些政策的制定方面，往往只注重眼前的经济增长，忽视经济的可持续发展，给予企业诸多优惠政策，造成企业倾向于从优惠政策中获利，形成“惰性”，使得企业缺乏创新动力和创新意识。政府部门机构庞杂，多头管理，相互之间的协调不够，使得政府的引导作用无法形成合力，真正发挥政府对创新活动的引导作用。

5. 缺少协作创新的平台

受多方面因素的影响，贵州省创新平台的建设受到了很大的制约，基础条件仍然存在一定的问题。虽然近些年来，贵州加强了企业技术中心、重点实验室、高校科研院所等创新平台的建设，但这些平台总体上来说，平台规模小，专业化程度低，技术水平和研发能力不强，没有形成自己的核心技术，缺乏竞争力，无法满足贵州省经济社会发展对创新能力的需求。

此外，贵州省存在创新主体定位不清晰的问题，高校、科研院所和企业没有形成互补共赢的合作关系，某种程度上还存在相互竞争，导致创新协作平台难以形成。

五、“十三五”期间实施创新驱动战略的重点

（一）加快培养和引进创新型人才

落实人才优先发展战略，着力抓好人才培养、引进、使用、评价等环节，统筹推进以高层次创新人才为重点的各类人才队伍建设，优化人才发展环境，使人力资本的创新创造活力竞相迸发，全力把贵州省打造成为创新创业人才高地。

1. 加快各类人才队伍建设

围绕建设创新型社会的需要，突出“高精尖缺”导向，以高层次人才和高技能人才为重点，依托重大科研和工程项目、重点学科和科研基地、国际学术交流和合作项目，推动人才结构战略性调整，培养造就一批推动科技创新和产业发展的高端人才。实施高层次创新人才培养工程，加快培养一批能掌握核心技术、关键技术和带动新兴学科、高新产业发展的高层次科技领军人才、青年科技专家。实施企业家培养工程，引进和培养一批具有创新精神和现代经营管理水平的优秀企业家和职业经理人。进一步组织实施“贵州高校优势学科建设工程”，支持高校联合企业布局建设一批战略性新兴产业等领域的重点学科和研发机构，加快培养高层次创新创业人才。深入开展招才引智工作，培育国际化引才活动品牌，着力引进海外领军人才、拔尖人才和紧缺人才；整合人才、项目经费，大力引进创新团队，鼓励海外高层次人才组团创新创业；推动高校、科研院所、科技园区（市县区、开发区和企业）联合引进和使用海外人才。实施党政人才素质提升工程，健全后备干部培养和使用机制。实施农民工技能提升工程，培育特色产业示范带头人、科技种植养殖能手、农民经纪人，建设一支适应农业现代化的农村实用人才队伍。加大经济社会发展急需紧缺人才引进力度，推进科技创新人才引进计划、“5 个 100 工程”人才支撑计划、“黔归人才”计划、“百千万人才”引进计划、“六个一批人才”引进计划、农村实用人才培养等计划。

2. 创新人才发展机制

建立健全政府宏观管理、市场有效配置、单位自主用人、人才自主择业的人才管理体制。创新人才培养开发机制，逐步建立人人能够发展、人人能够成才的现代人才培养开发机制。建立健全省市县乡四级人才发展统计体系，进一步强化对人力资源投资占 GDP 比重、人才贡献率等指标的考核，逐步完善政府、用人单位、个人和社会多元化的人才投入机制。完善有利于发现、选拔、使用人才的体制机制，完善符合人才成长规律的考评体系，完善收入分配激励政策，提高科研项目经费中人才培养引进的支出比例。打破制约创新与创业的政策壁垒，促进高校、科研单位和企业之间的人才互动交流，从高校院所选派教授、博士到企业、基层服务，吸引“千人计划”人才到企业建立工作站；选聘优秀科技企业家到高校担任产业教授，推行产学研联合培养研究生的“双导师制”。建设“人才特区”和国家“千人计划”人才基地，加大政策扶持力度，提供优质服务，使之成为高端人才密集区、创新创业人才首选区，构筑具有持久竞争力的区域发展优势。完善分配、激励、保障制度，建立健全与工作业绩紧密联系、充分体现人才价值、鼓励人才创新创造和维护人才合法权益的激励保障机制；加快建设人才公寓，积极改善高层次人才生活条件。

（二）提高自主创新能力

坚持合作创新、加强转化、重点突破、引领跨越，着力构建集成高效协同创新体系，大力推进重点领域科技创新与成果转化，加强科技与经济的紧密结合，着力提升科技创新能力，支撑和引领经济社会的跨越发展和可持续发展。

1. 构建集成高效协同创新体系

围绕转变经济发展方式和结构调整升级，着力构建以企业为主体、市场为导向、产学研相结合的科技创新体系。强化企业技术创新主体地位，不断提高自主创新能力，围绕产业链布局创新链，围绕创新链配置要素链，着力打造一批科技创新领军企业，大力培育科技型成长企业梯队。扩大高校和科研院所自主权，增强其创新动力，推动建立企业、高校和科研院所共同参与的产学研战略联盟。实施高校和科研院所服务企业行动计划，支持高校和科研院所围绕市场需求开展研发活动，整合资源协同创新，促进科技创新开放合作。推动军工企业及科研机构改革，推进军工技术市场化、民用化，促进军民融合创新。加快创新型城市和区域创新中心建设，支持贵阳、贵安新区和贵州科学城、中关村贵阳科技园申报创建国家级自主创新示范区，打造西部科技创新驱动新高地。

2. 推进重点领域技术创新与转化

围绕全省经济社会发展的重点领域和关键环节，加强重点领域技术研发、引进、消化吸收、推广和再创新，着力实施一批国家科技支撑计划和省重大科技专项，重点围绕大数据、大健康医药、新型建筑建材、现代山地特色高效农业、新材料、新型煤化工、新能源和新能源汽车、节能环保等产业开展重点领域共性关键技术攻关，努力实现重点关键技术领域的突破和跨领域的技术集成。建立以企业技术需求为导向的科技管理体制。健全企业创新成果转化服务体系，推进科技成果转化及产业化示范基地建设，加快建设成果转换和技术市场交易平台，促进科技成果转化及技术市场发展，推动科技支撑与产业振兴、企业创新相结合，加快科技成果向现实生产力转化。

（三）强化创新主体培养

1. 突出企业创新主体地位

积极顺应新形势下技术路线更加多变、商业模式更加多样的趋势，切实推动企业成为技术创新决策、研发投入、科研组织和成果转化的主体。一是围绕创新型产业，培育以高新技术企业为主体的创新型企业集群。二是加快实施科技企业培育工程，通过“育苗造林”式培育，扶持小微企业升级为高新技术企业；加大对现有高新技术企业支持力度，助推高新技术企业加速成长，积极推动高新技术企业上市；鼓励传统企业通过并购重组、委托研发、购买知识产权等途径，加快提升企业自主创新能力，向价值链高端转型升级。三是支持高新技术企业牵头组建产业技术创新战略联盟，充分发挥贵州高校院所及贵州科学城、中关村贵阳科技园的科技资源优势，强化校企校地合作，构建产学研协同创新体系，推进集成创新；鼓励高新技术企业积极参与科技攻关和产业化，带动产业链关联企业和产业创新能力跨越式提升。

2. 支持科研人员和大学生创业创新

支持符合条件的高等学校、科研院所科技人员经所在单位批准，可带着科研项目和成果、保留基本待遇到企业开展创新工作或创办企业。实施万名大学生创业计划，大力推进创业教育普及。认真落实大学生创业的工商注册、税收、金融、奖励扶持等优惠政策，为大学生提供创业经营场所支持，全省各普通高等学校要利用现有教育教学资源、大学科技园、产学研合作基地、创业孵化基地等，设立公益性大学生创业创新场所。建立健全弹性学制管理办法，支持大学生保留学籍休学创业。建立大学生创业种子基金，扶持大学生自主创业。对高校毕业生创办的小微型企业，按规定减免企业所得税、增值税和营业税，符合条件的给予创业担保贷款及社会保险补贴支持。允许在校大学生休学创办企业，创业活动可视为参加实践教育内容，计入实践学分。

（四）打造并完善各类协同创新平台

1. 加快建设重大科技创新平台

一是聚焦重大产业平台。围绕全省战略性新兴产业和高新技术产业发展需求，加快建设大数据、大健康医药、新型煤化工、新能源、智能制造等重大平台载体，服务和带动全省战略性新兴产业加快发展。二是打造关键技术平台。建成一批国家级孵化器、重点实验室、工程技术研究中心和企业技术中心，重点打造大数据技术中心、生物医药技术研究中心、智能设备制造技术中心、新材料技术中心、新型煤化工技术平台、节能环保技术平台等一批开放高效、专业化水准高的科技创新平台，积极引进一批高端研发机构，突破一批关键应用技术。三是完善公共服务平台。大力支持贵阳、贵安新区和贵州科学城、中关村贵阳科技园申报创建国家级自主创新示范区，更好地服务科技创新和战略性新兴产业发展。四是创新平台组织模式。按照市场化原则，探索建立新型产业技术研发组织，加快推动贵州大数据、生物医药、新能源、智能制造等产业技术研究机构建设，创新内部管理、人才引进、收益分配等机制，争取更多更快地加盟省产业技术研究院。

2. 全力强化“1 +7”平台的协同创新

完善发展规划，明确产业定位，做好统筹协调和联络服务工作，在项目建设、产业发展、集成施策、督促考核、信息共享等方面形成工作合力，推动“1 +7”国家级重点开放创新平台协同创新发展，将其打造成为贵州省自主创新的核心区和高新技术产业策源地。其中，贵安新区以内陆开放型经济新高地、创新发展试验区、高端服务业聚集区、国际休闲度假旅游区、生态文明建设引领区为目标，构建有利于创新驱动、促进科技成果转化和产业化的体制机制，形成大数据、高端装备制造、生物医药、大健康、电子商务等战略性新兴产业和高新技术产业集群，成为贵州经济创新发展的主力军；贵阳综合保税区建设成为中西部地区开放创新、跨越发展的增长极，贵安综合保税区建设成为国内独具特色的生态型综合保税区，设立遵义综合保税区、双龙航空港经济保税物流中心，加快贵阳国家经济技术开发区、贵阳国家高新技术产业开发区、遵义国家经济技术开发区等“千亿级”“五百亿级”开发区建设，推动开发区转型升级和创新发展。

3. 着力构建“众创空间”

顺应大众创业、万众创新的新趋势，加快发展众创空间等新型创业服务平台。一是采取市场化方式，以社会力量为主体，构建低成本、便利化、全要素、开放式的众创空间，鼓励社会资本和专业团队参与运营管理，促进创新创业与市场需求和社会资本有效对接；二是充分释放贵安新区和贵阳市的人才集聚效应，着力提升孵化功能，突出差异化、特色化、个性化，打造最优“创客栖息地”；三是充分调动各级各类科技企业孵化器打造众创空间的积极性，加强政策集成，强调功能提升，继续实施科技企业孵化器“跃升”“孵鹰”计划，引导全省孵化器向专业化、特色化、市场化、规模化方向发展；四是充分发挥鼓励大学生创业政策的引导效应，进一步推进贵州高校和地区建设大学生创业园等创业载体，完善大学生创业载体功能，促进载体数量质量双提高；五是支持贵安新区、双龙航空港经济区等建成新技术研发、孵化、成果转化、科技服务及创意设计功能集聚区。

（五）营造最优创业创新服务环境

一是精心培育科技要素交易市场。大力培育融资、知识产权法律服务等中介机构，促进创新要素加快流动。加强股权、知识产权、债权等产权交易服务机构管理，推进市域范围内各科技要素交易市场健康发展。二是加强知识产权市场化运作。鼓励社会资本投资设立知识产权运营公司，开展知识产权收储、开发、组合、投资等服务，探索开展知识产权证券化业务，盘活知识产权资产，加快实现知识产权市场价值。三是发展检验检测专业服务。围绕产业需求，着力打造检验检测服务标准体系和品牌，创新检验检测信息化服务模式，并利用互联网、电子商务、现代服务业与云计算、物联网等领域的实践成果，构建信息化综合服务新业态。四是强化创业辅导。建立科技创业教育培训体系，重点针对初创科技企业、成长科技企业需求，在企业家精神培育、团队打造、商业模式等方面对创业者开展培训，设立创业导师，促进创业者与中上游企业及产业链结合，有效推动科技企业的成长壮大。

参考文献：

[1] 熊彼特. 经济发展理论 [M]. 北京：商务印书馆，1990.

[2] 洪银兴. 论创新驱动经济发展战略 [J]. 经济学家，2013 (1)：5-11.

[3] 洪银兴. 关于创新驱动和协调创新的若干重要概念 [J]，经济理论和经济管理，2013 (5)：5-12.

[4] 迈克尔·波特. 国家竞争优势 [M]. 北京：天下文化出版公司，1996.

目 录

第1章 绪 论

1.1 学习要求

1.1.1 工程经济概述

1. 应知

(1)工程、技术与经济的含义。

(2)技术与经济的关系。

2. 应会

(1)技术环境、技术实践活动与经济环境三者的关系。

(2)技术与经济协调发展的含义。

1.1.2 工程经济学的概念及相关内容

1. 应知

(1)工程经济学的概念。

(2)工程经济学的研究对象和内容。

(3)工程经济学的特点。

(4)方案经济效果评价的基本原则。

(5)技术方案经济效果评价的可比条件。

2. 应会

(1)工程经济分析的基本步骤。

(2)建筑工程经济分析的方法。

(3)工程经济学的主要内容。

(4)工程经济分析人员应具备的主要能力。

1.2 内容提要

1.2.1 工程、技术与经济的含义

(1)工程。工程是人们利用科学技术改造客观世界的活动，或者说是土木建筑或其他生产、制造部门用较大而复杂的设备来进行的工作。

工程的任务是应用科学知识来解决生产和生活问题，以满足人们的需要。其有效的两个条件是技术上的可行性和经济上的合理性。

(2)技术。技术就是把科学研究、生产实践、经验积累中所获得的科学知识应用在最有效的自然资源方式中，以形成能满足人们需要的运动系统。

从表现形态上看，技术可分别体现在机器、设备、基础设施等生产条件和工作条件的物质技术(硬技术)，以及工艺、方法、程序、信息、经验、技巧、技能和管理能力的非物质技术(软技术)。

不论是物质技术还是非物质技术，它们都是以科学知识为基础形成的，并且遵循一定的科学规律，互相结合，在生产活动中共同发挥作用。

在不同的历史阶段，对技术的含义有着不同的认识。

(3)“经济”是一个多义词。经济可以理解为是社会生产与再生产过程及与之相关的政策、制度等方面的总和。

通常有四方面的含义：

1)经济是指生产关系。经济是人类社会发展到一定阶段的社会经济制度，是生产关系的总和，是政治和思想意识等相联系而建立起来的基础。

2)经济是一国国民经济的总称，或指国民经济的各部门，如工业经济、农业经济、运输经济等。

3)经济是指社会生产和再生产，即指物质资料的生产、交换、分配、消费的现象和过程。

4)经济是指节约或节省。

1.2.2 工程与技术的关系

工程是技术的使用过程，是科学理论与思想在改造世界中的表现过程。所以，在工程实践中闪耀着科学的光芒、展示着技术的魅力。工程立足于科学、技术之上，科学、技术因工程而充分表现。科学、技术是工程的基础和前提条件，工程是科学、技术的具体使用和表现结果。

1.2.3 工程与经济的关系

工程建设是实现人们美好理想的手段，经济是人们所追求、所期待的目标，二者是手段和目的的关系。两者结合起来，就是工程的有效性，即技术的先进性和经济的合理性。技术是工程的手段，经济是工程的目的。

1.2.4 技术与经济的关系

(1)技术进步是经济发展的重要条件和手段。

(2)经济环境是技术进步的物质基础。

(3)经济的发展为技术的进步提出了新的要求和发展方向。

(4)技术和经济协调发展。

1.2.5 工程经济学的概念、特点、研究对象和内容

(1)工程经济学是工程与经济的交叉学科，是研究如何有效利用资源、提高经济效益的学科。

(2)工程经济学的特点。

1)综合性。工程经济学横跨自然科学和社会科学两大类。工程技术的经济问题往往是多目标、多因素的。因此，工程经济学研究的内容涉及技术、经济、社会与生态等因素。

2)实用性。工程经济学的研究对象来源于生产建设实践，其分析和研究成果直接用于建设与生产，并通过实践来验证和分析结果的正确性。

3)定量性。工程经济学以定量分析为主，对难以定量的因素，也要予以量化估计。用定量分析结果为定性分析提供科学依据。

4)比较性。工程经济分析通过经济效果的比较，从许多可行的技术方案中选择最佳方案或满意的可行方案。

5)预测性。工程经济分析是对将要实现的技术政策、技术措施、技术方案进行事先的分析与评价。

(3)工程经济学的研究对象。工程经济学的研究对象可以概括为：根据技术与经济对立而统一的关系，从理论和方法上研究如何将技术与经济最佳地结合起来，从而达到技术先进、经济合理的目的。具体来说，工程经济学的具体对象可以认为是技术方案、技术规划和技术政策等技术实践活动中的经济效果问题。

工程经济学还要研究如何用最低的寿命周期成本实现产品、作业或服务的必要功能，通过对物质环境的功能分析、功能评价和功能创新，寻求提高经济效果的途径与方法。

总的来讲，工程经济学的研究对象可细化为工程项目的资金筹集、经济评价、优化决策、风险分析、不确定性分析等。

(4)工程经济学的研究内容。

1)研究技术创新的规律及其与经济发展的关系，探求如何建立和健全技术创新的机制，为制定有关的经济政策和技术政策提供理论依据。

2)宏观、微观工程经济规划的论证。

3)各级各类建设项目论证。

4)各种技术开发、产品开发与设计、工艺选择、设备更新等技术方案、技术措施的工程经济论证等。

1.2.6 工程经济分析的基本程序

(1)确定目标。

(2)寻找关键要素。

(3)穷举方案。

(4)评价方案。

(5)决策。

1.2.7 建筑工程经济分析的方法

(1)效益费用分析法。

(2)不确定性分析法。

(3)预测方法。

(4)价值工程方法。

(5)系统分析法。

1.2.8　方案经济效果评价的基本原则

(1)主动分析与被动分析相结合，以主动分析为主。
(2)满意度分析与最优化分析相结合，以满意度分析为主。
(3)差异分析与总体分析相结合，以差异分析为主。
(4)动态分析与静态分析相结合，以动态分析为主。
(5)定量分析与定性分析相结合，以定量分析为主。
(6)价值量分析与实物量分析相结合，以价值量分析为主。
(7)全过程效益分析与阶段效益分析相结合，以全过程效益分析为主。
(8)宏观效益分析与微观效益分析相结合，以宏观效益分析为主。
(9)预测分析与统计分析相结合，以预测分析为主。

1.2.9　技术方案经济效果评价的可比条件

根据工程经济分析的比较原理，对两个以上的工程项目进行经济效益比较时，必须遵循以下四个可比原则：

(1)使用价值的可比(满足需要可比)。
(2)相关费用的可比(消耗费用的可比)。
(3)价格可比。
(4)时间因素可比。

不同技术方案在满足需要(使用价值)上的可比，就是在产量、质量和品种方面使之可比。消耗费用的可比原则是在计算和比较费用指标时，不仅要计算和比较方案本身的各种费用，还应考虑其他相关费用，并且应采用统一的计算原则和方法来计算各种费用。

1.2.10　工程经济分析人员应具备的主要能力

(1)要了解经济环境中人的行为和动机。
(2)要会做市场调查。
(3)要会做预测工作。
(4)要坚持客观公正的原则。
(5)要依法办事。
(6)正确了解国家的经济、技术发展战略和有关政策。

1.3　基本训练

一、单项选择题

1. 狭义的技术是指(　　)。

A. 劳动工具　　B. 劳动资料　　C. 劳动对象　　D. 生产力

2. 技术经济学中“经济”的含义主要是指(　　)。

A. 经济基础　　B. 经济制度

C. 生产关系　　D. 资料的合理利用

3. 关于经济效果的说法，下列选项正确的是(　　)。

A. 技术经济方案实施后的经济效果有正、负之分

B. 产量大、产值高就说明经济效果好

C. 生产速度快，说明经济效果好

D. 企业利润高，说明经济效果好

二、多项选择题

1. 建筑工程经济分析的方法有(　　)。

A. 效益费用分析法　　B. 不确定性分析法

C. 预测方法　　D. 价值工程方法

E. 系统分析法

2. 技术与经济的关系一般表现为(　　)。

A. 相互依赖　　B. 相互促进

C. 相互制约　　D. 相互独立

E. 互不影响

三、填空题

1. 工程经济学的研究对象主要有________、________、________、________、________。

2. 工程经济学的主要特点有________、________、________、________、________。

3. 根据工程经济分析的比较原理，对两个以上的工程项目进行经济效益比较时，必须遵循________、________、________、________四个可比原则。

4. 不同技术方案在满足需要(使用价值)上的可比，就是在________、________和________方面使之可比。

5. 消耗费用的可比原则：在计算和比较费用指标时，不仅要计算和比较________，还应考虑________，并且应采用________的计算原则和方法来计算各种费用。

四、简答题

1. 简述工程经济学分析的基本步骤。

2. 简述工程经济分析人员应具备的主要能力。

3. 简述评价方案经济效果的基本原则。

第 2 章　资金的时间价值

2.1　学习要求

2.1.1　资金的时间价值概述

1. 应知

(1)资金的时间价值的概念。

(2)衡量资金时间价值的尺度。

(3)利率与利息的概念。

(4)决定利率高低的因素。

(5)现金流量的含义(现金流入、现金流出、净现金流量)。

(6)现金流量图的概念。

2. 应会

(1)影响资金时间价值的因素。

(2)利息和利率在工程经济活动中的作用。

(3)结合实例正确绘制现金流量图及绘制时应注意的问题。

(4)现金流量的三要素。

2.1.2　单利与复利

1. 应知

(1)单利与复利的概念。

(2)名义利率 r 和实际利率 i 的含义。

2. 应会

(1)单利与复利的计算。

(2)名义利率 r 的计算。

(3)一年中的计息期数与实际利率 i 的关系。

2.1.3　资金等值计算

1. 应知

(1)资金等值的概念。

(2)折现与折现率、现值(P)、终值(F)、等年值(年金 A)、计息次数(n)等概念。

(3)影响资金等值的因素。

(4)资金等值计算的基本公式(一次支付的终值和现值计算公式，等额支付系列的终值、现值、资金回收和偿债资金计算公式)。

(5)一次支付终值系数和一次支付现值系数的表示符号、数学计算式。

(6)年金终值系数与年金现值系数的表示符号、数学计算式。

(7)资金回收和偿债资金系数的表示符号、数学计算式。

2. 应会

(1)一次支付终值和现值的现金流量图的绘制及有关计算。

(2)等额支付系列的现金流量图的绘制(终值、现值、资金回收和偿债资金)。

(3)等额支付系列的终值、现值和年金的计算。

(4)年初资金与年末资金的相互换算。

2.2 内容提要

2.2.1 资金的时间价值概述

1. 资金时间价值的概念

资金的时间价值是指资金在生产和流通过程中，随时间推移而产生的增值。

2. 资金时间价值概念的正确理解

(1)在不同时间付出或得到同样数额的资金在价值上是不相等的，也就是说资金的价值是会随着时间而变化的，是时间的函数。随时间的推移而发生价值的增加，增加的那部分价值就是原有资金的时间价值。

(2)资金时间价值在生活中的反映——利息、资本收益等。

(3)资金一旦用于投资，就不能用于消费——即对放弃当前消费的损失所做的补偿。

(4)首先从投资者的角度来看，资金的增值特性使资金具有时间价值。其次，从消费者的角度看，资金一旦用于投资，就不能用于现期消费，牺牲现期消费是为了能在将来得到更多的资金。因此资金的时间价值体现为对放弃现期消费的损失所应给予的必要补偿。

3. 影响资金时间价值的因素

(1)使用时间。

(2)资金数量的大小。

(3)资金投入和回收的特点。

(4)资金的周转速度。

4. 衡量资金时间价值的尺度

资金的利息和资金的利润是衡量资金时间价值的绝对尺度；利率和利润率是衡量资金时间价值的相对尺度。

(1)利息。

(2)利率。

(3)利率高低的决定因素。

(4)利息和利率在工程经济活动中的作用。

5. 现金流量图

(1)现金流量图的概念。现金流量图是表示资金在不同时间点流入与流出情况的图，它包含三大要素：大小、流向、时间点。

(2)现金流量图的有关说明：

1)横轴(时间标度)为从 0 到 n 时间序列轴，每一刻度表示一个时间单位(年、月、日)。

2)对投资人而言，在横轴上方的箭线表示现金流入，即收益；在横轴下方的箭线表示现金流出，即费用。箭线的长度与流入或流出的金额成正比。

3)时间轴上除 0 和 n 外，其他数字均有两个含义：如 2，其既表示第 2 个计息期的终点，又代表第三个计息期的始点。

4)工程经济分析中，现金流入标示在年末，现金流出标示在年初。

2.2.2 单利与复利

利息计算有单利与复利之分。当计息周期在一个以上时，就需要考虑“单利”与“复利”的问题。

2.2.2.1 单利

单利计息指仅对本金计算利息，对所获得的利息不再计息的一种计息方法。

利息：

$$I=P\cdot i\cdot n$$

第 n 期期末的单利本利和：

$$F=P(1+i\cdot n)$$

2.2.2.2 复利

“利生利”“利滚利”的计算方法，即不仅本金计算利息，而且先前周期的利息在后续周期中还要计息的一种计算方法。

利息：

$$I_n=i\cdot F_{n-1}$$

第 n 期期末的复利本利和：

$$F_n=P(1+i)^n$$

2.2.2.3 名义利率 r 和实际利率 i

1. 名义利率 r

以一年为计息基础，等于每一计息期的利率 i 乘以一年内的计息周期数 m 所得的年利率。

$$r=i\times m$$

2. 实际利率(有效利率) i

采用复利计算方法，是把各种不同计息期的利率换算成以年为计息期的利率。

3. 名义利率 r 和实际利率 i 的换算关系

$$i=\left(1+\frac{r}{m}\right)^m-1$$

式中 i——实际利率；

r——名义利率；

m——一年中的计息期数。

实例：已知年名义利率为12%，一年计息12次，则半年的实际利率和名义利率分别为多少？

分析：根据公式 $i=(1+r/m)^m-1$，式中，$\frac{r}{m}$为计息期利率，m为一定期间的计息次数。本题中半年分为6个月，每月计息一次，共计息6次。每月的利率为12%÷12=1%。因此半年的实际利率为：$(1+1\%)^6-1=6.2\%$。半年的名义利率为：1%×6=6%。

2.2.3 资金等值计算

1. 资金等值的概念

资金等值是指在考虑资金的时间价值因素后，不同时间点上数额不等的资金在一定利率条件下具有相等的价值。

折现就是把未来某时间点的金额折算成现在时间点的金额值(就是现值)的过程。

终值就是资金的现值按照一定利率，经过一定时间间隔后的资金新值。

2. 影响资金等值的因素

影响资金等值的因素有资金额大小、资金发生的时间和利率。

3. 资金等值的特点

在利率大于零的条件下，资金的数额相等，发生的时间不同，其价值肯定不等；资金的数额不等，发生的时间也不同，其价值却可能相等。

4. 几个基本概念

折现与折现率、现值(P)、终值(F)、等年值(年金A)、计息次数(n)。

5. 资金等值计算的基本公式

常用的等值复利计算公式有一次支付终值和现值计算公式，等额支付系列的终值、现值、资金回收和偿债资金计算公式。

(1)一次支付类型(又称整付)。一次支付是指所分析系统的现金流量，无论是流入还是流出，分别在时点上只发生一次。

1)一次支付终值复利公式(已知P，求F)，如图2-1所示。

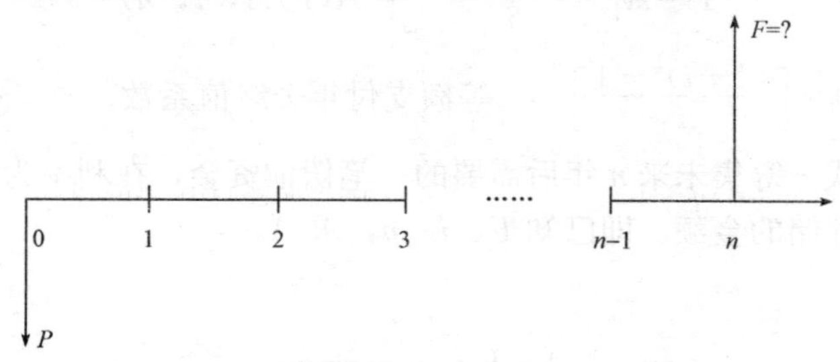

图2-1 现金流量图(一次支付终值复利)

计算公式：

$$F=P(1+i)^n$$

则：系数$(1+i)^n$称为一次支付终值系数，用符号$(F/P, i, n)$表示。

在$(F/P, i, n)$这类符号中，括号内斜线上的符号表示所求的未知数，斜线下的符号表示已知数。整个$(F/P, i, n)$符号表示在已知P、i和n的情况下求F。

2)一次支付现值复利公式(已知F，i，n，求现值P)，如图 2-2 所示。

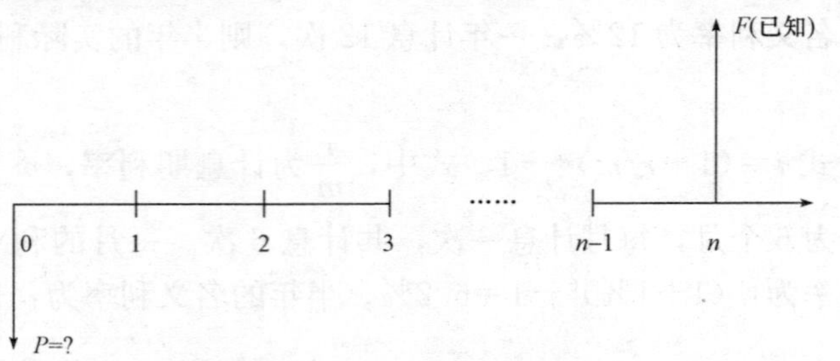

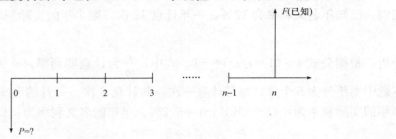

图 2-2　现金流量图(一次支付现值复利)

计算公式：
$$P=F(1+i)^{-n}$$

式中，$(1+i)^{-n}$又称为现值系数，记为$(P/F, i, n)$，它与终值系数$(F/P, i, n)$互为倒数。因此，公式可写为

$$P=F(P/F, i, n)$$

(2)等额支付类型。

1)年金终值复利公式。在一个时间序列中，在利率为i的情况下连续在每个计息期的期末支付一笔等额的资金A，求n年后由各年的本利和累积而成的终值F。即已知A、i、n，求F，如图 2-3 所示。

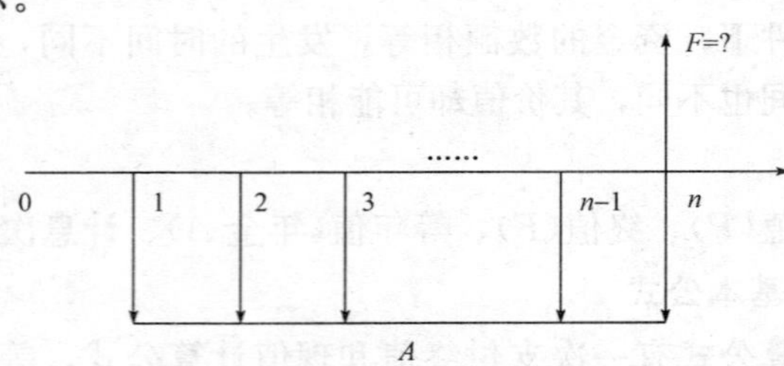

图 2-3　现金流量图(年金终值复利)

计算公式：

$$F=A\left[\frac{(1+i)^n-1}{i}\right]=A(F/A, i, n)$$

式中　$(F/A, i, n)=\left[\frac{(1+i)^n-1}{i}\right]$——等额支付年金终值系数。

2)偿债基金公式。筹集未来n年后需要的一笔偿债资金，在利率为i的情况下，求每个计息期期末应等额存储的金额。即已知F、i、n，求A。

计算公式：

$$A=F\cdot\frac{i}{(1+i)^n-1}$$

式中，$\frac{i}{(1+i)^n-1}$称为偿债基金系数，记为$(A/F, i, n)$。它与年金终值系数$(F/A, i, n)$互为倒数。故公式又可写为

$$A=F(A/F, i, n)$$

3)资金回收公式。期初一次投资数额为 P，欲在 n 年内将投资全部收回，则在利率为 i 的情况下，求每年应等额回收的资金。即已知 P、i、n，求 A。

现金流量图如图 2-4 所示。

计算公式：

$$A=P\left[\frac{i(1+i)^n}{(1+i)^n-1}\right]=P(A/P，i，n)$$

式中，$\frac{i(1+i)^n}{(1+i)^n-1}$称为等额支付资金回收系数。记为：$(A/P，i，n)$。

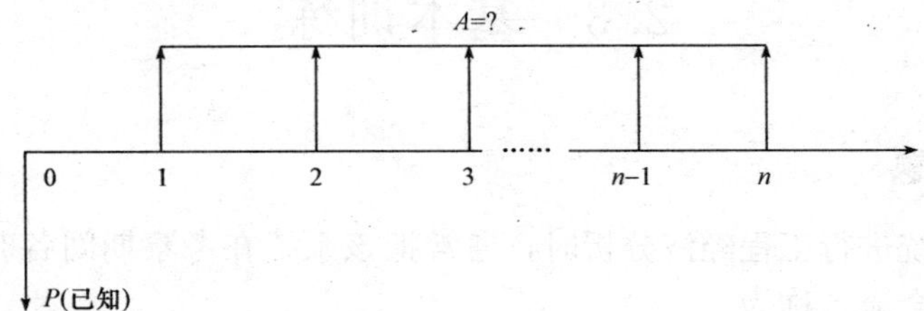

图 2-4　现金流量图(等额支付资金回收)

4)年金现值公式。在 n 年内每年等额收支一笔资金 A，在利率为 i 的情况下，求此等额年金收支的现值总额。即已知 A、i、n，求 P。

计算公式：

$$P=A\left[\frac{(1+i)^n-1}{i(1+i)^n}\right]=A(P/A，i，n)$$

式中　$(P/A，i，n)=\frac{(1+i)^n-1}{i(1+i)^n}$——年金现值系数。它恰好是资金回收系数的倒数。

小结：

倒数关系：

$(F/P，i，n)=1/(P/F，i，n)$

$(A/P，i，n)=1/(P/A，i，n)$

$(A/F，i，n)=1/(F/A，i，n)$

乘积关系：

$(F/A，i，n)=(P/A，i，n)(F/P，i，n)$

$(F/P，i，n)=(A/P，i，n)(F/A，i，n)$

6. 公式应用中应注意的问题

(1)方案的初始投资，假定发生在方案的寿命期初，即“零点”处；方案的经常性支出假定发生在计息期末。

(2)P 是在计算期初发生(零时点)，F 在当前以后第 n 年年末发生，A 是在考察期间各年年末发生。

(3)利用公式进行资金的等值计算时，要充分利用现金流量图。现金流量图不仅可以清晰、准确地反映现金的收支情况，而且有助于准确确定计息期数，使计算不致发生错误。

(4)在进行等值计算时，如果现金流动期与计息期不同，就需注意实际利率与名义利率的换算。

(5)利用公式进行计算时，要注意与现金流量计算公式相对应的现金流量图，是否与等值计算公式中的现金流量图相一致。如果一致，可直接利用公式进行计算；反之，应先调整现金流量图中的现金流量，然后再进行计算。

(6)本年的年末也是下一年的年初。

(7)A 是在考察期间各年年末发生。当问题包含 P 和 A 时，系列的第一个 A 是在 P 发生一年后的年末发生；当问题包含 F 和 A 时，系列的最后一个 A 是和 F 同时发生。

2.3 基本训练

一、单项选择题

1. 在对一个系统进行工程经济分析时，通常把该系统在考察期间各时点实际发生的资金流出和资金流入称为(　　)。

   A. 净现金流量　　B. 资金流量　　C. 现金流量　　D. 现金流动

2. 流入系统的资金称为现金流入，流出系统的资金称为现金流出，(　　)之差称为系统的净现金流量。

   A. 现金流入与现金流出　　B. 现金流出与现金流入

   C. 现金流量与现金流动　　D. 现金流动与现金流量

3. 由现金流入、现金流出和净现金流量构成的表是(　　)表。

   A. 资金流量　　B. 资金流动　　C. 现金流动　　D. 现金流量

4. 现金流量的三要素中，不包含现金流量的(　　)。

   A. 大小　　B. 方向　　C. 速度　　D. 时点

5. 在(　　)情况下，年实际利率大于名义利率。

   A. 计息周期小于一年时　　B. 计息周期等于一年时

   C. 计息周期大于一年时　　D. 计息周期小于等于一年时

6. 某笔贷款的利息按年利率 10% 计算，每季度复利计息。其贷款的年实际利率为(　　)。

   A. 10.38%　　B. 10%　　C. 10.46%　　D. 10.25%

7. 计算财务净现值时所采用的利率是(　　)。

   A. 银行存款利率　　B. 银行贷款利率

   C. 基准收益率　　D. 投资利润率

8. 某人预计 5 年后需要一笔 5 万元资金，现在市场上正在发售期限为 5 年的电力建设债券，年利率 10%，一年计息两次，则他现在应该购买(　　)元的建设债券，才能保证 5 年后获得 5 万元的资金。(P/F，5%，10)＝0.614；(P/F，10%，5)＝0.621；(P/F，11%，5)＝0.593。

   A. 31 050　　B. 30 700　　C. 33 333　　D. 39 200

9. 假设某工程 1 年建成并投产，寿命 10 年，每年净收益 2 万元，按 10% 折现率计算，恰好能在寿命期内把投资全部收回，(P/A，10%，10)＝6.145，则该工程期初投入为(　　)万元。

   A. 20　　B. 18.42　　C. 12.29　　D. 10

10. 用以作为衡量资金时间价值相对尺度的指标是(　　)。

A. 利率和收益率　　B. 利率和利润率

C. 利税率和利润率　　D. 利润率和收益率

11. 有一笔50 000元的3年期借款，年利率复利为8%。在工程经济分析中，其到期应归还的利息为(　　)元。

A. 12 985.60　　B. 62 985.60　　C. 62 000　　D. 12 000

12. 某人储备养老金，每年年末存款100元，已知银行存款复利年利率为10%，则10年后他的养老金总数为(　　)元。

A. 1 000　　B. 1 594　　C. 1 548　　D. 259

13. 若A为n期期初年金，求P，可以用公式(　　)计算。

A. $A\frac{(1+i)^n-1}{(1+i)^n i}\times(1+i)$　　B. $A\frac{(1+i)^n-1}{(1+i)^n i}$

C. $A\frac{(1+i)^{n-1}-1}{(1+i)^{n-1} i}$　　D. $A+A\frac{(1+i)^n-1}{(1+i)^n i}$

14. 已知某项目的计息周期为半年，名义年利率为8%，则项目的实际年利率为(　　)。

A. 4%　　B. 8%　　C. 8.16%　　D. 16.64%

15. 利率为r，按月计息，则半年的有效利率为(　　)。

A. $\frac{r}{2}$　　B. $\left[\left(1+\frac{r}{12}\right)^{12}-1\right]/2$

C. $\left(1+\frac{r}{12}\right)^{6}-1$　　D. $\left(1+\frac{r}{12}\right)^{12}-1$

16. 已知某项目的计息周期为月，利率为8‰，则项目的名义年利率为(　　)。

A. 8‰　　B. 8%　　C. 9.6%　　D. 9.6‰

17. 某工程向银行借款1 000万元，还款期限为5年，在利息率为8%的情况下，到期利息为(　　)万元。

A. 469.3　　B. 46.93　　C. 400　　D. 40

18. 某工程项目结束时的价值为1 000万元，项目的寿命期为10年，项目的利率为10%，则该项目期初的现值是(　　)万元。

A. 400　　B. 100　　C. 390　　D. 386

19. 某建设项目计算期为10年，各年净现金流量$(CI-CO)$及累计净现金流量$\sum(CI-CO)$如下表所示，计算该项目的静态投资回收期P_1为(　　)年。

单位：万元

年份	1	2	3	4	5	6	7	8	9	10
$(CI-CO)$	−200	−250	−150	80	130	170	200	200	200	200
$\sum(CI-CO)$	−200	−450	−600	−520	−390	−220	−20	180	380	580

A. 8　　B. 7　　C. 10　　D. 7.1

20. 某建设项目计算期为10年，各年的净现金流量如下表所示，该项目的行业基准收益率为10%，则其财务净现值为(　　)万元。

单位：万元

年份	1	2	3	4	5	6	7	8	9	10
净现金流量	−100	100	100	100	100	100	100	100	100	100

A. 476.01　　B. 394.17　　C. 485.09　　D. 432.64

21. 资金的时间价值是指(　　)。
A. 现在所拥有的资金在将来投资时所能获得的收益
B. 现在所拥有的资金在将来消费时所付出的福利损失
C. 资金在生产和流通过程中随时间推移而产生的增值
D. 可用于储蓄或贷款的资金在储蓄或贷款时所产生的利息

22. 某企事业分二期向银行贷款，第一年年初贷款 100 万元，第 2 年年初贷款 200 万元，贷款年利率 6%，则相当于第 1～3 年内每年年末等额贷款约为(　　)万元。
A. 101.9　　B. 108.0　　C. 112.2　　D. 114.5

23. 某项目建设期一年，建设投资 800 万元。第二年年末净现金流量为 220 万元，第三年年末净现金流量为 242 万元，第四年年末净现金流量为 266 万元，第五年年末净现金流量为 293 万元，则该项目静态投资回收期为(　　)年。
A. 4　　B. 4.25　　C. 4.67　　D. 5

24. 某工程项目在建设期里每年向银行借款 100 万元，如果建设期为 3 年，借款年利率为 10%，第三年年末贷款的本利和为(　　)万元。
A. 340　　B. 320　　C. 331　　D. 345

25. 从现在起 5 年内，每年年末提款 1000 元，年利率 12%，复利半年计息一次，现在应存入银行(　　)元。
A. 3 573　　B. 3 605　　C. 4 060　　D. 5 070

26. 若名义利率为 r，一年内计息 m 次，年实际利率为 i，则正确的说法是(　　)。
A. m 越多，i 越大　　B. m 越多，i 与 r 相差越大
C. m 越少，i 越小　　D. m 越少，i 与 r 相差越大

27. 年金终值系数可表示为(　　)。
A. $(P/A, i, n)$　　B. $(A/F, i, n)$
C. $(F/A, i, n)$　　D. $(A/P, i, n)$

28. 某企业向银行借贷一笔资金，按月计息，月利率为 1.2%，则年名义利率和年实际利率分别为(　　)。
A. 13.53%和 14.40%　　B. 13.53%和 15.39%
C. 14.40%和 15.39%　　D. 14.40%和 15.62%

29. 某项目建设期为 2 年，建设期内每年年初分别贷款 600 万元和 900 万元，年利率为 10%。若在运营期前 5 年内于每年年末等额偿还贷款本利，则每年应偿还(　　)万元。
A. 343.20　　B. 395.70　　C. 411.52　　D. 452.68

30. 某厂每年年初提取 50 万元储备基金存入银行，若年利率为 10%，则 5 年后该厂可供使用的储备基金为(　　)万元。
A. 277.51　　B. 305.2　　C. 335.78　　D. 369.36

31. 现金流量表的现金流入中有一项是流动资金回收，则该项现金流入发生在(　　)。

A. 计算期每一年　　B. 生产期每一年

C. 计算期最后一年　　D. 投产期第一年

32. 某项目建设期为3年，建设期内每年年初贷款分别为300万元、400万元和500万元，年利率为10%。若在运营期第5年末一次偿还贷款，则应偿还的本利和为(　　)万元。

A. 1 576.63　　B. 1 734.29　　C. 2 098.49　　D. 2 308.34

33. 某项目第1年和第2年各有固定资产投资400万元，第2年投入流动资金300万元并当年达产，每年有销售收入580万元，生产总成本350万元，折旧费70万元，项目寿命期共10年，期末有固定资产残值50万元，并回收全部流动资金，则该项目的静态投资回收期(包括建设期)为(　　)年。

A. 3.55　　B. 4.67　　C. 4.99　　D. 5.26

34. 某项目建设期为2年，运营期为5年。建设期内每年年初贷款分别为400万元和500万元，年利率为10%。若在运营期的后3年每年年末等额偿还贷款，则每年应偿还的本利和为(　　)万元。

A. 503.10　　B. 413.52　　C. 444.22　　D. 601.34

二、多项选择题

1. 合理的利率，发挥着经济杠杆的重要作用。决定利率高低的因素有(　　)。

A. 社会平均利润率高低　　B. 通货膨胀的影响

C. 资本市场供求状况　　D. 贷款企业资信状况

E. 借贷期限

2. 下列有关现金流量图描述正确的有(　　)。

A. 现金流量图是描述现金流量作为时间函数的图形，它能表示资金在不同时间点流入与流出的情况

B. 现金流量图包括大小、方向和作用点

C. 现金流量图中一般表示流入(箭头向下)为负，流出(箭头向上)为正

D. 时间点指现金从流入到流出所发生的时间

E. 运用现金流量图，可全面形象、直观地表达经济系统的资金运动状态

3. 同一笔资金，在利率、计息周期相同的情况下，用复利计算出的利息额比用单利计算出的利息金额大。如果(　　)，两者差距越大。

A. 本金额越大　　B. 本金额越小

C. 利率越高　　D. 利率越低

E. 计息次数越多

4. 资金等值变换的条件是(　　)。

A. 资金金额　　B. 利息

C. 利率　　D. 现金流量发生的时间点

E. 计算期的期数

5. 不同时点上的两笔绝对值不相等的资金，若具有相同的价值，则与下列(　　)因素有关。

A. 时间点　　B. 资金额的大小

C. 资金流向　　　　　　　　　　　　　　D. 利率

E. 借贷关系

6. 下列关于资金时间价值的论述，不正确的有(　　)。

A. 资金的时间价值是货币随着时间的推移而产生的一种增值，因而它是由时间创造的

B. 货币没有时间价值，只有资金具有时间价值

C. 资金投入生产经营才能增值，因此其时间价值是在生产、经营中产生的

D. 一般而言，资金的时间价值应按复利方式计算

E. 货币和资金都具有时间价值

三、填空题

1. 用以作为衡量资金时间价值相对尺度的指标有________________和________________。

2. 已知某项目的计息周期为月，利率为8‰，则项目的名义年利率为________________。

3. 资金的时间价值是指资金在________________中随时间推移而产生的增值。

4. 将资金作为某项投资，由于资金的运动可得到一定的收益或利润，资金在这段时间内所产生的增值就是________________。

5. 决定资金等值的因素有__________、__________、__________。其中，__________是一个关键因素。

6. 资金等值的计算，是以__________原理为根据，借助于__________来进行，并且经常使用__________作为重要的辅助计算工具。

四、简答题

1. 什么是资金的时间价值？有何意义？

2. 什么是现金流量及现金流量图？净现金流量如何计算？

3. 什么是名义利率和实际利率？二者有何关系？

4. 常用的资金等值换算公式有哪些?

5. 何谓资金等值?影响资金等值的要素是什么?

五、计算题

1. 某投资者购买了 1 000 元的债券，限期 3 年，年利率 10%，到期一次还本付息。按照复利计算法，则 3 年后该投资者可获得的利息是多少?

2. 某大型工程项目总投资 10 亿元，5 年建成，每年末投资 2 亿元，年利率为 7%，求 5 年末的实际累计总投资额。

3. 某企业 5 年后需要一笔 50 万元的资金用于固定资产的更新与改造，如果年利率为 5%，则从现在开始该企业每年应存入银行多少钱?

4. 现投资 1 000 元，时间为 10 年，年利率为 8%，每季度计息一次，求 10 年末的将来值。

5. 假设有人当前借入 2 000 元，在今后两年中分 24 次等额偿还，每次偿还 136.0 元。复利按月计算。试求月实际利率、名义利率和年实际利率。

6. 当利率为多大时，现在的 300 元等值于第 9 年年末的 525 元？

7. 按年利率为 12%，每季度计息一次计算利息，从现在起连续 3 年的等额年末支付借款为 1 000 元，则与其等值的第 3 年年末的借款金额为多大？

第 3 章　工程经济效果评价的方法

3.1　学习要求

3.1.1　经济效果评价指标

1. 应知

(1)评价指标的含义。
(2)评价指标的分类。
(3)计算期、基准收益率(i)的概念。
(4)基准收益率的主要影响因素。
(5)静态评价指标、动态评价指标的概念。
(6)静态投资回收期(P_t)的概念。
(7)投资收益率的概念及计算公式。
(8)动态评价指标的概念及常用的动态评价指标。
(9)净现值(NPV)的含义。
(10)净现值率($NPVR$)的含义。
(11)净现值与折现率的关系。
(12)净现值指标的优点与不足。
(13)净年值(NAV)的含义。
(14)内部收益率(IRR)的含义。
(15)内部收益率的经济含义及内部收益率指标的优点与不足。
(16)动态投资回收期(P_t')的含义。

2. 应会

(1)静态投资回收期的计算公式、计算方法及判别准则。
(2)投资收益率的相关计算。
(3)净现值(NPV)的计算及判别准则。
(4)净现值率($NPVR$)的计算及判别准则。
(5)净年值(NAV)的计算及判别准则。
(6)内部收益率(IRR)的计算及判别准则。
(7)动态投资回收期(P_t')的计算及判别准则。

3.1.2　多方案评价方法

1. 应知

(1)现金流量表的概念及一般形式。

(2)多方案之间的关系类型。

(3)互斥型多方案、独立型多方案、相关型多方案、混合型多方案的概念。

(4)多方案之间的可比性所包括的内容。

(5)单方案检验的主要步骤。

(6)寿命期相同的互斥方案的比选方法。

(7)净现值法的含义。

(8)差额内部收益率法的含义。

(9)费用现值(PC)比较法的含义。

(10)年费用(AC)比较法的含义。

(11)寿命期不同的互斥方案的常用比选方法。

(12)年值(AW)法的含义。

(13)最小公倍数法的含义。

(14)研究期法的含义。

(15)独立方案的分类及常用的比选方法。

(16)独立方案互斥化法的含义。

(17)净现值率排序法的含义。

(18)一般相关方案的比选步骤。

2. 应会

(1)单方案检验的主要步骤。

(2)净现值法计算的基本步骤及判别准则。

(3)差额内部收益率法计算的基本步骤及判别准则。

(4)费用现值(PC)比较法计算的基本步骤及判别准则。

(5)年费用(AC)比较法计算的基本步骤及判别准则。

(6)年值(AW)法计算的基本步骤及判别准则。

(7)最小公倍数法的基本步骤及判别准则。

(8)研究期法的基本步骤及判别准则。

(9)独立方案互斥化法的基本步骤及判别准则。

(10)净现值率排序法的基本步骤及判别准则。

(11)一般相关方案的比选步骤。

3.2 内容提要

3.2.1 经济效果评价方法

经济效果评价是工程经济分析的核心内容，其目的在于保证决策的正确性和科学性，避免风险，明确投资方案的经济效果水平，为项目的投资决策提供科学的依据。投资方案的经济效果评价分析内容主要包括盈利能力分析、清偿能力分析、抗风险能力分析。

经济效果评价的基本方法包括确定性评价方法、不确定性评价方法。

按其是否考虑时间因素，经济效果的评价方法可分为静态评价方法、动态评价方法。

在评价投资方案经济效果时，与静态评价方法相比，动态评价方法的最大特点是考虑了资金的时间价值。

3.2.2 经济效果评价指标

根据指标性质的不同，经济效果评价指标可以分为时间性指标、价值性指标、比率性指标。

时间性指标包括动态投资回收期、借款偿还期。

价值性指标包括净现值、净年值。

比率性指标包括内部收益率、净现值率、投资收益率、利息备付率、偿债备付率。

1. 静态评价指标和动态评价指标

按照是否考虑资金的时间价值，将经济评价指标分为静态评价指标和动态评价指标两类。

2. 计算期

计算期是指对拟建方案进行现金流量分析时应确定的项目服务年限，分为项目建设期和项目生产期两个阶段。

项目建设期是指从开始施工至全部建成投产所需的时间。

项目生产期是指项目从建成投产到主要固定资产报废为止所经历的时间，它包括投产期(投产后未达到100%的设计能力)和达产期。

3. 基准收益率(i)

基准收益率(i)是指投资方案达到设计生产能力后一个正常生产年份的年净收益总额与方案投资总额的比率。

基准收益率是企业、行业或投资者以动态观点确定的、可接受的投资项目最低标准的收益水平。

基准收益率的确定一般以行业的平均收益率为基础，同时综合考虑资金成本、投资风险、通货膨胀及资金限制等影响因素。

4. 影响基准收益率的主要因素

影响基准收益率的主要因素有资金的财务费用率、资金的机会成本、风险贴现率水平和通货膨胀率等。

注意：通常要求基准收益率要高于贷款利率。

5. 静态评价指标

静态投资回收期(P_t)是指在不考虑资金时间价值的情况下，以项目每年的净收益回收项目全部投资(总投资)所需要的时间。

注意：全部投资包括固定资产投资与流动资金投资。

静态投资回收期的表达式：

$$\sum_{t=0}^{P_t}(CI-CO)_t=0$$

P_t 一般以年为单位，自建设开始年算起。

$(CI-CO)_t$：表示第 t 年的净现金流量。

具体计算方法：当项目建成投产后各年的净收益不相同时，静态投资回收期可根据累计净现金流量求得。就是在现金流量表中累计净现金流量由负值转向正值之间的年份。

(1)累计法的概念。累计法是根据方案的净现金流量，从投资开始时刻(即零时点)依次求出以后各年的净现金流量之和(也称累计净现金流量)，直至累计净现金流量等于零的年份为止。对应累计净现金流量等于零的年份数，即为该方案从投资开始年算起的静态投资回收期。

(2)计算公式。

P_t＝(累计净现金流量开始出现正值的年份数－1)＋上一年累计净现金流量绝对值/出现正值年份的净现金流量

(3)判别准则。

1)基本做法：

①确定行业的基准投资回收期(P_c)。

②计算项目的静态投资回收期(P_t)。

③比较 P_t 和 P_c。

2)判别准则：

若 $P_t \leqslant P_c$，则项目可以考虑接受；

若 $P_t > P_c$，则项目是不可行的。

6. 动态评价指标

常用的动态评价指标有净现值(率)、内部收益率、净年值、动态投资回收期等。

(1)净现值(NPV)与净现值率($NPVR$)。

1)净现值的含义及计算。

①净现值的含义。净现值是指按照一个给定的标准折现率(基准收益率)，将技术方案计算期内各个不同时点的净现金流量折现到计算期初的累计值。

②计算公式为

$$NPV = \sum_{t=0}^{n}(CI_t - CO_t)(1+i_0)^{-t}$$

式中　NPV——净现值；

CI_t——第 t 年的现金流入；

CO_t——第 t 年的现金流出；

n——项目寿命年限；

i_0——标准折现率。

③净现值的判别准则。对单一项目方案而言：若 $NPV \geqslant 0$，则方案可以考虑接受；若 $NPV < 0$，则方案不可行。

④净现值与折现率的关系。净现值是评价项目盈利能力的绝对指标。

如果已知某投资方案各年的净现金流量，则该方案的净现值就完全取决于所选用的折现率。折现率越大，净现值就越小；折现率越小，净现值就越大。随着折现率的逐渐增大，净现值将由大变小，由正变负。

2)净现值率($NPVR$)的计算。

①净现值率的含义。净现值率是指项目的净现值与投资总额现值的比值。

②计算公式为

$$NPVR=\frac{NPV}{K_{\mathrm{P}}}$$

$$K_{\mathrm{P}}=\sum_{t=0}^{n}I_t(P/F,i_{\mathrm{c}},n)$$

式中　K_{P}——全部投资的现值之和；

I_t——第 t 年的投资额；

n——投资年数。

(2)净年值(NAV)。

1)净年值的含义与计算。净年值是指通过资金时间价值的计算，将项目的净现值换算为项目计算期内各年的等额年金，是考察项目投资盈利能力的指标。

其计算公式为

$$NAV=NPV(A/P,\ i,\ n)$$

式中　$(A/P,\ i,\ n)$——资金回收系数。

2)净年值的判别准则：若 $NAV\geqslant 0$，则方案可以考虑接受；若 $NAV<0$，则方案不可行。

(3)内部收益率(IRR)。

1)内部收益率的含义与计算。内部收益率是指使方案在寿命期内的净现值为零时的折现率。内部收益率受项目初始投资规模和项目计算期内各年净收益大小的影响。

其计算公式为

$$\sum_{t=0}^{n}(CI-CO)_t(1+IRR)^{-t}=0$$

2)内部收益率的判别准则。设基准折现率为 i_{c}(基准收益率)。

若 $IRR\geqslant i_{\mathrm{c}}$，则项目在经济效果上可以接受；

若 $IRR<i_{\mathrm{c}}$，则项目在经济效果上不可接受。

3)内部收益率的计算。

①首先根据经验，选定一个适当的折现率 i_0；

②根据投资方案的现金流量情况，利用选定的折现率 i_0，求出方案的净现值 NPV；

③若 $NPV>0$，则适当使 i_0 继续增大；

若 $NPV<0$，则适当使 i_0 继续减小；

④重复步骤③，直至找到这样的两个折现率 i_1 和 i_2，其所对应的净现值，$NPV_1>0$，$NPV_2<0$，其中 $2\%<|i_1-i_2|<5\%$；

⑤采用线性插值公式求出内部收益率的近似解，其公式为

$$IRR=i_1+\frac{NPV_1}{NPV_1+|-NPV_2|}(i_2-i_1)$$

(4)动态投资回收期(P_t')。

1)动态投资回收期的含义。动态投资回收期是指在考虑了资金时间价值的情况下，按照给定的基准贴现率，用项目的净收益的现值将总投资现值回收所需的时间。

2)动态投资回收期计算公式。

$$P_t'=[\text{累计净现金流量现值开始出现正值的年份}-1)+\frac{|\text{上一年累计净现金流量现值}|}{\text{当年净现金流量现值}}$$

3)动态投资回收期的判别准则。

当 $NPV=0$ 时，有 $P_t'=P_{\mathrm{c}}$(基准投资回收期)，因此 P_t'的判别准则是：

若 $P_t' \leqslant P_c$，则 $NPV \geqslant 0$，方案可以考虑接受；

若 $P_t' > P_c$，则 $NPV < 0$，方案不可行。

3.2.3　多方案评价方法

3.2.3.1　多方案之间的关系类型

根据各方案之间是否存在资源约束，多方案可分为有资源限制的结构类型和无资源限制的结构类型。

按多方案之间的经济关系，多方案又可划分为互斥型多方案、独立型多方案、相关型多方案、混合型多方案等。

3.2.3.2　单方案检验

单方案检验的主要步骤如下：

(1)确定项目的现金流量情况，编制项目现金流量表或绘制现金流量图。

(2)根据公式计算项目的经济评价指标，如净现值、内部收益率、动态投资回收期等。

(3)根据计算出的指标值及相应的判别准则，确定项目的可行性。

3.2.3.3　互斥方案的比较

1. 寿命期相同的互斥方案的比选

寿命相同的互斥方案的比选方法一般有净现值法、净现值率法、差额内部收益率法、最小费用法等。

(1)净现值法。净现值法就是通过计算各个备选方案的净现值并比较其大小而判断方案的优劣，是寿命期相同的多方案比选中最常用的一种方法。

净现值法的基本步骤如下：

1)分别计算各个方案的净现值，并用判别准则加以检验，剔除 $NPV<0$ 的方案；

2)对所有 $NPV \geqslant 0$ 的方案比较其净现值；

3)根据净现值最大原则，选择净现值最大的方案为最佳方案。

(2)差额内部收益率法。互斥方案的比选，实质上是分析投资大的方案所增加的投资能否用其增量收益来补偿，即对增量的现金流量的经济合理性做出判断。因此，可从分析投资大的方案所增加的投资能否用其增量收益来补充的角度出发，对增量的现金流量的经济合理性进行评估，即可通过计算增量净现金流量的内部收益率，即差额内部收益率来比选方案，这样就能够保证方案比选结论的正确性。

差额内部收益率的计算公式为

$$\sum_{t=0}^{n}[(CI-CO)_2-(CI-CO)_1]_t(1+\Delta IRR)^{-t}=0$$

差额内部收益率法基本步骤如下：

1)计算各备选方案的 IRR。

2)将 $IRR \geqslant i_c$ 的方案按投资额由小到大依次排列。

3)计算排在最前面的两个方案的差额内部收益率 ΔIRR，若 $\Delta IRR \geqslant i_c$，则说明投资大的方案优于投资小的方案，保留投资大的方案。

4)将保留的较优方案依次与相邻方案逐一比较，直至所有方案比较完毕，则最后保留的方案就是最佳方案。

(3)最小费用法。最小费用法包括费用现值比较法和年费用比较法。

1)费用现值(PC)比较法。费用现值是指利用此方法所计算出的净现值(只包括费用部分)。通过计算各备选方案的费用现值(PC)并进行对比，以费用现值较低的方案为最佳方案。

其计算公式为

$$PC = \sum_{t=0}^{n} CO_t(1+i_c)^{-t} = \sum_{t=0}^{n} CO_t(P/F,i,t)$$

2)年费用(AC)比较法(费用年值法)。年费用比较法是通过计算各备选方案的等额年费用(AC)进行比较，以年费用最低的方案为最佳方案的一种方法。

其计算公式为

$$AC = \sum_{t=0}^{n} CO_t(P/F,i_c,t)(A/P,i_c,n)$$

2. 寿命期不同的互斥方案的比较与选择

对于寿命不相同的互斥方案的比选，常用的方法有年值法、最小公倍数法和研究期法等。

(1)年值(AW)法。年值法是通过分别计算各备选方案净现金流量(净现值 NPV)的等额年值并进行比较，以 $AW \geqslant 0$，且 AW 最大者为最佳方案的一种方法。

年值的计算公式为

$$\begin{aligned} AW &= \left[\sum_{t=0}^{n}(CI-CO)_t(1+i_c)^{-t}\right](A/P,i_c,n) \\ &= NPV(A/P,\ i_c,\ n) \end{aligned}$$

(2)最小公倍数法。最小公倍数法又称方案重复法，是以各备选方案寿命期的最小公倍数作为进行方案比选的共同的计算期，并假设各个方案均在这样一个共同的计算期内重复进行，对各方案计算期内各年的净现金流量进行重复计算，得到在共同的计算期内各个方案的净现值，以净现值最大的方案为最佳方案。

最小公倍数法的基本假设如下：

1)在较长时间内，方案可以连续地以同种方案进行重复更新，直到最小公倍数寿命期。

2)替代更新方案与原方案现金流量完全相同。

(3)研究期法。研究期法是以相同时间来研究不同期限的方案。也就是针对寿命期不相等的互斥方案，直接选取一个适当的分析期作为各个方案共同的计算期，通过比较各个方案在该计算期内的净现值来对方案进行比选，以净现值最大的方案为最佳方案。一般情况下，往往直接选取互斥方案中最短的计算期为各个方案共同的计算期。其计算步骤、判别准则均与净现值法完全一致。

需要注意的是，对于寿命期比共同计算期长的方案，要对其在计算期以后的现金流量情况进行合理的估算，以免影响结论的合理性。

3.2.3.4 方案组合的比较与选择

(1)无资金限制的情况。如果独立方案之间有足够多的共享资源，那么其比选的方法与单个项目的检验方法是基本一致的，即只要项目本身的 $NPV \geqslant 0$ 或 $IRR \geqslant i_c$，则项目就可采纳并实施。

无资源限制——取决于方案自身的效果能否可行。

(2)有资金限制的情况。如果独立方案之间共享的资源是有限的，不能满足所有方案的需要，则在这种不超出资源限额的条件下，独立方案的选择有两种方法：一是方案组合法；二是内部收益率或净现值率排序法。

在具有资金约束的情况下，要达到收益最大化，常用的比选方法有两种，即独立方案互斥化法和净现值率排序法。

1)独立方案互斥化法。独立方案互斥化法是指在有资金限制的情况下，将相互独立的方案组合成总投资额不超过投资限额的组合方案，这样各个组合方案之间的关系就变成了互斥的关系，然后利用互斥方案的比选方法(如净现值法等)，对方案进行比选，选择出最佳方案。

独立方案互斥法投资决策步骤如下：

①列出不超过总投资限额的所有组合投资方案，则这些组合方案之间具有互斥的关系(建立所有的互斥的方案组合)。

②将各组合方案按投资额从小到大依次排列，分别计算各组合方案的净现值，以净现值最大的组合方案为最佳方案(进行各互斥方案组合的比选)。

2)净现值率排序法。净现值率排序法是指将净现值率大于或等于零的各个方案，按净现值率从大到小依次排序，并按顺序选取方案，直至所选取的组合方案的投资总额最大限度地接近或等于投资限额为止。

在进行方案比较和经济效果评价时，应以动态评价方法为主，以静态评价方法为辅。

3.3 基本训练

一、单项选择题

1. 差额投资内部收益率小于基准收益率，则说明(　　)。

A. 少投资的方案不可行　　B. 多投资的方案不可行

C. 少投资的方案较优　　D. 多投资的方案较优

2. 下列选项不属于动态评价指标的是(　　)。

A. 净现值　　B. 动态投资回收期

C. 全部投资收益率　　D. 内部收益率

3. A1、A2、A3 三方案的寿命周期均为 10 年，净现金流量如下表所示，折现率为 10%，则最优方案为(　　)。

年末	0	1～10 年
A1	−50 000 元	14 000 元
A2	−80 000 元	19 000 元
A3	−100 000 元	25 000 元

A. A1　　B. A2　　C. A3　　D. 三方案相同

4. 资金的时间价值是客观存在的，为了最大限度地获取资金的时间价值，应该(　　)。

A. 把资金很好地保管起来

B. 把资金存在银行里

C. 把资金投放到风险较小的项目中

D. 把资金投放到回收期短且内部收益率高的项目中

5. 静态投资回收期是在不考虑资金时间价值的条件下，以方案的净收益回收其总投资所需要的时间。其中总投资包括的内容为建设投资和(　　)。

A. 流动资金　B. 负债　C. 固定资金　D. 短期投资

6. 下列各项中，(　　)是衡量投资方案获利水平的评价指标，它是投资方案达到设计生产能力后，一个正常生产年份的年净收益总额与方案投资总额的比率。

A. 基准收益率　B. 投资月收期

C. 投资收益率　D. 财务净现值

7. 下列评价指标中，属于静态评价指标的是(　　)。

A. 财务净现值　B. 内部收益率

C. 投资收益率　D. 财务净现值率

8. 净现值率是净现值与(　　)的比值。

A. 投资利润率　B. 投资现值总额

C. 投资利税率　D. 投资实际值减去计划值后的总额

9. 确定基准收益率的基础是(　　)。

A. 资金成本和固定资产　B. 固定资本和可变成本

C. 资金成本和机会成本　D. 投资成本和计划成本

10. (　　)作为方案选择和项目排队的评价准则是不可靠的，它只能作为辅助评价指标。

A. 投资回收期　B. 基准收益率

C. 投资收益率　D. 偿债能力指标

11. 项目的内部收益率计算值越大，表明其(　　)。

A. 盈利能力越强　B. 投资回收期越长

C. 盈亏平衡点越大　D. 借款偿还期越短

12. 动态投资回收期法与 *FIRR* 法在方案评价方面的关系是(　　)。

A. 前者优于后者　B. 等价

C. 后者优于前者　D. 两者基本上相同

13. 财务内部收益率计算出来后，需要与(　　)进行比较，来判断方案在经济上是否可以接受。

A. 财务净现值　B. 投资回收期

C. 借款偿还期　D. 基准收益率

14. 在进行设备租赁与设备购置的选择时，设备租赁与购置的经济比选是互斥方案的选优问题，寿命期相同时，可以采用(　　)作为比选尺度。

A. 投资收益率　B. 内部收益率

C. 投资回收期　D. 净现值

15. 某企业有三个独立的投资方案，各方案有关数据如下：

方案	方案 1	方案 2	方案 3
初始投资/万元	3 600	5 000	6 600
年末净收益/万元	1 300	1 200	1 500
估计寿命/年	4	6	8

若基准收益率为 10%，则投资效益由高到低的顺序为(　　)。

A. 方案 1—方案 2—方案 3　　B. 方案 2—方案 1—方案 3

C. 方案 3—方案 1—方案 2　　D. 方案 3—方案 2—方案 1

16. 评价计算期不同的互斥方案的经济效果时，可采用的动态评价方法是(　　)。

A. 增量投资收益率法和净现值法

B. 增量内部收益率法和净年值法

C. 增量投资回收期法和净年值法

D. 年折算费用法和年费用现值法

17. 净现值作为评价投资方案经济效果的指标，其优点是(　　)。

A. 全面考虑了项目在整个计算期内的经济状况

B. 能够直接说明项目在整个运营期内各年的经营成果

C. 能够明确反映项目投资中单位投资的使用效率

D. 不需要确定基准收益率而直接进行互斥方案的比选

18. 在下列投资方案经济效果评价指标中，属于投资方案盈利能力动态评价指标的是(　　)。

A. 内部收益率和投资收益率　　B. 净现值率和利息备付率

C. 净现值率和内部收益率　　D. 净现值和总投资利润率

19. 作为净现值的辅助评价指标，净现值率是指(　　)的比值。

A. 项目净现值与项目全部投资额

B. 项目全部投资现值与项目全部投资额

C. 项目净收益与项目全部投资现值

D. 项目净现值与项目全部投资现值

20. 在投资项目经济评价中进行敏感性分析时，如果要分析投资大小对方案资金回收能力的影响，可选用的分析指标是(　　)。

A. 净现值　　B. 投资收益率

C. 内部收益率　　D. 借款偿还期

21. 某投资方案建设期为 2 年，建设期内每年年初投资 400 万元，运营期每年年末净收益为 150 万元。若基准收益率 $i_c=12\%$，运营期为 18 年，残值为零，并已知$(P/A, 12\%, 18)=7.2497$，则该投资方案的净现值和静态投资回收期分别为(　　)。

A. 213.80 万元和 7.33 年　　B. 213.80 万元和 6.33 年

C. 109.77 万元和 7.33 年　　D. 109.77 万元和 6.33 年

22. 某项目有甲、乙两个建设方案，基准收益率 $i_c=10\%$，两方案的净现值等有关指标见下表。已知$(P/A, 10\%, 5)=3.791$、$(P/A, 10\%, 8)=5.335$，则两方案可采用(　　)。

方案	寿命期/年	净现值/万元	内部收益率/%
甲	5	120	13.6
乙	8	160	12.8

A. 净现值法进行比选，且乙方案更佳

B. 内部收益率法进行比选，且甲方案更佳

C. 年值法进行比选，且甲方案更佳

D. 研究期法进行比选，且乙方案更佳

23. 某建设项目建设工期为2年，第一年初投资500万元，第二初投资800万元，投产后净现金流量为200万元，项目计算期为20年，基准折现率为5%，则此项目的财务净现值为(　　)万元。

A. 757.75　　B. 858.73　　C. 918.82　　D. 964.76

24. 现有A、B、C、D四个互斥方案，寿命相等，有关数据如下，若基准收益率 $i_c=15\%$，试问(　　)最优。

方案	初始投资	IRR_j	ΔIRR_{j-k}		
			$K=A$	$K=B$	$K=C$
A	100万元	19%	—	—	—
B	180万元	15%	9%	—	—
C	200万元	18%	16%	23%	—
D	250万元	16%	17%	17%	13%

A. 方案A　　B. 方案B　　C. 方案C　　D. 方案D

25. 现有A、B两个互斥并可行的方案，寿命期相同，A方案的投资额小于B方案的投资额，则A方案优于B方案的条件是(　　)。

A. $\Delta IRR_{B-A}>i_c$　　B. $\Delta IRR_{B-A}<i_c$　　C. $\Delta IRR_{B-A}>0$　　D. $\Delta IRR_{B-A}<0$

26. 现有甲、乙、丙三个独立方案，且三个方案的结构类型相同，其三种方案投资额和净现值如下：

单位：万元

方案	投资额	净现值
甲	200	50
乙	350	60
丙	400	55

由于资金限额为750万元，则最佳组合方案为(　　)。

A. 甲、乙组合　　B. 乙、丙组合

C. 甲、丙组合　　D. 甲、乙、丙组合

27. 某项目有甲、乙两个建设方案，基准收益率 $i_c=10\%$，两方案的净现值等有关指标见下表。已知 $(P/A, 10\%, 6)=4.355$、$(P/A, 10\%, 10)=6.145$，则两方案可

采用(　　)。

方案	寿命期/年	净现值/万元	内部收益率/%
甲	6	100	14.2
乙	10	130	13.2

A. 净现值法比选，且乙方案更佳

B. 内部收益率法比选，且乙方案更佳

C. 研究期法进行比选，且乙方案更佳

D. 年值法进行比选，且甲方案更佳

28. 某项目有关数据见下表，设基准收益率 $i_c=10\%$，寿命期为 6 年。计算中保留两位小数，则该项目的净现值和动态投资回收期分别为(　　)。

年序	1	2	3	4	5	6
净现金流量/万元	−200	60	60	60	60	60

A. 33.87 万元；4.33 年　　B. 33.87 万元；5.26 年

C. 24.96 万元；4.33 年　　D. 24.96 万元；5.26 年

29. 根据某建设项目的有关数据(见下表)，可知其静态投资回收期为(　　)年。

年序	1	2	3	4	5	6
净现金流量/万元	−100	−200	−50	100	150	200

A. 4　　B. 3.33　　C. 3.5　　D. 5.5

30. 在计算某建设项目的内部收益率时，当 $i_c=14\%$，净现值为 800 万元；当 $i_c=18\%$，净现值为−200 万元，则该项目的内部收益率为(　　)。

A. 15%　　B. 18.2%　　C. 16.7%　　D. 17.2%

31. 若某项目净现值为零，则表明项目(　　)。

A. 盈亏平衡

B. 利润为零

C. 盈利能力刚好达到行业的平均水平

D. 盈利能力为行业的最低水平

32. 某建设项目，当 $i_1=15\%$时，净现值为 125 万元；当 $i_2=20\%$时，净现值为−42 万元，则该建设项目的内部收益率(　　)。

A. <15%　　B. 15%～20%

C. >20%　　D. 无法判断

33. 有三个独立方案 A、B、C，其寿命期相同。各方案的投资额及评价指标见下表，若资金受到限制，只能筹措到 600 万元资金，则最佳的组合方案是(　　)。

方案	投资额/万元	*NPV*/万元	*IRR*/%
A	250	30	24
B	180	25	21
C	270	28	18

A. A+B　　B. A+C　　C. B+C　　D. A+B+C

34. 对评价方案计算期内各种有关技术经济因素和方案投入与产出的有关财务、经济资料数据进行调查、分析、预测，对方案的经济效果进行计算、评价，分析比较各方案的优劣，从而确定和推荐最佳方案的是(　　)。

A. 盈利能力分析　　B. 清偿能力分析

C. 抗风险能力分析　　D. 经济效果评价

35. 内部收益率是考察投资项目盈利能力的主要指标，对于具有常规现金流量的投资项目，下列关于其内部收益率的表述中正确的是(　　)。

A. 采用内插法求得的内部收益率近似值要小于该值的精确值

B. 内部收益率是使投资方案在计算期内各年净现金流量累计为零时的折现率

C. 内部收益率受项目初始投资规模和项目计算期内各年净收益大小的影响

D. 内部收益率反映项目自身的盈利能力，它是项目初期投资的收益率

36. 某项目有四种方案，各方案的投资、现金流量及有关评价指标见下表。若已知基准收益率 i_c=16%，则经比选得到的最优方案为(　　)。

方案	投资额/万元	IRR/%	ΔIRR/%
A	150	18	—
B	200	22	$\Delta IRR_{B-A}=18$
C	250	16	$\Delta IRR_{C-B}=12$
D	300	20	$\Delta IRR_{D-B}=15$

A. 方案 A　　B. 方案 B　　C. 方案 C　　D. 方案 D

二、多项选择题

1. 对寿命期相同的互斥方案，比选方法正确的有(　　)。

A. 各备选方案的净现值大于等于零，并且净现值越大，方案越佳

B. 各备选方案的净现值率大于等于 1，并且净现值率越大，方案越佳

C. 各备选方案的内部收益率大于等于基准收益率，并且内部收益率越大，方案越佳

D. 各备选方案产出的效果相同或基本相同，可用最小费用法比选，费用越小，方案越佳

E. 各备选方案的净年值大于等于零，并且净年值越大，方案越佳

2. 如果计算出的净现值小于零，说明方案(　　)。

A. 获得大于基准收益率的收益　　B. 获得小于基准收益率的收益

C. 可行　　D. 不可行

E. 收益率小于零

3. 若要确定基准收益率，一般应综合考虑的因素有(　　)。

A. 投资收益率　　B. 资金价值

C. 投资风险　　D. 机会成本

E. 通货膨胀

4. 保证项目可行性的条件有(　　)。

A. 净现值≥0 B. 净现值≤0

C. 内部收益率≥基准收益率 D. 内部收益率≤基准收益率

E. 投资回收期≤基准投资回收期

5. 下列关于内部收益率的表述中，正确的有（　　）。

A. 内部收益率是使净现值为零时的收益率

B. 内部收益率是该项目能够达到的最大收益率

C. 内部收益率是允许借入资金利率的最低值

D. 内部收益率小于基准收益时，应该拒绝该项目

E. 内部收益率与财务净现值率是等价的

6. 关于财务净现值率的叙述，错误的有（　　）。

A. 项目财务净现值与项目总投资现值之比

B. 其经济含义是单位投资现值所能带来的财务净现值

C. 一个考察项目总投资赢利能力的指标

D. 对于独立方案，当 $FNPVR<0$ 时，方案可以接受

E. 计算财务净现值和投资现值的折现率要一致

7. 净现值和内部收益率作为评价投资方案经济效果的主要指标，二者的共同特点有（　　）。

A. 均考虑了项目在整个计算期内的经济状况

B. 均取决于投资过程的现金流量而不受外部参数影响

C. 均可用于独立方案的评价，并且结论是一致的

D. 均能反映投资过程的收益程度

E. 均能直接反映项目在运营期间各年的经营成果

8. 经济效果评价的动态评价指标有（　　）。

A. 投资收益率 B. 内部收益率

C. 净现值 D. 净年值

E. 利息备付率

9. 下列关于互斥投资方案比选的表述中，正确的有（　　）。

A. 在寿命期相同的情况下，可直接将各方案的 NPV 作为衡量标准

B. 采用 ΔIRR 法时，若 $\Delta IRR>i_0$，保留投资大的方案

C. 采用研究期法时，寿命期较长方案的净现值中需要考虑计算期以后的现金流量

D. 采用最小费用法时，不必考虑各方案的寿命期而直接比较各方案的费用现值

E. 采用净现值率排序法时，不一定能获得最佳组合方案

10. 在下列指标中，考虑了资金时间价值的有（　　）。

A. 投资收益率 B. $NPVR$

C. IRR D. 资金筹集率

E. 投资利润率

11. 已知某建设项目计算期为 n，基准收益率为 i_e，内部收益率为 IRR，则下列关系式正确的有（　　）。

A. 当 $i_e=IRR$ 时，$NPV=0$ B. 当 $i_e=IRR$ 时，$P_t'<n$

C. 当 $i_e=IRR$ 时，$NPV>0$ D. 当 $NPV<0$ 时，$i_e<IRR$

E. 当 $NPV>0$ 时，$P_t'<n$

12. 在对投资方案进行经济效益评价时，对寿命期不同的互斥方案进行比较时可选用(　　)。

A. 年值法　　B. 最小公倍数法

C. 研究期法　　D. 净现值法

E. ΔIRR 法

13. 在对投资方案进行经济效益评价时，常用的动态指标有(　　)。

A. IRR　　B. NPV

C. 静态投资回收期　　D. 投资收益率

E. 平均报酬率

14. 下列关于增量内部收益率的说法，错误的有(　　)。

A. 增量内部收益率就是内部收益率的增加值

B. 增量内部收益率常用来判断单方案的可行性

C. 增量内部收益率是指单位净现值的增加值对应的内部收益率增加值

D. 增量内部收益率是指增量净现值为零时的折现率

E. 采用 ΔIRR 法时，若 $\Delta IRR>i_0$，保留投资大的方案

15. 在对投资方案进行经济效益评价时，单方案经济效果评价指标有(　　)。

A. NPV　　B. P_t

C. $NPVR$　　D. NAV

E. IRR

三、填空题

1. 根据指标性质的不同，经济效果评价指标可以分为＿＿＿＿＿＿、＿＿＿＿＿＿、＿＿＿＿＿＿。

2. 根据指标性质分类，经济效果评价指标中的时间性指标包括＿＿＿＿＿＿、＿＿＿＿＿＿。

3. 根据指标性质分类，经济效果评价指标中的价值性指标包括＿＿＿＿＿＿、＿＿＿＿＿＿。

4. 根据指标性质分类，经济效果评价指标中的比率性指标包括＿＿＿＿＿＿、＿＿＿＿＿＿、＿＿＿＿＿＿、＿＿＿＿＿＿、＿＿＿＿＿＿。

5. 常用的动态评价指标有＿＿＿＿＿＿、＿＿＿＿＿＿、＿＿＿＿＿＿及＿＿＿＿＿＿等。

6. 差额投资内部收益率大于基准收益率，则说明＿＿＿＿＿＿＿＿＿＿＿＿。

7. 对寿命期相同的互斥方案，常用的比选方法有＿＿＿＿＿＿、＿＿＿＿＿＿、＿＿＿＿＿＿、＿＿＿＿＿＿。

8. 静态投资回收期是在不考虑资金时间价值的条件下，以方案的净收益回收其总投资所需要的时间。其中总投资包括的内容为建设投资和＿＿＿＿＿＿。

9. 财务内部收益率计算出来后，需要与＿＿＿＿＿＿进行比较，来判断方案在经济上是否可以接受。

10. 在评价技术方案的效益时，如果不考虑____________，称为静态评价。静态评价法主要包括________、________和____________，它适用于____________且____________的技术方案评价，在方案的______________阶段应用较多。

11. 在评价技术方案的效益时，考虑________________的评价方法，称为动态评价法。动态评价法适用于________________、____________的技术方案进行经济效益评价。

12. 经济效益评价的基本方法，根据是否考虑资金运动的时间因素分为____________和______________。

13. 净现值是指技术方案在整个分析期内，不同时点上的____________按基准收益率折算到____________的现值之和。如果净现值__________，则方案可取，以____________的方案为优。

14. 现值成本法仅适用于______________相同，并且只有__________而没有__________或____________________的情况，它是指方案所耗成本的一切耗费都折算为____________，然后据以决定方案取舍的经济分析方法。

15. 年值比较法是把所有现金流量化为与其等额的__________或__________用以评价方案的经济效益。

16. 投资方案的经济效果评价分析内容主要包括____________、____________、____________。

17. ______________是工程经济分析的核心内容，其目的在于确保决策的正确性和科学性，避免风险，明确投资方案的经济效果水平，为项目的投资决策提供科学的依据。

18. 经济效果评价的基本方法包括确定性评价方法和______________。

19. 经济效果的评价方法中，______________是考虑了资金的时间价值来计算评价指标。其能较全面地反映投资方案在整个计算期内的经济效果。

20. 在评价投资方案的经济效果时，与静态评价方法相比，动态评价方法的最大特点是____________________。

21. 在进行方案比较时，进行经济效果评价，应以________________为主，以静态评价方法为辅。

22. 以相同时间来研究不同期限的方案称为______________。

23. 研究期的确定一般以互斥方案中年限______________方案的计算期作为互斥方案评价的共同研究期。

24. 基准收益率的确定一般以__________________为基础，同时综合考虑资金成本、投资风险、通货膨胀及资金限制等影响因素。

25. 为了限制对风险大、盈利低的项目进行投资，在进行项目经济评价时，可以采取提高________________的方法，来进行投资方案的经济评价。

26. 建设工程项目的现金流量按当年价格预测时，确定基准收益率需要考虑的因素包括____________、____________、______________、____________。

27. 净现值与净年值的相同之处是________________________________。

28. 项目的内部收益率是项目到计算期末正好将未收回的资金全部收回的折现率，是项目对贷款利率的____________承担能力。

四、简答题

1. 何谓静态评价指标和动态评价指标？

2. 简述净现值的含义并评价单个方案的判别准则。

3. 净现值评价指标有哪些特点？

4. 多方案之间的经济关系有哪些类型？

5. 简述现值法的评价准则。

五、计算题

1. 某建设项目计算期为10年，各年净现金流量$(CI-CO)$及累计净现金流量$\sum(CI-CO)$如下表所示，计算该项目的静态投资回收期P_t。

单位：万元

年份	1	2	3	4	5	6	7	8	9	10
$(CI-CO)$	−200	−250	−150	80	130	170	200	200	200	200
$\sum(CI-CO)$	−200	−450	−600	−520	−390	−220	−20	180	380	580

2. 某项目建设期一年，建设投资800万元。第二年末净现金流量为220万元，第三年末净现金流量为242万元，第四年末净现金流量为266万元，第五年末净现金流量为293万元，则该项目的静态投资回收期为多少年？

3. 某工程项目逐年支出、收入如下表所列，已知基准贴现率$i_0=10\%$，求静态、动态投资回收期、净现值、净年值、净现值率和内部收益率。

单位：万元

项目 \ 年份	0	1	2	3	4～7	8～12
投资	100	800	100			
经营费用				300	450	485
收入				350	700	700

4. 某工厂拟采购某种设备一台，市场上有A、B两种型号可选，寿命均为5年，$i_c=8\%$，比较并选择最佳方案。

方案	购置费/元	年运营成本/元	残值/元
A	16 000	5 000	1 500
B	12 000	6 500	2 000

5. 已知下表所列的数据，试对方案 A、B 进行比较选择。设 $i_c=10\%$。

项目＼方案	方案 A	方案 B	项目＼方案	方案 A	方案 B
投资/万元	3 500	5 000	年支出/万元	645	1 383
年收益/万元	1 900	2 500	估计寿命/年	4	8

6. 已知：A、B、C 三个独立方案的投资、年收益及据此计算出来的有关评价指标见下表，折现率为 12%，投资总额最多不得超过 450 万元。试求设计投资方案组合。

方案	第 0 年投资/万元	1～10 年净收益/万元	寿命/年	*NPV*/万元	*NPVR*
A	100	23	10	54.33	0.543
B	300	58	10	89.18	0.297
C	250	49	10	78.79	0.315

第 4 章　工程项目资金的筹集

4.1　学习要求

4.1.1　建设项目资金总额的构成

1. 应知

(1)建设项目的分类。

(2)资金总额的组成。

(3)自有资金和借入资金的概念。

2. 应会

(1)资本金的概念与分类。

(2)资本公积金包括的内容。

4.1.2　建设项目资金的来源

1. 应知

(1)国家投资主体筹集资金的主要手段。

(2)政策性银行的概念。

(3)我国政策性银行有多少家，它们分别是哪些?

(4)“三来一补”的含义。

(5)债券的概念及分类。

(6)股份有限公司的定义。

2. 应会

(1)税收的特点。

(2)中央银行的主要职能。

(3)债券筹资的优、缺点。

(4)股票筹资的优、缺点。

4.2　内容提要

4.2.1　建设项目资金总额的构成

1. 建设项目分类

建设项目可分为公益性投资项目、基础性项目和竞争性项目。

2. 资金总额的组成

在资金筹措阶段，建设项目所需的资金总额由自有资金、赠款、借入资金三部分组成。

3. 自有资金和借入资金

自有资金是指项目资金总额中投资者缴付的出资额，包括资本金和资本溢价。

资本金是指新建项目设立企业时在工商行政管理部门登记的注册资金。根据投资主体的不同，资本金可分为国家资本金、法人资本金、个人资本金及外商资本金等。

资本溢价是指在资金筹集过程中，投资者缴付的出资额超出资本金的差额。

借入资金即企业对外筹措的资金，是指以企业名义从金融机构和资金市场借入，需要偿还的用于固定资产投资的资金，包括国内银行贷款、国际金融机构贷款、外国政府贷款、出口信贷、补偿贸易、发行债券等方式筹集的资金。

4.2.2 建设项目资金的来源

1. 国家投资主体筹集资金的主要手段

国家投资主体筹集资金的主要手段有财政税收、财政信用及举借外债。

2. 税收的特点

税收具有强制性、无偿性和固定性的特征。

税收与财政信用筹集资金的区别：

(1)税收由财政采取无偿的方式予以集中，既改变资金的使用权，又改变资金的所有权。

(2)财政信用筹集资金，只改变资金的使用权，而不改变资金的所有权；同银行信用一样，既要还本，还要付息。

3. 中央银行的主要职能

中央银行就是银行的银行，即发行货币、办理政府有关业务、监督和管理整个金融业的银行。我国的中央银行是中国人民银行。

中国人民银行的主要职能有以下三方面：一是发行货币，调节货币流通；二是作为政府金融货币方面的代理人，管理政府资金，对政府提供信用，认购国债，代理国库；三是通过贷款、存款准备金和公开市场业务对其他银行和金融机构进行管理，制定货币政策，调节货币价格与需求，支持经济的稳定增长。

4. 政策性银行

政策性银行是指由政府发起并出资成立的，为贯彻和配合政府特定经济政策和意图而进行融资和信用活动的金融机构，不以营利为目的。

一般来说，政策性银行贷款利率较低、期限较长，有特定的服务对象，其放贷支持的主要是商业性银行在初始阶段不愿意进入或涉及不到的领域。

我国的政策性银行有三家，即国家开发银行、中国农业发展银行、中国进出口信贷银行。

5. “三来一补”

“三来一补”是指来件装配、来料加工、来样定制和补偿贸易。

6. 债券的概念及分类

债券是借款单位为筹集资金而发行的一种信用凭证，它证明持券人有权按期取得固定的利息并到期收回本金。

我国发行的债券种类：国家债券、地方政府债券、企业债券、金融债券。

债券的价格包括票面价格、发行价格和市场价格。

7. 股票筹资

股票是股份公司发给股东作为已投资入股的证书和索取股息的凭证。

股票分为普通股和优先股两大类。

4.2.3 资金成本

1. 资金成本的含义及组成

资金成本是指企业为筹集和使用资金而支付的费用，包括资金筹集费和资金占用费。

(1)资金筹集费是指投资者在资金筹集过程中支付的各项费用，主要有手续费、代理发行费用等。

(2)资金占用费是指占用资金支付的费用，如股票的股利、银行借款利息和债券利息。

2. 资金成本的表示方式

资金成本的表示方式有绝对数表示和相对数表示。

3. 资金成本的作用

(1)资金成本是选择资金来源、确定筹资方案的重要依据。企业力求选择资本成本最低的筹资方式。

(2)资金成本是评价投资项目、决定投资取舍的重要标准。资金成本低于投资报酬率的项目才合算。

(3)资金成本是评价企业经营成果的尺度。

4. 短期借款的资金成本

短期借款资金成本的计算公式为

$$k_1 = i \cdot \frac{1-T_e}{1-f}$$

式中 i——借款年实际利率；

T_e——实际所得税率。

设 r 为借款的名义利率，m 为每年计息次数，则借款的税后实际年资金成本的公式为

$$k_1 = \left[\left(1+\frac{r}{m}\right)^m - 1\right] \cdot \frac{1-T_e}{1-f}$$

4.3 基本训练

一、单项选择题

1. 某公司发行长期债券500万元，筹资费率为3%，债券利息率为10%，所得税税率为33%，则其债券成本率为(　　)。

A. 4.98%　　B. 6.91%　　C. 10.31%　　D. 15.39%

2. 资金成本的筹资费包括(　　)。

A. 委托金融机构代理发行股票的代理费

B. 使用发行股票筹集的资金而支付给股东的红利

C. 向股东支付的红利

D. 向债权人支付的利息

3. 关于资金成本的表述，下列选项正确的是(　　)。

A. 资金成本可以全部列入产品成本

B. 资金成本会因融资规模的扩大而降低

C. 资金成本会因证券市场的价格波动较大而降低

D. 资金成本是时间和资金占用额的函数

4. 某企业发行的普通股正常市价为 58 元，估计年增长率为 15%，第一年预计发放股利 2 元，筹资费用率为股票市价的 10%，企业所得税率为 33%，则发行普通股的资金成本率为(　　)。

A. 12.62%　　B. 17.57%　　C. 18.83%　　D. 20.72%

5. 发行债券的优点是(　　)。

A. 与发行股票相比较，资金成本低　　B. 提高企业的负债比例

C. 是一种弹性的融资方式　　D. 降低企业的自有资金利润率

二、多项选择题

1. 关于资金成本的说法，下列选项正确的有(　　)。

A. 资金成本只能用绝对数表示，不可用相对数表示

B. 资金成本是指企业为筹集和使用资金而付出的代价

C. 资金成本包括资金筹集费和资金占用费

D. 企业力求选择资金成本最低的筹资方式

E. 资金成本还可用作衡量企业经营成果的尺度，即经营利润应高于资金成本，否则表明业绩欠佳

2. 下列费用中属于资金筹集成本的有(　　)。

A. 股票发行代理　　B. 银行贷款利息

C. 债券发行代理费　　D. 股东红利

E. 股票发行广告费

3. 在下列建设项目筹资方式中，形成项目负债的有(　　)。

A. 发行股票　　B. 发行债券

C. 财政拨款　　D. 银行贷款

E. 设备租赁

4. 股权资金包括(　　)。

A. 发行股票　　B. 发行债券

C. 吸收直接投资　　D. 银行贷款

E. 企业的保留盈余资金

三、填空题

1. 税收具有____________、____________和________________的特征。
2. 资金成本包括资金__________费和资金__________费。

四、简答题

1. 建设项目所需的资金总额由哪几部分构成？

2. 国家投资主体筹集资金的主要手段有哪些？

3. 什么是资金成本？资金成本有什么作用？

4. 建设项目的主要筹集渠道有哪些？

第 5 章　工程项目不确定性分析

5.1　学习要求

5.1.1　盈亏平衡分析

1. 应知

(1)不确定性分析的概念及常用方法。

(2)盈亏平衡分析的概念。

(3)盈亏平衡点的概念。

(4)固定成本和变动成本的概念及其所包含的内容。

2. 应会

(1)盈亏平衡点的经济含义。

(2)盈亏平衡点产量的计算。

5.1.2　敏感性分析

1. 应知

(1)敏感性分析的概念。

(2)单因素敏感性分析的概念。

(3)敏感性因素的概念。

2. 应会

(1)方案敏感性分析的经济效果评价指标及选用原则。

(2)敏感性因素的确定。

(3)单因素敏感性分析的基本步骤。

5.1.3　概率分析

1. 应知

(1)概率分析的基本概念。

(2)概率分析的适用范围。

(3)决策树法的含义。

2. 应会

(1)期望值分析法的一般步骤。

(2)决策树分析法的一般步骤。

5.2 内容提要

5.2.1 盈亏平衡分析

盈亏平衡分析的目的是找出由盈利到亏损的临界点，据此判断项目风险的大小及对风险的承受能力，为投资决策提供科学依据。盈亏平衡分析只适用于项目的财务评价。

5.2.1.1 盈亏平衡点及其确定

1. 盈亏平衡点(*BEP*)的概念

盈亏平衡点(*BEP*)是项目盈利与亏损的分界点，它标志着项目不盈不亏的生产经营临界水平，反映了生产经营达到一定的水平时该项目的收益与成本的平衡关系。盈亏平衡点通常用产量表示，也可以用生产能力利用率、销售收入、产品单价等来表示。

2. 盈亏平衡点的确定

项目的总收益(*TR*)与项目的总成本(*TC*)相等的产量，就是盈亏平衡产量。

盈亏平衡点反映了项目对市场变化的适应能力和抗风险能力。项目的盈亏平衡点越低，其适应市场变化的能力就越强，抗风险能力也就越强。

5.2.1.2 线性盈亏平衡分析

当项目的收益与成本都是产量的线性函数时，称为线性盈亏平衡分析。

1. 基本假设

(1)产品的产量与销售量是一致的。

(2)单位产品的价格保持稳定不变。

(3)成本分为可变成本与固定成本，其中可变成本与产量成正比例关系，固定成本与产量无关且保持不变。

2. 基本方法

线性盈亏平衡分析的基本方法有图解法和解析法。

(1)图解法。线性盈亏平衡分析如图 5-1 所示。

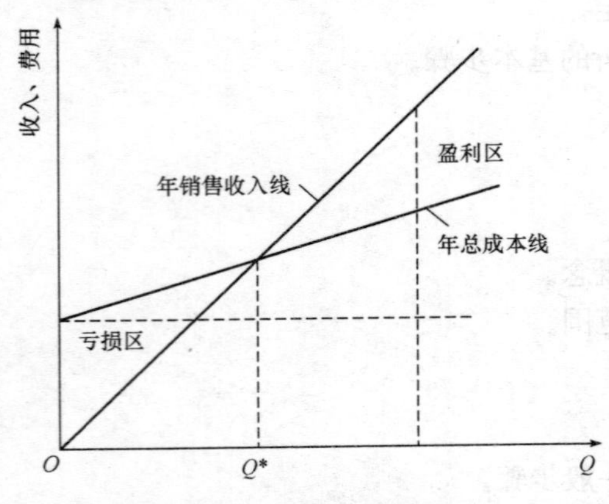

图 5-1 线性盈亏平衡分析

年销售收入=(单位产品价格−单位产品销售税金及附加)×产量

总成本=固定成本+可变成本=固定成本+单位产品可变成本×产量

(2)解析法。

盈亏平衡点的影响因素：固定成本、可变成本和单位产品价格。

盈亏平衡点产量的计算公式：

$$Q^* = \frac{F}{P-t-V}$$

式中 Q^*——盈亏平衡点产量；

F——固定成本；

V——单位产品可变成本；

P——单位产品价格；

t——单位产品销售税金及附加。

盈亏平衡点(*BEP*)除用产量表示外，还可以用生产能力利用率和产品单价来表示。

$$生产能力利用率 = \frac{Q^*}{Q_0} \times 100\%$$

式中 Q_0——设计生产能力。

$$单位产品价格 = \frac{F+VQ_0}{Q_0} + t$$

5.2.2 敏感性分析

1. 敏感性分析的概念

敏感性分析是指研究和预测项目的主要不确定性因素发生增减变化时，对经济效益评价指标的影响程度，并从许多因素中找出敏感性因素，提出相应的控制对策，供决策分析研究。敏感性分析可同时适用于项目的财务评价和国民经济评价。

2. 敏感性分析的目的

(1)掌握不确定性因素在什么范围内变化方案的经济效果最好，在什么范围内的变化效果最差，以便对不确定性因素实施控制。

(2)区分敏感性大的方案和敏感性小的方案，以便选出敏感性小，即风险小的方案。

(3)找出敏感性强的因素，向决策者确认是否需要进一步搜集资料进行研究，以提高经济分析的可靠性。

3. 单因素敏感性分析的步骤

(1)确定敏感性分析的经济效果评价指标。

(2)选择影响方案经济效果指标的主要变量因素，并设定这些因素的变动范围。

某因素仅发生较小幅度的变化，却能导致经济评价指标发生大的变化，该因素称为敏感性因素。确定敏感性因素可采用指标“敏感度系数”(E)。敏感度系数表示项目评价指标对不确定因素的敏感程度。

$$E = \frac{\Delta A}{\Delta F}$$

式中 E——敏感度系数；

ΔA——不确定因素 F 发生 ΔF 变化率时，评价指标 A 的相应变化率(%)；

ΔF——不确定因素 F 的变化率(%)。

E 值越大，表明评价指标 A 对于不确定因素 F 越敏感；反之，则越不敏感。也就是说，不确定因素 F 是最敏感的因素。

(3)计算出各变量因素在可能的变动范围内发生不同幅度变动所导致方案经济效果指标变动的结果，建立起一一对应的数量关系，并用图或表的形式表示出来。

(4)确定敏感因素，对方案的风险情况作出判断。

4. 单因素敏感性分析图

(1)以纵坐标表示项目的经济评价指标(项目敏感性分析的对象)，横坐标表示各个变量因素的变化幅度(以%表示)。

(2)根据敏感性分析的计算结果绘出各个变量因素的变化曲线，其中与横坐标相交角度较大的变化曲线所对应的因素就是敏感性因素。

5.2.3 概率分析

概率分析可同时适用于项目的财务评价和国民经济评价。

1. 概率分析的基本概念

概率分析是借助概率来研究、预测不确定因素和风险因素对项目经济评价指标影响的一种定量分析技术。

2. 期望值法

期望值计算公式：

$$E(x) = \sum_{i=1}^{n} x_i P_i$$

式中 $E(x)$——随机变量 x 的期望值；

x_i——随机变量 x 的各种取值；

P_i——x 取值时所对应的概率值。

期望值法分析准则如下：

(1)决策目标是效益最大化的，则应选择收益期望值最大的方案；

(2)决策目标是费用最小化的，则应选择费用期望值最小的方案。

实例：某建设项目建成后生产产品销售的情况是：前景好的概率为 0.7，此时的净现值为 1 800 万元；前景一般的概率为 0.1，净现值为 120 万元；前景不好的概率为 0.2，净现值为－800 万元。则该建设项目的期望值为多少万元?

根据期望值计算公式可知，建设项目的期望值为

$$1\,800 \times 0.7 + 120 \times 0.1 + (-800) \times 0.2 = 1\,112(\text{万元})$$

3. 决策树分析法

决策树一般由决策点、机会点、方案枝、概率枝等组成。

5.3 基本训练

一、单项选择题

1. 分析项目各种外部条件变化或者数据测算误差对项目经济效果的影响程度，估计项目对可能出现风险的承受能力的是(　　)分析。

A. 不确定性　　B. 敏感性　　C. 风险　　D. 环境

2. 将产品产量作为不确定因素，通过计算盈亏平衡点的数值，判断不确定因素对方案经济效果的影响程度，说明方案实施的风险大小以及项目承担风险的能力的是(　　)分析。

A. 盈亏平衡　　B. 不确定性　　C. 敏感性　　D. 定量

3. 进行单因素敏感性分析，要假设各个不确定因素之间相互独立。当考察一个因素时，应当令其余因素(　　)。

A. 由小到大变化　　B. 由大到小变化

C. 依次变化　　D. 保持不变

4. 敏感性分析评价指标的确定，一般根据项目所处的不同阶段来选择。如果在初步可行性研究和可行性研究阶段，则需选用(　　)作为分析指标。

A. 投资收益率　　B. 投资利润率

C. 财务净现值　　D. 工期

5. (　　)是假设两个或两个以上相互独立的不确定因素同时变化时，分析这些变化因素对经济评价指标的影响程度和敏感程度。

A. 敏感性分析　　B. 单因素敏感性分析

C. 多因素敏感性分析　　D. 不确定性分析

6. 某建设项目以财务净现值为指标进行敏感性分析的有关数据见下表，则按净现值确定的敏感程度由大到小的顺序为(　　)。

单位：万元

变化幅度	−10%	0	+10%
①建设投资	914.93	861.44	807.94
②营业收入	703.08	861.44	1 019.80
③经营成本	875.40	861.44	847.47

A. ①—②—③　　B. ②—①—③　　C. ②—③—①　　D. ③—②—①

7. 对建设工程项目进行概率分析时，一般需要计算(　　)。

A. 净现值的敏感度　　B. 经营成本的期望值

C. 内部收益率的敏感度　　D. 净现值的期望值

8. 在单因素敏感性分析中，当产品价格下降幅度为5.91%、项目投资额降低幅度为25.67%、经营成本上升幅度为14.82%时，该项目净现值均为零。按净现值对产品价格、投资额、经营成本的敏感程度由大到小进行排序，依次为(　　)。

A. 产品价格—投资额—经营成本　　B. 产品价格—经营成本—投资额
C. 投资额—经营成本—产品价格　　D. 经营成本—投资额—产品价格

9. 在投资项目经济评价中进行敏感性分析时，首先应确定分析指标。如果要分析产品价格波动对投资方案超额净收益的影响，可选用的分析指标是(　　)。
A. 投资回收期　　B. 净现值
C. 内部收益率　　D. 借款偿还期

10. 在投资项目经济评价中进行敏感性分析时，如果要分析投资大小对方案资金回收能力的影响，可选用的分析指标是(　　)。
A. 净现值　　B. 投资收益率　　C. 内部收益率　　D. 借款偿还期

11. 某项目设计生产能力为年产 50 万件产品，根据资料分析，估计单位产品的价格为 100 元，单位产品的可变成本为 80 元，固定成本为 300 万元。已知该产品单位产品销售税金及附加税金为 5 元，则以单位产品价格表示的盈亏平衡点为(　　)。
A. 81 元　　B. 86 元　　C. 91 元　　D. 96 元

12. 固定成本是不受(　　)变化影响的成本费用。
A. 销售收入　　B. 生产成本　　C. 生产数量　　D. 销售利润

13. 在基本的量、本、利图中，销售收入线与(　　)线的交点是盈亏平衡点。
A. 变动成本　　B. 总利润　　C. 固定成本　　D. 总成本

14. 某建设项目设计生产能力为 12 万台/年，固定成本为 1 320 万元/年，产品售价为 900 元/台，变动成本为 630 元/台，销售税金及附加 50 元/台，则此项目的盈亏平衡点产量为(　　)台/年。
A. 60 000　　B. 72 000　　C. 54 200　　D. 14 635

15. 某建材厂设计能力为年生产某型号预制构件 7 200 件，每件售价 5 000 元，该厂固定成本 680 万元，每件产品变动成本为 3 000 元，则该厂的盈亏平衡产量为(　　)件。
A. 3 500　　B. 3 000　　C. 4 420　　D. 3 400

16. 仅发生较小幅度变化就能引起评价指标发生大的变动的因素，称为(　　)。
A. 敏感性因素　　B. 非敏感性因素　　C. 静态因素　　D. 动态因素

17. 单因素敏感性分析中，设甲、乙、丙、丁四个因素均发生 10%的变化，使评价指标相应地分别产生 10%、15%、25%、30%的变化，则敏感性因素是(　　)。
A. 甲　　B. 乙　　C. 丙　　D. 丁

18. 单因素敏感性分析中，设甲、乙、丙、丁四个因素分别发生 5%、10%、10%、15%的变化，使评价指标相应地分别产生 10%、15%、25%、25%的变化，则敏感性因素是(　　)。
A. 甲　　B. 乙　　C. 丙　　D. 丁

19. 决策树是直接运用(　　)的一种方法。
A. 盈亏平衡分析　　B. 敏感性分析
C. 概率分析　　D. 不确定性分析

20. 某企业进行设备更新，年固定成本 10 万元，利用新设备生产的产品，其单位可变成本为 5 元/件，产品售价为 10 元/件，假设企业生产函数为线性，则盈亏平衡产量为(　　)万件。
A. 2　　B. 1　　C. 3　　D. 0.5

21. 某企业年产量4万件，年固定成本20万元，其单位可变成本为15元，产品市场价格为25元/件，该企业当年免征销售税金，则该企业当年盈亏平衡点价格为每件(　　)元。

A. 15　　B. 18　　C. 20　　D. 24

22. 某方案实施后有三种可能性：情况好时，净现值为1 000万元，概率为0.3；情况一般时，净现值为500万元，概率为0.4；情况差时，净现值为−850万元，概率为0.3。该项目的期望净现值为(　　)万元。

A. 217　　B. 245　　C. 215　　D. 500

二、多项选择题

1. 下列项目中，可用于表示盈亏平衡点的有(　　)。

A. 产品单价　　B. 销售收入

C. 上缴税金　　D. 产品产量

E. 销售时间

2. 敏感性分析的一般步骤包括(　　)。

A. 选择需要分析的不确定性因素　　B. 确定评价指标

C. 确定敏感性因素　　D. 计算基准折现率

E. 分析不确定性因素的波动幅度及其对评价指标可能带来的增减变化情况

3. 不确定性分析包括(　　)。

A. 盈亏平衡分析　　B. 敏感性分析

C. 现金流量分析　　D. 价值工程分析

E. 概率分析

4. 盈亏平衡点降低，则使(　　)。

A. 收入的下限升高　　B. 收入的上限降低

C. 成本的下限升高　　D. 成本的上限降低

E. 项目抗风险能力增强

5. 不确定性分析中可同时用于财务评价和国民经济评价的方法有(　　)。

A. 盈亏平衡分析　　B. 敏感性分析

C. 净现值分析　　D. 概率分析

E. 投资收益率分析

6. 不确定性分析的主要工作有(　　)。

A. 分析项目各种外部条件的变化

B. 测算数据误差对项目经济效果的影响程度

C. 分析不确定性因素对经济评价指标的影响

D. 估计项目对可能出现风险的承受能力

E. 确定项目在经济上的可靠性

7. 盈亏平衡分析是通过对产品(　　)之间相互关系的分析，判断企业对市场需求变化的适应能力的一种不确定性分析方法。

A. 产量　　B. 价格

C. 利润　　D. 成本

E. 技术进步

8. 项目盈亏平衡点(BEP)的表达形式有多种，其中用绝对值表示的有(　　)。

A. 实物产销量　　B. 单位产品固定成本

C. 单位产品售价　　D. 生产能力利用率

E. 年销售收入

9. 对于一般投资项目，其影响因素的选择通常考虑(　　)等方面。

A. 项目寿命年限　　B. 产品价格

C. 投资回收期　　D. 项目投资

E. 产销量

三、填空题

1. 盈亏平衡点通常用__________表示，也可以用__________、__________、__________等来表示。

2. 盈亏平衡点反映了项目对市场变化的适应能力和抗风险能力。项目的盈亏平衡点越低，其适应市场变化的能力就越__________，抗风险能力也就越__________。

3. 盈亏平衡分析法是根据方案的__________与__________的关系确定__________，进而分析方案的一种__________分析方法。

4. 所谓保本产量，是指__________等于__________时的产品产量，也即盈亏平衡图上，__________对应的产量。

5. 根据年销售收入和年总成本费用与__________的关系不同，盈亏平衡分析模型分为__________和__________两种基本形式。

6. 敏感性分析是指研究__________因素对经济效益评价值的影响程度，从许多因素中找出__________因素，并提出相应的控制对策，供决策分析研究。

7. 决策树法是以__________方式，分别计算出各个方案在不同自然状态下的__________，并对比作出决策。具体步骤为：__________、__________、__________。

8. 某投资方案实施后有三种可能性：情况好时，内部收益率为25%，概率为0.6；情况一般时，内部收益率为18%，概率为0.2；情况差时，内部收益率为8%。该项目的期望内部收益率为__________。

四、简答题

1. 简述盈亏平衡分析的特征。

2. 什么是决策树？简述决策树绘制的要点。

五、计算题

1. 某企业生产某种产品，每件产品的售价为 50 元，单位可变成本为 28 元，年固定成本为 66 000 元。求企业的最低产量和企业产品产量为 5 000 件时的利润，以及企业年利润达到 60 000 元时的产量。

2. 已知某厂的年固定费用为 160 万元，单位产品的变动成本为 100 元，每件产品税后价格为 200 元，生产能力为每年 2 万件，试求以产量、生产能力利用率及价格表示的盈亏平衡点。

第6章 工程项目可行性研究

6.1 学习要求

6.1.1 可行性研究的含义、地位和作用

1. 应知

(1)可行性研究的含义。

(2)可行性研究的对象。

2. 应会

(1)可行性研究的主要作用。

(2)可行性研究的阶段划分。

(3)可行性研究各阶段对投资估算的精确程度。

6.1.2 市场研究

1. 应知

(1)市场调查的概念。

(2)市场预测的概念。

(3)市场预测的方法。

2. 应会

(1)市场调查的方法。

(2)市场预测的作用。

(3)定量预测方法(包括简单平均法、加权平均法和移动平均法)。

6.2 内容提要

6.2.1 可行性研究的含义、地位和作用

1. 可行性研究的含义

可行性研究是指对拟建项目在技术上是否适用、经济上是否有利、建设上是否可行所进行的综合分析和全面科学论证的工程经济研究活动。其目的是为了避免或减少建设项目决策的失误、提高投资的综合效果。

2. 可行性研究的对象

可行性研究的对象包括新建、改建、扩建的工业项目、民用项目、科研项目、地区开发、技术措施的应用与技术政策的制定等。

3. 可行性研究的主要作用

(1)可为工程项目投资决策提供科学的依据。

(2)可为筹集建设资金提供依据。

(3)可作为工程项目建设有关部门或单位之间签订协议、合同的依据。

(4)可作为下阶段设计的依据。

(5)可作为建设阶段的基础资料，科研、试验、设备的选择，为企业组织管理、机构设置、职工培训等工作的安排提供依据。

4. 可行性研究的阶段划分

可行性研究一般可分为四个阶段：机会研究阶段、初步可行性研究阶段、详细可行性研究阶段和评价与决策阶段。

(1)机会研究。机会研究又称投资机会论证，这一阶段的主要任务是提出工程项目投资方向的建议。在实行市场经济的国家里，机会研究的目的是寻找和识别最有利的投资机会，产生一个大致的投资建议(或项目意向)。

机会研究需要解决的问题：一是社会是否需要；二是有没有可以开展的基本条件。

(2)初步可行性研究。将机会研究的投资建议具体细化为多个比选方案，进行初步评价并筛选方案，确定项目的初步可行性，采用的评价指标是净现值。

(3)详细可行性研究。详细可行性研究是可行性研究的主要阶段。它为投资开发的工程项目投资决策提供技术、经济、生产等各方案的依据，作出详细的技术经济评价，得出最后的结论。

工程项目可行性研究的关键问题是技术选择，应从本国的实际情况出发，对技术的需要性、先进性、适宜性和经济性等方面进行选择、分析。采用净现值作为评价指标。

(4)评价与决策。任务、审核、分析、判断可行性研究报告的可靠性和真实性，提出项目评估(价)报告，为决策者提供最后的决策依据。

5. 可行性研究的阶段对投资估算的精确程度

(1)机会研究阶段：±30%。

(2)初步可行性研究阶段：±20%。

(3)详细可行性研究阶段：±10%。

6.2.2 市场研究

市场研究是可行性研究最基础、最重要的环节。

1. 市场调查

市场调查是运用适当的方法，有目的而系统地搜集整理市场信息资料，分析市场的客观实际情况。

(1)市场调查的作用。掌握可靠的市场信息，不仅能了解市场的大小和性质，决定产品的销售量，还有利于工程项目设想的产生，克服盲目性，加强自觉性，使产品适销对路。

(2)市场调查的内容。

1)调查国内需求量。

2)调查国内供应量。

3)调查国外需求量。

4)调查国外供应量。

(3)市场调查的主要方法。

1)间接搜集信息法。间接搜集信息法一般包括查找、索讨、购买、交换、接收等具体手段。

2)直接访问法。按访问具体形式的不同可分为面谈调查、电话调查、问卷调查、街头访问调查等。

3)直接观察法。直接观察法的特点是在被调查者并未察觉时，调查工作已完成。

2. 市场预测

(1)市场预测的作用(概括为发展依据、计划依据和决策基础)。

1)为企业生产规模及其发展任务、新的工程项目的设立提供依据。

2)为企业制定经营计划提供依据。

3)为企业的经营决策提供基础。

(2)市场预测的方法。市场预测有定性和定量两种方法。

定量的方法包括时间序列法和回归分析法。

时间序列法包括简单平均法、加权平均法和移动平均法。

1)简单平均法。该方法是根据过去一定历史时期的资料，求其算术平均值作为预测数据。其计算公式为

$$\bar{x}=\frac{\sum_{i=1}^{n}x_i}{n}=\frac{x_1+x_2+x_3+\cdots+x_n}{n}$$

式中 $\bar{x}$——预测的算术平均值；

x_i——第 i 时段的统计数据；

n——资料数或期数。

2)移动平均法。具体做法：把已知数据点划分为若干段，然后再按数据点的顺序逐点推移，逐点求其平均值，以得到一组具有较明显趋势的新数据。

移动平均法的计算公式：

一次移动平均值：

$$W_t^{(1)}=\frac{X_t+X_{t-1}+\cdots+X_{t-N+1}}{N}$$

式中 $W_t^{(1)}$——第 t 周期的一次移动平均数；

t——周期数；

X_t——第 t 周期的统计数据；

N——分段数据点数。

二次移动平均值：

$$W_t^{(2)}=\frac{X_t^{(1)}+X_{t-1}^{(1)}+\cdots+X_{t-N+1}^{(1)}}{N}$$

3)加权平均法。为了区分近期和远期数据的影响程度，可采用加权平均法。该方法是对不同时期的数据赋予不同的权数，近期数据权数大，远期数据权数小，然后再加以平均。其计算公式为

$$Y_t = \frac{\sum_{i=t-n}^{t-1} \omega_i - x_i}{\sum_{i=t-n}^{t-1} \omega_i}$$

式中 Y_t——第 t 期预测值或预测值的加权平均值；

x_i——第 i 期的统计数据或第 i 期的实际数据($i=t-n$，…，$t-1$)；

n——移动资料期数(使用数据的期数)；

ω_i——第 i 期的权数或第 i 期实际数据的权数。

4)回归分析法。具体步骤如下：

①建立一元线性回归模型。一元线性回归方程如下：

$$Y=a+bX$$

式中 Y——因变量，即拟进行预测的变量；

X——自变量，即引起因变量 Y 变化的变量；

a、b——回归系数，即表示 X 与 Y 之间关系的系数。

②求回归系数 a、b，确定回归方程 $Y=a+bX$。

计算公式为

$$b = \frac{\sum X_i Y_i - n\overline{XY}}{\sum X_i^2 - n(\overline{X})^2}$$

$$a=\overline{Y}b\,\overline{X}$$

其中：

$$\overline{X} = \frac{\sum X_i}{n} \qquad \overline{Y} = \frac{\sum Y_i}{n}$$

式中 $\overline{X}$——n 个实际点 X_i 的平均值；

$\overline{Y}$——n 个实际点 Y_i 的平均值。

③根据已经确定的回归方程 $Y=a+bX$，把 a、b 作为已知数，进行预测。

④计算相关系数 r，进行相关检验。相关系数 r 的计算式如下：

$$r = \frac{\sum X_i Y_i - n\overline{X}\,\overline{Y}}{\sqrt{\left[\sum X_i^2 - n(\overline{X})^2\right]\left[\sum Y_i^2 - n(\overline{Y})^2\right]}}$$

6.3 基本训练

一、单项选择题

1. 项目可行性研究是为项目的(　　)是否建设该项目的最终决策提供科学依据。

A. 金融机构　　B. 决策部门　　C. 审查部门　　D. 施工单位

2. 项目可行性研究要为项目决策部门的最终决策提供(　　)。

A. 科学依据　　B. 建设方案　　C. 审查意见　　D. 财务报告

3. 可行性研究的内容涉及技术、经济和社会等方面，下列基本内容中属于经济方面的是(　　)。

A. 产品方案　　B. 原材料燃烧供应

C. 总图运输　　D. 融资方案

二、多项选择题

1. 建设工程项目可行性研究是对拟建项目的技术(　　)、经济合理性及建设可能性进行综合论证。

A. 先进性　　B. 风险性

C. 可靠性　　D. 适用性

E. 创新性

2. 建设工程项目可行性研究是在投资决策前进行的调查研究论证工作，其中包括(　　)。

A. 对项目有关社会、经济和技术等方面情况进行深入细致的调查研究

B. 对项目招标方案的分析与研究

C. 对项目建成后的经济效益进行科学的预测和评价

D. 对各种可能拟定的建设方案进行认真的技术经济分析

E. 对各种可能拟定的建设方案进行认真的比较论证

3. 工程项目可行性研究，在内容上需要论证回答的问题包括(　　)。

A. 项目建设规模　　B. 工艺技术方案的选用

C. 工程施工方案　　D. 城市控制性详细规划

E. 项目厂址选择

三、填空题

1. 市场调查的主要内容包括：调查__________，调查__________，调查__________，调查__________。

2. __________是可行性研究最基础、最重要的环节。

3. 可行性研究的对象一般包括新建、改建、扩建的__________项目，__________项目，__________项目，地区开发，技术措施的应用与技术政策的制定等。

4. 可行性研究是指对拟建项目在技术上__________、经济上__________、建设上__________所进行的综合分析和全面科学论证的__________活动。

5. 机会研究又称__________，这一阶段的主要任务是__________。在实行市场经济的国家里，机会研究的目的是寻找和识别__________，产生一个__________。

6. 技术选择是工程项目可行性研究的关键问题，要从本国的实际情况出发，对技术的__________、__________、__________和__________等方面进行选择与分析。

四、简答题

1. 什么是项目的可行性研究？可行性研究有哪四个阶段？

2. 简述可行性研究的主要作用。

3. 市场调查的方法有哪些？

第 7 章　工程项目财务评价

7.1　学习要求

7.1.1　财务评价概述

1. 应知

(1)财务评价的概念。

(2)常用的基本报表及用途。

2. 应会

(1)财务评价的作用。

(2)财务评价的内容。

7.1.2　财务基础数据测算

1. 应知

(1)建设项目总投资的构成。

(2)固定资产投资的估算方法。

(3)工程项目经济分析中的计算期。

(4)固定资产折旧测算。

(5)生产成本、总成本费用、经营成本等的含义。

2. 应会

(1)固定资产折旧的计算方法。

(2)生产成本、总成本费用、经营成本等的组成。

7.2　内容提要

7.2.1　财务评价概述

1. 财务评价的概念和作用

财务评价是根据国家现行财税制度和价格体系，分析、计算项目直接发生的财务效益和费用，编制财务报表，计算评价指标，考察项目的盈利能力、清偿能力及外汇平衡等财务状况，据以判别项目的财务可行性。

财务评价的作用体现在：

(1)衡量项目的盈利能力和清偿能力。

(2)项目资金规划的重要依据。

(3)为协调企业利益和国家利益提供依据。

财务评价(或财务分析)的主要内容包括财务盈利能力分析、清偿能力分析、创汇节汇能力分析和财务风险分析。

2. 常用的基本报表

财务评价常用的基本报表有现金流量表、损益表、资金来源与运用表、资产负债表及财务外汇平衡表。

3. 基本报表的用途

(1)现金流量表：反映项目计算期内各年的现金收支，用以计算各项动态和静态评价指标，进行项目财务盈利能力分析。

(2)损益表：反映项目计算期内各年的利润总额、所得税及税后的分配情况，用以计算投资利润率、投资利税率和资本金利润率等指标。

(3)资金来源与运用表：反映项目计算期内各年的资金盈余或短缺情况，用于选择资金筹措方案，制定适宜的借款及偿还计划，并为编制资产负债表提供依据。

(4)资产负债表：综合反映项目计算期内各年末资产、负债和所有者权益的增减变化及关系，以考察项目资产、负债、所有者权益的结构是否合理，用以计算资产负债率、流动比率及速动比率，进行清偿能力分析。

(5)财务外汇平衡表：适用于有外汇收支的项目，用以反映项目计算期内各年外汇的余缺程度，进行外汇平衡分析。

4. 财务评价指标

财务评价指标主要有盈利能力分析指标和清偿能力分析指标。

盈利能力分析指标包括静态指标和动态指标。静态指标有全部投资回收期、投资利润率、投资利税率和资本金利润率。动态指标有财务内部收益率、财务净现值。

清偿能力分析指标有借款偿还期、资产负债率、流动比率和速动比率。

7.2.2 财务基础数据测算

1. 建设项目投资估算

对工程建设项目来说，总投资包括固定资产投资和流动资金。

总投资所形成的资产，根据其特性可分为固定资产、无形资产、流动资产、递延资产。

2. 固定资产投资的估算方法

(1)生产能力指数法。

(2)资金周转率法。

(3)分项比例估算法。

3. 项目计算期、折旧、摊销测算

(1)项目的寿命周期。

(2)固定资产折旧测算。

1)固定资产的概念及特征。固定资产是指使用期限较长、单位价值较高，并且在使用过程中保持原有实物形态的资产。它是企业从事施工生产活动的主要劳动资料。

固定资产的特征有可供企业营业使用、使用期限长、单位价值较高且有可衡量的未来经济利益。

2)固定资产折旧方法。固定资产折旧方法有直线折旧法和加速折旧法(年数和折旧法与双倍余额递减法)。

4. 生产成本、总成本费用、经营成本等的含义及组成

(1)生产成本。生产成本是指与生产经营最直接和最密切的相关费用。

生产成本＝外购原材料、燃料及动力费＋生产人员工资及福利费＋制造费用

其中：

制造费用＝折旧费＋修理费＋其他费用

(2)总成本费用。总成本费用是一定时期生产经营活动所发生的全部费用总和。

总成本费用＝生产成本＋销售费用＋管理费用＋财务费用

(3)经营成本。经营成本是指在总成本中剔除了折旧费、摊销费及利息支出后的成本费用支出。

经营成本＝总成本费用－折旧－摊销费－利息支出

7.3 基本训练

一、单项选择题

1. 下列选项中，可以反映企业偿债能力的指标是(　　)。

A. 投资利润率　　B. 速动比率

C. 净现值率　　D. 内部收益率

2. 项目的盈利能力越强，则(　　)越大。

A. 盈亏平衡产量　　B. 偿债备付率

C. 财务净现值　　D. 动态投资回收期

3. 财务评价根据(　　)来计算和分析项目的盈利状况。

A. 影子价格　　B. 历史市场价格

C. 现行市场价格　　D. 预期市场价格

4. 关于财务净现值的表述，下列选项错误是(　　)。

A. 在计算财务净现值时，必须确定一个符合经济现实的基准收益率

B. 财务净现值能反映项目投资中单位投资的使用效率

C. 在使用财务净现值进行互斥方案比选时，各方案必须具有相同的分析期

D. 财务净现值是评价项目盈利能力的绝对指标

5. 如果财务内部收益率大于基准收益率，则有(　　)。

A. 财务净现值大于零　　B. 财务净现值小于零

C. 财务净现值等于零　　D. 不确定

6. 财务评价是从(　　)角度，考察项目投资在财务上的潜在获利能力。

A. 个人　　B. 企业　　C. 行业　　D. 国家

7. 若 A、B 两个具有常规现金流量的方案互斥，其财务净现值 $FNPV(i)_A > FNPV(i)_B$，则(　　)。

A. $FIRRA > FIRRB$　　B. $FIRRA = FIRRB$

C. $FIRRA < FIRRB$　　D. $FIRRA$ 与 $FIRRB$ 的关系不确定

8. 对于特定的项目，基准收益率越小，则(　　)。

A. 财务净现值越小　　B. 财务净现值越大

C. 财务内部收益率越小　　D. 财务内部收益率越大

二、多项选择题

1. 财务净现值率是(　　)。

A. 单位投资现值所能带来的财务净现值

B. 主要财务评价指标

C. 考察投资利用效率指标

D. 考察项目单位投资盈利能力的指标

E. 项目财务净现值与项目总投资现值之比

2. 基准收益率可以是(　　)。

A. 企业确定的最低标准的收益水平

B. 行业确定的最低标准的收益水平

C. 投资者确定的最低标准的收益水平

D. 银行贷款利率

E. 判断投资方案在经济上是否可行的依据

三、填空题

1. 固定资产的折旧方法有____________、____________。

2. 财务评价指标主要有____________、____________。

3. 财务评价常用的基本报表有____________、____________、____________、____________、____________、____________。

4. 财务评价是根据国家现行财税制度和价格体系，进行分析、计算项目直接发生的财务效益和费用，编制财务报表，计算评价指标，考察项目的____________、____________、____________等财务状况，据以判别项目的财务可行性。

5. 财务评价的指标主要有盈利能力分析指标和清偿能力分析指标。盈利能力分析的静态指标有____________、____________、____________、____________；动态指标有____________、____________；清偿能力分析指标有____________、____________、____________、____________。

四、简答题

1. 财务分析主要包括哪几部分内容？

2. 简述资产负债表的作用。

3. 简述财务评价的作用。

第 8 章　工程项目国民经济评价

8.1　学习要求

8.1.1　国民经济评价概述

1. 应知

(1)国民经济评价的概念。

(2)效益与费用的识别。

(3)国民经济评价的特点。

2. 应会

(1)国民经济评价与财务评价的共同点。

(2)国民经济评价与财务评价的区别。

8.1.2　国民经济评价的主要参数

1. 应知

(1)国民经济评价的参数。

(2)影子价格的概念。

2. 应会

(1)国民经济评价的主要内容。

(2)影子价格的确定。

8.1.3　国民经济评价指标及报表

1. 应知

(1)经济内部收益率(*EIRR*)的含义。

(2)经济净现值(*ENPV*)的含义。

(3)国民经济评价报表。

2. 应会

(1)国民经济评价指标的主要内容。

(2)经济内部收益率(*EIRR*)的计算。

(3)经济净现值(*ENPV*)的计算。

8.2 内容提要

8.2.1 国民经济评价概述

1. 国民经济评价的概念

国民经济评价是从国家整体角度考察项目的效益与费用，分析和计算项目给国民经济带来的净效益，从而评价投资项目在经济上的合理性，为投资决策提供宏观上的决策依据。

2. 效益与费用的识别

国民经济评价以社会资源最优配置、使国民收入最大化为目标，凡是增加的国民收入的就是国民经济收益；凡是减少的国民收入的就是国民经济费用。

国民经济效益分为直接效益和间接效益；国民经济费用分为直接费用和间接费用。

3. 国民经济评价的特点

(1)国民经济评价与财务评价的共同点。主要有评价目的相同、评价的基础工作相同、基本分析方法和计算方法相同。

(2)国民经济评价与财务评价的区别。

1)两种评价的角度不同。财务评价从项目自身利益出发，分析项目的盈利能力和清偿能力；国民经济评价从国民经济的整体利益出发，分析项目对整个国民经济以至整个社会产生的效益。

2)两种评价的费用和效益的含义和划分范围不同。

3)两种评价所使用的价格体系不同。财务评价的价格体系是以现行价格(市场交易价格或计划价格)体系为基础的预测价格；国民经济评价采用影子价格体系。

4)两种评价使用的主要参数不同。

①财务评价采用现行市场价格，国民经济评价采用影子价格。

②财务评价采用基准收益率，国民经济评价采用社会折现率。

③财务评价采用官方汇率，国民经济评价采用国家统一测定的影子汇率。

5)两种评价的评价内容不同。

8.2.2 国民经济评价的主要参数

1. 国民经济评价的参数

国民经济评价的参数主要包括社会折现率、影子汇率和影子工资等。

2. 国民经济评价的主要内容

(1)识别国民经济的效益与费用。

(2)计算和选取影子价格。

(3)调整基础数据，编制国民经济评价报表。

(4)计算国民经济评价指标并进行方案比选。

3. 影子价格的确定

影子价格的确定一般是按一定原则和方法将资源的市场价格调整为影子价格，其基本内容是将项目的投入物和产出物划分为外贸货物、非外贸货物和特殊投入物。

(1)外贸货物是指其生产、使用将直接或间接影响国家进、出口的项目产出物或投入物。

(2)非外贸货物是指其生产、使用将不影响国家进口或出口的项目产出物或投入物。

(3)特殊投入物包括劳动力和土地。

8.2.3 国民经济评价指标及报表

1. 国民经济评价指标

国民经济评价以盈利能力为主，其评价的指标包括国民经济盈利能力指标、外汇效果指标。国民经济盈利能力指标有经济净现值和经济内部收益率；外汇效果指标有经济外汇净现值、经济换汇成本、经济节汇成。

2. 经济内部收益率(*EIRR*)的含义及计算

经济内部收益率是反映项目对国民经济净贡献的相对指标，是项目在计算期内各年经济净效益流量的现值累计等于零时的折现率。其公式为

$$\sum_{t=0}^{n}(B-C)_t(1+EIRR)^{-t}=0$$

判别准则：经济内部收益率等于或大于社会折现率，表明项目对国民经济的净贡献达到或超过了要求的水平，这时应认为项目是可以接受的；反之，项目是不可以接受的。

3. 经济净现值(*ENPV*)的含义及计算

经济净现值是反映项目对国民经济净贡献的绝对指标，是指用社会折现率将项目计算期内各年的净收益流量折算到建设期初的现值之和。其表达式为

$$ENPV=\sum_{t=0}^{n}(B-C)_t(1+i)^{-t}$$

判别准则：工程项目经济净现值等于或大于零，表示国家对拟建项目付出代价后，可以得到符合社会折现率的社会盈余；或除了得到符合社会折现率的社会盈余外，还可以得到以现值计算的超额社会盈余，这时就认为项目是可以考虑接受的。

4. 国民经济评价报表

国民经济评价的基本报表分为国民经济效益费用表(全部投资)和国民经济效益费用表(国内投资)。

8.3 基本训练

一、单项选择题

1. 在国民经济评价中，反映项目对国民经济净贡献的相对指标是(　　)。

A. 经济净现值　　B. 经济内部收益率

C. 社会折现率　　D. 投资收益值

2. 国民经济评价汇率采用(　　)。

A. 官方汇率　　B. 影子汇率　　C. 固定汇率　　D. 浮动汇率

3. 关于国民经济评价的说法，下列选项正确的是(　　)。

A. 国民经济评价采用现行市场价格作为评价参数之一

B. 对环境的污染在国民经济评价中作为支出

C. 国民经济评价中应用基准收益率代替社会折现率

D. 国民经济评价不考虑投资项目存在的外部性

4. 国民经济评价的基本方法是(　　)。

A. 盈亏平衡分析　　B. 概率分析

C. 费用效益分析　　D. 价值分析

二、多项选择题

1. 下列属于国民经济评价指标有(　　)。

A. 经济净现值　　B. 经济内部收益率

C. 经济外汇净现值　　D. 投资回收期

E. 经济净现值期望值

2. 关于国民经济评价与财务评价的关系，下列叙述错误的有(　　)。

A. 它们都是经济效果评价

B. 两种评价使用不同的评价参数

C. 两种分析都要在完成产品需求预测等可行性研究内容的基础上进行

D. 两种评价都做盈利能力分析和清偿能力分析

E. 两者都采用经济净现值作为评价指标

3. 国民经济评价对投入物和产出物采用的有(　　)。

A. 现行价格　　B. 影子价格

C. 浮动价格　　D. 实际成本

E. 机会成本

三、填空题

1. 国民经济评价是按照______________的原则，从______________角度考察项目的效益与费用，分析计算项目对国民经济的______________，据以判别项目的经济合理性。

2. 项目的净效益是指项目对国民经济所做的贡献，分为______________和______________。项目的费用是国民经济为项目所付出的代价，分为______________和______________。

3. 国民经济评价常用的基本报表一般包括__________________、__________________、__________________。

4. 财务评价与国民经济评价的主要区别是______________、______________、______________、______________。

四、简答题

1. 国民经济评价主要包括哪些内容?

2. 国民经济评价与企业财务评价中采用的哪些参数不同？

3. 国民经济评价的指标有哪些？

第 9 章　建筑设备更新方案的选择

9.1　学习要求

9.1.1　设备更新概述

1. 应知

(1)设备更新的含义。

(2)设备的有形磨损和无形磨损的概念及分类。

(3)设备的第一种有形磨损和第二种有形磨损的概念。

(4)设备的第一种无形磨损和第二种无形磨损的概念。

(5)设备磨损的补偿方式。

2. 应会

(1)设备的第一种有形磨损和第二种有形磨损的识别。

(2)设备的第一种无形磨损和第二种无形磨损的识别。

(3)设备更新的原则。

9.1.2　设备的经济寿命

1. 应知

设备的自然寿命、技术寿命及经济寿命的含义。

2. 应会

(1)设备经济寿命确定的准则。

(2)经济寿命的静态计算方法(低劣化数值法)。

(3)经济寿命的动态计算方法(最小年费用法)。

9.1.3　设备更新分析方法

1. 应知

(1)原型设备更新的含义。

(2)新型设备更新的含义。

2. 应会

(1)原型设备更新分析。

(2)新型设备更新分析。

9.2 内容提要

9.2.1 设备更新概述

1. 设备更新的含义

从广义上讲，设备更新应包括设备修理、设备更换和设备的现代化改装；从狭义上讲，设备更新指以结构更加完善、技术更加先进、生产效率更高的新设备去代替不能继续使用及经济上不宜继续使用的旧设备。

2. 设备磨损

(1)设备的有形磨损。机器设备在使用或闲置过程中发生的损失或实体磨损，称为有形磨损，也称为物质磨损或物理磨损。有形磨损有两种形式：第一种有形磨损与第二种有形磨损。

1)第一种有形磨损。设备在使用过程中，由于外力的作用使零部件发生摩擦、振动或疲劳等现象，导致机器设备的实体发生磨损，这种磨损叫作第一种有形磨损。通常表现为：

①设备零部件的原始尺寸甚至形状发生变化；

②公差配合性质改变，精度降低；

③零部件损坏。

2)第二种有形磨损。设备在闲置过程中，由于自然力的作用而使其丧失了工作精度和使用价值，叫作第二种有形磨损。如大气中的水分、粉尘和污染物等产生的锈蚀、腐蚀造成的有形磨损。

(2)设备的无形磨损。由于科技进步、社会劳动生产率水平的提高，使机器设备的价值降低(原设备相对贬值)或生产同样设备的价值降低所导致的磨损或损失，称为无形磨损，亦称为经济磨损或精神磨损。但设备的技术结构和性能并没有变化。无形磨损有两种形式：第一种无形磨损与第二种无形磨损。

1)第一种无形磨损。设备的技术结构和性能并没有变化，但由于科技进步，社会劳动生产率水平的提高，同类设备的再生产价值降低，致使原设备相对贬值，这种磨损称为第一种无形磨损。

2)第二种无形磨损。由于不断出现技术上更加先进、经济上更加合理的设备，使原有设备显得陈旧落后，因此产生经济磨损(或经济效益相对降低)而贬值，称为第二种无形磨损。

3. 设备磨损的补偿方式

设备磨损的补偿方式有局部补偿和完全补偿两种。

对于可消除的有形磨损，通过修理来恢复其功能；对于不可消除的有形磨损，必须更新才能进行补偿；对于第二种无形磨损，需要对设备进行现代化改装或技术更新。

设备有形磨损的局部补偿是修理；无形磨损的局部补偿是现代化改装；有形磨损和无形磨损的完全补偿是更新。

4. 设备修理

设备修理的目的是恢复设备功能。

设备修理按修理程度和工作量的大小，一般分为大修、中修、小修，其实质是对设备有形磨损进行补偿，常采用修复或更换等手段，目的是恢复设备性能。

5. 更新的原则

(1)不考虑沉没成本。

(2)不能简单地按照新、旧设备方案的直接现金流量进行比较。

(3)逐年滚动比较。

9.2.2 设备的经济寿命

1. 自然寿命(或称物理寿命)

设备的自然寿命是指一台设备从全新状态开始使用，至产生有形磨损，造成设备逐渐老化、损坏直至报废所经历的全部时间。

2. 技术寿命

设备的技术寿命是指设备从投入使用到因技术落后而被淘汰所经历的时间。

3. 经济寿命

设备的经济寿命是指设备从开始使用到其等年值费用(或等值年成本)最小，或等值年净收益最高的使用年限。

设备的经济寿命是由维护费用的提高和使用价值的降低共同决定的。它既考虑了有形磨损，又考虑了无形磨损，是确定设备合理更新期的依据。一般而言，经济寿命短于自然寿命。

4. 设备经济寿命的确定

(1)经济寿命确定的准则。确定设备的经济寿命，就是寻求设备在使用过程中投资的分摊成本费与年使用费的总和为最小的时刻。在这个时刻之前或在这个时刻之后，其总费用都会增加。所以，从设备投入使用到投资的分摊成本费与年使用费的总和最小的时刻所经历的时间，就是设备的经济寿命。

(2)经济寿命的静态计算方法(低劣化数值法)。

计算公式：

$$T_0=\sqrt{\frac{2(P-L_n)}{G}}$$

式中 P——设备的原值(即投资费用)；

L_n——设备在第 n 年的净残值；

G——因低劣化而使设备使用费从第 2 年起的增加值。

(3)经济寿命的动态计算方法(最小年费用法)。

9.2.3 设备更新分析方法

1. 原型设备更新分析

原型设备更新是指用相同的设备去更换有形磨损严重而不能继续使用的旧设备。这种更新不具有技术更新的性质，不能促进技术的进步。

原型设备更新分析主要有三个步骤：

(1)确定各方案共同的研究期。

(2)用费用年值法确定各方案设备的经济寿命。

(3)通过比较每个方案设备的经济寿命确定最佳方案，即旧设备是否更新及新设备未来的更新周期。

2. 新型设备更新分析

新型设备更新是指通过购置或对原有设备进行技术改造，用技术更先进、结构更完善、效率更高、性能更好、耗费能源和原材料更少的新型设备来替换那些在物理上不能继续使用或在经济上不宜继续使用的旧设备。

新、旧设备方案的比较分析，就是确定正在使用的设备、准备购置的新设备、淘汰的旧设备后，决定是否保留使用旧设备一段时间，再使用新设备替换旧设备。这应该从以下两方面进行权衡判断：一是新设备购置费用较大，但它将会减少运行费、维修费以及提高产品质量；二是旧设备原始费用(目前净残值)低，但运行费和维修费较高。因此，设备更新的关键在于使用新设备的综合收益是否高于保留旧设备的综合收益。一般情况是采用年值法，进行逐年比较。具体来说，就是假定企业现有设备可被其他经济寿命内平均年费用最低的新设备取代。

9.3 基本训练

一、单项选择题

1. 决定设备合理更新期的依据是(　　)。

A. 自然寿命　　B. 物质寿命　　C. 技术寿命　　D. 经济寿命

2. 设备的经济寿命主要是由(　　)决定的。

A. 设备的有形磨损　　B. 设备的维修费用和使用价值

C. 设备的价值　　D. 设备的无形磨损

3. 由于技术进步而出现生产效率更高和性能更加完善的设备，而使原有设备贬值，这种磨损是设备的(　　)。

A. 第一种有形磨损　　B. 第二种有形磨损

C. 第一种无形磨损　　D. 第二种无形磨损

4. 设备的(　　)是由设备的有形磨损和无形磨损共同决定的。

A. 自然寿命　　B. 物质寿命　　C. 经济寿命　　D. 技术寿命

5. 设备在使用过程中产生的磨损称为(　　)。

A. 第一种有形磨损　　B. 第二种有形磨损

C. 第一种无形磨损　　D. 第二种无形磨损

6. 可消除的有形磨损的补偿方式为(　　)。

A. 修理　　B. 更新　　C. 现代化改装　　D. 更换

7. 某人5年前购买了一台台式电脑，目前还可用。由于笔记本电脑的出现，他想用笔记本电脑更换台式电脑，则这台电脑的更新属于(　　)引起的。

A. 第一种有形磨损　　B. 第二种有形磨损

C. 第一种无形磨损　　D. 第二种无形磨损

8. 由于技术进步，设备磨损可能发生(　　)的情况。

A. 有形磨损加速，无形磨损减慢　　B. 有形磨损减慢，无形磨损加速

C. 有形磨损减慢，无形磨损减慢　　D. 有形磨损加速，无形磨损加速

9. 由于工作要求，某人对已有的台式电脑新安装了宽带装置，这种补偿方法属于(　　)补偿方法。

A. 小修理　　B. 更新　　C. 现代化改装　　D. 大修理

10. 某人家的半自动洗衣机，经过多次修理后依旧无法使用，准备购买全自动的新洗衣机，这一措施属于(　　)。

A. 有形磨损的局部补偿　　B. 有形磨损的完全补偿

C. 无形磨损的局部补偿　　D. 无形磨损的完全补偿

11. 购买设备使用一段时间后会发生故障，经修理后又可使用，这属于(　　)。

A. 有形磨损的局部补偿　　B. 有形磨损的完全补偿

C. 无形磨损的局部补偿　　D. 无形磨损的完全补偿

12. 发生(　　)时，设备不需要补偿。

A. 第一种有形磨损　　B. 第二种有形磨损

C. 第一种无形磨损　　D. 第二种无形磨损

13. 假设有一台设备，原始费用为 800 元，不论使用多久，其残值都是零。而其使用费第一年为 200 元，以后每年增加 100 元，暂不计利息，则该设备的经济寿命是(　　)年。

A. 3　　B. 4　　C. 5　　D. 6

14. 设备的经济寿命是指设备从开始使用到(　　)时最小的使用年限。

A. 等值年成本　　B. 年度使用费　　C. 资金恢复费用　　D. 年营运费用

二、多项选择题

1. 关于设备经济寿命的表述，下列选项正确的有(　　)。

A. 设备使用年限越短，每年所分摊的设备购置费越少

B. 设备经济寿命是由维护费用的提高和使用价值的降低决定的

C. 经济寿命是指设备从投入使用开始，到因继续使用在经济上不合理而被更新所经历的时间

D. 设备的经济寿命就是从经济观点确定的设备更新的最佳时刻

E. 设备的自然寿命又称物质寿命，它主要是由设备的无形磨损决定的

2. 设备磨损的补偿方式有(　　)。

A. 外形补偿　　B. 改装补偿

C. 局部补偿　　D. 完全补偿

E. 更新补偿

3. 设备的有形磨损致使设备(　　)。

A. 性质、精度的降低　　B. 运行和维修费用的增加

C. 使用价值的降低　　D. 设备自然寿命的延长

E. 使用效率的降低

4. 设备发生第二种无形磨损的补偿方式有(　　)。

A. 更新　　B. 大修理

C. 现代化改装　　D.小修理

E. 中修理

5. 在对设备更新方案进行比选时，应该遵循的原则是(　　)。

A. 不考虑沉没成本

B. 必要时考虑沉没成本

C. 按新、旧设备方案的直接现金流量进行比较

D. 不能简单地按照新、旧设备方案的直接现金流量进行比较

E. 逐年滚动比较使用效率的降低

三、填空题

1. 设备的磨损有两种形式：__________和__________。

2. 设备受到磨损需要补偿，补偿有三种形式：__________、__________和__________。

3. 有形磨损的补偿可以是__________或__________，无形磨损的补偿可以是__________或__________。

4. 补偿分为局部补偿和完全补偿。__________和__________属于局部补偿，__________属于完全补偿。

5. 由于相同结构设备再生产价值的降低而产生原有设备价值的贬值，称为__________。

6. 由于不断出现技术上更加完善、经济上更加合理的设备，使原设备显得陈旧落后，因此产生经济磨损，叫作__________。

7. 按修理的程度和工作量的大小，设备修理一般分为__________、__________、__________，其实质是__________，手段是__________，目标是__________。

8. 一台设备从全新状态开始使用，产生有形磨损，造成设备逐渐老化、损坏直至报废所经历的全部时间称为__________，它主要是由__________所决定的设备的使用寿命。

9. 一台设备从开始使用到因技术落后而被淘汰所经历的时间称为__________，其寿命的长短主要取决于__________，通过__________，可以延长其寿命。

10. 由设备开始使用到其年平均使用成本最低年份的延续时间叫作__________，它是根据__________原则来确定的，一般__________于自然寿命。

11. __________既考虑了有形磨损，又考虑了无形磨损，它是确定设备合理更新期的依据。

12. 设备更新有__________和__________两种形式。用同型号设备以新换旧叫作__________，以结构更先进、技术更完善、性能更好、效率更高、能源和原材料消耗更少的新型设备，来换掉技术上陈旧落后、经济上不宜继续使用的设备叫作__________。

13. 设备的经济寿命是由__________决定的。

14. 设备的经济寿命是指__________的使用年限。

四、简答题

1. 什么是设备的有形磨损和无形磨损？各有何特点？对设备的补偿方式有哪些？

2. 什么是设备的自然寿命、技术寿命及经济寿命？

第 10 章　价值工程

10.1　学习要求

10.1.1　价值工程概述

1. 应知

(1)价值工程的概念。

(2)全寿命周期成本的含义。

(3)产品使用寿命的概念。

(4)生产成本与使用成本的概念。

(5)价值工程的工作步骤。

2. 应会

(1)价值工程的特点。

(2)提高产品价值的途径。

10.1.2　价值工程对象的选择和信息资料收集

1. 应知

(1)选择对象的原则。

(2)信息资料的收集内容。

2. 应会

选择对象的方法。

10.1.3　功能分析与评价

1. 应知

(1)功能分析的内容。

(2)功能整理的含义。

(3)功能评价的内容及常用的方法。

(4)功能价值分析。

2. 应会

(1)功能的分类。

(2)功能整理的方法。

(3)功能评价的步骤。

(4)功能成本法中功能价值的分析。

(5)功能指数法中功能价值的分析。

10.1.4 方案的创造与评价

1. 应知

(1)方案评价的内容。

(2)方案评价的方法。

2. 应会

加权评分法评价方案的步骤。

10.2 内容提要

10.2.1 价值工程概述

1. 价值工程的概念

价值工程是以产品或作业的功能分析为核心、以提高产品或作业的价值为目的，力求以产品的最低寿命周期成本实现产品或作业所要求的必要功能的一项有组织的创造性活动，也称功能成本分析。

价值工程将产品价值、功能和成本作为一个整体同时来考虑。

2. 价值工程概念内容

(1)着眼于寿命周期成本。

1)全寿命周期成本：指产品在其寿命期内所发生的全部费用，包括生产成本和使用成本两部分，即设计成本＋生产成本＋使用及维护成本。

2)生产成本：指发生在生产企业内部的成本，包括研究开发、设计及制造过程中的费用。

3)使用成本：指用户在使用过程中支付的各种费用的总和，包括运输、安装、调试、管理、维修、耗能等方面的费用。

4)寿命周期成本、生产成本和使用成本与产品功能之间的关系。

全寿命周期成本的高低与产品的功能水平具有内在的联系。一般来讲，在技术经济条件不变的情况下，随着产品功能提高、总成本费用上升、使用成本下降，寿命周期成本则呈马鞍形变化。

(2)价值工程的核心是功能分析。

(3)价值工程是一项有组织的管理活动。

(4)价值工程的目标表现为产品价值的提高。价值是指对象所具有的功能与获得该功能的全部费用之比，因此，是用功能和费用(成本)的比值来表示价值的。可用公式表示为

$$V=F/C$$

式中 V——价值；

F——功能(或对象的功能评价值);

C——成本。

提高产品价值的五种途径:

1)在提高产品功能的同时，降低产品成本，可使价值大幅度提高。

2)提高功能，同时保持成本不变。

3)在功能不变的情况下，降低产品成本。

4)成本稍有增加，同时功能大幅度提高。

5)功能稍有下降，同时成本大幅度降低。

所以，在提高产品功能的同时，又降低产品成本，这才是提高产品价值最为理想的途径。

3. 价值工程的阶段划分

价值工程在其工作程序中一般有准备阶段、分析阶段、创新阶段和实施阶段四个阶段。

4. 价值工程的工作步骤

价值工程的工作步骤实质就是针对产品的功能和成本提出问题、分析问题、解决问题的过程。一般情况下，其基本工作步骤包含五个方面：确定目标、功能分析、功能评价、制定改进方案和实施评价成果。对于大型复杂的产品，应用价值工程的重点应放在产品的研究、设计阶段。在价值工程的工作程序中，确定价值工程对象的成本和价值主要是通过功能分析和功能评价来解决的。

所以价值工程的特征主要表现为：目标上着眼于提高对象的价值，方法上通过功能与成本的综合分析，阶段上侧重于设计与计划阶段，组织上依靠集体智慧，本质上是提高价值的创新活动。

10.2.2 价值工程对象的选择和信息资料收集

1. 选择对象的原则

(1)优先考虑在企业生产经营上迫切需要的或对国计民生有重大影响的项目。

(2)在改善价值上有较大潜力的产品或项目。

2. 价值工程对象的选择

(1)设计方面。对结构复杂、性能和技术指标差、体积和重量大的工程产品进行价值工程活动，可使工程产品的结构、性能、技术水平得到优化，从而提高工程产品价值。

(2)施工生产方面。对量大面广、工序烦琐、工艺复杂、原材料和能源消耗高、质量难以保证的工程产品进行价值工程活动，以最低的寿命周期成本实现必要功能。

(3)市场方面。选择用户意见多和竞争力差的工程产品进行价值工程活动，以赢得消费者的认同，占领更大的市场份额。

(4)成本方面。选择成本高或成本比重大的工程产品进行价值工程活动，可降低工程产品成本。

3. 选择对象的方法

(1)ABC 分析法。ABC 分析法是一种运用数理统计原理，按照局部成本在全部成本中所占比重来选定价值工程对象的方法。

(2)百分比分析法。百分比分析法是一种通过分析各对象对企业某个技术经济指标的影响程度(百分比)来选择价值工程对象的方法。

(3)强制确定性法。强制确定性法是以功能重要程度作为选择价值工程对象决策指标的一种分析方法。

(4)价值指数法。价值指数法是通过比较各个对象之间的功能水平位次和成本位次，寻找价值较低的对象，并将其作为价值工程研究对象的一种方法。

4. 信息资料的收集内容

(1)用户方面的资料。

(2)技术方面的资料。

(3)经济方面的资料。

(4)本企业的基本资料。

10.2.3 功能分析与评价

功能分析包括功能定义、功能分类、功能整理和功能计量等。功能分析的基础是功能分类。

1. 功能分类

(1)按功能的性质分为使用功能与美观功能。

(2)按功能的重要程度分为基本功能与辅助功能。

(3)按用户的需求分为必要功能与不必要功能。

(4)按功能量化标准分为过剩功能与不足功能。

2. 功能定义及目的

功能是透过产品实物形象，运用简明扼要的语言将隐藏在产品结构背后的本质——功能揭示出来，并从定性的角度解决“对象有哪些功能”的问题。

功能的目的是明确对象产品的组成和承担的功能，便于构思新方案和功能评价。

功能定义的方法主要是：

(1)用动词和名词把功能简捷地表达出来。

(2)名词部分要使用可测定的词汇。

(3)动词部分要使用力求扩大思路的词汇等。

3. 功能整理

所谓功能整理，就是按照一定的逻辑体系，把各个构成要素的功能连接起来，绘制功能系统图，从局部功能和整体功能的相互关系上分析研究问题，以便掌握必要功能，发现和消除不必要功能，明确功能改善区域，从而为功能评价和方案构思提供依据。

功能整理的步骤如下：

(1)编制功能卡片。

(2)选出基本功能。

(3)明确各功能之间的关系。

(4)审定功能系统图(补充、修改功能定义)。

(5)绘制功能系统图。

4. 功能计量

功能计量分整体功能的量化和各级子功能的量化。

5. 功能评价

功能评价就是对各个功能区域的价值进行定量分析，从中找出价值低的功能区域作为改善对象。

功能评价包括相互关联的价值评价和成本评价两个方面。

(1)价值评价。价值评价是通过计算对象的价值，分析成本功能的合理匹配程度。价值评价的计算公式为

$$V=F/C$$

式中 F——对象的功能评价值(或功能)；

C——对象的目前成本；

V——对象的价值。

(2)成本评价。成本评价是通过核算和确定对象的实际成本和功能评价值，分析、测算成本降低期望值，从而排列出改进对象的优先次序。成本评价的计算公式为

$$\Delta C=C-F$$

式中 ΔC——成本降低期望值。

对象的功能评价值又称为目标成本，是指可靠地实现用户要求功能的最低成本。

6. 功能评价的步骤

(1)确定对象的功能评价值。

功能评价值=功能重要性系数(又称为功能指数)×目标成本

(2)计算对象功能的目前成本。

(3)计算和分析对象的价值。

(4)计算成本改进期望值。

(5)根据对象价值的高低及成本降低期望值的大小，确定改进的重点对象及优先次序。

7. 功能评价的方法

通过计算和分析对象的价值 V，可以分析成本功能的合理匹配程度。功能价值评价的计算方法可分为两大类，即功能成本法与功能指数法。

(1)功能成本法。功能成本法又称为绝对值法，是通过一定的测算方法，测定实现必要功能所必须消耗的最低成本，同时计算要实现必要功能所耗费的现实成本，经过分析、对比，求得对象的价值系数和成本降低期望值，来确定价值工程的改进对象。功能成本法主要包括两个内容，即功能目前成本的计算和功能评价值的推算，其中功能评价值的推算起着决定性作用。

(2)功能指数法。功能指数法又称为相对值法，其通过评定各对象功能的重要程度，并用功能指数来表示其功能程度的大小，然后将评价对象的功能指数与相对应的成本指数进行比较，得出该评价对象的价值指数，从而确定改进对象，并求出该对象的成本改进期望值。

1)价值指数计算公式如下：

价值指数(VI)=功能指数(FI)/成本指数(CI)

功能指数：评价对象功能(零部件等)在整体功能中所占的比率。

成本指数：评价对象的目前成本在全部成本中所占的比率。

2)功能指数法的工作内容。成本指数的计算和功能指数的推算。

①成本指数的计算。成本指数可按下式计算：

第 i 个评价对象的成本指数 CI_i = 第 i 个评价对象的目前成本 C_i / 全部成本 $\sum C_i$

②功能指数的推算。功能指数又称功能重要性系数或功能评价系数，是指评价对象(如零部件等)的功能在整体功能中所占的比率。确定功能重要性系数的关键是对功能进行打分(或评定功能分值)，常用的打分方法有强制评分法、多比例评分法、逻辑评分法、环比评分法等。

评定功能分值的强制确定法，又称 FD 法，包括 01 法和 04 法两种方法。

a. 01 法。01 法是将各功能一一对比，重要者得 1 分，不重要者得 0 分；然后，为防止功能指数中出现零的情况，用各功能加 1 分的方法进行修正；最后用修正得分除以总得分即为功能指数(功能重要度系数)。其计算公式为

功能指数(功能重要度系数)=某零部件功能重要性得分/得分总分

b. 04 法。04 法与 01 法基本相同，不同的是打分标准有所改进。评价对象进行一对一比较时，分为四种情况：①非常重要的(或实现难度非常大的)功能得 4 分，很不重要的(或实现难度很小的)功能得 0 分；②比较重要的(或实现难度比较大的)功能得 3 分，不太重要的(或实现难度不太大的)功能得 1 分；③两个功能重要程度(或实现难度)相同时各得 2 分；④自身对比不得分。

实例：假设某产品具有 F1～F4 共四项功能，其功能重要性系数计算见表 10-1。

表 10-1 功能重要性系数计算表

评价对象	F1	F2	F3	F4	得分	功能重要性系数
F1	×	3	4	4	11	0.458
F2	1	×	3	3	7	0.292
F3	0	1	×	0	1	0.042
F4	0	1	4	×	5	0.208
合计					24	1

8. 功能价值的分析

(1)功能成本法中功能价值的分析。功能的价值用价值系数 V 来衡量，其计算公式为

$$V=F/C$$

根据计算公式，功能的价值系数有三种结果：

1)$V=1$。评价对象的价值为最佳，一般无需改进。

2)$V<1$。应列入功能改进的范围，并且以减小过剩功能及降低目前成本为改进方向。

3)$V>1$。评价对象功能不足，没有达到用户的功能要求，应适当增加成本，提高功能水平；或者表示该部件功能比较重要，但分配的成本较少，即功能现实成本低于功能评价值。对该评价对象可采取的策略是提高成本或剔除不必要的功能。

(2)功能指数法中功能价值的分析。功能的价值用价值指数 VI 来表示，其计算公式为

$$VI=FI/CI$$

此时，根据计算结果又分三种情况：

1)$VI=1$。功能的目前成本是比较合理的。

2)$VI>1$。出现此种情况的原因有：①目前成本偏低，不能满足评价对象应具有的功能要求；②功能过剩，已经超过了其该有的水平，应将评价对象列为改进对象，改进方向主

要是降低功能水平；③功能很重要但成本较低，不必列为改进对象。因此，出现 $VI>1$ 这种情况时，是否将评价对象列为改进对象，应进一步分析后再确定。

3)$VI<1$。此时，评价对象的成本比重大于其功能比重。应将评价对象列为改进对象，改进方向主要是降低成本。

10.2.4 方案的创造与评价

1. 方案的创造

方案创造是从提高产品的功能和降低成本出发，在正确的功能分析和评价的基础上，针对应改进的具体目标，通过创造性的思维活动，提出能够实现必要功能新方案的过程。

方案创造的方法常用的有头脑风暴法、哥顿法(模糊目标法)、专家意见法(德尔菲法)、专家检查法。

例如：头脑风暴法是在价值工程的方案创造阶段，由对改进对象有较深了解的人员组成的小集体，在非常融洽和不受任何限制的气氛中进行讨论、座谈，积极思考、互相启发、集思广益地提出创新方案的方法。

2. 方案的评价

方案评价包括概略评价、详细评价和综合评价等主要步骤。在对方案进行评价时，无论是概略评价还是详细评价，其方案评价步骤依次为：技术评价、经济评价、社会评价、综合评价；其评价内容包括技术评价、经济评价、社会评价三个方面。

3. 评价的方法

方案评价常用的方法有定性和定量两种。

常用的定性的方法有德尔菲法、优缺点法等；常用的定量的方法有加权评分法、比较价值法、环比评分法、强制评分法、几何平均值评分法等。

4. 加权评分法

用加权评分法评价方案主要包括四个步骤：

(1)确定评价项目及其重要度权数。

(2)确定各方案对各评价项目满足程度的评分。

(3)计算各方案的评分权数和。

(4)计算各方案的价值系数，以较大的为佳。

10.3 基本训练

一、单项选择题

1. 价值工程中的总成本是指(　　)。

A. 生产成本　　B. 产品寿命周期成本

C. 使用成本　　D. 使用和维修费用

2. 在功能成本表达式 $V=F/C$ 中，V 代表(　　)。

A. 成本系数　B. 价值功能量　C. 价值系数　D. 价值功能系数

3. 在价值工程中，功能评价值是指可靠地实现用户要求功能的(　　)成本。

A. 最高　　B. 适中　　C. 最低　　D. 最佳

4. 价值工程的功能评价方法有两类，包括功能成本法和(　　)。

A. 方案估算法　　B. 功能指数法

C. 强制确定法　　D. 多比例评分法

5. 价值工程的核心是(　　)。

A. 功能分析　　B. 成本分析　　C. 费用分析　　D. 价格分析

6. 价值工程的目标体现为(　　)。

A. 产品功能的改进　　B. 产品价值的提高

C. 产品技术的创新　　D. 产品成本的下降

7. 某公司打算采用甲工艺进行施工，但经广泛的市场调研和技术论证后，决定用乙工艺代替甲工艺，并达到了同样的施工质量，且成本降低了 20%。根据价值工程原理，该公司采用了(　　)的途径提高价值。

A. 功能提高，成本降低

B. 功能不变，成本降低

C. 功能与成本都降低，但成本降低幅度更大

D. 功能提高，成本不变

8. 下列方法中，既可用于价值工程对象选择，又可用于确定功能重要性系数的是(　　)。

A. 因素分析法　　B. 重点选择法　　C. 专家检查法　　D. 强制确定法

9. 不属于价值工程方案评价主要步骤的是(　　)。

A. 技术评价　　B. 概略评价　　C. 综合评价　　D. 详细评价

10. 在设计阶段应用价值工程进行方案优化控制工程造价时，研究对象的选取常通过(　　)确定。

A. 功能分析评价　　B. 价值系数　　C. ABC 分析法　　D. 环比评分法

11. 某项目现有甲、乙两个方案，各方案的费用分别为 450 万元、550 万元，各方案的功能得分及重要权数如下：

方案功能	重要度权数	甲方案得分	乙方案得分
F1	0.32	6	8
F2	0.25	5	7
F3	0.28	7	6
F4	0.15	6	5

优选方案为(　　)。

A. 因为 $VI_{甲}=1.0493$，$VI_{乙}=0.9596$，$VI_{甲}>VI_{乙}$，所以选择方案甲

B. 因为 $VI_{甲}=1.0493$，$VI_{乙}=0.9596$，$VI_{甲}>VI_{乙}$，所以选择方案乙

C. 因为 $VI_{甲}=0.9530$，$VI_{乙}=1.0420$，$VI_{甲}<VI_{乙}$，所以选择方案乙

D. 因为 $VI_{甲}=0.9530$，$VI_{乙}=1.0420$，$VI_{甲}<VI_{乙}$，所以选择方案甲

12. 下列有关价值工程的表述，不正确的是(　　)。

A. 价值工程着眼于产品成本分析

B. 价值工程的核心是功能分析

C. 价值工程的目标表现为产品价值的提高

D. 价值工程是有组织的管理活动

13. 下列选项中，不能作为价值研究选择对象的是(　　)。

A. 原材料消耗高、废品率高的产品

B. 成本高于同类产品、成本比重大的产品

C. 用户意见少、维修能力高的产品

D. 市场上畅销但竞争激烈的产品

14. 按(　　)分类，产品的功能一般分为基本功能与辅助功能。

A. 用户的需求　　B. 功能的重要程度

C. 功能的性质　　D. 功能的主次

15. 价值工程的目标是以最低的寿命周期成本，使产品具备其所必须具备的功能。但在一定范围内，产品的(　　)之间存在此消彼长的关系。

A. 使用成本与维护成本　　B. 生产成本与使用成本

C. 生产成本与寿命周期成本　　D. 寿命周期成本与维护成本

16. 在价值工程的工作程序中，确定产品的成本和价值是通过(　　)来解决的。

A. 功能定义和功能整理　　B. 功能整理和功能分析

C. 功能分析和功能评价　　D. 功能评价和功能定义

17. 在价值工程活动中，可用来选择价值工程对象的方法是(　　)。

A. 挣值分析法　　B. 时间序列分析法

C. 回归分析法　　D. 百分比分析法

18. 某产品有 F1、F2、F3、F4 四项功能，采用环比评分法得出相邻两项功能的重要性系数为：F1/F2＝1.75，F2/F3＝2.20，F3/F4＝3.10，则功能 F2 的重要性系数是(　　)。

A. 0.298　　B. 0.224　　C. 0.179　　D. 0.136

19. 在价值工程的方案创造阶段，由对改进对象有较深了解人员组成的小集体在非常融洽和不受任何限制的气氛中进行讨论、座谈，积极思考、互相启发、集思广益地提出创新方案的方法称为(　　)。

A. 头脑风暴法　　B. 歌顿法

C. 专家意见法　　D. 专家检查法

20. 某产品目标成本为 800 万元，该产品分为四个功能区，各功能区功能重要性系数和功能实现成本如下：

功能区	功能重要性系数	功能现实成本/万元
F1	0.35	302
F2	0.24	230
F3	0.22	210
F4	0.19	178

该产品功能的改进顺序应为(　　)。

A. F1—F2—F3—F4　　B. F2—F1—F4—F3

C. F1—F4—F3—F2　　D. F2—F3—F4—F1

21. 在价值工程的工作程序中，功能评价阶段的主要工作内容是(　　)。

A. 确定价值工程的研究对象　　B. 整理和定义研究对象的功能

C. 确定研究对象的成本和价值　　D. 分析实现研究对象功能的途径

22. 价值工程的核心和所采用的成本分别是产品的(　　)。

A. 功能评价和生产成本　　B. 功能评价和寿命周期成本

C. 功能分析和生产成本　　D. 功能分析和寿命周期成本

23. 价值工程的三个基本要素是指(　　)。

A. 生产成本、使用成本和维护成本

B. 必要功能、生产成本和使用价值

C. 价值、功能和寿命周期成本

D. 基本功能、辅助功能和必要功能

24. 在价值工程活动中，功能整理需要完成下列工作：①选出最基本的功能；②编制功能卡片；③明确各功能之间的关系；④绘制功能系统图；⑤补充、修改功能定义。进行上述工作的正确顺序是(　　)。

A. ③—①—⑤—④—②　　B. ②—①—③—⑤—④

C. ⑤—②—①—③—④　　D. ①—③—②—④—⑤

25. 在价值工程活动中，所绘制的功能系统图是指按照一定的原则和方式将定义的功能连接起来的一个完整的功能体系。在该体系中，上级功能和下级功能分别是指(　　)。

A. 目标功能和手段功能　　B. 基本功能和辅助功能

C. 必要功能和过剩功能　　D. 使用功能和美学功能

26. 价值工程活动的首要环节是进行对象的选择，适用于价值工程对象选择的方法是(　　)。

A. 因果分析法和层次分析法　　B. 因素分析法和价值指数法

C. 因果分析法和价值指数法　　D. 层次分析法和因素分析法

27. 在功能评价中，功能指数法是采用(　　)来作为评定对象功能价值的指标。

A. 功能指数　　B. 成本指数　　C. 价值指数　　D. 功能系数

28. 在进行价值工程活动时，确定功能目标成本应属于(　　)的工作内容。

A. 功能信息资料整理　　B. 功能评价

C. 功能系统分析　　D. 功能创新

29. 某产品的四个部件甲、乙、丙、丁的功能指数分别为 0.2、0.3、0.4、0.1，预计产品的成本为 4 000 元，则乙部件的成本控制指标(目标成本)是(　　)元。

A. 800　　B. 1 200　　C. 1 600　　D. 400

30. 现有甲、乙、丙、丁四种方案，其功能评价系数分别为：0.24、0.18、0.22、0.36，其成本指数分别为：0.288、0.126、0.164、0.422，则最佳的方案为(　　)。

A. 甲　　B. 乙　　C. 丙　　D. 丁

31. 在进行价值工程活动时，确定功能目标成本应属于(　　)的工作内容。

A. 功能信息资料整理　　B. 功能评价

C. 功能系统分析　　D. 功能创新

32. 某产品由 3 个零部件构成，其功能评价与成本情况见下表：

序号	零部件	功能得分	功能指数	目前成本/元	成本指数
1	甲	10	0.20	30	0.30
2	乙	15	0.30	30	0.30
3	丙	25	0.50	40	0.40
合计		50	1.00	100	1.00

若希望将该产品的目标成本控制在 80 元，则零部件甲的成本改进期望值应为(　　)元。

A. 6　　B. 10　　C. 14　　D. 20

33. 关于价值工程的表述，下列选项正确的是(　　)。

A. 价值工程中的价值指的是对象的使用价值

B. 价值工程中的成本指的是对象的制造加工成本

C. 价值工程的核心是对产品进行功能创造

D. 价值工程将产品价值、功能和成本作为一个整体同时来考虑

34. 在价值工程活动中，通过分析求得某研究对象的价值指数 VI，对该研究对象可采取的策略是(　　)。

A. $VI<1$ 时，增加现实成本　　B. $VI<1$ 时，降低现实成本

C. $VI=1$ 时，增加现实成本　　D. $VI>1$ 时，降低现实成本

35. (　　)又称重点选择法或不均匀分布定律法，是应用数理统计的方法来选择对象。

A. 因素分析法　　B. ABC 分析法　　C. 强制确定法　　D. 价值指数法

二、多项选择题

1. 价值工程中对象选择的方法有(　　)。

A. 因素分析法　　B. ABC 分析法

C. 系统分析法　　D. 强制确定法

E. 价值指数法

2. 关于价值工程特点的表述，下列选项正确的有(　　)。

A. 价值工程将产品价值、功能和成本作为一个整体来考虑

B. 价值工程的目标是以最低的寿命周期成本，使产品具备它所必须具备的功能

C. 价值工程强调不断改革和创新

D. 价值工程的核心是对产品进行功能评价

E. 价值工程要求将功能绝对化

3. 在价值工程活动中进行功能评价时，可用于确定功能重要性系数的方法有(　　)。

A. 强制打分法　　B. 排列图法

C. 多比例评分法　　D. 因素分析法

E. 环比评分法

4. 在价值工程中，对提高价值的途径的表述中正确的有(   )。

A. 在提高产品功能的同时，降低产品成本

B. 保持产品功能不变的前提下，通过降低成本达到提高价值的目的

C. 在产品功能略有下降、产品成本大幅度降低的情况下，也可达到提高产品价值的目的

D. 产品功能有较大幅度的提高，产品成本也有较大幅度的提高

E. 产品的功能与产品成本成正比

5. 在下列价值工程的研究对象中，可通过设计进行改进和完善的功能有(   )。

A. 基本功能　　B. 不足功能

C. 过剩功能　　D. 辅助功能

E. 使用功能

6. 采用功能指数法进行价值分析时，如果 $VI>1$，出现这种情况的原因可能是(   )。

A. 目前成本偏低，不能满足评价对象应具有的功能要求

B. 功能成本比较好，正是价值分析所追求的目标

C. 功能过剩，已经超过了其应该有的水平

D. 功能很重要但成本较低，不必列为改进对象

E. 实现功能的条件或方法不佳，致使成本过高

7. 通过(   )等途径可以提高价值。

A. 提高功能，降低成本　　B. 降低功能，提高成本

C. 功能不变，降低成本　　D. 成本不变，提高功能

E. 功能不变，提高成本

三、填空题

1. 价值工程的目标是以最低的寿命周期成本，使产品具备其所必须具备的功能。但在一定范围内，产品的____________成本和____________成本之间存在此消彼长的关系。

2. 价值工程中的总成本是指____________。

3. 价值工程中对象选择的方法有____________、____________、____________、____________。

4. 价值工程的基本要素有____________、____________、____________。

5. 价值工程是一种通过各相关领域的协作，对所研究对象的____________进行系统分析，不断创新，力图以最低的____________实现____________，提高所研究对象的____________的思想方法和管理技术。

6. 价值工程分析了____________、____________、____________三者之间的关系，以____________为中心环节，其目的是既要满足____________，又要降低____________，追求最佳____________。

7. 寿命周期是指一项产品从____________、____________、制造、流通、使用直至____________为止的整个时期。产品的寿命周期成本分为两部分，即____________和____________。

8. 寿命周期成本的高低与产品的功能水平具有内在的联系。一般来讲，在技术经济条件不变的情况下，随着产品功能提高，____________上升，____________下降，而寿命周期成本则呈____________变化。

9. 产品的功能系统分析按其重要程度可分为＿＿＿＿＿＿和＿＿＿＿＿＿；按其性质特点可分为＿＿＿＿＿＿和＿＿＿＿＿＿。

10. 价值工程的特征表现为：目标上着眼于＿＿＿＿＿＿，方法上是＿＿＿＿＿＿，阶段上侧重于＿＿＿＿＿＿，组织上依靠＿＿＿＿＿＿，本质上是＿＿＿＿＿＿。

11. 运用价值系数来选择价值工程(*VE*)对象，原则上可将＿＿＿＿＿＿或＿＿＿＿＿＿的零部件列为 *VE* 对象。＿＿＿＿＿＿的对象，应考虑降低其成本；＿＿＿＿＿＿的对象，应考虑提高其功能。

12. 功能定义的目的主要是：＿＿＿＿＿＿。

13. 功能定义的方法主要是：(1)用＿＿＿＿＿＿和＿＿＿＿＿＿把功能简捷地表达出来；(2)名词部分要使用＿＿＿＿＿＿；(3)动词部分要使用＿＿＿＿＿＿等。

14. 所谓功能整理，就是按照一定的逻辑体系，把各个构成要素的＿＿＿＿＿＿连接起来，绘制＿＿＿＿＿＿图，从＿＿＿＿＿＿的相互关系上分析研究问题，以便掌握＿＿＿＿＿＿，发现和消除＿＿＿＿＿＿，明确＿＿＿＿＿＿。

15. 绘制功能系统图的一般步骤是：(1)＿＿＿＿＿＿；(2)＿＿＿＿＿＿；(3)＿＿＿＿＿＿；(4)＿＿＿＿＿＿；(5)＿＿＿＿＿＿。

16. 功能评价就是对各个功能区域的价值进行定量分析，从中找出＿＿＿＿＿＿作为改善对象。

17. 方案评价主要有＿＿＿＿＿＿和＿＿＿＿＿＿两个步骤。

18. 方案评价不论是概略评价或详细评价，都要包括＿＿＿＿＿＿、＿＿＿＿＿＿、＿＿＿＿＿＿及＿＿＿＿＿＿。

四、简答题

1. 什么是价值工程？其主要特点有哪些？

2. 价值工程对企业的生产经营有什么推动作用？

3. 提高产品价值的途径有哪些？

五、计算题

1. 某产品有三个构件，共同分担四项功能，功能与成本的关系见下表，各功能的评分为 F1＝8，F2＝5，F3＝2，F4＝5。

构件名称	功能	F1	F2	F3	F4
	实际成本				
P1	15	60%	40%		
P2	7		20%		80%
P3	3			100%	

问题：

(1)计算各功能的实际成本。

(2)如果产品的目标成本为 20 元，试计算各功能的目标成本。

(3)用功能成本法计算各功能的价值指数和成本降低幅度。

2. 运用价值工程优化设计方案所得结果是：甲方案价值系数为 1.28，单方造价 156 元；乙方案价值系数为 1.20，单方造价 140 元；丙方案价值系数为 1.05，单方造价 175 元；丁方案价值系数为 1.18，单方造价 168 元。请选择最优方案。

3. 某开发公司造价工程师针对设计院提出的某商住楼的 A、B、C 三个设计方案，进行了技术经济分析和专家调查，得到下表所列数据。

方案功能	方案功能得分			方案功能重要系数
	A	B	C	
F1	9	9	8	0.25
F2	8	10	10	0.35
F3	10	7	9	0.25
F4	9	10	9	0.10
F5	8	8	6	0.05
单方造价/(元·m^{-2})	1 325.00	1 118.00	1 226.00	

问题：

(1)计算各方案的成本系数、功能系数、价值指数，计算结果保留小数点后 4 位(其中功能系数要求列出计算式)，并确定最佳方案。

(2)简述价值工程的工作步骤和阶段划分。

第 11 章　工程项目后评价

11.1　学习要求

11.1.1　工程项目后评价概述

1. 应知

(1)工程项目后评价的含义。
(2)工程项目后评价的内容。
(3)工程项目后评价的步骤。

2. 应会

(1)工程项目后评价的特点。
(2)工程项目后评价的作用。
(3)后评价与可行性研究的区别。

11.1.2　项目各阶段的后评价

1. 应知

(1)项目前期工作后评价的任务。
(2)项目实施后评价的任务。
(3)项目运营后评价的意义。

2. 应会

(1)项目前期工作后评价的内容。
(2)项目实施后评价的内容。
(3)项目运营后评价的内容。

11.2　内容提要

11.2.1　工程项目后评价概述

1. 工程项目后评价的含义

项目后评价是在项目建设完成并投入生产一段时间后，对项目的准备、立项决策、设计施工、生产运营、经济效益和社会效益等方面进行的全面而系统的分析与评价，从而判断项目预期目标实现程度的一种评价方法。

2. 工程项目后评价的特点

(1)现实性。

(2)全面性。

(3)探索性。

(4)反馈性。

(5)合作性。

3. 工程项目后评价与项目前评价的区别

(1)评价的主体不同。

(2)评价的依据不同。

(3)评价的内容不同。

(4)在决策中的作用不同。

(5)在建设过程中所处的阶段不同。

4. 工程项目后评价的作用

(1)总结项目管理的经验教训，提高项目管理水平。

(2)提高项目决策科学化水平。

(3)为国家投资计划、政策的制定提供依据。

(4)为银行及时调整信贷政策提供依据。

(5)可以对企业经营管理进行“诊断”，促使项目运营状态正常化。

5. 工程项目后评价的内容

(1)项目建设必要性的后评价。

(2)项目生产建设条件的后评价。

(3)项目技术方案的后评价。

(4)项目经济的后评价。

(5)项目影响的后评价。

6. 工程项目后评价的基本程序

(1)组织项目后评价机构。

(2)选择项目后评价的对象。

(3)收集资料和选取数据。

(4)分析和加工收集的资料。

(5)评价及编制后评价报告。

(6)上报后评价报告。

7. 后评价与可行性研究的区别

(1)在建设过程中所处的阶段不同。可行性研究属于项目前期工作，为投资决策提供依据；后评价则是项目竣工投产后，对项目全过程的建设和运行情况及产生的效益进行评价。

(2)评价依据不同。可行性研究依据的是国家经济和社会发展的长期规划，部门与地区规划，经济建设的指导方针、任务、产业政策、投资政策和技术经济政策以及国家和地方法规，经过批准的项目建议书和在项目建议书批准后签订的意向性协议以及有关国家、地区和行业的工程技术、经济方面的法令、法规、标准定额资料等内容。

后评价是项目实施后或实施中的评价，所依据的数据是实际记录的数据和实际发生的情况，以及已经发生的数据与根据情况预测未来的数据。

(3)评价的内容不同。可行性研究的内容主要是项目建设条件、工程设计方案、项目的实施计划及经济社会效益的评价和预测；后评价主要是针对前评价的内容进行再评价，包括对项目决策、项目实施效率进行评价，以及对项目全过程的建设和运行情况及产生的效益进行评价。

(4)在决策中的作用不同。可行性研究直接作用于项目投资决策，其结论作为项目取舍的依据；后评价是投资决策的各种信息的反馈，对项目实施结果进行鉴定，鉴定结论间接作用于未来项目的投资决策，从而提高未来项目决策的科学化水平。

11.2.2 项目各阶段的后评价

11.2.2.1 项目前期工作后评价

1. 项目前期工作后评价的任务

评价项目前期工作的实绩，分析和总结项目前期工作的经验教训。

2. 项目前期工作后评价的内容

(1)项目筹备工作的后评价。

(2)项目决策的后评价。

(3)项目厂址选择的后评价。

(4)项目征地拆迁工作的后评价。

(5)项目勘察设计工作的后评价。

(6)项目委托施工的后评价。

(7)项目“三通一平”工作的后评价。

(8)项目资金落实筹措的后评价。

(9)项目物资落实情况的后评价。

11.2.2.2 项目实施后评价

1. 项目实施后评价的任务

项目实施评价过程中各主要环节的工作实绩，分析和总结项目实施过程中的经验教训。

2. 项目实施后评价的内容

(1)项目开工的后评价。

(2)项目变更情况的后评价。

(3)项目施工组织与管理的后评价。

(4)项目建设资金供应与使用情况的后评价。

(5)项目建设工期的后评价。

(6)项目建设成本的后评价。

(7)项目工程质量和安全情况的后评价。

(8)项目竣工验收的后评价。

(9)项目同步建设的后评价。

(10)项目生产能力和单位生产能力投资的后评价。

11.2.2.3 项目运营后评价

1. 项目运营后评价的意义

(1)全面衡量项目实际投资效益。

(2)系统地总结项目投资的经验教训，指导未来项目的投资活动。

(3)通过采取一些补救措施，提高项目运营的实际经济效益。

2. 项目运营后评价的内容

(1)企业经营管理状况的后评价。

(2)项目产品方案的后评价。

(3)项目达产年限的后评价。

(4)项目产品生产成本的后评价。

(5)项目产品销售利润的后评价。

(6)项目经济后评价。

(7)对项目可行性研究水平进行综合评价。

11.2.3 项目后评价的组织实施

项目后评价主要是由投资运行的监督管理机关或单独设立的后评价机构组织实施。

11.3 基本训练

一、选择题

1. 下列属于项目后评价指标的是(　　)。

A. 内部收益率　　B. 投资利润率

C. 实际建设工期　　D. 净现值

2. 项目后评价主要是由(　　)组织实施。

A. 投资主体

B. 投资计划部门

C. 企业经营管理人员

D. 投资运行的监督管理机关或单独设立的后评价机构

二、简答题

1. 简述工程项目后评价的含义。

2. 简述后评价与可行性研究的区别。

3. 简述工程项目后评价的特点。

4. 简述工程项目后评价与项目前评价的区别。

综合测试题(一)

一、单项选择题(每小题 1 分，共 30 分)

1. 由现金流入、现金流出和净现金流量构成的表是(　　)表。

A. 资金流量　　B. 资金流动　　C. 现金流动　　D. 现金流量

2. 若名义利率为 r，一年中的计息周期数为 m，计息周期的实际利率为$\frac{r}{m}$，则年实际利率为(　　)。

A. $\left(1+\frac{r}{m}\right)^{m}-1$　　B. $\left(1+\frac{r}{m}\right)^{m}+1$

C. $\left(1+\frac{r}{m}\right)^{m+r}-1$　　D. $\left(1+\frac{r}{m}\right)^{r}-1$

3. 假设某工程 1 年建成并投产，寿命 10 年，每年净收益 2 万元，按 10%折现率计算，恰好能在寿命期内把投资全部收回，(P/A，10%，10)＝6. 145，则该工程初期投入为(　　)万元。

A. 20　　B. 18. 42　　C. 12. 29　　D. 10

4. 已知某项目计息周期为半年，名义年利率为 8%，则项目的实际年利率为(　　)。

A. 4%　　B. 8%　　C. 8. 16%　　D. 16. 64%

5. 某项目建设期为 2 年，建设期内每年年初分别贷款 600 万元和 900 万元，年利率为 10%。若在运营期前 5 年内于每年年末等额偿还贷款本利，则每年应偿还(　　)万元。

A. 343. 20　　B. 395. 70　　C. 411. 52　　D. 452. 68

6. 差额投资内部收益率小于基准收益率，则说明(　　)。

A. 少投资的方案不可行　　B. 多投资的方案不可行

C. 少投资的方案较优　　D. 多投资的方案较优

7. 在单因素敏感性分析中，当产品价格下降幅度为 5. 91%、项目投资额降低幅度为 25. 67%、经营成本上升幅度为 14. 82%时，该项目净现值均为零。按净现值对产品价格、投资额、经营成本的敏感程度由大到小进行排序，依次为(　　)。

A. 产品价格—投资额—经营成本　　B. 产品价格—经营成本—投资额

C. 投资额—经营成本—产品价格　　D. 经营成本—投资额—产品价格

8. 资金成本的筹资费是(　　)。

A. 委托金融机构代理发行股票的代理费

B. 使用发行股票筹集的资金而支付给股东的红利

C. 向股东支付的红利

D. 向债权人支付的利息

9. 在价值工程活动中，功能整理需要完成下列工作：①选出最基本的功能；②编制功能卡片；③明确各功能之间的关系；④绘制功能系统图；⑤补充、修改功能定义。进行上述工作的正确顺序是(　　)。

A. ③—①—⑤—④—②
B. ②—①—③—⑤—④
C. ⑤—②—①—③—④
D. ①—③—②—④—⑤

10. 价值工程的核心是(　　)。

A. 功能分析　B. 成本分析　C. 费用分析　D. 价格分析

11. 在进行价值工程活动中，确定功能目标成本应属于(　　)的工作内容。

A. 功能信息资料整理
B. 功能评价
C. 功能系统分析
D. 功能创新

12. 价值工程中的寿命周期成本是指(　　)。

A. 设计成本
B. 生产成本
C. 生产成本＋使用及维护成本
D. 设计成本＋生产成本＋使用及维护成本

13. 由于工作要求，某人对已有的台式电脑新安装了宽带装置，这种补偿方法属于(　　)补偿方法。

A. 小修理　B. 更新　C. 现代化改装　D. 大修理

14. 某人家的半自动洗衣机，经过多次修理也无法使用，准备购买全自动的新洗衣机，这一措施属于(　　)。

A. 有形磨损的局部补偿
B. 有形磨损的完全补偿
C. 无形磨损的局部补偿
D. 无形磨损的完全补偿

15. 可行性研究的内容涉及技术、经济和社会等方面，下列基本内容中属于经济方面的是(　　)。

A. 产品方案
B. 原材料燃烧供应
C. 总图运输
D. 融资方案

16. 设备的经济寿命是指设备从开始使用到(　　)最小的使用年限。

A. 等值年成本
B. 年度使用费
C. 资金恢复费用
D. 年营运费用

17. 国民经济评价的基本方法是(　　)。

A. 盈亏平衡分析
B. 概率分析
C. 费用效益分析
D. 价值分析

18. 在计算某建设项目的内部收益率时，当 $i_c=14\%$ 时，净现值为 800 万元；当 $i_c=18\%$ 时，净现值为－200 万元。该项目的内部收益率为(　　)。

A. 15%　B. 18.2%　C. 16.7%　D. 17.2%

19. 关于价值工程的表述，下列选项不正确的是(　　)。

A. 价值工程着眼于产品成本分析
B. 价值工程的核心是功能分析
C. 价值工程的目标表现为产品价值的提高
D. 价值工程是有组织的管理活动

20. 若A、B两个具有常规现金流量的方案互斥，其财务净现值 $FNPV(i)_A > FNPV(i)_B$，则(　　)。

A. $FIRR_A > FIRR_B$　　B. $FIRR_A = FIRR_B$

C. $FIRR_A < FIRR_B$　　D. $FIRR_A$ 与 $FIRR_B$ 关系不确定

21. 现有甲、乙、丙三个独立方案，且三个方案的结构类型相同，其三种方案投资额和净现值如下：

单位：万元

方案	投资额	净现值
甲	200	50
乙	350	60
丙	400	55

由于资金限额为750万元，则最佳组合方案为(　　)。

A. 甲、乙组合　　B. 乙、丙组合

C. 甲、丙组合　　D. 甲、乙、丙组合

22. 关于资金成本的表述，下列选项正确的是(　　)。

A. 资金成本可以全部列入产品成本

B. 资金成本因融资规模的扩大而降低

C. 资金成本因证券市场的价格波动较大而降低

D. 资金成本是时间和资金占用额的函数

23. 在基本的量、本、利图中，销售收入线与(　　)线的交点是盈亏平衡点。

A. 变动成本　　B. 总利润　　C. 固定成本　　D. 总成本

24. 某建材厂的设计能力为年生产某型号预制构件7 200件，每件售价5 000元，该厂固定成本680万元，每件产品变动成本为3 000元。则该厂的盈亏平衡产量为(　　)件。

A. 3 500　　B. 3 000　　C. 4 420　　D. 3 400

25. 若某项目净现值为零，则表明该项目(　　)。

A. 盈亏平衡　　B. 利润为零

C. 盈利能力刚好达到行业的平均水平　　D. 盈利能力为行业的最低水平

26. 价值工程活动的首要环节是进行对象的选择，适用于价值工程对象选择的方法是(　　)。

A. 因果分析法和层次分析法　　B. 因素分析法和价值指数法

C. 因果分析法和价值指数法　　D. 层次分析法和因素分析法

27. 有三个独立方案A、B、C，其寿命期相同。各方案的投资额及评价指标见下表，若资金受到限制，只能筹措到600万元资金，则最佳的组合方案是(　　)。

方案	投资额/万元	NPV/万元	IRR/%
A	250	30	24
B	180	25	21
C	270	28	18

A. A+B　　B. A+C　　C. B+C　　D. A+B+C

28. 某项目建设期为3年，建设期内每年年初贷款分别为300万元、400万元和500万元，年利率为10%。若在运营期第5年年末一次偿还贷款，则应偿还的本利和为(　　)万元。

A. 1 576.63　　B. 1 734.29　　C. 2 098.49　　D. 2 308.34

29. 在价值工程的工作程序中，功能评价阶段的主要工作内容是(　　)。

A. 确定价值工程的研究对象　　B. 整理和定义研究对象的功能

C. 确定研究对象的成本和价值　　D. 分析实现研究对象功能的途径

30. 项目后评价主要是由(　　)组织实施的。

A. 投资主体

B. 投资计划部门

C. 企业经营管理人员

D. 投资运行的监督管理机关或单独设立的后评价机构

二、多项选择题(每小题2分，共20分)

1. 经济效果表达式有(　　)。

A. 差额表示法　　B. 利润表示法

C. 比值表示法　　D. 功能成本表示法

E. 差额—比值表示法

2. 关于现金流量图的表述，下列选项正确的有(　　)。

A. 现金流量图是描述现金流量作为时间函数的图形，它能表示资金在不同时间点流入与流出的情况

B. 现金流量图包括三大要素：大小、方向和作用点

C. 现金流量图中一般表示流入(箭头向下)为负，流出(箭头向上)为正

D. 时间点指现金从流入到流出所发生的时间

E. 运用现金流量图，可全面、形象、直观地表达经济系统的资金运动状态

3. 资金等值变换的条件有(　　)。

A. 资金金额　　B. 利息

C. 利率　　D. 现金流量发生的时间点

E. 计算期的期数

4. 如果计算出的净现值小于零，说明方案(　　)。

A. 获得大于基准收益率的收益　　B. 获得小于基准收益率的收益

C. 可行　　D. 不可行

E. 收益率小于零

5. 对寿命期相同的互斥方案，比选方法正确的有(　　)。

A. 各备选方案的净现值大于等于零，并且净现值越大，方案越佳

B. 各备选方案的净年值大于等于零，并且净年值越大，方案越佳

C. 各备选方案的内部收益率大于等于基准收益率，并且内部收益率越大，方案越佳

D. 各备选方案产生的效果相同或基本相同，可用最小费用法比选，费用越小，方案越佳

E. 各备选方案的净年值率大于等于1，并且净年值率越大，方案越佳

6. 在下列指标中，考虑了资金时间价值的有(　　)。

A. 投资收益率　　B. $NPVR$

C. IRR　　D. 资金筹集率

E. 投资利润率

7. 在对投资方案进行经济效益评价时，常用的动态指标有(　　)。

A. IRR　　B. NPV

C. 静态投资回收期　　D. 投资收益率

E. 平均报酬率

8. 在下列建设项目筹资方式中，形成项目负债的有(　　)。

A. 发行股票　　B. 发行债券

C. 财政拨款　　D. 银行贷款

E. 设备租赁

9. 盈亏平衡点降低，则使(　　)。

A. 收入的下限升高　　B. 收入的上限降低

C. 成本的下限升高　　D. 成本的上限降低

E. 项目抗风险能力增强

10. 通过(　　)等途径可以提高价值。

A. 提高功能，降低成本　　B. 降低功能，提高成本

C. 功能不变，降低成本　　D. 成本不变，提高功能

E. 功能不变，提高成本

三、填空题(每空1分，共10分)

1. 价值工程的基本要素有__________、__________、__________。

2. 价值工程中的总成本是指______________________________。

3. 设备磨损的补偿方式有__________、__________。

4. 财务评价指标主要有__________、__________。

5. __________是可行性研究最基础、最重要的环节。

6. 财务内部收益率计算出来后，需要与__________进行比较，来判断方案在经济上是否可以接受。

四、简答题(每小题5分，共10分)

1. 净现值评价指标有哪些特点?

2. 何谓资金等值? 影响资金等值的要素是什么?

五、计算题(每小题10分，共30分)

1. 某项目生产能力为3万件/年，产品售价为3 000元/件，总成本费用为7 800万元，其中固定成本3 000万元，成本与产量呈线性关系。试求：

(1)单位产品变动成本。

(2)盈亏平衡产量。

(3)盈亏平衡价格。

(4)盈亏平衡单位产品变动成本。

2. 某建设项目有四个方案，其评价指标值如下表，根据价值工程原理，选择最好的方案。

评价指标	甲	乙	丙	丁
功能评价得分	12	9	14	13
成本指数	0.22	0.18	0.35	0.25

3. 某施工机械有两种不同型号，其有关数据见下表，利率为10%。试问购买哪种型号的机械比较经济?

方案	初始投资/元	年收入/元	年经营费用/元	残值/元	寿命/年
A	120 000	70 000	6 000	20 000	10
B	90 000	70 000	8 500	10 000	8

已知：$(P/F，10\%，10)=0.385\ 5$；$(P/A，10\%，10)=6.144\ 6$；

$(P/F，10\%，8)=0.466\ 5$；$(P/A，10\%，8)=5.334\ 9$；

$(A/P，10\%，10)=0.162\ 7$；$(A/P，10\%，8)=0.187\ 4$。

综合测试题(二)

一、单项选择题(每小题 1 分，共 30 分)

1. 技术经济学中“经济”的含义主要指(　　)。

A. 经济基础　　B. 经济制度

C. 生产关系　　D. 资料的合理利用

2. 利率为 r，按月计息，则半年的有效利率为(　　)。

A. $\frac{r}{2}$　　B. $\left[\left(1+\frac{r}{12}\right)^{12}-1\right]/2$

C. $\left(1+\frac{r}{12}\right)^{6}-1$　　D. $\left(1+\frac{r}{12}\right)^{12}-1$

3. 下列关于经济效果的说法，正确的是(　　)。

A. 技术经济方案实施后的经济效果有正、负之分

B. 产量大、产值高就说明经济效果好

C. 生产速度快，说明经济效果好

D. 企业利润高，说明经济效果好

4. 现金流量的三要素中，不包含现金流量的(　　)。

A. 大小　　B. 方向　　C. 速度　　D. 时点

5. 某笔贷款的利息按年利率 10% 计算，每季度复利计息。其贷款的年实际利率为(　　)。

A. 10.38%　　B. 10%　　C. 10.46%　　D. 10.25%

6. 某公司开发一项目投资 200 万元，年利率为 10%，计划 5 年内等额回收，则每年应回收的资金额为(　　)万元。

A. 52.756　　B. 45.924　　C. 41.085　　D. 33.416

7. 某人储备养老金，每年年末存款 100 元，已知银行存款复利年利率为 10%，则 10 年后他的养老金总数为(　　)元。

A. 1 000　　B. 1 594　　C. 1 548　　D. 259

8. 某工程项目在建设期里每年向银行借款 100 万元，如果建设期为 3 年，借款年利率为 10%，则第三年年末贷款的本利和为(　　)万元。

A. 340　　B. 320　　C. 331　　D. 345

9. 作为净现值的辅助评价指标，净现值率是指(　　)的比值。

A. 项目净现值与项目全部投资额　　B. 项目全部投资现值与项目全部投资额

C. 项目净收益与项目全部投资现值　　D. 项目净现值与项目全部投资现值

10. 价值工程的功能评价方法有两类，包括功能成本法和(　　)。

A. 方案估算法　　B. 功能指数法

C. 强制确定法　　D. 多比例评分法

11. 价值工程中的总成本是指(　　)。

A. 生产成本　　B. 产品寿命周期成本

C. 使用成本　　D. 使用和维修费用

12. 价值工程的目标体现为(　　)。

A. 产品功能的改进　　B. 产品价值的提高

C. 产品技术的创新　　D. 产品成本的下降

13. 购买设备使用一段时间后会发生故障，经修理后又可使用，这属于(　　)。

A. 有形磨损的局部补偿　　B. 有形磨损的完全补偿

C. 无形磨损的局部补偿　　D. 无形磨损的完全补偿

14. 某人 5 年前购买了一台台式电脑，目前还可用。但由于笔记本电脑的出现，这人想用笔记本电脑更换台式电脑，则这台电脑的更新属于(　　)引起的。

A. 第一种有形磨损　　B. 第二种有形磨损

C. 第一种无形磨损　　D. 第二种无形磨损

15. 项目可行性研究要为项目决策部门的最终决策提供(　　)。

A. 科学依据　　B. 建设方案　　C. 审查意见　　D. 财务报告

16. 由于技术进步而出现生产效率更高和性能更加完善的设备，而使原有设备贬值，这种磨损是设备的(　　)。

A. 第一种有形磨损　　B. 第二种有形磨损

C. 第一种无形磨损　　D. 第二种无形磨损

17. 国民经济评价汇率采用(　　)。

A. 官方汇率　　B. 影子汇率　　C. 固定汇率　　D. 浮动汇率

18. 在某建设项目财务分析中，当 $i_1=14\%$ 时，累计净现值为 43.8 万元；当 $i_2=18\%$ 时，累计净现值为 −25.4 万元。该项目的内部收益率为(　　)。

A. 15%　　B. 18.12%　　C. 16.28%　　D. 17.52%

19. 在价值工程的工作程序中，确定产品的成本和价值是通过(　　)来解决的。

A. 功能定义和功能整理　　B. 功能整理和功能分析

C. 功能分析和功能评价　　D. 功能评价和功能定义

20. 财务评价是根据(　　)，计算和分析项目的盈利状况。

A. 影子价格　　B. 历史市场价格

C. 现行市场价格　　D. 预期市场价格

21. 某项目有甲、乙两个建设方案，基准收益率 $i_c=10\%$，两方案的净现值等有关指标见下表。已知：$(P/A, 10\%, 6)=4.355$、$(P/A, 10\%, 10)=6.145$，则两方案可采用(　　)。

方案	寿命期/年	净现值/万元	内部收益率/%
甲	6	100	14.2
乙	10	130	13.2

A. 净现值法进行比选，且乙方案更佳　　B. 内部收益率法进行比选，且乙方案更佳

C. 研究期法进行比选，且甲方案更佳　　D. 年值法进行比选，且甲方案更佳

22. 某企业发行普通股正常市价为58元，估计年增长率为15%，第一年预计发放股利2元，筹资费用率为股票市价的10%，企业所得税率为33%，则发行普通股的资金成本率为（　）。

A. 12.62%　　B. 17.57%　　C. 18.83%　　D. 20.72%

23. 单因素敏感性分析中，设甲、乙、丙、丁四个因素分别发生5%、10%、10%、15%的变化，使评价指标相应地分别产生10%、15%、25%、25%的变化，则敏感性因素是（　）。

A. 甲　　B. 乙　　C. 丙　　D. 丁

24. 某建设项目设计生产能力为12万台/年，固定成本为1 320万元/年，产品售价为900元/台，变动成本为630元/台，销售税金及附加50元/台，则此项目的盈亏平衡点产量为（　）台/年。

A. 60 000　　B. 72 000　　C. 54 200　　D. 14 635

25. 确定基准收益率的基础是（　）。

A. 资金成本和固定资产　　B. 固定资本和可变成本

C. 资金成本和机会成本　　D. 投资成本和计划成本

26. 某公司打算采用甲工艺进行施工，但经广泛的市场调研和技术论证后，决定用乙工艺代替甲工艺，并达到了同样的施工质量，且成本降低了20%，根据价值工程原理，该公司采用了（　）途径提高价值。

A. 功能提高，成本降低

B. 功能不变，成本降低

C. 功能与成本都降低，但成本降低幅度更大

D. 功能提高，成本不变

27. 将产品产量作为不确定因素，通过计算盈亏平衡点的数值，判断不确定因素对方案经济效果的影响程度，说明方案实施的风险大小以及项目承担风险的能力的是（　）分析。

A. 盈亏平衡　　B. 不确定性　　C. 敏感性　　D. 定量

28. 从现在起5年内，每年年末提款1 000元，年利率为12%，复利半年计息一次，则现在应存入银行（　）元。

A. 3 573　　B. 3 605　　C. 4 060　　D. 5 070

29. 价值工程的目标体现为（　）。

A. 产品功能的改进　　B. 产品价值的提高

C. 产品技术的创新　　D. 产品成本的下降

30. 在国民经济评价中，反映项目对国民经济净贡献的相对指标是（　）。

A. 经济净现值　　B. 经济内部收益率

C. 社会折现率　　D. 投资收益值

二、多项选择题（每小题2分，共20分）

1. 在对投资方案进行经济效益评价时，单方案经济评价指标有（　）。

A. NPV　　B. P_t

C. *NPVR*　　D. *NAV*

E. *IRR*

2. 下列关于资金时间价值的论述，正确的有(　　)。

A. 资金的时间价值是货币随着时间的推移而产生的一种增值，因而它是由时间创造的

B. 资金投入生产经营才能增值，因此其时间价值是在生产、经营中产生的

C. 货币本身没有时间价值，只有把货币作为资金投入生产经营才能产生时间价值

D. 一般而言，资金时间价值应按复利方式计算

E. 同等单位的货币，其现在的价值高于未来的价值

3. 不同时点上的两笔绝对值不相等的资金，若具有相同的价值，则与(　　)因素有关。

A. 时间点　　B. 资金额的大小

C. 资金流向　　D. 利率

E. 借贷关系

4. 保证项目可行性的条件有(　　)。

A. 净现值≥0　　B. 净现值≤0

C. 内部收益率≥基准收益率　　D. 内部收益率≤基准收益率

E. 投资回收期≤基准投资回收期

5. 关于内部收益率的表述，下列选项正确的有(　　)。

A. 内部收益率是使净现值为零时的收益率

B. 内部收益率是该项目能够达到的最大收益率

C. 内部收益率是允许借入资金利率的最低值

D. 内部收益率小于基准收益时，应该拒绝该项目

E. 内部收益率与财务净现值率是等价的

6. 经济效果评价的动态评价指标有(　　)。

A. 投资收益率　　B. 内部收益率

C. 净现值　　D. 净年值

E. 利息备付率

7. 已知某建设项目计算期为 n，基准收益率为 i_e，内部收益率为 *IRR*，则下列关系式正确的有(　　)。

A. 当 $i_e = IRR$ 时，$NPV = 0$　　B. 当 $i_e = IRR$ 时，$P_t' < n$

C. 当 $i_e = IRR$ 时，$NPV > 0$　　D. 当 $NPV < 0$ 时，$i_e < IRR$

E. 当 $NPV > 0$ 时，$P_t' < n$

8. 股权资金包括(　　)。

A. 发行股票　　B. 发行债券

C. 吸收直接投资　　D. 银行贷款

E. 企业的保留盈余资金

9. 项目盈亏平衡点(*BEP*)的表达形式有多种，其中用绝对值表示的有(　　)。

A. 实物产销量　　B. 单位产品固定成本

C. 单位产品售价　　D. 生产能力利用率

E. 年销售收入

10. 设备磨损的补偿方式有(　　)。

A. 外形补偿　　B. 改装补偿

C. 局部补偿　　D. 完全补偿

E. 更新补偿

三、简答题(每小题5分，共10分)

1. 当互斥方案多于两个时，可以采用 ΔIRR 进行比选，试简述其步骤。

2. 简述价值工程的概念及基本要素。

四、计算题(每小题10分，共40分)

1. 某公司各分厂分别提出了四个技术改造方案，有关数据见下表。各方案寿命均为10年，基准收益率为10%。

(1)若无条件限制，试评价各方案。

(2)分析投资限额为2 500万元时的最佳投资组合。

单位：万元

方案	初始投资	等额年收入	等额年经营成本
A	500	300	228.8
B	1 000	800	500
C	1 500	1 150	650
D	2 300	1 475	825

2. 有两种可供选择的设备，其有关资料见下表，试选择较佳方案。

方案	投资/元	寿命/年	残值/元	年收入/元	年支出/元	基准收益率/%
A	10 000	5	2 000	5 000	2 200	10
B	15 000	10	0	7 000	4 300	10

3. 某企业只生产一种产品，单价2元，单位变动成本1.2元，预计明年固定成本40 000元，销售量计划达10万件。试求盈亏平衡点的单价、单位变动成本、固定成本、销售量。

4. 某产品目标成本为800万元，该产品分为四个功能区，各功能区的重要性系数和功能实现成本如下：

功能区	功能重要性系数	功能现实成本/万元
F1	0.35	302
F2	0.24	230
F3	0.22	210
F4	0.19	178

请写出该产品功能的改进顺序。

综合测试题(三)

一、单项选择题(每小题1分，共16分)

1. 在对一个系统进行工程经济分析时，通常把该系统在考察期间各时点实际发生的资金流出和资金流入称为(　　)。

A. 净现金流量　　B. 资金流量　　C. 现金流量　　D. 现金流动

2. 在(　　)情况下，年实际利率大于名义利率。

A. 计息周期小于一年时　　B. 计息周期等于一年时

C. 计息周期大于一年时　　D. 计息周期小于等于一年时

3. 价值工程的目标是以最低的寿命周期成本，使产品具备其所必须具备的功能。但在一定范围内，产品的(　　)之间存在此消彼长的关系。

A. 使用成本与维护成本　　B. 生产成本与使用成本

C. 生产成本与寿命周期成本　　D. 寿命周期成本与维护成本

4. 计算财务净现值时所采用的利率是(　　)。

A. 银行存款利率　　B. 银行贷款利率

C. 基准收益率　　D. 投资利润率

5. 在工程经济分析中，利息常常被看作是资金的一种(　　)成本。

A. 静态　　B. 应收　　C. 机会　　D. 动态

6. 决策树是直接运用(　　)的一种方法。

A. 盈亏平衡分析　　B. 敏感性分析　　C. 概率分析　　D. 不确定性分析

7. 净现值率是一种效率型指标，它是(　　)的比值。

A. 净现值与项目净收益　　B. 净现值与项目总投资现值

C. 净现值与项目固定资产投资　　D. 净现值与项目现金流出总额

8. 设备在使用过程中产生的磨损称为(　　)。

A. 第一种有形磨损　　B. 第二种有形磨损

C. 第一种无形磨损　　D. 第二种无形磨损

9. 设备的(　　)是由设备的有形磨损和无形磨损共同决定的。

A. 自然寿命　　B. 物质寿命　　C. 技术寿命　　D. 经济寿命

10. 在详细可行性研究时，对投资和生产费用的估算精度要求在(　　)。

A. ±5%　　B. ±10%　　C. ±20%　　D. ±30%

11. 生产性项目的盈亏平衡点越低，则项目(　　)。

A. 安全性越小　　B. 发生亏损的机会越大

C. 抗风险能力越强　　D. 盈利越多

12. 年金终值系数可表示为(　　)。

A. $(P/A, i, n)$　　B. $(A/F, i, n)$

C. $(A/P, i, n)$　　D. $(F/A, i, n)$

13. 关于国民经济评价的表述，下列选项正确的是(　　)。
A. 国民经济评价采用现行市场价格作为评价参数之一
B. 对环境的污染在国民经济评价中作为支出
C. 国民经济评价中应用基准收益率代替社会折现率
D. 国民经济评价不考虑投资项目存在的外部性

14. 一个项目的 $NPV<0$，则其 IRR 与 i_c 的关系是(　　)。
A. $IRR=i_c$　　B. IRR 一定小于 i_c
C. IRR 一定大于 i_c　　D. IRR 可能大于 i_c，也可能小于 i_c

15. 决定设备合理更新期的依据是(　　)。
A. 自然寿命　　B. 物质寿命　　C. 技术寿命　　D. 经济寿命

16. 现有 A、B 两个互斥并可行的方案，寿命期相同，A 方案的投资额小于 B 方案的投资额，则 A 方案优于 B 方案的条件是(　　)。
A. $\Delta IRR_{B-A}>i_c$　　B. $\Delta IRR_{B-A}<i_c$　　C. $\Delta IRR_{B-A}>0$　　D. $\Delta IRR_{B-A}<0$

二、单项计算选择题(每小题 2 分，共 14 分)

1. 某项目设计生产能力为年产 60 万件产品，预计单位产品的价格为 100 元，单位产品可变成本为 75 元，年固定成本为 380 万元。若该产品的销售税金及附加的合并税率为 5%，则用生产能力利用率表示的项目盈亏平衡点为(　　)。
A. 31.67%　　B. 30.16%　　C. 26.60%　　D. 25.33%

2. 有一笔 50 000 元的 3 年期借款，年利率复利为 8%。在工程经济分析中，其到期应归还的利息为(　　)元。
A. 12 985.60　　B. 62 985.60　　C. 62 000　　D. 12 000

3. 单因素敏感性分析中，设甲、乙、丙、丁四个因素均发生 10%的变化，使评价指标相应地分别产生 10%、15%、25%、30%的变化，则敏感性因素是(　　)。
A. 甲　　B. 乙　　C. 丙　　D. 丁

4. 假设某工程 1 年建成并投产，寿命 10 年，每年净收益 2 万元，按 10%折现率计算恰好能在寿命期内把投资全部收回，$(P/A, 10\%, 10)=6.145$，则该工程期初投入为(　　)万元。
A. 12.29　　B. 18.42　　C. 20　　D. 10

5. 某企业于第 1、2 年年初各向银行借款 100 万元和 150 万元，年利率为 6%，半年计息一次，要在第 6 年年末还完，则从第 3 年年末开始每半年还(　　)万元。[已知：$(F/P, 3\%, 5)=1.159\ 3$；$(F/P, 3\%, 3)=1.092\ 7$；$(A/P, 3\%, 7)=0.160\ 5$]
A. 35.71　　B. 39.98　　C. 44.91　　D. 51.66

6. 某企业向银行借款 1 000 元，年利率为 4%，如按季度计息，则第 3 年末应偿还本利和累计为(　　)元。[已知：$(F/P, 1\%, 12)=1.127\ 0$]
A. 1 125　　B. 1 127　　C. 1 120　　D. 1 172

7. 甲、乙两个互斥建设方案的有关数据见下表，基准收益率为 10%，则优选方案为(　　)。

方案	初始投资/万元	寿命期/年	净现值/万元	内部收益率/%
甲	−3 000	4	1 120	15.6
乙	−5 000	6	1 314	16.8

A. 采用净现值法，甲方案净现值大于乙方案净现值，甲方案为优选方案
B. 采用净现值率法，甲方案净现值率大于乙方案净现值率，甲方案为优选方案
C. 采用内部收益率法，乙方案内部收益率大于甲方案内部收益率，乙方案为优选方案
D. 采用净年值法，甲方案净年值大于乙方案净年值，甲方案为优选方案

三、多项选择题(每小题 2 分，共 10 分)

1. 关于互斥投资方案比选的表述，下列选项正确的有(　　)。
A. 在寿命期相同的情况下，可直接将各方案的 NPV 作为衡量标准
B. 在寿命期不相同的情况下，可直接将各方案的净年值作为衡量标准
C. 采用 ΔIRR 法时，若 $\Delta IRR>0$，保留投资大的方案
D. 采用最小费用法时，不必考虑各方案的寿命期而直接比较各方案的费用现值
E. 采用净现值率排序法时，不一定能获得最佳组合方案
2. 在价值工程中，对提高价值的途径的表述，下列选项正确的有(　　)。
A. 在提高产品功能的同时，降低产品成本
B. 保持产品功能不变的前提下，通过降低成本达到提高价值的目的
C. 在产品功能略有下降、产品成本大幅度降低的情况下，也可达到提高产品价值的目的
D. 产品功能有较大幅度的提高，产品成本也有较大幅度的提高
E. 产品的功能与产品成本成正比
3. 价值工程中对象选择的方法有(　　)。
A. 因素分析法　　B. ABC 分析法　　C. 系统分析法　　D. 价值指数法
4. 确定基准收益率一般应综合考虑的因素有(　　)。
A. 资金成本　　B. 经营成本
C. 投资风险　　D. 机会成本
E. 通货膨胀
5. 工程师在业务上肩负的使命有(　　)。
A. 技术使命　　B. 效益使命
C. 经济使命　　D. 社会使命
E. 企事业使命

四、填空题(每空 1 分，共 20 分)

1. 衡量资金时间价值相对尺度的指标有__________和__________。
2. 已知某项目的计息周期为月，利率为 8‰，则项目的名义年利率为__________。
3. 资金的时间价值是指资金在__________中随时间推移而产生的增值。
4. 差额投资内部收益率小于基准收益率，则说明__________。

5. 对寿命期相同的互斥方案，常用的比选方法有____________、____________、____________、____________。

6. 静态投资回收期是在不考虑资金时间价值的条件下，以方案的净收益回收其总投资所需要的时间。其中总投资包括的内容为建设投资和____________。

7. 财务内部收益率计算出来后，需要与____________进行比较，然后来判断方案在经济上是否可以接受。

8. 税收具有____________、____________和____________的特征。

9. 资金成本包括资金____________费和资金____________费。

10. 评价寿命期不同的互斥方案的经济效果，常用的有最小公倍数法、研究期法及____________等。

11. 工程项目不确定性分析的方法包括____________、____________、____________三种。

五、计算题(每小题10分，共40分)

1. 某公司拟用61万元购买一块土地作为露天开采煤矿，10年期间每年净收入为20万元，第10年年末根据合同规定，要求将土地表皮层还原，地皮还原费用为170万元，土地还原后转卖价值20万元，若年利率为10%，试用净现值法计算此项目是否可行。

2. 某建设项目，当i_c=15%时，净现值为43.8万元；当i_c=17%时，净现值为−25.4万元。该项目的内部收益率为多少？

3. 某项基金计划在从现在开始的10年内，每年年末从基金中提取50万元，若已知年利率为10%，问现在应存入基金多少钱？

4. 已知如下表所列的数据，试对方案A、B进行比较选择。设 $i_c=10\%$。

项目＼方案	方案A	方案B	项目＼方案	方案A	方案B
投资/万元	3 500	5 000	年支出/万元	645	1 383
年收益/万元	1 900	2 500	估计寿命/年	4	8

综合测试题(四)

一、单项选择题(每小题 1 分，共 15 分)

1. 应收账款应属于(　　)。

A. 固定资产　　B. 流动资产　　C. 无形资产　　D. 递延资产

2. 由于技术进步、社会劳动生产率水平的提高而使设备价值贬值，这种方式属于(　　)。

A. 物理磨损　　B. 生产磨损　　C. 有形磨损　　D. 无形磨损

3. 通常情况下，同一现金流量的 NPV 随着 i 的增加而(　　)。

A. 增大　　B. 减小　　C. 不变　　D. 不规律变化

4. 设备从开始使用到其综合成本最低的使用年限，称为设备的(　　)。

A. 经济寿命　　B. 自然寿命　　C. 技术寿命　　D. 使用寿命

5. 盈亏平衡分析是对建设项目投产后正常年份的(　　)要素之间关系的分析。

A. 产量、利润　　B. 产量、成本、利润

C. 产量、投资　　D. 产量、价格、利润

6. 在国民经济评价中，反映项目对国民经济净贡献的相对指标是(　　)。

A. 经济净现值　　B. 经济内部收益率

C. 社会折现率　　D. 投资收益率

7. 寿命周期成本是指(　　)。

A. 实验和生产全过程发生的成本

B. 产品存续期的总成本

C. 从使用到退出使用过程中发生的费用总和

D. 生产成本和使用成本及维护成本之和

8. 下列选项不属于厂址选择原则的是(　　)。

A. 符合国家政策　　B. 满足生产技术要求

C. 综合成本最低　　D. 接近销售市场

9. 对投资项目或投资方向提出建议是可行性研究工作中(　　)阶段的任务。

A. 投资机会研究　　B. 初步可行性研究

C. 详细可行性研究　　D. 项目的评估与决策

10. 在众多的不确定性因素中，找出对项目经济评价指标影响较大的因素，并判明其对开发项目投资效益影响的程度，是(　　)的目的。

A. 敏感性分析　　B. 盈亏平衡分析　　C. 风险分析　　D. 概率分析

11. 当独立投资方案的净现值大于 0 时，则内部收益率(　　)。

A. 一定大于 0　　B. 一定小于 0

C. 小于设定折现率　　D. 大于设定折现率

12. 年金现值系数可表示为(　　)。

A. $(P/A, i, n)$　　B. $(A/F, i, n)$

C. $(A/P, i, n)$　　D. $(F/A, i, n)$

13. 国民经济评价的基本方法是(　　)。

A. 盈亏平衡分析　　B. 概率分析

C. 费用效益分析　　D. 价值分析

14. 价值工程中的总成本是指(　　)。

A. 生产成本　　B. 产品寿命周期成本

C. 使用成本　　D. 使用和维修费用成本

15. 一个项目的净现值小于零，则其内部收益率与基准收益率的关系是(　　)。

A. 内部收益率等于基准收益率

B. 内部收益率一定大于基准收益率

C. 内部收益率一定小于基准收益率

D. 内部收益率可能大于基准收益率，也可能小于基准收益率

二、多项选择题(每小题 2 分，共 10 分)

1. 关于资金时间价值表述，下列选项正确的有(　　)。

A. 资金的时间价值是指等额资金在不同时间发生的价值上的差别

B. 盈利和利息是资金时间价值的两种表现形式

C. 资金的时间价值分析是一种动态分析方法

D. 利率是衡量资金时间价值的相对尺度

E. 只有实际利率才能反映资金的时间价值

2. 在计算速动比率时，要将存货从流动资产中剔除的原因有(　　)。

A. 部分存货已经损坏但尚未处理的情况

B. 部分存货已抵押给债权人

C. 成本与合理市价相差悬殊的存货估价问题

D. 存货可能采用不同的计价方法

E. 存货涉及储存费用

3. 我国建设项目可行性研究的主要内容有(　　)。

A. 经济评价　　B. 招标文件编制

C. 市场调查研究　　D. 社会评价

E. 技术研究

4. 工程经济分析中不确定性分析的基本方法包括(　　)。

A. 盈亏平衡分析　　B. 敏感性分析

C. 财务效益分析　　D. 国民经济效益分析

E. 概率分析

5. 股权资金包括(　　)。

A. 吸收直接投资　　B. 发行股票

C. 企业的保留盈余资金　　D. 发行债券

E. 银行贷款

三、填空题(每空1分，共10分)

1. 净现值率是项目净现值与项目投资总额现值之比，是一种__________指标。

2. 常用的加速折旧法有__________和__________两种。

3. 价值工程是以最低的寿命周期费用，可靠地实现产品的__________，从而提高__________的一项工作。

4. 设备磨损分为有形磨损、无形磨损两种形式，其中有形磨损又称__________，无形磨损又称__________。

5. 固定资产投资借款偿还期是反映项目__________能力的指标。

6. 财务评价采用现行市场价格，国民经济评价采用根据__________和__________确定的影子价格。

四、简答题(每小题5分，共20分)

1. 什么是设备的有形磨损和无形磨损？各有何特点？对设备的补偿方式有哪些？

2. 损益表的作用主要表现在哪几个方面？

3. 简述国民经济评价与财务评价的区别。

4. 简述项目后评价的内容。

五、计算题(45分)

1. 两个独立方案A、B，其现金流量见下表，$i_0=10\%$，试分别用净现值法和年值法判断方案的经济可行性，并比较结果是否一致。(10分)

方案	第0年/万元	第1～10年/万元
A	－200	39
B	－100	20

2. 存款1 000元，年利率为10%，半年计息一次。问第5年年末存款金额为多少？(10分)

3. 某人拟购买1年前发行的、面额为100元的债券，年限为8年，年利率为10%(单利)，每年支付利息，到期还本。现投资者要求在余下的7年中，年收益为8%，问该债券现在的价格为多少时，投资者才值得买入？(10分)

4. 某投资方案的现金流量见下表，表中数据是对未来最可能出现的情况预测估算得到的，但预计某些参数可能会在未来的经济状况下发生一定的变化，基准拆现率为12%，项目寿命期为10年。

问题：

(1)试通过计算净现值，分析投资额、年收益、年成本分别变化超过多少百分比时，项目变得不可行。

(2)本项目对投资额、年收益、年成本三个因素的敏感性由强到弱的排序是什么？(15分)

单位：元

参数	预测值
投资额(P)	15 000
年收益(AR)	38 000
年成本(AC)	9 000
残值(L)	6 000

综合测试题(五)

一、单项选择题(每小题 1 分，共 15 分)

1. 具有某种意图的特定目的或用途，即为价值工程中的(　　)。

A. 成本　　B. 价值系数　　C. 功能　　D. 价值

2. 方案 A 与方案 B 的差额内部收益率 $\Delta IRR=15\%$，若目标收益率 $i=10\%$，则(　　)。

A. $NPV_A(15\%)=NPV_B(15\%)$　　B. $\Delta NPV(10\%)=0$

C. $IRR_A-IRR_B=15\%$　　D. $NPV_A(15\%)=NPV_B(10\%)$

3. 单利计息与复利计息的区别在于(　　)。

A. 是否考虑资金的时间价值

B. 是否考虑本金的时间价值

C. 是否考虑先前计息周期累计利息的时间价值

D. 采用名义利率还是实际利率

4. 当我们对某个投资方案进行分析时，发现有关参数不确定，而且这些参数变化的概率也无法确定，只知其变化的范围，我们可以采用的分析方法是(　　)。

A. 盈亏平衡分析　　B. 概率分析　　C. 敏感分析　　D. 功能分析

5. 某项目第 5 年的累计净现金流量为零，则该项目包括建设期的投资回收期(　　)。

A. 大于 5 年　　B. 小于 5 年　　C. 等于 5 年　　D. 等于 4 年

6. 处理技术与经济的协调发展的核心问题是(　　)。

A. 适用技术　　B. 技术选择　　C. 技术超前　　D. 经济实力

7. 在一定相关范围内，单位变化成本与产量(　　)。

A. 成正比　　B. 成反比　　C. 无关　　D. 成倒数

8. (　　)是指设备在市场上维持其价值的时期。

A. 自然寿命　　B. 物质寿命　　C. 技术寿命　　D. 经济寿命

9. 技术方案在整个寿命期内，每年发生的净现金流量，用一个给定的折现率(或基准收益率)折算成现值之和称为(　　)。

A. 净现值　　B. 费用现值　　C. 年费用现值　　D. 年值

10. 盈亏平衡点越低，表明项目(　　)。

A. 适应市场变化能力越大　　B. 适应市场变化能力越小

C. 适应市场变化能力一般　　D. 适应市场变化能力较差

11. 可行性研究分为(　　)和评价、决策。

A. 初步可行性研究、详细可行性研究和最终可行性研究

B. 初步可行性研究、最终可行性研究和项目评估

C. 机会研究、初步可行性研究和最终可行性研究

D. 机会研究、详细可行性研究和最终可行性研究

12. 一次支付终值系数可表示为(　　)。

A. $(P/F, i, n)$　　B. $(A/F, i, n)$

C. $(A/P, i, n)$　　D. $(F/P, i, n)$

13. 价值工程的目的是(　　)。

A. 以最低的寿命周期成本实现使用者所需的最高功能

B. 以最低的寿命周期成本实现使用者所需的必要功能

C. 以最低的生产成本实现最好的经济效益

D. 以最低的生产成本实现使用者所需的功能

14. 按照价值工程原理，价值是指(　　)。

A. 功能与实现此功能的劳动消耗的比值

B. 成本与功能的比值

C. 产品消耗的社会必要劳动时间

D. 产品功能实现程度

15. 某方案实施后有 3 种可能性：情况好时，净现值为 1 000 万元，概率为 0.3；情况一般时，净现值为 500 万元，概率为 0.4；情况差时，净现值为 −850 万元，概率为 0.3。该项目的期望净现值为(　　)万元。

A. 217　　B. 245　　C. 215　　D. 500

二、多项选择题(每小题 2 分，共 10 分)

1. 关于投资项目不确定性分析的表述，下列选项正确的有(　　)。

A. 盈亏平衡分析只适用于项目的财务评价

B. 敏感性分析只适用于项目的财务评价

C. 概率性分析同时可用于项目的财务评价和国民经济评价

D. 盈亏平衡点反映了项目的抗风险能力

E. 敏感性分析指标应与确定性经济指标一致

2. 关于价值工程特点的表述，下列选项正确的有(　　)。

A. 价值工程将产品价值、功能和成本作为一个整体来考虑

B. 价值工程的目标是以最低的生产成本实现产品的基本功能

C. 提高价值最为理想的途径是降低产品成本

D. 价值工程的核心是对产品进行功能分析

E. 价值工程中的功能是指对象能够满足某种要求的一种属性

3. 在下列价值工程的研究对象中，可通过设计进行改进和完善的功能有(　　)。

A. 基本功能　　B. 不足功能

C. 过剩功能　　D. 辅助功能

E. 使用功能

4. 在工程经济学中，作为衡量资金时间价值的绝对尺度，利息是指(　　)。

A. 考虑通货膨胀所得的补偿　　B. 资金的一种机会成本

C. 放弃使用资金所得的补偿　　D. 投资者的一种收益

E. 占用资金所付的代价

5. 发行股票筹资的特点有(　　)。

A. 融资风险低　　B. 资金成本低

C. 股票无到期日　　D. 提高原有股东的控制权

E. 降低公司负债比例

三、填空题(每空 2 分，共 20 分)

1. 在价值工程对象选择的方法中，__________既可用于价值工程对象选择，又可用于确定功能重要性系数。

2. 某建设项目建成后生产产品销售的情况是：前景好，概率为 0.7，此时的净现值为 1 800 万元；前景一般，概率为 0.1，净现值为 120 万元；前景不好，概率为 0.2，净现值为－800 万元。该建设项目的期望值为__________万元。

3. 若名义利率为 r，一年中计息周期数为 m，计息周期实际利率为 $\frac{r}{m}$，则利率周期实际利率为__________。

4. 将资金作为某项投资，由于资金的运动可得到一定的收益或利润，资金在这段时间内所产生的增值就是__________。

5. 基准收益率也称基准折现率，是企业或行业或投资者以动态的观点所确定的，可接受的投资项目__________标准的收益水平。

6. 设备开始使用到因技术落后而被淘汰所延续的时间，即设备在市场上维持其价值的时期称为__________。

7. 以相同时间来研究不同期限的互斥方案称为__________。

8. 在不确定性分析中，__________和__________同时适用于项目的财务评价和国民经济评价。

9. 在评价投资方案的经济效果时，与静态评价方法相比，动态评价方法的最大特点是__________。

四、简答题(每小题 5 分，共 20 分)

1. 什么是名义利率和实际利率？二者有何关系？

2. 简述价值工程的特点。

3. 什么是资金等值？影响资金等值的要素是什么？

4. 什么是项目的可行性研究？可行性研究有哪几个阶段？

五、计算题(35分)

1. 某企业需要一台汽车，有买车和租车两个方案。买车方案：购车费53 000元，4年后转让价值11 000元，年使用费用为7 500元；租车方案：年租车费15 000元(年初支付)，年使用费用比购车方案每年少1 000元，当$i_c=10\%$时，请选择最优方案。[已知：(P/A，10%，4)=3.169 9，(P/F，10%，4)=0.683 0，(A/F，10%，4)=0.215 5](10分)

2. 某工程期初投资130万元，经济寿命为6年，残值为10万元，年销售收入100万元，年经营成本70万元，求该项目的内部收益率(*IRR*)。(10分)

3. 按年利率为12%，每季度计息一次计算利息，从现在起连续3年的等额年末支付借款为1 000元，问与其等值的第3年年末的借款金额为多大？(10分)

4. 已知某厂的年固定费用为160万元，单位产品的变动成本为100元，每件产品税后价格为200元，生产能力为每年2万件，试求以产量、生产能力利用率及价格表示的盈亏平衡点。(5分)

参 考 答 案

第1章　绪论

一、单项选择题

1. B　　2. D　　3. A

二、多项选择题

1. ABCDE　　2. ABC

三、填空题

1. 工程项目的资金筹集；经济评价；优化决策；风险分析；不确定性分析

2. 综合性；实用性；定量性；比较性；预测性

3. 使用价值的可比(满足需要可比)；相关费用的可比(消耗费用的可比)；价格可比；时间因素可比

4. 产量；质量；品种

5. 方案本身的各种费用；相关费用；统一

四、简答题

1. 答：工程经济学分析的基本步骤有：(1)确定目标，做为建立方案的基础；(2)寻找关键要素；(3)穷举方案，为了达到一定的目标功能，必须提出很多方案；(4)评价方案，列出的方案要经过系统的评价，在符合基本条件后，最重要的是要有较好的经济效益和社会效益。通过系统评价，淘汰不可行方案，保留可行方案；(5)决策。

2. 答：工程经济分析人员应具备的主要能力有：(1)要了解经济环境中人的行为和动机；(2)要会做市场调查；(3)要会做预测工作；(4)要坚持客观公正的原则；(5)要依法办事；(6)正确了解国家的经济、技术发展战略和有关政策。

3. 答：评价方案经济效果的基本原则有：(1)主动分析与被动分析相结合，以主动分析为主；(2)满意度分析与最优化分析相结合，以满意度分析为主；(3)差异分析与总体分析相结合，以差异分析为主；(4)动态分析与静态分析相结合，以动态分析为主；(5)定量分析与定性分析相结合，以定量分析为主；(6)价值量分析与实物量分析相结合，以价值量分析为主；(7)全过程效益分析与阶段效益分析相结合，以全过程效益分析为主；(8)宏观效益分析与微观效益分析相结合，以宏观效益分析为主；(9)预测分析与统计分析相结合，以预测分析为主。

第 2 章　资金的时间价值

一、单项选择题

1. C	2. A	3. D	4. C	5. A	6. A	7. C
8. B	9. C	10. B	11. A	12. B	13. A	14. C
15. C	16. C	17. A	18. D	19. D	20. D	21. C
22. B	23. B	24. C	25. A	26. B	27. C	28. C
29. D	30. C	31. C	32. D	33. B	34. A	

二、多项选择题

1. ACE	2. ABE	3. ACE
4. ACDE	5. ABD	6. AE

三、填空题

1. 利率；收益率
2. 9.6%
3. 生产和流通过程
4. 资金的时间价值
5. 资金的金额大小；资金金额发生的时间；利率的大小；利率的大小
6. 资金的时间价值；普通复利利率系数；现金流量图

四、简答题

1. 答：资金的时间价值是指资金在生产和流通过程中，随时间推移而产生的增值。

研究资金的时间价值，可以促使建设资金合理利用，使有限的资金发挥更大的作用。资金的时间价值是市场经济条件下的一个经济范畴。只要存在商品生产和商品交换，就必然存在资金的时间价值，而且随时在发生作用。只有考虑资金的时间价值，才能平等地参与国内国际的市场竞争。才能千方百计地缩短建设周期，加速资金周转，节省资金占用数量和时间，提高资金的经济效益。

2. 答：现金流量是现金流入、现金流出和净现金流量的总称。

现金流量图是一种反映经济系统资金运动状态的图式，即把经济系统的现金流量绘入时间坐标图中，表示出各现金流入、流出、与对应时间的对应关系。

计算同一时间上的现金流出与现金流入的代数和则得到净现金流量。

3. 答：名义利率是以一年为计息基础，等于每一计息期的利率与每年计息期数的乘积。

实际利率是采用复利计算方法，把各种不同计息期的利率换算成以年为计息期的利率。

名义利率与实际利率的换算关系为

$$i=\left(1+\frac{r}{m}\right)^{m}-1$$

式中　i——实际利率；

r——名义利率；

m——一年中的计息期数。

4. 答：略。

5. 答：资金等值是指在考虑资金时间价值因素后，不同时点上数额不等的资金在一定利率条件下具有相等的价值。

影响资金等值的因素有资金额大小、资金发生的时间和利率。

五、计算题

1. 解：现金流量图如下：

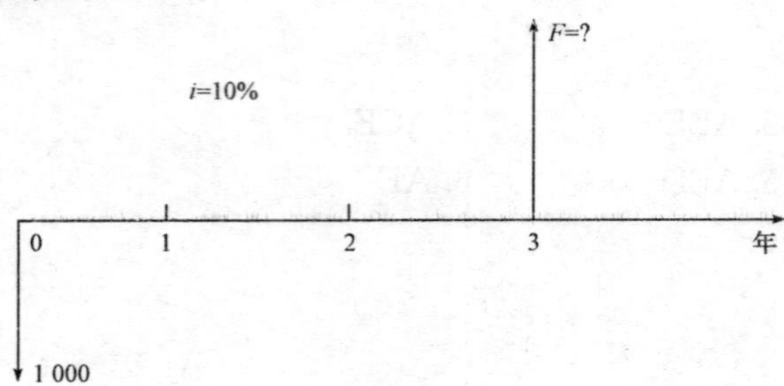

则：$I=P[(1+i)^{n}-1]=1\,000[(1+10\%)^{3}-1]=331$(元)

2. 解：已知 $A=2$，$i=7\%$，$n=5$。求 $F=$？

现金流量图如下：

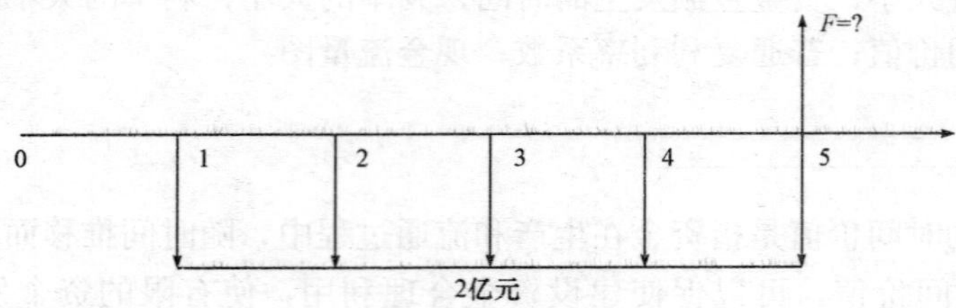

则：$F=A(F/A,\ i,\ n)=2\times(F/A,\ 7\%,\ 5)=2\times5.7518=11.5$(亿元)

或：$F=A\left[\frac{(1+i)^{n}-1}{i}\right]=2\times\frac{(1+7\%)^{5}-1}{7\%}=11.5$(亿元)

其中：年金终值系数(F/A，7%，5)采用内插法计算。

i	6%	7%	8%
(F/A，i，n)	5.637 1	?	5.866 6

则：$(F/A,\ 7\%,\ 5)=5.637\,1+\frac{5.866\,6-5.637\,1}{2}(7-6)=5.751\,8$

3. 解：已知 $F=50$ 万元，$i=5\%$，$n=5$。求 $A=$？

现金流量图如下：

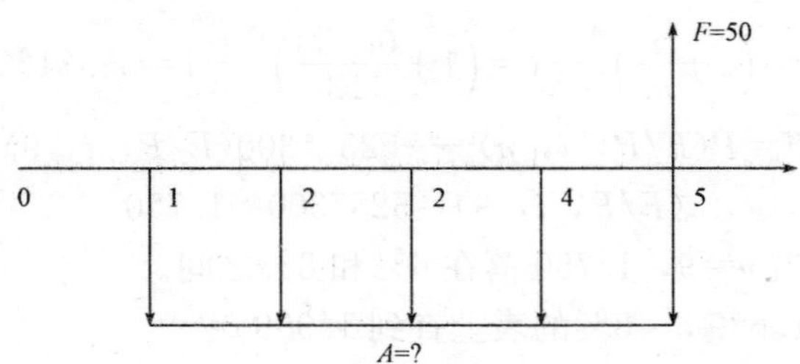

已知终值求年金现金流量图，采用查表公式计算：

$$A = Fi/[(1+i)^n - 1] = F(A/F, i, n)$$
$$= 50 \times (A/F, 5\%, 5) = 50 \times 0.1810$$
$$= 9.05(\text{万元})$$

即每年末应存入银行 9.05 万元。

4. 解：现金流量图如下：

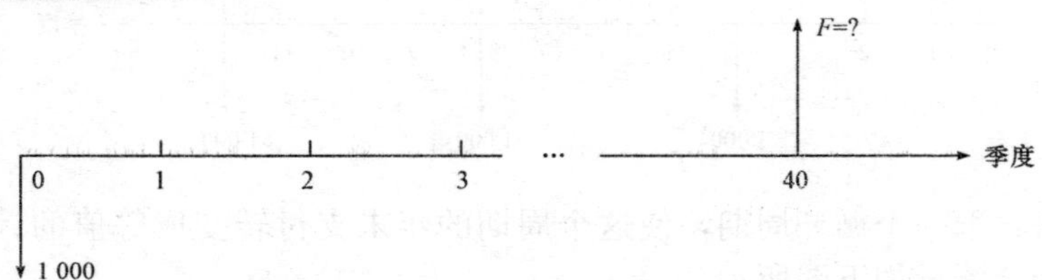

每季度的实际利率为 8%÷4=2%。

用年实际利率求解：

年实际利率 i 为

$$i = (1+2\%)^4 - 1 = 8.2432\%$$
$$F = 1\,000(F/P, 8.2432\%, 10) = 2\,208(\text{元})$$

用季度利率求解：

$$F = 1\,000(F/P, 2\%, 40) = 1\,000 \times 2.208\,0 = 2\,208(\text{元})$$

5. 解：因为 $136.0 = 2\,000(A/P, i, 24)$

$$(A/P, i, 24) = 136.0/2\,000 = 0.068$$

查表如下：

(A/P，4%，24)	(A/P,?%，24)	(A/P，5%，24)
0.065 6	0.068	0.072 5

采用内插法算：

$$0.068 = 0.065\,6 + \frac{0.072\,5 - 0.065\,6}{5\% - 4\%}(x - 4\%)$$

得：$x = 4.35\%$

因为计息期是一个月，所以月实际利率为 4.35%。

名义利率：

$$r = (\text{每月 } 4.35\%) \times (12 \text{ 个月}) = 52.2\%$$

年实际利率：

$$i=\left(1+\frac{r}{m}\right)^m-1=\left(1+\frac{0.435}{12}\right)^{12}-1=53.31\%$$

6. 解：因为 $F=P(F/P, i, n)\longrightarrow 525=300(F/P, i, 9)$

故 $(F/P, i, 9)=525/300=1.750$

从利息表上查到，当 $n=9$，1.750 落在 6%和 8%之间。

从 6%的表上查到 1.689 5，8%的表上查到 1.999 0。

用直线内插法可得

$$i=6\%+\left(\frac{1.750-1.6895}{1.9990-1.6895}\right)\times 2\%=6.39\%$$

计算表明，当利率为 6.39%时，现在的 300 元等值于第 9 年年末的 525 元。

7. 解：其现金流量如下图所示：

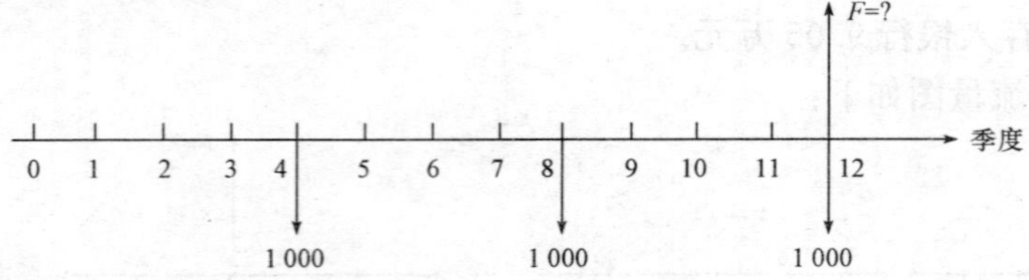

第一种方法：取一个循环周期，使这个周期的年末支付转变成等值的计息期末的等额支付系列，其现金流量如下图所示：

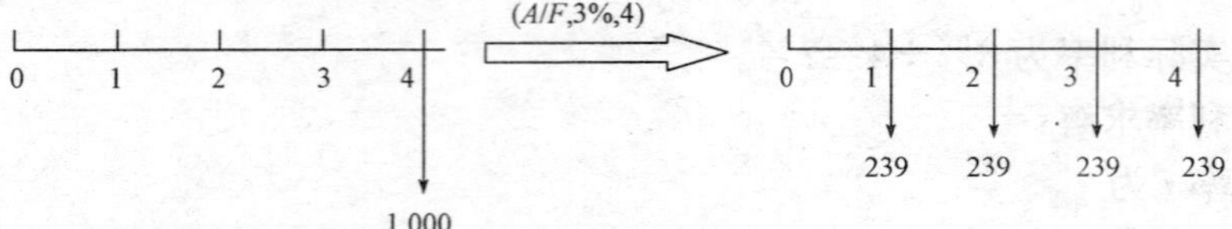

将年度支付转化为计息期末支付：

$$A=F(A/F, 3\%, 4)=1\,000\times 0.239\,0=239(\text{元})$$

经转变后计息期与支付期一致：

$$F=A(F/A, 3\%, 12)=239\times 14.192=3\,392(\text{元})$$

第二种方法：把等额支付的每一个支付看作为一次支付，求出每个支付的将来值，然后把将来值加起来，这个和就是等额支付的实际结果。

$$F=1\,000(F/P, 3\%, 8)+1\,000(F/P, 3\%, 4)+1\,000$$
$$=3\,392(\text{元})$$

第三种方法：将名义利率转化为年实际利率，以一年为基础进行计算。

年实际利率：

$$i=\left(1+\frac{r}{m}\right)^m-1=\left(1+\frac{0.12}{4}\right)^4-1=12.55\%$$

$$F=A(F/A, 12.55\%, 3)=1\,000\times 3.392\,3=3\,392(\text{元})$$

计算表明，按年利率 12%，每季度计息一次，从现在起连续三年的 1 000 元等额年末借款与第三年年末的 3 392 元等值。

第 3 章　工程经济效果评价的方法

一、单项选择题

1. C　2. C　3. C　4. D　5. A　6. C　7. C
8. B　9. C　10. A　11. A　12. B　13. D　14. D
15. C　16. B　17. A　18. C　19. D　20. C　21. C
22. C　23. B　24. C　25. B　26. B　27. D　28. D
29. D　30. D　31. C　32. B　33. B　34. D　35. C
36. B

二、多项选择题

1. ADE　2. BD　3. CDE　4. ACE　5. ACD
6. CD　7. AC　8. BCD　9. ACE　10. BC
11. AE　12. ABC　13. AB　14. ABC　15. ACDE

三、填空题

1. 时间性指标；价值性指标；比率性指标
2. 动态投资回收期；借款偿还期
3. 净现值；净年值
4. 内部收益率；净现值率；投资收益率；利息备付率；偿债备付率
5. 净现值(率)；内部收益率；净年值；动态投资回收期
6. 投资大的方案优于投资小的方案
7. 净现值法；净现值率法；差额内部收益率法；最小费用法
8. 流动资金
9. 基准收益率
10. 资金的时间因素；投资回收期法；投资收益率法；差额投资回收期法；计算费用法；寿命期较短；每期现金流量分布均匀；初选
11. 资金的时间因素；经济寿命周期长；分期费用和收益分布差异较大
12. 静态评价方法；动态评价方法
13. 净现金流量；基准年；大于或等于零；净现值最大
14. 功能；支出；收入；不易计算收入；与其等值的现值
15. 年值；年费用
16. 盈利能力分析；清偿能力分析；抗风险能力分析
17. 经济效果评价
18. 不确定性评价方法
19. 动态评价方法
20. 考虑了资金的时间价值
21. 动态评价方法

22. 研究期法

23. 最短

24. 行业的平均收益率

25. 基准收益率

26. 资金成本；机会成本；投资风险；通货膨胀

27. 两者都要在给出基准收益率的基础上进行计算

28. 最大

四、简答题

1. 答：在工程经济分析中，将不考虑资金时间价值的经济效益评价指标称为静态评价指标。将考虑了资金时间价值的经济效益评价指标称为动态评价指标。

2. 答：方案的净现值(NPV)是指方案在寿命期内各年的净现金流量，按照一定的折现率折现到期初时的现值之和。

对单一方案的评价准则是：$NPV \geqslant 0$，方案合理；$NPV < 0$，方案不合理。

3. 答：净现值评价指标有以下特点：

(1)考虑了资金的时间价值及项目在整个寿命期内的经济状况。

(2)经济意义明确、直观，能够直接以货币额表示项目的净收益。

(3)能直接说明项目投资额与资金成本之间的关系。

4. 答：按多方案之间的经济关系，一组多方案可划分为互斥型多方案、独立型多方案、相关型多方案等。

5. 答：现值法评价准则有三个方面：(1)效益相同时，费用现值越小越好；(2)费用相同时，效益现值越大越好；(3)效益、费用都不相同时，净现值越大越好。

五、计算题

1. 解：$P_t = (8-1) + |-20| / 200 = 7.1$(年)

2. 解：各年净现金流量 $(CI-CO)$ 及累计净现金流量 $\sum(CI-CO)$ 计算结果见下表。

年份	0	1	2	3	4	5
$(CI-CO)$	−800	0	220	242	266	293
$\sum(CI-CO)$	−800	−800	−580	−338	−72	221

$P_t = (5-1) + |-72| / 293 = 4.25$(年)

3. 解：分别计算当 $i_0 = 10\%$ 和 $i_0 = 15\%$ 时各年净现金流量 $(CI-CO)$、累计净现金流量 $\sum(CI-CO)$、净现金流量现值及累计净现金流量现值见下表。

单位：万元

年份	净现金流	累计净现金流量	净现金流量现值	累计净现金流量现值	净现金流量现值	累计净现金流量现值
利率	$i=10\%$				$i=15\%$	
0	−100	−100	−100	−100	−100	−100

续表

年份	净现金流	累计净现金流量	净现金流量现值	累计净现金流量现值	净现金流量现值	累计净现金流量现值
1	−800	−900	−727.28	−827.28	−695.68	−795.68
2	−100	−1 000	−82.64	−909.92	−75.6	−871.29
3	50	−950	37.56	−872.36	32.87	−838.42
4	250	−750	170.75	−701.61	142.95	−695.45
5	250	−450	155.225	−546.38	124.30	−571.16
6	250	−200	141.125	−405.26	108.07	−463.09
7	250	50	128.30	−276.96	93.97	−369.115
8	215	265	100.29	−176.65	70.28	−298.83
9	215	480	91.82	−85.48	61.12	−237.71
10	215	695	82.38	−2.59	53.14	−184.56
11	215	910	75.35	72.76	46.2	−138.36
12	215	1 125	68.50	141.26	40.18	−98.17

静态投资回收期：$T_p=6+\frac{200}{250}=6.8$(年)

动态投资回收期：当 $i=10\%$时，$T_p^*=10+\frac{2.594}{75.356}=10.03$(年)

$NPV=141.261$(万元)

$NAV=NPV(A/P, 10\%, 12)=25$(万元)

$NPVI=141.261/909.92=15.52\%$

$IRR=10\%+\frac{141.261}{141.261+|-98.17|}(15\%-10\%)=12.95\%$

4. 解：(1)费用现值法：

$PC_A=16\ 000+5\ 000(P/A, 8\%, 5)-1\ 500(P/F, 8\%, 5)=34\ 942.60$(元)

$PC_B=12\ 000+6\ 500(P/A, 8\%, 5)-2\ 000(P/F, 8\%, 5)=36\ 591.35$(元)

费用现值小者为优，故应选择 A 方案。

(2)费用年值法：

$AC_A=5\ 000+16\ 000\times(A/P, 8\%, 5)-1\ 500\times(A/F, 8\%, 5)=8\ 752.25$(元)

$AC_B=6\ 500+12\ 000\times(A/P, 8\%, 5)-2\ 000\times(A/F, 8\%, 5)=9\ 165.00$(元)

费用年值小者为优，故应选择 A 方案。

5. 解：现金流量图如下：

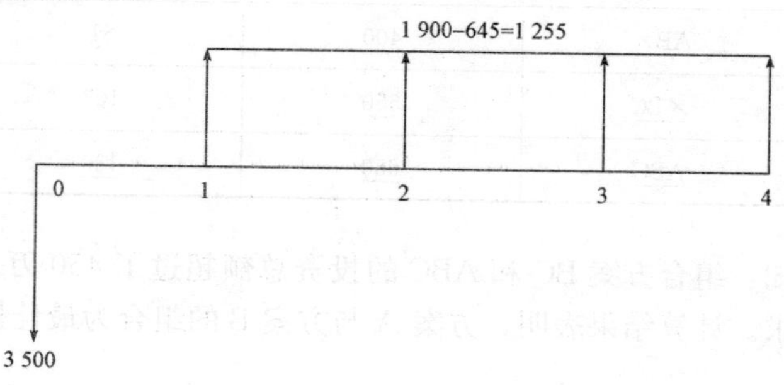

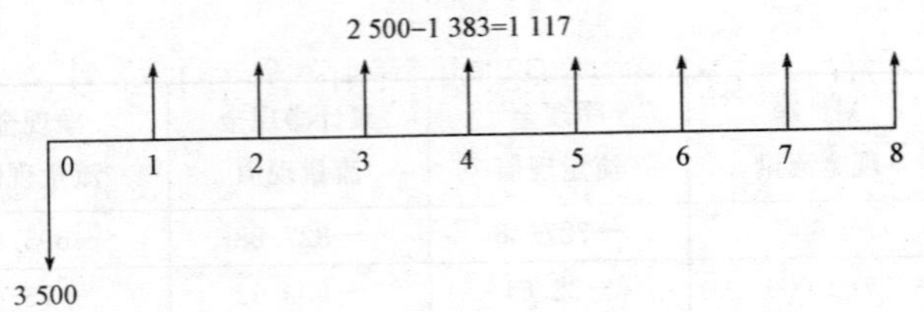

方法(一)：净现值法

(1)利用各方案寿命期的最小公倍数作为共同的计算期：

$NPV_A=-3\ 500[1+(P/F，10\%，4)]+(1\ 900-645)(P/A，10\%，8)=804.80$(万元)

$NPV_B=-5\ 000+1\ 117(P/A，10\%，8)=959.08$(万元)

因为 NPV_B 大于 NPV_A，所以应选择方案 B。

(2)取寿命期短的方案的计算期作为共同的计算期：

$NPV_A=-3\ 500+(1\ 900-645)(P/A，10\%，4)=478.22$(万元)

$NPV_B=[-5\ 000(A/P，10\%，8)+1\ 117]\times(P/A，10\%，4)=570.58$(万元)

因为 NPV_B 大于 NPV_A，所以应选择方案 B。

方法(二)：年值法

(1)直接用年值比较法：

$AW_A=-3\ 500(A/P，10\%，4)+(1\ 900-645)=150.86$(万元)

$AW_B=-5\ 000(A/P，10\%，8)+(2\ 500-1\ 383)=179.78$(万元)

因为 AW_B 大于 AW_A，所以应选择方案 B。

(2)利用各方案寿命期的最小公倍数作为共同的计算期：

$AW_A=NPVA(A/P，10\%，8)=804.80\times0.187\ 4=150.82$(万元)

$AW_B=NPVB(A/P，10\%，8)=959.08\times0.187\ 4=179.73$(万元)

选择方案 B。

6. 解：方案组合及有关计算过程见下表。

序号	组合状态	第 0 年投资	1～10 年净收入	净现值/万元
1	A××	100	23	54.33
2	××C	250	49	78.79
3	×B×	300	58	89.18
4	A×C	350	72	133.12
5	AB×	400	81	143.51
6	×BC	550	107	167.97
7	ABC	650	130	222.3

由上表数据可知：组合方案 BC 和 ABC 的投资总额超过了 450 万元，不符合要求，其余组合方案符合要求。计算结果表明，方案 A 与方案 B 的组合为最佳投资组合方案。

第 4 章　工程项目资金的筹集

一、单项选择题

1. B　2. A　3. D　4. C　5. A

二、多项选择题

1. BCD　2. ACE　3. BDE　4. ACE

三、填空题

1. 强制性；无偿性；固定性
2. 筹集；占用

四、简答题

1. 答：在资金筹措阶段，建设项目所需的资金总额由自有资金、赠款、借入资金三部分组成。

2. 答：国家投资主体筹集资金的主要手段有财政税收、财政信用及举借外债。

3. 答：资金成本是企业为筹集和使用资金而支付的费用，包括资金筹集费和资金占用费。

资金成本的作用主要有：一是选择资金来源、确定筹资方案的重要依据，企业力求选择资本成本最低的筹资方式；二是评价投资项目、决定投资取舍的重要标准，只有资金成本低于投资报酬率的项目才合算；三是评价企业经营成果的尺度，经营利润率应高于资金成本，否则表明业绩欠佳。

4. 答：建设项目各种资金来源总体上可以划分为股权资金和债务资金两类。股权资金包括吸收直接投资、发行股票、企业的保留盈余资金；债务资金包括发行债券、借款、租赁融资等。

第 5 章　工程项目不确定性分析

一、单项选择题

1. A　2. A　3. D　4. C　5. C　6. B　7. D　8. B
9. B　10. C　11. C　12. C　13. D　14. A　15. D　16. A
17. D　18. C　19. C　20. A　21. C　22. B

二、多项选择题

1. ABD　2. ABCE　3. ABE　4. DE　5. BD
6. BCDE　7. ACD　8. ACE　9. ABDE

三、填空题

1. 产量；生产能力利用率；销售收入；产品单价
2. 强；强
3. 成本；收益；盈亏平衡点(保本点)；不确定性
4. 年销售收入；年总成本费用；盈亏平衡点
5. 产量；线性；非线性
6. 主要不确定性；敏感
7. 图解；损益值；画出决策树；计算各机会点的期望值；修枝选优作出决策
8. 20.2%

四、简答题

1. 答：盈亏平衡分析是在完全竞争或垄断竞争的市场条件下，研究工程项目的产品生产成本、产销量与盈利的平衡方法。各种不确定因素(如投资、成本、销售量、产品价格、项目寿命期等)的变化会影响投资方案的经济效果，当这些因素的变化达到某一临界值时，就会影响方案的取舍。盈亏平衡分析的目的就是找出这种临界值，即盈亏平衡点(*BEP*)，判断投资方案对不确定因素变化的承受能力，为决策提供依据。

盈亏平衡点越低，说明项目盈利的可能性越大，亏损的可能性越小，因而项目有较大的抗经营风险能力。因为盈亏平衡分析是分析产量(销量)、成本与利润的关系，所以称量本利分析。

盈亏平衡点的表达形式有多种。它可以用实物产量、单位产品售价、单位产品可变成本以及年固定成本总量表示，也可以用生产能力利用率(盈亏平衡点率)等相对量表示。根据生产成本、销售收入与产量(销售量)之间是否呈线性关系，盈亏平衡分析可分为：线性盈亏平衡分析和非线性盈亏平衡分析。

2. 答：决策树一般是由决策点、机会点、方案枝、概率枝等组成的一种树枝状结构。

首先确定决策点，决策点一般用方块表示；然后从决策点引出若干条直线，代表各个备选方案，这些直线称为方案枝；方案枝后面连接一圆圈，称为机会点；从机会点画出的各条直线称为概率枝，代表不同的状态；概率枝后面的数值代表不同方案在不同状态下获得的收益值。

五、计算题

1. 解：(1)求盈亏平衡点的产量 Q^*：

$$Q^* = F/P - V = 3\,000(\text{件})$$

所以，该工厂的最低产量为 3 000 件。

(2)若产品产量为 5 000 件，年获利润为

$$E = (P - V)Q - F = (50 - 28) \times 5000 - 66\,000 = 44\,000(\text{元})$$

即当产量达到 5 000 件时，每年可获利 44 000 元。

(3)若预期利润达到 60 000 元时，则产量应为

$$Q = (E + F)/(P - V) = 5.727(\text{件})$$

2. 解：(1)以产量 Q^* 表示的盈亏平衡点：

$$Q^*=\frac{1\ 600\ 000}{200-100}=16\ 000(\text{件})$$

(2)以生产能力利用率表示的盈亏平衡点：

$$E=\frac{16\ 000}{20\ 000}\times 100\%=80\%$$

(3)以价格表示的盈亏平衡点：

$$P^*=100+\frac{1\ 600\ 000}{20\ 000}=180(\text{元})$$

第 6 章　工程项目可行性研究

一、单项选择题

1. B　　2. A　　3. D

二、多项选择题

1. ACD　　2. ACDE　　3. ABE

三、填空题

1. 国内需求量；国内供应量；国外需求量；国外供应量
2. 市场调查
3. 工业；民用；科研
4. 是否适用；是否有利；是否可行；工程经济研究
5. 投资机会论证；提出工程项目投资方向的建议；最有利的投资机会；大致的投资建议(项目意向)
6. 需要性；先进性；适宜性；经济性

四、简答题

1. 答：可行性研究是指对拟建项目在技术上是否适用、经济上是否有利、建设上是否可行所进行的综合分析和全面科学论证的工程经济研究活动。

可行性研究的四个阶段分别是：机会研究；初步可行性研究；详细可行性研究；评价报告和决策。

2. 答：可行性研究的主要作用有以下几个方面：①可为工程项目投资决策提供科学的依据；②可为筹集建设资金提供依据；③可作为工程项目建设有关部门或单位之间签订协议、合同的依据；④可作为下阶段设计的依据；⑤可作为建设阶段基础资料，科研、试验、设备选择，企业组织管理、机构设置、职工培训等工作安排提供依据。

3. 答：市场调查的方法主要有：①间接搜集信息法，间接搜集信息法一般包括查找、索讨、购买、交换、接收等具体的手段。②直接访问法，按访问的具体形式的不同可分为面谈调查、电话调查、问卷调查、街头访问调查等。③直接观察法，直接观察法的特点是，被调查者并未察觉时，调查工作已完成。

第 7 章　工程项目财务评价

一、单项选择题

1. B　　2. C　　3. C　　4. B　　5. A　　6. B　　7. A　　8. B

二、多项选择题

1. ACDE　　2. ABCE

三、填空题

1. 直线折旧法(年限折旧法)；加速折旧法

2. 财务净现值($FNPV$)；财务内部收益率($FIRR$)

3. 成本计算表；损益表；借款偿还表；全部投资现金流量表；自有资金现金流量表；资产负债表

4. 盈利能力；清偿能力；外汇平衡情况

5. 全部投资回收期；投资利润率；投资利税率；资本金利润率；财务内部收益率；财务净现值；借款偿还期；资产负债率；流动比率；速动比率

四、简答题

1. 答：财务分析主要包括财务盈利能力分析、清偿能力分析、创汇节汇能力分析和财务风险分析。

2. 答：资产负债表的作用主要体现在：综合反映项目计算期内各年末资产、负债和所有者权益的增减变化及关系，以考察项目资产、负债、所有者权益的结构是否合理、用以计算资产负债率、流动比率及速动比率，进行清偿能力分析。

3. 答：财务评价的作用主要体现在以下三个方面：①衡量项目的盈利能力和清偿能力；②项目资金规划的重要依据；③为协调企业利益和国家利益提供依据。

第 8 章　工程项目国民经济评价

一、选择题

1. B　　2. B　　3. B　　4. C

二、多项选择题

1. ABCE　　2. DE　　3. BE

三、填空题

1. 资源最优配置；国家整体；净贡献

2. 直接效益；间接效益；直接费用；间接费用

3. 国民经济效益费用流量表(全部投资)；国民经济效益费用流量表(国内投资)；经济外汇流量表

4. 评价角度不同；费用和效益的含义和划分范围不同；采用的价格体系不同；采用的主要参数不同

四、简答题

1. 答：国民经济评价主要内容有：(1)识别国民经济效益与费用；(2)计算和选取影子价格；(3)调整基础数据，编制国民经济评价报表；(4)计算国民经济评价指标并进行方案比选。

2. 答：(1)财务评价采用现行市场价格，国民经济评价采用影子价格；(2)财务评价采用基准收益率，国民经济评价采用社会折现率；(3)财务评价采用官方汇率，国民经济评价采用影子汇率。

3. 答：国民经济评价的指标包括国民经济盈利能力指标、外汇效果指标。国民经济盈利能力指标有经济净现值和经济内部收益率。外汇效果指标有经济外汇净现值、经济换汇成本、经济节汇成本。

第 9 章　建筑设备更新方案的选择

一、单项选择题

1. D　2. B　3. D　4. C　5. A　6. A　7. D　8. B
9. C　10. B　11. A　12. C　13. B　14. A

二、多项选择题

1. BCD　2. CD　3. ABCE
4. AC　5. ADE

三、填空题

1. 有形磨损；无形磨损
2. 修理；更新；改造
3. 修理；更新；现代化改装；更新
4. 修理；改装；更新
5. 第一种无形磨损
6. 第二种无形磨损

7. 大修；中修；小修；对设备有形磨损进行补偿；修复或更换；恢复设备性能

8. 自然寿命；有形磨损

9. 技术寿命；技术进步的速度；现代化改装

10. 经济寿命；设备使用成本最低；短

11. 经济寿命

12. 原型更新；技术更新；原型更新；技术更新

13. 维护费用的提高和使用价值的降低

14. 设备从开始使用到其等值年度费用最小

四、简答题

1. 答：机器设备在使用或闲置过程中发生的损失或实体磨损，称为有形磨损。机器设备由于科技进步、社会劳动生产率水平的提高，而使设备的价值降低(原设备相对贬值)或生产同样设备的价值降低导致的磨损或损失，称为无形磨损。

遭受有形磨损的设备，特别是有形磨损严重的设备，在更新之前，常常不能工作；而遭受无形磨损的设备，即使很严重，其固定资产物质内容却可能没有磨损，仍然可以使用，只不过经济上是否合算，需要分析研究。

设备受到磨损需要补偿，有修理、更新和改造等三种补偿形式。

2. 答：一台设备从全新状态开始使用，产生有形磨损，造成设备逐渐老化、损坏直至报废所经历的全部时间称为设备的自然寿命。

一台设备从开始使用到因技术落后而被淘汰所经历的时间称为技术寿命。

由设备开始使用到其年平均使用成本最低年份的延续时间叫作经济寿命。

第10章　价值工程

一、单项选择题

1. B	2. C	3. D	4. B	5. A	6. B	7. B
8. D	9. A	10. C	11. A	12. A	13. C	14. B
15. B	16. C	17. D	18. A	19. A	20. D	21. C
22. D	23. C	24. B	25. A	26. B	27. C	28. B
29. B	30. B	31. B	32. C	33. D	34. B	35. B

二、多项选择题

1. ABDE	2. ABC	3. ACE	4. ABC
5. BC	6. ACD	7. ACD	

三、填空题

1. 生产；使用

2. 全寿命周期成本

3. ABC分析法；百分比分析法；强制确定性法；价值指数法

4. 功能；价值；寿命周期成本

5. 功能和费用；寿命周期成本；必要的功能；价值

6. 价值；成本；功能；功能分析；必要功能；总成本；价值

7. 构思；设计；报废；总成本费用；使用成本

8. 总成本费用；使用成本；马鞍形

9. 使用功能；美学功能；基本功能；辅助功能

10. 提高对象的价值；通过功能与成本的综合分析；设计与计划阶段；集体智慧；提高价值的创新活动

11. 价值系数＞1；价值系数＜1；价值系数＜1；价值系数＞1

12. 功能是透过产品实物形象，运用简明扼要的语言将隐藏在产品结构背后的本质——功能揭示出来，并从定性的角度解决“对象有哪些功能”的问题

13. 动词；名词；可测定的词汇；力求扩大思路的词汇

14. 功能；功能系统；局部功能、整体功能；必要功能；不必要功能；功能改善区域

15. 编制功能卡片；选出基本功能；明确各功能之间的关系；审定功能系统图(补充、修改功能定义)；绘制功能系统图

16. 价值低的功能区域

17. 概略评价；详细评价

18. 技术评价；经济评价；社会评价；综合评价

四、简答题

1. 答：价值工程是以产品或作业的功能分析为核心，以提高产品或作业的价值为目的，力求以产品的最低寿命周期成本实现产品或作业所要求的必要功能的一项有组织的创造性活动，也称功能成本分析。

它具有以下特点：

(1)价值工程强调产品的功能，重点放在对产品功能的研究上。

(2)价值工程将确保功能和降低成本作为一个整体同时考虑，以便创造出总体价值最高的产品。

(3)价值工程强调不断改革和创新，开拓新构思和新途径、获得新方案、创造新功能载体、从而简化产品结构、节约原材料、提高产品的技术经济效益。

(4)价值工程要求将功能定量化，即将功能转化为能够与成本直接相比较的货币值。

(5)价值工程是以集体的智慧开展的有计划、有组织的管理活动。

2. 答：价值工程对企业的生产经营有以下的推动作用：

(1)有效提高经济效益；(2)延长产品市场寿命期；(3)提高企业管理水平；(4)促进技术与经济的结合、软技术与硬技术结合。

3. 答：提高产品价值的主要途径有以下五个方面：

(1)成本不变，功能提高；(2)功能不变，成本下降；(3)成本略有增加，功能大幅度提高；(4)功能略有下降，成本大幅度下降；(5)成本降低，功能提高。

五、计算题

1. 解：列表计算如下：

功能	实际成本/元	功能系数	目标成本/元	价值指数	成本降低幅度
F1	15×60%＝9	8/20＝0.4	0.4×20＝8	8/9＝0.89	9－8＝1
F2	15×40%＋7×20%＝7.4	5/20＝0.25	0.25×20＝5	5/7.4＝0.68	7.4－5＝2.4
F3	3×100%＝3	2/20＝0.1	0.1×20＝2	2/3＝0.67	3－2＝1
F4	7×80%＝5.6	5/20＝0.25	0.25×20＝5	5/5.6＝0.89	5.6－5＝0.6

2. 解：

$$价值系数=\frac{功能评价值}{成本(单方造价)}\Rightarrow 功能评价值=价值系数\times 单方造价$$

列表计算如下：

方案	价值系数	单方造价	功能评价值	功能指数	成本指数	价值指数
甲	1.28	156	199.68	0.266 4	0.244 1	1.091 4
乙	1.20	140	168	0.224 1	0.219 1	1.022 8
丙	1.05	175	183.75	0.245 1	0.273 9	0.894 8
丁	1.18	168	198.24	0.264 4	0.262 9	1.005 7
合计		639	749.67			

由计算数据可知：甲方案的价值指数最大，故其为最优方案。

3. 解：(1)功能得分：

$F_A=9\times0.25+8\times0.35+10\times0.25+9\times0.10+8\times0.05=8.85$

$F_B=9\times0.25+10\times0.35+7\times0.25+10\times0.10+8\times0.05=8.90$

$F_C=8\times0.25+10\times0.35+9\times0.25+9\times0.10+6\times0.05=8.95$

(2)功能总得分、功能系数计算：

$\sum F_i=8.85+8.90+8.95=26.7$

$$FI_A=\frac{F_A}{\sum F_i}=\frac{8.85}{26.7}=0.331\,5$$

$$FI_B=\frac{F_B}{\sum F_i}=\frac{8.9}{26.7}=0.333\,3$$

$$FI_C=\frac{F_C}{\sum F_i}=\frac{8.95}{26.7}=0.335\,2$$

价值指数计算见下表：

方案名称	单方造价 /(元·m^{-2})	成本系数	功能系数	价值指数	最佳方案
A	1 325.00	0.361 1	0.331 5	0.918 0	
B	1 118.00	0.304 7	0.333 3	1.093 9	√
C	1 226.00	0.334 2	0.335 2	1.003 0	
合计	3 669.00	1.000 0	1.000 0		

方案功能满足程度评分见下表：

评价因素		方案名称	A	B	C
功能因素	重要系数				
F1	0.25	方案满足分数 S	9	9	8
F2	0.35		8	10	10
F3	0.25		10	7	9
F4	0.10		9	10	9
F5	0.05		8	8	6
方案总分	$\sum\varphi\cdot S$		8.85	8.90	8.95
功能评价系数	$F_i/\sum F_i$		0.331 5	0.333 3	0.335 2

(3)价值工程的工作步骤和阶段划分。

四个阶段：准备阶段、分析阶段、创新阶段和实施阶段。

五个步骤：确定目标、功能分析、功能评价、制定改进方案和实施评价成果。

第 11 章　工程项目后评价

一、选择题

1. C　　2. D

二、简答题

1. 答：项目后评价是在项目建设完成并投入生产一段时间后，对项目的准备、立项决策、设计施工、生产运营、经济效益和社会效益等方面进行的全面而系统的分析与评价，从而判断项目预期目标实现程度的一种评价方法。

2. 答：后评价与可行性研究的区别：

(1)在建设过程中所处的阶段不同。可行性研究属于项目前期工作，为投资决策提供依据；后评价则是项目竣工投产后，对项目全过程的建设和运行情况及产生的效益进行评价。

(2)评价依据不同。后评价是项目实施后或实施中的评价，所依据的数据是实际记录的数据和实际发生的情况，以及已经发生的数据与情况预测未来的数据。

(3)评价的内容不同。可行性研究的内容主要是项目建设条件、工程设计方案、项目的实施计划及经济社会效益的评价和预测；后评价主要是针对前评价的内容进行再评价，而且对项目决策、项目实施效率进行评价，以及对项目全过程的建设和运行情况及产生的效益进行评价。

(4)在决策中的作用不同。可行性研究直接作用于项目投资决策，其结论作为项目取舍的依据；后评价是投资决策的各种信息的反馈，对项目实施结果进行鉴定，鉴定结论间接作用于未来项目的投资决策，从而提高未来项目决策科学化水平。

3. 答：工程项目后评价有如下特点：(1)现实性；(2)全面性；(3)探索性；(4)反馈性；(5)合作性。

4. 答：工程项目后评价与项目前评价的区别：

(1)评价的主体不同。

(2)评价的依据不同。

(3)评价的内容不同。

(4)在决策中的作用不同。

(5)在建设过程中所处的阶段不同。

综合测试题(一)

一、单项选择题(每小题 1 分，共 30 分)

1. D　2. A　3. C　4. C　5. D　6. C　7. B
8. A　9. B　10. A　11. B　12. D　13. C　14. B
15. D　16. A　17. C　18. D　19. A　20. A　21. B
22. D　23. D　24. D　25. C　26. B　27. B　28. D
29. C　30. D

二、多项选择题(每小题 2 分，共 20 分)

1. ACE　2. ABE　3. ACDE　4. BD　5. ABD
6. BC　7. AB　8. BDE　9. DE　10. ACD

三、填空题(每空 1 分，共 10 分)

1. 价值；功能；寿命周期成本
2. 全寿命周期成本
3. 修理；更新
4. 财务净现值(*FNPV*)；财务内部收益率(*FIRR*)
5. 市场调查
6. 基准收益率

四、简答题(每小题5分，共10分)

1. 答：净现值评价指标有以下特点：

(1)考虑了资金的时间价值及项目在整个寿命期内的经济状况；

(2)经济意义明确、直观，能够直接以货币额表示项目的净收益；

(3)能直接说明项目投资额与资金成本之间的关系。

2. 答：资金等值是指在考虑资金时间价值因素后，不同时点上数额不等的资金在一定利率条件下具有相等的价值。

影响资金等值的因素有三个，即资金额大小、资金发生的时间和利率。

五、计算题(每小题10分，共30分)

1. 解：(1)单位产品变动成本：

$$C_V=(7\ 800-3\ 000)\times10^4/3\times10^4=1\ 600(\text{元/件})$$

(2)盈亏平衡产量：

$$Q^*=3000\times10^4/(3\ 000-1\ 600)=21\ 429(\text{件})$$

(3)盈亏平衡价格：

$$P^*=1\ 600+3\ 000\times10^4/(3\times10^4)=2\ 600(\text{元})$$

(4)盈亏平衡单位产品变动成本：当产品销价等于盈亏平衡点时的销售价格时，所对应的单位产品变动成本即为盈亏平衡单位产品变动成本。

$$C_V^*=3\ 000-3\ 000\times10^4/(3\times10^4)=2\ 000(\text{元/件})$$

2. 解：功能指数$=\dfrac{\text{第}\,i\,\text{个评价对象的功能得分}}{\text{功能总分}}$

价值指数$(VI)=\dfrac{\text{功能指数}(FI)}{\text{成本指数}(CI)}$

计算过程见下表。

方案	功能得分	功能指数	成本指数	价值指数
甲	12	0.25	0.22	1.136 4
乙	9	0.187 5	0.18	1.041 7
丙	14	0.29	0.35	0.828 6
丁	13	0.27	0.25	1.08
合计	48			

由计算结果可知：甲方案的价值指数最大，所以，最好的方案是甲方案。

3. 解：采用年值法比选。

$$\begin{aligned}NPVA&=-120\ 000+(70\ 000-6\ 000)\times(P/A,\ 10\%,\ 10)\\&\quad+20\ 000\times(P/F,\ 10\%,\ 10)\\&=-120\ 000+64\ 000\times6.144\ 6+20\ 000\times0.385\ 5=280\ 964(\text{元})\end{aligned}$$

则：$AWA=NPVA\times(A/P,\ 10\%,\ 10)=280\ 964\times0.162\ 7$

$=45\ 713(\text{元})$

$$\begin{aligned}NPVB&=-90\ 000+(70\ 000-8\ 500)\times(P/A,\ 10\%,\ 8)\\&\quad+10\ 000\times(P/F,\ 10\%,\ 8)\end{aligned}$$

$=-90\ 000+61\ 500\times5.334\ 9+10\ 000\times0.466\ 5$
$=242\ 761.4$(元)

则：$AWB=NPVB\times(A/P，10\%，8)=242\ 761.4\times0.187\ 4$
$=45\ 493$(元)

由于 $AWA>AWB>0$，故方案 A 为最佳方案。

综合测试题(二)

一、单项选择题(每小题 1 分，共 30 分)

1. D　2. C　3. A　4. C　5. A　6. A　7. B
8. C　9. D　10. B　11. B　12. B　13. A　14. D
15. A　16. D　17. B　18. C　19. C　20. C　21. D
22. C　23. C　24. A　25. C　26. B　27. A　28. A
29. B　30. C

二、多项选择题(每小题 2 分，共 20 分)

1. ACDE　2. BDE　3. ABD　4. ACE
5. ACD　6. BCD　7. AE　8. ACE
9. ACE　10. CD

三、简答题(每小题 5 分，共 10 分)

1. 答：第一步，按投资额从小到大将方案排序；第二步，计算第一个方案的 IRR，看其是否可行，可行则保留，不可行则淘汰，然后再计算下一个方案的 IRR；第三步，将保留的方案与下一个方案进行比较，计算 ΔIRR，选择应保留的方案(若 ΔIRR 大于或等于基准收益率，则投资大的方案为佳；若 ΔIRR 小于基准收益率，则投资小的方案为佳)；第四步，重复第三步，直至选出最佳方案。

2. 答：价值工程也称价值分析、功能成本分析，是指以产品或作业的功能分析为核心，以提高产品或作业的价值为目的，力求以产品的最低寿命周期成本实现产品或作业所要求必要功能的一项有组织的创造性活动。

价值工程涉及价值、功能和寿命周期成本三个要素。

四、计算题(每小题 10 分，共 40 分)

1. 解：利用净现值法进行分析，计算各方案的 NPV 如下：

$NPV_A=-500+(300-228.8)(P/A，10\%，10)=-62.5$(万元)

$NPV_B=-1\ 000+(800-500)(P/A，10\%，10)=843.4$(万元)

$NPV_C=-1\ 500+(1\ 150-650)(P/A，10\%，10)=1\ 572.3$(万元)

$NPV_D=-2\ 300+(1\ 475-825)(P/A，10\%，10)=1\ 694$(万元)

(1)由于 $NPV_A<0$，$NPV_D>NPV_C>NPV_B>0$，因此，若无条件限制，B、C、D 三个方案均可行，但优选顺序为 D、C、B。

(2)投资限额为 2 500 万元时，有 A+B、A+C、B+C、D 四种组合方案。

$NPV_{A+B}=780.7$ 万元，$NPV_{A+C}=1\ 509.8$ 万元，$NPV_{B+C}=2\ 415.5$ 万元，$NPV_D=1\ 694$ 万元。依据 NPV 最大评选原则，选择 B+C 组合方案。

2. 解：采用最小公倍数法，使用净现值指标进行分析，计算各方案的 NPV 如下：

$$NPV_A=-10\ 000[1+(P/F,\ 10\%,\ 5)]+(5\ 000-2\ 200)(P/A,\ 10\%,\ 10)+2\ 000[(P/F,\ 10\%,\ 5)+(P/F,\ 10\%,\ 10)]$$
$$=3\ 007(\text{元})$$

$$NPV_B=-15\ 000+(7\ 000-4\ 300)(P/A,\ 10\%,\ 100)=1\ 588.8(\text{元})$$

因为 $NPV_A>NPV_B$，故方案 A 优于方案 B。

3. 解：(1)盈亏平衡点单价：

$$P^*=C_V+F/Q_0=1.2+40\ 000/(10\times10^4)=1.6(\text{元})$$

(2)盈亏平衡点单位产品变动成本：

$$C^*_V=P-F/Q_0=2-40\ 000/10\times10^4=1.6(\text{元/件})$$

(3)盈亏平衡点的固定成本：

$$F^*=(P-C_V)\times Q_0=(2-1.2)\times10\times10^4=80\ 000(\text{元})$$

(4)盈亏平衡点的销售量：

$$Q^*=F/(P-C_V)=40\ 000/(2-1.2)=50\ 000(\text{件})$$

4. 解：各功能的评价值、价值系数及成本改善幅度计算见下表。

序号	功能区	功能重要性系数 ①	功能评价值 ②=目标成本×①	功能现实成本 ③	价值系数 ④=②/③	改善幅度 ⑤=③−②
1	F1	0.35	280	302	0.927	22
2	F2	0.24	192	230	0.835	38
3	F3	0.22	176	210	0.838	34
4	F4	0.19	152	178	0.854	26
合计		1.00	800	920		120

根据价值系数越小的应是越优先改进的对象，或改善幅度越大的应是越优先改进的对象原则，可知该产品功能的改进顺序为 F2→F3→F4→F_1。

综合测试题(三)

一、单项选择题(每小题 1 分，共 16 分)

1. C　2. A　3. B　4. C　5. C　6. C　7. B　8. A
9. D　10. B　11. C　12. D　13. B　14. B　15. D　16. B

二、单项计算选择题(每小题 2 分，共 14 分)

1. A　2. A　3. D　4. A　5. C　6. B　7. D

三、多项选择题(每小题 2 分，共 10 分)

1. ABE　2. ABC　3. ABD　4. ACDE　5. ACD

四、填空题(每空 1 分，共 20 分)

1. 利率；收益率
2. 9.6％
3. 生产和流通过程
4. 投资小的方案优于投资大的方案
5. 净现值法；净现值率法；差额内部收益率法；最小费用法
6. 流动资金
7. 基准收益率
8. 强制性；无偿性；固定性
9. 筹集；占用
10. 年值法
11. 盈亏平衡分析；敏感性分析；概率分析

五、计算题(每小题 10 分，共 40 分)

1. 解：该项工程的净现值计算如下：

$NPV=-61+20(P/A，10\%，10)-170(P/F，10\%，10)+20(P/F，10\%，10)$

$=-61+20\times6.1446-170\times0.385\,5+20\times0.385\,5$

$=4.067$(万元)

$NPV>0$，故此项工程可行。

2. 解：

$$IRR=i_1+\frac{NPV(i_1)}{NPV(i_1)+|NPV(i_2)|}(i_2-i_1)$$

$$=15\%+\frac{43.8}{43.8+|-25.4|}(17\%-15\%)=16.27\%$$

3. 解：方法(1)采用计算公式法求解。

$$P=A\,\frac{(1+i)^n-1}{i\times(1+i)^n}=50\times\frac{(1+10\%)^{10}-1}{10\%\times(1+10\%)^{10}}=307.23(\text{万元})$$

方法(2)采用查表计算公式法求解。

$$P=A\times(P/A，10\%，10)=50\times6.144\,6=307.23(\text{万元})$$

4. 解：现金流量图如下：

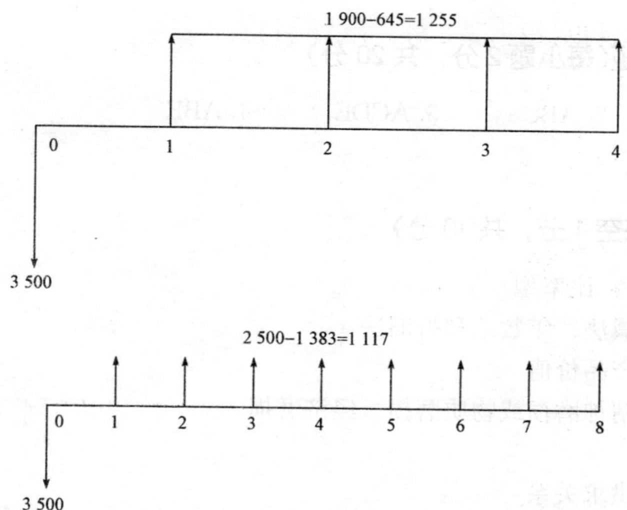

方法(一)：净现值法

(1)利用各方案寿命期的最小公倍数作为共同的计算期：

$NPV_A=-3\ 500[1+(P/F,\ 10\%,\ 4)]+(1\ 900-645)(P/A,\ 10\%,\ 8)=804.80$(万元)

$NPV_B=-5\ 000+1\ 117(P/A,\ 10\%,\ 8)=959.08$(万元)

因为 NPV_B 大于 NPV_A，所以应选择方案 B。

(2)取寿命期短的方案的计算期为共同的计算期：

$NPV_A=-3\ 500+(1\ 900-645)(P/A,\ 10\%,\ 4)=478.22$(万元)

$NPV_B=[-5\ 000(A/P,\ 10\%,\ 8)+1\ 117]\times(P/A,\ 10\%,\ 4)=570.58$(万元)

因为 NPV_B 大于 NPV_A，所以应选择方案 B。

方法(二)：年值法

(1)直接用年值比较法：

$AW_A=-3\ 500(A/P,\ 10\%,\ 4)+(1\ 900-645)=150.86$(万元)

$AW_B=-5\ 000(A/P,\ 10\%,\ 8)+(2\ 500-1\ 383)=179.78$(万元)

因为 AW_B 大于 AW_A，所以应选择方案 B。

(2)利用各方案寿命期的最小公倍数作为共同的计算期：

$AW_A=NPV_A(A/P,\ 10\%,\ 8)=804.80\times0.187\ 4=150.82$(万元)

$AW_B=NPV_B(A/P,\ 10\%,\ 8)=959.08\times0.187\ 4=179.73$(万元)

选择方案 B。

综合测试题(四)

一、单项选择题(每小题 1 分，共 15 分)

1. B　2. D　3. B　4. A　5. B　6. C　7. D　8. D
9. A　10. A　11. D　12. A　13. C　14. B　15. C

二、多项选择题(每小题2分，共20分)

1. ABCDE　　2. ABC　　3. ACDE　　4. ABE

5. ABC

三、填空题(每空1分，共10分)

1. 效率型(或者：比率型)
2. 双倍余额递减法；年数总和折旧法
3. 必要功能；产品价值
4. 物理磨损；精神磨损或物质磨损、经济磨损
5. 财务清偿
6. 机会成本；供求关系

四、简答题(每小题5分，共20分)

1. 答：机器设备在使用或闲置过程中发生的实体磨损或损失，称为有形磨损。

机器设备由于科技进步、社会劳动生产率水平的提高，而使设备的价值降低(原设备相对贬值)或生产同样设备的价值降低所表现出来的磨损或损失，称为无形磨损。

遭受有形磨损的设备，特别是有形磨损严重的设备，在更新之前，常常不能工作；而遭受无形磨损的设备，即使很严重，其固定资产物质内容却可能没有磨损，仍然可以使用，只不过经济上是否合算，需要分析研究。

设备受到磨损需要补偿，有修理、更新和改造等三种补偿形式。

2. 答：(1)能反映企业在一定期间的收入和费用情况以及获得利润或发生亏损的数额，表明企业收入与产出之间的关系。

(2)通过提供的不同时期的比较数字，可以分析判断企业损益发展变化的趋势，预测企业未来的盈利能力。

(3)通过报表可以考核企业的经营成果以及利润计划的执行情况，分析企业利润增减变化的原因。

3. 答：国民经济评价与财务评价的区别主要有：

(1)评估的角度不同，财务评价是站在企业的角度考察项目，而国民经济评价是从国民经济和社会需要的角度考察项目。

(2)效益与费用的构成及范围不同。

(3)采用的参数不同，财务评价采用现行市场价格，国民经济评价采用影子价格。

(4)评估的方法不同，财务评价采用盈利分析法，国民经济评价采用费用效益分析等方法。

4. 答：(1)项目建设必要性的后评价。

(2)项目生产建设条件的后评价。

(3)项目技术方案的后评价。

(4)项目经济评价的后评价。

(5)项目影响的后评价。

五、计算题(共 45 分)

1. 解：(1)利用净现值法：

$NPV_A=-200+39(P/A, 10\%, 10)=39.64$(万元)

$NPV_B=-100+20(P/A, 10\%, 10)=22.89$(万元)

因为 $NPV_A>NPV_B>0$，说明方案 A、B 均可行，且方案 A 最佳。

(2)年值法：

$NAV_A=-200(A/P, 10\%, 10)+39=6.45$(万元)

$NAV_B=-100(A/P, 10\%, 10)+20=3.73$(万元)

因为 $NAV_A>NAV_B>0$，说明方案 A、B 均可行，且方案 A 最佳。

两种方法评价结果一致，是等效评价指标。

2. 解：(1)按年实际利率计算：

$i=(1+10\%/2)^2-1=10.25\%$

$F=1\,000\times(1+10.25\%)^2$

$=1\,000\times1.215\,5$

$=1\,215.5$(元)

(2)按计息周期利率计算：

$F=1\,000\times(F/P, 10\%/2, 2\times5)$

$=1\,000\times(F/P, 5\%, 10)$

$=1\,000\times(1+5\%)^{10}$

$=1\,000\times1.628\,9$

$=1\,628.9$(元)

3. 解：每年支付的利息为 $100\times10\%=10$(元)

$P=10(P/A, 8\%, 7)+100(P/F, 8\%, 7)$

$=10\times5.206+100\times0.583$

$=110.36$(元)

若投资者要求的收益率为 8%，则该债券现在的价格低于 110.36 元时，投资者才值得买入。

4. 解：(1)设投资额变动的百分比为 x，分析投资额变动对方案净现值的影响：

$NPV=-P(1+x)+(AR-AC)(P/A, 12\%, 10)+L(P/F, 12\%, 10)$

当净现值为 0 时，可以求出 $x=10.5\%$，表示其他因素不变时，投资额增加超过 10.05%，净现值将小于 0，即项目不可行。

同理，设年收益变动的百分比为 y，分析年收益变动对方案净现值的影响：

$NPV=-P+[AR(1+y)-AC](P/A, 12\%, 10)+L(P/F, 12\%, 10)=0$

解得 $y=-7.02\%$，表示其他因素不变时，年收益减少超过 7.02%时，净现值将小于 0，即项目不可行。

设年支出变动的百分比为 z，则

$NPV=-P+[AR-AC(1+z)](P/A, 12\%, 10)+L(P/F, 12\%, 10)=0$

解得 $z=2.97\%$，表示其他因素不变时，年成本增加超过 2.97%时，净现值将小于 0，即项目不可行。

(2)比较上述 x、y、z 的绝对值大小，可以知道年收益变化(减小)一个较小幅度，就可以使得项目由可行变为不可行，项目对此因素最敏感。因此，本例中敏感性由强到弱的因素依次为：年收益，投资额，年成本。

综合测试题(五)

一、单项选择题(每小题 1 分，共 15 分)

1. C　2. A　3. C　4. B　5. C　6. B　7. C　8. C
9. A　10. A　11. C　12. D　13. B　14. A　15. B

二、多项选择题(每小题 2 分，共 10 分)

1. ACDE　2. ADE　3. BC　4. BCE　5. ACE

三、填空题(每空 1 分，共 10 分)

1. 强制确定法
2. 1 112
3. $i=(1+r/m)^m-1$
4. 资金的时间价值
5. 最低
6. 技术寿命
7. 研究期法
8. 敏感性分析；概率分析
9. 考虑了资金的时间价值

四、简答题(每小题 5 分，共 20 分)

1. 答：名义利率是以一年为计息基础，等于每一计息期的利率与每年计息期数的乘积。实际利率是采用复利计算方法，把各种不同计息期的利率换算成以年为计息期的利率。名义利率与实际利率的换算关系为

$$i=(1+r/m)^m-1$$

式中　i——实际利率；

r——名义利率；

m——一年中的计息期数。

2. 答：价值工程是一种以提高产品和作业价值为目标的管理技术，它具有以下特点：

(1)价值工程强调产品的功能，重点放在对产品功能的研究上。

(2)价值工程将确保功能和降低成本作为一个整体同时来考虑，以便创造出总体价值最高的产品。

(3)价值工程强调不断改革和创新，开拓新构思和新途径、获得新方案、创造新功能，

从而简化产品结构、节约原材料、提高产品的技术经济效益。

(4)价值工程要求将功能定量化，即将功能转化为能够与成本直接相比的货币值。

(5)价值工程是以集体的智慧开展的有计划、有组织的活动。

3. 答：资金等值是指在考虑资金时间价值因素后，不同时点上数额不等的资金在一定利率条件下具有相等的价值。

影响资金等值的因素有三个，即资金额大小、资金发生的时间和利率。

4. 答：可行性研究是指对一项投资或研究计划作全面的调查研究，其详尽程度足以判定是放弃这个项目还是在下一阶段继续进行工作或支付费用。

可行性研究分为四个阶段，其分别是机会研究、初步可行性研究、详细可行性研究、评价报告和决策。

五、计算题(35 分)

1. 解法一：采用费用现值法：

PC_1 =53 000 +75 00(P/A，10%，4)−11 000(P/F，10%，4)

=53 000 +7 500×3.169 9−11 000×0.683 0

=69 261(元)

PC_2 =15 000×(1+10%)×(P/A，10%，4)+6 500(P/A，10%，4)

=16 500×3.169 9 +6 500×3.169 9

=72 908(元)

因为 $PC_1 < PC_2$，故应选择购车方案。

解法二：采用费用年值法：

AC_1 =53 000(A/P，10%，4)+7 500−11 000(A/F，10%，4)

=53 000×0.315 5 +7 500−11 000×0.215 5

=21 851(元)

AC_2 =15 000×(1+10%)+7 500−1 000

=23 000(元)

因为 $AC_1 < AC_2$，故应选择购车方案。

2. 解：(1)该项目的净现值：

$$NPV = -130 + (100-700)\times(P/A,\ i,\ 6) + 10\times(P/F,\ i,\ 6)$$

$$= -130 + (100-700)\frac{(1+i)^6-1}{i\times(1+i)^6} + 10\times(1+i)^{-6}$$

(2)令 $i_1=10\%$：

$$NPV_1 = -130 + (100-70)\frac{(1+10\%)^6-1}{10\%\times(1+10\%)^6} + 10\times(1+10\%)^{-6}$$

$$=6.306\ 6$$

(3)令 $i_2=12\%$：

$$NPV_2 = -130 + (100-70)\frac{(1+12\%)^6-1}{12\%\times(1+12\%)^6} + 10\times(1+12\%)^{-6}$$

$$=-1.615\ 7$$

(4)所以：$IRR = i_1 + \dfrac{NPV_1}{NPV_1 + |NPV_2|}\times(i_2 - i_1)$

$$=10\%+\frac{6.3066}{6.3066+|-1.6157|}\times(12\%-10\%)$$

$$=11.59\%$$

3. 解：其现金流量如下图所示：

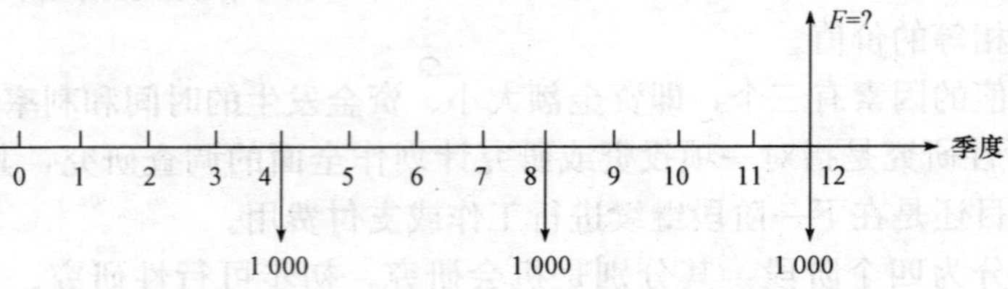

第一种方法：取一个循环周期，使这个周期的年末支付转变成等值的计息期末的等额支付系列，其现金流量如下图所示：

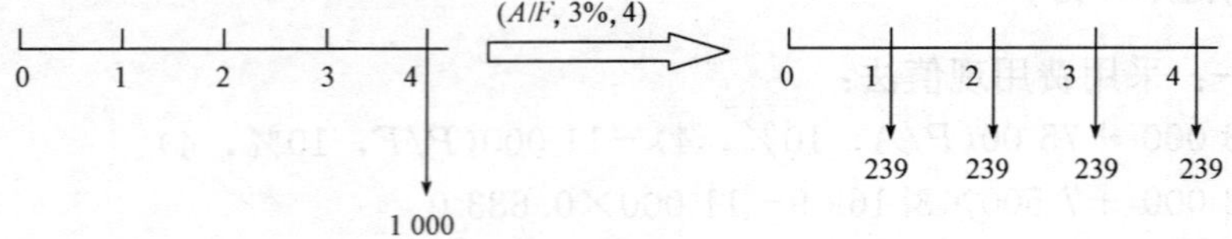

将年度支付转化为计息期末支付(单位：元)：

$$A=F(A/F，3\%，4)=1\ 000\times0.239\ 0=239(元)$$

经转变后计息期与支付期一致(单位：元)：

$$F=A(F/A，3\%，12)=239\ \times14.192=339\ 2(元)$$

第二种方法：把等额支付的每一个支付看为一次支付，求出每个支付的将来值，然后把将来值加起来，这个和就是等额支付的实际结果。

$$F=1\ 000(F/P，3\%，8)+1\ 000(F/P，3\%，4)+1\ 000$$

$$=3\ 392(元)$$

第三种方法：将名义利率转化为年实际利率，以一年为基础进行计算。

年实际利率：

$$i=\left(1+\frac{r}{m}\right)^m-1=\left(1+\frac{0.12}{4}\right)^4-1=12.55\%$$

$$F=A(F/A，12.55\%，3)=1\ 000\times3.392\ 3=339\ 2(元)$$

计算表明，按年利率12%，每季度计息一次，从现在起连续三年的1 000元等额年末借款与第三年年末的3 392元等值。

4. 解：(1)以产量Q^*表示的盈亏平衡点：

$$Q^*=\frac{1\ 600\ 000}{200-100}=16\ 000(件)$$

(2)以生产能力利用率表示的盈亏平衡点：

$$E=\frac{16\ 000}{20\ 000}\times100\%=80\%$$

(3)以价格表示的盈亏平衡点：

$$P^*=100+\frac{1\ 600\ 000}{20\ 000}=180(元)$$

附　录

复利现值系数(*P/F*)表

期数	1%	2%	3%	4%	5%	6%	7%	8%	9%	10%	11%	12%	13%	14%	15%
1	0.990 1	0.980 4	0.970 9	0.961 5	0.9524	0.9434	0.9346	0.9259	0.9174	0.9091	0.9009	0.8929	0.885	0.8772	0.8696
2	0.980 3	0.961 2	0.942 6	0.924 6	0.907	0.89	0.8734	0.8573	0.8417	0.8264	0.8116	0.7972	0.7831	0.7695	0.7561
3	0.970 6	0.942 3	0.915 1	0.889	0.8638	0.8396	0.8163	0.7938	0.7722	0.7513	0.7312	0.7118	0.6931	0.675	0.6575
4	0.961	0.923 8	0.888 5	0.854 8	0.8227	0.7921	0.7629	0.735	0.7084	0.683	0.6587	0.6355	0.6133	0.5921	0.5718
5	0.951 5	0.905 7	0.862 6	0.821 9	0.7835	0.7473	0.713	0.6806	0.6499	0.6209	0.5935	0.5674	0.5428	0.5194	0.4972
6	0.942	0.888	0.837 5	0.790 3	0.7462	0.705	0.6663	0.6302	0.5963	0.5645	0.5346	0.5066	0.4803	0.4556	0.4323
7	0.932 7	0.870 6	0.813 1	0.759 9	0.7107	0.6651	0.6227	0.5835	0.547	0.5132	0.4817	0.4523	0.4251	0.3996	0.3759
8	0.923 5	0.853 5	0.789 4	0.730 7	0.6768	0.6274	0.582	0.5403	0.5019	0.4665	0.4339	0.4039	0.3762	0.3506	0.3269
9	0.914 3	0.836 8	0.766 4	0.702 6	0.6446	0.5919	0.5439	0.5002	0.4604	0.4241	0.3909	0.3606	0.3329	0.3075	0.2843
10	0.905 3	0.820 3	0.744 1	0.675 6	0.6139	0.5584	0.5083	0.4632	0.4224	0.3855	0.3522	0.322	0.2946	0.2697	0.2472
11	0.896 3	0.804 3	0.722 4	0.649 6	0.5847	0.5268	0.4751	0.4289	0.3875	0.3505	0.3173	0.2875	0.2607	0.2366	0.2149
12	0.887 4	0.788 5	0.701 4	0.624 6	0.5568	0.497	0.444	0.3971	0.3555	0.3186	0.2858	0.2567	0.2307	0.2076	0.1869
13	0.878 7	0.773	0.68 1	0.600 6	0.5303	0.4688	0.415	0.3677	0.3262	0.2897	0.2575	0.2292	0.2042	0.1821	0.1625
14	0.87	0.757 9	0.661 1	0.577 5	0.5051	0.4423	0.3878	0.3405	0.2992	0.2633	0.232	0.2046	0.1807	0.1597	0.1413
15	0.861 3	0.743	0.641 9	0.555 3	0.481	0.4173	0.3624	0.3152	0.2745	0.2394	0.209	0.1827	0.1599	0.1401	0.1229
16	0.852 8	0.728 4	0.623 2	0.533 9	0.4581	0.3936	0.3387	0.2919	0.2519	0.2176	0.1883	0.1631	0.1415	0.1229	0.1069
17	0.844 4	0.714 2	0.60 5	0.513 4	0.4363	0.3714	0.3166	0.2703	0.2311	0.1978	0.1696	0.1456	0.1252	0.1078	0.0929
18	0.836	0.700 2	0.587 4	0.493 6	0.4155	0.3503	0.2959	0.2502	0.212	0.1799	0.1528	0.13	0.1108	0.0946	0.0808
19	0.827 7	0.686 4	0.570 3	0.474 6	0.3957	0.3305	0.2765	0.2317	0.1945	0.1635	0.1377	0.1161	0.0981	0.0829	0.0703
20	0.819 5	0.673	0.553 7	0.456 4	0.3769	0.3118	0.2584	0.2145	0.1784	0.1486	0.124	0.1037	0.0868	0.0728	0.0611
21	0.811 4	0.659 8	0.537 5	0.438 8	0.3589	0.2942	0.2415	0.1987	0.1637	0.1351	0.1117	0.0926	0.0768	0.0638	0.0531
22	0.803 4	0.646 8	0.521 9	0.422	0.3418	0.2775	0.2257	0.1839	0.1502	0.1228	0.1007	0.0826	0.068	0.056	0.0462
23	0.795 4	0.634 2	0.506 7	0.405 7	0.3256	0.2618	0.2109	0.1703	0.1378	0.1117	0.0907	0.0738	0.0601	0.0491	0.0402
24	0.787 6	0.621 7	0.491 9	0.390 1	0.3101	0.247	0.1971	0.1577	0.1264	0.1015	0.0817	0.0659	0.0532	0.0431	0.0349
25	0.779 8	0.609 5	0.477 6	0.375 1	0.2953	0.233	0.1842	0.146	0.116	0.0923	0.0736	0.0588	0.0471	0.0378	0.0304
26	0.772	0.597 6	0.463 7	0.360 7	0.2812	0.2198	0.1722	0.1352	0.1064	0.0839	0.0663	0.0525	0.0417	0.0331	0.0264
27	0.764 4	0.585 9	0.450 2	0.346 8	0.2678	0.2074	0.1609	0.1252	0.0976	0.0763	0.0597	0.0469	0.0369	0.0291	0.023
28	0.756 8	0.574 4	0.437 1	0.333 5	0.2551	0.1956	0.1504	0.1159	0.0895	0.0693	0.0538	0.0419	0.0326	0.0255	0.02
29	0.749 3	0.563 1	0.424 3	0.320 7	0.2429	0.1846	0.1406	0.1073	0.0822	0.063	0.0485	0.0374	0.0289	0.0224	0.0174
30	0.741 9	0.552 1	0.412	0.308 3	0.2314	0.1741	0.1314	0.0994	0.0754	0.0573	0.0437	0.0334	0.0256	0.0196	0.0151
期数	16%	17%	18%	19%	20%	21%	22%	23%	24%	25%	26%	27%	28%	29%	30%
1	0.8621	0.8547	0.8475	0.8403	0.8333	0.8264	0.8197	0.813	0.8065	0.8	0.7937	0.7874	0.7813	0.7752	0.7692
2	0.7432	0.7305	0.7182	0.7062	0.6944	0.683	0.6719	0.661	0.6504	0.64	0.6299	0.62	0.6104	0.6009	0.5917
3	0.6407	0.6244	0.6086	0.5934	0.5787	0.5645	0.5507	0.5374	0.5245	0.512	0.4999	0.4882	0.4768	0.4658	0.4552
4	0.5523	0.5337	0.5158	0.4987	0.4823	0.4665	0.4514	0.4369	0.423	0.4096	0.3968	0.3844	0.3725	0.3611	0.3501
5	0.4761	0.4561	0.4371	0.419	0.4019	0.3855	0.37	0.3552	0.3411	0.3277	0.3149	0.3027	0.291	0.2799	0.2693
6	0.4104	0.3898	0.3704	0.3521	0.3349	0.3186	0.3033	0.2888	0.2751	0.2621	0.2499	0.2383	0.2274	0.217	0.2072
7	0.3538	0.3332	0.3139	0.2959	0.2791	0.2633	0.2486	0.2348	0.2218	0.2097	0.1983	0.1877	0.1776	0.1682	0.1594
8	0.305	0.2848	0.266	0.2487	0.2326	0.2176	0.2038	0.1909	0.1789	0.1678	0.1574	0.1478	0.1388	0.1304	0.1226

续表

期数	16%	17%	18%	19%	20%	21%	22%	23%	24%	25%	26%	27%	28%	29%	30%
9	0.263	0.2434	0.2255	0.209	0.1938	0.1799	0.167	0.1552	0.1443	0.1342	0.1249	0.1164	0.1084	0.1011	0.0943
10	0.2267	0.208	0.1911	0.1756	0.1615	0.1486	0.1369	0.1262	0.1164	0.1074	0.0992	0.0916	0.0847	0.0784	0.0725
11	0.1954	0.1778	0.1619	0.1476	0.1346	0.1228	0.1122	0.1026	0.0938	0.0859	0.0787	0.0721	0.0662	0.0607	0.0558
12	0.1685	0.152	0.1372	0.124	0.1122	0.1015	0.092	0.0834	0.0757	0.0687	0.0625	0.0568	0.0517	0.0471	0.0429
13	0.1452	0.1299	0.1163	0.1042	0.0935	0.0839	0.0754	0.0678	0.061	0.055	0.0496	0.0447	0.0404	0.0365	0.033
14	0.1252	0.111	0.0985	0.0876	0.0779	0.0693	0.0618	0.0551	0.0492	0.044	0.0393	0.0352	0.0316	0.0283	0.0254
15	0.1079	0.0949	0.0835	0.0736	0.0649	0.0573	0.0507	0.0448	0.0397	0.0352	0.0312	0.0277	0.0247	0.0219	0.0195
16	0.093	0.0811	0.0708	0.0618	0.0541	0.0474	0.0415	0.0364	0.032	0.0281	0.0248	0.0218	0.0193	0.017	0.015
17	0.0802	0.0693	0.06	0.052	0.0451	0.0391	0.034	0.0296	0.0258	0.0225	0.0197	0.0172	0.015	0.0132	0.0116
18	0.0691	0.0592	0.0508	0.0437	0.0376	0.0323	0.0279	0.0241	0.0208	0.018	0.0156	0.0135	0.0118	0.0102	0.0089
19	0.0596	0.0506	0.0431	0.0367	0.0313	0.0267	0.0229	0.0196	0.0168	0.0144	0.0124	0.0107	0.0092	0.0079	0.0068
20	0.0514	0.0433	0.0365	0.0308	0.0261	0.0221	0.0187	0.0159	0.0135	0.0115	0.0098	0.0084	0.0072	0.0061	0.0053
21	0.0443	0.037	0.0309	0.0259	0.0217	0.0183	0.0154	0.0129	0.0109	0.0092	0.0078	0.0066	0.0056	0.0048	0.004
22	0.0382	0.0316	0.0262	0.0218	0.0181	0.0151	0.0126	0.0105	0.0088	0.0074	0.0062	0.0052	0.0044	0.0037	0.0031
23	0.0329	0.027	0.0222	0.0183	0.0151	0.0125	0.0103	0.0086	0.0071	0.0059	0.0049	0.0041	0.0034	0.0029	0.0024
24	0.0284	0.0231	0.0188	0.0154	0.0126	0.0103	0.0085	0.007	0.0057	0.0047	0.0039	0.0032	0.0027	0.0022	0.0018
25	0.0245	0.0197	0.016	0.0129	0.0105	0.0085	0.0069	0.0057	0.0046	0.0038	0.0031	0.0025	0.0021	0.0017	0.0014
26	0.0211	0.0169	0.0135	0.0109	0.0087	0.007	0.0057	0.0046	0.0037	0.003	0.0025	0.002	0.0016	0.0013	0.0011
27	0.0182	0.0144	0.0115	0.0091	0.0073	0.0058	0.0047	0.0037	0.003	0.0024	0.0019	0.0016	0.0013	0.001	0.0008
28	0.0157	0.0123	0.0097	0.0077	0.0061	0.0048	0.0038	0.003	0.0024	0.0019	0.0015	0.0012	0.001	0.0008	0.0006
29	0.0135	0.0105	0.0082	0.0064	0.0051	0.004	0.0031	0.0025	0.002	0.0015	0.0012	0.001	0.0008	0.0006	0.0005
30	0.0116	0.009	0.007	0.0054	0.0042	0.0033	0.0026	0.002	0.0016	0.0012	0.001	0.0008	0.0006	0.0005	0.0004

复利终值系数(F/P)表

期数	1%	2%	3%	4%	5%	6%	7%	8%	9%	10%	11%	12%	13%	14%	15%
1	1.01	1.02	1.03	1.04	1.05	1.06	1.07	1.08	1.09	1.1	1.11	1.12	1.13	1.14	1.15
2	1.0201	1.0404	1.0609	1.0816	1.1025	1.1236	1.1449	1.1664	1.1881	1.21	1.2321	1.2544	1.2769	1.2996	1.3225
3	1.0303	1.0612	1.0927	1.1249	1.1576	1.191	1.225	1.2597	1.295	1.331	1.3676	1.4049	1.4429	1.4815	1.5209
4	1.0406	1.0824	1.1255	1.1699	1.2155	1.2625	1.3108	1.3605	1.4116	1.4641	1.5181	1.5735	1.6305	1.689	1.749
5	1.051	1.1041	1.1593	1.2167	1.2763	1.3382	1.4026	1.4693	1.5386	1.6105	1.6851	1.7623	1.8424	1.9254	2.0114
6	1.0615	1.1262	1.1941	1.2653	1.3401	1.4185	1.5007	1.5869	1.6771	1.7716	1.8704	1.9738	2.082	2.195	2.3131
7	1.0721	1.1487	1.2299	1.3159	1.4071	1.5036	1.6058	1.7138	1.828	1.9487	2.0762	2.2107	2.3526	2.5023	2.66
8	1.0829	1.1717	1.2668	1.3686	1.4775	1.5938	1.7182	1.8509	1.9926	2.1436	2.3045	2.476	2.6584	2.8526	3.059
9	1.0937	1.1951	1.3048	1.4233	1.5513	1.6895	1.8385	1.999	2.1719	2.3579	2.558	2.7731	3.004	3.2519	3.5179
10	1.1046	1.219	1.3439	1.4802	1.6289	1.7908	1.9672	2.1589	2.3674	2.5937	2.8394	3.1058	3.3946	3.7072	4.0456
11	1.1157	1.2434	1.3842	1.5395	1.7103	1.8983	2.1049	2.3316	2.5804	2.8531	3.1518	3.4786	3.8359	4.2262	4.6524
12	1.1268	1.2682	1.4258	1.601	1.7959	2.0122	2.2522	2.5182	2.8127	3.1384	3.4985	3.896	4.3345	4.8179	5.3503
13	1.1381	1.2936	1.4685	1.6651	1.8856	2.1329	2.4098	2.7196	3.0658	3.4523	3.8833	4.3635	4.898	5.4924	6.1528
14	1.1495	1.3195	1.5126	1.7317	1.9799	2.2609	2.5785	2.9372	3.3417	3.7975	4.3104	4.8871	5.5348	6.2613	7.0757

续表

期数	1%	2%	3%	4%	5%	6%	7%	8%	9%	10%	11%	12%	13%	14%	15%
15	1.161	1.3459	1.558	1.8009	2.0789	2.3966	2.759	3.1722	3.6425	4.1772	4.7846	5.4736	6.2543	7.1379	8.1371
16	1.1726	1.3728	1.6047	1.873	2.1829	2.5404	2.9522	3.4259	3.9703	4.595	5.3109	6.1304	7.0673	8.1372	9.3576
17	1.1843	1.4002	1.6528	1.9479	2.292	2.6928	3.1588	3.7	4.3276	5.0545	5.8951	6.866	7.9861	9.2765	10.7613
18	1.1961	1.4282	1.7024	2.0258	2.4066	2.8543	3.3799	3.996	4.7171	5.5599	6.5436	7.69	9.0243	10.5752	12.3755
19	1.2081	1.4568	1.7535	2.1068	2.527	3.0256	3.6165	4.3157	5.1417	6.1159	7.2633	8.6128	10.1974	12.0557	14.2318
20	1.2202	1.4859	1.8061	2.1911	2.6533	3.2071	3.8697	4.661	5.6044	6.7275	8.0623	9.6463	11.5231	13.7435	16.3665
21	1.2324	1.5157	1.8603	2.2788	2.786	3.3996	4.1406	5.0338	6.1088	7.4002	8.9492	10.8038	13.0211	15.6676	18.8215
22	1.2447	1.546	1.9161	2.3699	2.9253	3.6035	4.4304	5.4365	6.6586	8.1403	9.9336	12.1003	14.7138	17.861	21.6447
23	1.2572	1.5769	1.9736	2.4647	3.0715	3.8197	4.7405	5.8715	7.2579	8.9543	11.0263	13.5523	16.6266	20.3616	24.8915
24	1.2697	1.6084	2.0328	2.5633	3.2251	4.0489	5.0724	6.3412	7.9111	9.8497	12.2392	15.1786	18.7881	23.2122	28.6252
25	1.2824	1.6406	2.0938	2.6658	3.3864	4.2919	5.4274	6.8485	8.6231	10.8347	13.5855	17.0001	21.2305	26.4619	32.919
26	1.2953	1.6734	2.1566	2.7725	3.5557	4.5494	5.8074	7.3964	9.3992	11.9182	15.0799	19.0401	23.9905	30.1666	37.8568
27	1.3082	1.7069	2.2213	2.8834	3.7335	4.8223	6.2139	7.9881	10.2451	13.11	16.7387	21.3249	27.1093	34.3899	43.5353
28	1.3213	1.741	2.2879	2.9987	3.9201	5.1117	6.6488	8.6271	11.1671	14.421	18.5799	23.8839	30.6335	39.2045	50.0656
29	1.3345	1.7758	2.3566	3.1187	4.1161	5.4184	7.1143	9.3173	12.1722	15.8631	20.6237	26.7499	34.6158	44.6931	57.5755
30	1.3478	1.8114	2.4273	3.2434	4.3219	5.7435	7.6123	10.0627	13.2677	17.4494	22.8923	29.9599	39.1159	50.9502	66.2118

期数	16%	17%	18%	19%	20%	21%	22%	23%	24%	25%	26%	27%	28%	29%	30%
1	1.16	1.17	1.18	1.19	1.2	1.21	1.22	1.23	1.24	1.25	1.26	1.27	1.28	1.29	1.3
2	1.3456	1.3689	1.3924	1.4161	1.44	1.4641	1.4884	1.5129	1.5376	1.5625	1.5876	1.6129	1.6384	1.6641	1.69
3	1.5609	1.6016	1.643	1.6852	1.728	1.7716	1.8158	1.8609	1.9066	1.9531	2.0004	2.0484	2.0972	2.1467	2.197
4	1.8106	1.8739	1.9388	2.0053	2.0736	2.1436	2.2153	2.2889	2.3642	2.4414	2.5205	2.6014	2.6844	2.7692	2.8561
5	2.1003	2.1924	2.2878	2.3864	2.4883	2.5937	2.7027	2.8153	2.9316	3.0518	3.1758	3.3038	3.436	3.5723	3.7129
6	2.4364	2.5652	2.6996	2.8398	2.986	3.1384	3.2973	3.4628	3.6352	3.8147	4.0015	4.1959	4.398	4.6083	4.8268
7	2.8262	3.0012	3.1855	3.3793	3.5832	3.7975	4.0227	4.2593	4.5077	4.7684	5.0419	5.3288	5.6295	5.9447	6.2749
8	3.2784	3.5115	3.7589	4.0214	4.2998	4.595	4.9077	5.2389	5.5895	5.9605	6.3528	6.7675	7.2058	7.6686	8.1573
9	3.803	4.1084	4.4355	4.7854	5.1598	5.5599	5.9874	6.4439	6.931	7.4506	8.0045	8.5948	9.2234	9.8925	10.6045
10	4.4114	4.8068	5.2338	5.6947	6.1917	6.7275	7.3046	7.9259	8.5944	9.3132	10.0857	10.9153	11.8059	12.7614	13.7858
11	5.1173	5.624	6.1759	6.7767	7.4301	8.1403	8.9117	9.7489	10.6571	11.6415	12.708	13.8625	15.1116	16.4622	17.9216
12	5.936	6.5801	7.2876	8.0642	8.9161	9.8497	10.8722	11.9912	13.2148	14.5519	16.012	17.6053	19.3428	21.2362	23.2981
13	6.8858	7.6987	8.5994	9.5964	10.6993	11.9182	13.2641	14.7491	16.3863	18.1899	20.1752	22.3588	24.7588	27.3947	30.2875
14	7.9875	9.0075	10.1472	11.4198	12.8392	14.421	16.1822	18.1414	20.3191	22.7374	25.4207	28.3957	31.6913	35.3391	39.3738
15	9.2655	10.5387	11.9737	13.5895	15.407	17.4494	19.7423	22.314	25.1956	28.4217	32.0301	36.0625	40.5648	45.5875	51.1859
16	10.748	12.3303	14.129	16.1715	18.4884	21.1138	24.0856	27.4462	31.2426	35.5271	40.3579	45.7994	51.923	58.8079	66.5417
17	12.4677	14.4265	16.6722	19.2441	22.1861	25.5477	29.3844	33.7588	38.7408	44.4089	50.851	58.1652	66.4614	75.8621	86.5042
18	14.4625	16.879	19.6733	22.9005	26.6233	30.9127	35.849	41.5233	48.0386	55.5112	64.0722	73.8698	85.0706	97.8622	112.4554
19	16.7765	19.7484	23.2144	27.2516	31.948	37.4043	43.7358	51.0737	59.5679	69.3889	80.731	93.8147	108.8904	126.2422	146.192
20	19.4608	23.1056	27.393	32.4294	38.3376	45.2593	53.3576	62.8206	73.8641	86.7362	101.7211	119.1446	139.3797	162.8524	190.0496
21	22.5745	27.0336	32.3238	38.591	46.0051	54.7637	65.0963	77.2694	91.5915	108.4202	128.1685	151.3137	178.406	210.0796	247.0645
22	26.1864	31.6293	38.1421	45.9233	55.2061	66.2641	79.4175	95.0413	113.5735	135.5253	161.4924	192.1683	228.3596	271.0027	321.1839

续表

期数	16%	17%	18%	19%	20%	21%	22%	23%	24%	25%	26%	27%	28%	29%	30%
23	30.3762	37.0062	45.0076	54.6487	66.2474	80.1795	96.8894	116.9008	140.8312	169.4066	203.4804	244.0538	292.3003	349.5935	417.5391
24	35.2364	43.2973	53.109	65.032	79.4968	97.0172	118.205	143.788	174.6306	211.7582	256.3853	309.9483	374.1444	450.9756	542.8008
25	40.8742	50.6578	62.6686	77.3881	95.3962	117.3909	144.2101	176.8593	216.542	264.6978	323.0454	393.6344	478.9049	581.7585	705.641
26	47.4141	59.2697	73.949	92.0918	114.4755	142.0429	175.9364	217.5369	268.5121	330.8722	407.0373	499.9157	612.9982	750.4685	917.3333
27	55.0004	69.3455	87.2598	109.5893	137.3706	171.8719	214.6424	267.5704	332.955	413.5903	512.867	634.8929	784.6377	968.1044	1192.5333
28	63.8004	81.1342	102.9666	130.4112	164.8447	207.9651	261.8637	329.1115	412.8642	516.9879	646.2124	806.314	1004.3363	1248.8546	1550.2933
29	74.0085	94.9271	121.5005	155.1893	197.8136	251.6377	319.4737	404.8072	511.9516	646.2349	814.2276	1024.0187	1285.5504	1611.0225	2015.3813
30	85.8499	111.0647	143.3706	184.6753	237.3763	304.4816	389.7579	497.9129	634.8199	807.7936	1025.9267	1300.5038	1645.5046	2078.219	2619.9956

年金现值系数(*P/A*)表

期数	1%	2%	3%	4%	5%	6%	7%	8%	9%	10%	11%	12%	13%	14%	15%
1	0.9901	0.9804	0.9709	0.9615	0.9524	0.9434	0.9346	0.9259	0.9174	0.9091	0.9009	0.8929	0.8850	0.8772	0.8696
2	1.9704	1.9416	1.9135	1.8861	1.8594	1.8334	1.8080	1.7833	1.7591	1.7355	1.7125	1.6901	1.6681	1.6467	1.6257
3	2.9410	2.8839	2.8286	2.7751	2.7232	2.6730	2.6243	2.5771	2.5313	2.4869	2.4437	2.4018	2.3612	2.3216	2.2832
4	3.9020	3.8077	3.7171	3.6299	3.5460	3.4651	3.3872	3.3121	3.2397	3.1699	3.1024	3.0373	2.9745	2.9137	2.8550
5	4.8534	4.7135	4.5797	4.4518	4.3295	4.2124	4.1002	3.9927	3.8897	3.7908	3.6959	3.6048	3.5172	3.4331	3.3522
6	5.7955	5.6014	5.4172	5.2421	5.0757	4.9173	4.7665	4.6229	4.4859	4.3553	4.2305	4.1114	3.9975	3.8887	3.7845
7	6.7282	6.4720	6.2303	6.0021	5.7864	5.5824	5.3893	5.2064	5.0330	4.8684	4.7122	4.5638	4.4226	4.2883	4.1604
8	7.6517	7.3255	7.0197	6.7327	6.4632	6.2098	5.9713	5.7466	5.5348	5.3349	5.1461	4.9676	4.7988	4.6389	4.4873
9	8.5660	8.1622	7.7861	7.4353	7.1078	6.8017	6.5152	6.2469	5.9952	5.7590	5.5370	5.3282	5.1317	4.9464	4.7716
10	9.4713	8.9826	8.5302	8.1109	7.7217	7.3601	7.0236	6.7101	6.4177	6.1446	5.8892	5.6502	5.4262	5.2161	5.0188
11	10.3676	9.7868	9.2526	8.7605	8.3064	7.8869	7.4987	7.1390	6.8052	6.4951	6.2065	5.9377	5.6869	5.4527	5.2337
12	11.2551	10.5753	9.9540	9.3851	8.8633	8.3838	7.9427	7.5361	7.1607	6.8137	6.4924	6.1944	5.9176	5.6603	5.4206
13	12.1337	11.3484	10.6350	9.9856	9.3936	8.8527	8.3577	7.9038	7.4869	7.1034	6.7499	6.4235	6.1218	5.8424	5.5831
14	13.0037	12.1062	11.2961	10.5631	9.8986	9.2950	8.7455	8.2442	7.7862	7.3667	6.9819	6.6282	6.3025	6.0021	5.7245
15	13.8651	12.8493	11.9379	11.1184	10.3797	9.7122	9.1079	8.5595	8.0607	7.6061	7.1909	6.8109	6.4624	6.1422	5.8474
16	14.7179	13.5777	12.5611	11.6523	10.8378	10.1059	9.4466	8.8514	8.3126	7.8237	7.3792	6.9740	6.6039	6.2651	5.9542
17	15.5623	14.2919	13.1661	12.1657	11.2741	10.4773	9.7632	9.1216	8.5436	8.0216	7.5488	7.1196	6.7291	6.3729	6.0472
18	16.3983	14.9920	13.7535	12.6593	11.6896	10.8276	10.0591	9.3719	8.7556	8.2014	7.7016	7.2497	6.8399	6.4674	6.1280
19	17.2260	15.6785	14.3238	13.1339	12.0853	11.1581	10.3356	9.6036	8.9501	8.3649	7.8393	7.3658	6.9380	6.5504	6.1982
20	18.0456	16.3514	14.8775	13.5903	12.4622	11.4699	10.5940	9.8181	9.1285	8.5136	7.9633	7.4694	7.0248	6.6231	6.2593
21	18.8570	17.0112	15.4150	14.0292	12.8212	11.7641	10.8355	10.0168	9.2922	8.6487	8.0751	7.5620	7.1016	6.6870	6.3125
22	19.6604	17.6580	15.9369	14.4511	13.1630	12.0416	11.0612	10.2007	9.4424	8.7715	8.1757	7.6446	7.1695	6.7429	6.3587
23	20.4558	18.2922	16.4436	14.8568	13.4886	12.3034	11.2722	10.3711	9.5802	8.8832	8.2664	7.7184	7.2297	6.7921	6.3988
24	21.2434	18.9139	16.9355	15.2470	13.7986	12.5504	11.4693	10.5288	9.7066	8.9847	8.3481	7.7843	7.2829	6.8351	6.4338
25	22.0232	19.5235	17.4131	15.6221	14.0939	12.7834	11.6536	10.6748	9.8226	9.0770	8.4217	7.8431	7.3300	6.8729	6.4641
26	22.7952	20.1210	17.8768	15.9828	14.3752	13.0032	11.8258	10.8100	9.9290	9.1609	8.4881	7.8957	7.3717	6.9061	6.4906
27	23.5596	20.7069	18.3270	16.3296	14.6430	13.2105	11.9867	10.9352	10.0266	9.2372	8.5478	7.9426	7.4086	6.9352	6.5135
28	24.3164	21.2813	18.7641	16.6631	14.8981	13.4062	12.1371	11.0511	10.1161	9.3066	8.6016	7.9844	7.4412	6.9607	6.5335
29	25.0658	21.8444	19.1885	16.9837	15.1411	13.5907	12.2777	11.1584	10.1983	9.3696	8.6501	8.0218	7.4701	6.9830	6.5509
30	25.8077	22.3965	19.6004	17.2920	15.3725	13.7648	12.4090	11.2578	10.2737	9.4269	8.6938	8.0552	7.4957	7.0027	6.5660

续表

期数	16%	17%	18%	19%	20%	21%	22%	23%	24%	25%	26%	27%	28%	29%	30%
1	0.8621	0.8547	0.8475	0.8403	0.8333	0.8264	0.8197	0.8130	0.8065	0.8000	0.7937	0.7874	0.7813	0.7752	0.7692
2	1.6052	1.5852	1.5656	1.5465	1.5278	1.5095	1.4915	1.4740	1.4568	1.4400	1.4235	1.4074	1.3916	1.3761	1.3609
3	2.2459	2.2096	2.1743	2.1399	2.1065	2.0739	2.0422	2.0114	1.9813	1.9520	1.9234	1.8956	1.8684	1.8420	1.8161
4	2.7982	2.7432	2.6901	2.6386	2.5887	2.5404	2.4936	2.4483	2.4043	2.3616	2.3202	2.2800	2.2410	2.2031	2.1662
5	3.2743	3.1993	3.1272	3.0576	2.9906	2.9260	2.8636	2.8035	2.7454	2.6893	2.6351	2.5827	2.5320	2.4830	2.4356
6	3.6847	3.5892	3.4976	3.4098	3.3255	3.2446	3.1669	3.0923	3.0205	2.9514	2.8850	2.8210	2.7594	2.7000	2.6427
7	4.0386	3.9224	3.8115	3.7057	3.6046	3.5079	3.4155	3.3270	3.2423	3.1611	3.0833	3.0087	2.9370	2.8682	2.8021
8	4.3436	4.2072	4.0776	3.9544	3.8372	3.7256	3.6193	3.5179	3.4212	3.3289	3.2407	3.1564	3.0758	2.9986	2.9247
9	4.6065	4.4506	4.3030	4.1633	4.0310	3.9054	3.7863	3.6731	3.5655	3.4631	3.3657	3.2728	3.1842	3.0997	3.0190
10	4.8332	4.6586	4.4941	4.3389	4.1925	4.0541	3.9232	3.7993	3.6819	3.5705	3.4648	3.3644	3.2689	3.1781	3.0915
11	5.0286	4.8364	4.6560	4.4865	4.3271	4.1769	4.0354	3.9018	3.7757	3.6564	3.5435	3.4365	3.3351	3.2388	3.1473
12	5.1971	4.9884	4.7932	4.6105	4.4392	4.2784	4.1274	3.9852	3.8514	3.7251	3.6059	3.4933	3.3868	3.2859	3.1903
13	5.3423	5.1183	4.9095	4.7147	4.5327	4.3624	4.2028	4.0530	3.9124	3.7801	3.6555	3.5381	3.4272	3.3224	3.2233
14	5.4675	5.2293	5.0081	4.8023	4.6106	4.4317	4.2646	4.1082	3.9616	3.8241	3.6949	3.5733	3.4587	3.3507	3.2487
15	5.5755	5.3242	5.0916	4.8759	4.6755	4.4890	4.3152	4.1530	4.0013	3.8593	3.7261	3.6010	3.4834	3.3726	3.2682
16	5.6685	5.4053	5.1624	4.9377	4.7296	4.5364	4.3567	4.1894	4.0333	3.8874	3.7509	3.6228	3.5026	3.3896	3.2832
17	5.7487	5.4746	5.2223	4.9897	4.7746	4.5755	4.3908	4.2190	4.0591	3.9099	3.7705	3.6400	3.5177	3.4028	3.2948
18	5.8178	5.5339	5.2732	5.0333	4.8122	4.6079	4.4187	4.2431	4.0799	3.9279	3.7861	3.6536	3.5294	3.4130	3.3037
19	5.8775	5.5845	5.3162	5.0700	4.8435	4.6346	4.4415	4.2627	4.0967	3.9424	3.7985	3.6642	3.5386	3.4210	3.3105
20	5.9288	5.6278	5.3527	5.1009	4.8696	4.6567	4.4603	4.2786	4.1103	3.9539	3.8083	3.6726	3.5458	3.4271	3.3158
21	5.9731	5.6648	5.3837	5.1268	4.8913	4.6750	4.4756	4.2916	4.1212	3.9631	3.8161	3.6792	3.5514	3.4319	3.3198
22	6.0113	5.6964	5.4099	5.1486	4.9094	4.6900	4.4882	4.3021	4.1300	3.9705	3.8223	3.6844	3.5558	3.4356	3.3230
23	6.0442	5.7234	5.4321	5.1668	4.9245	4.7025	4.4985	4.3106	4.1371	3.9764	3.8273	3.6885	3.5592	3.4384	3.3254
24	6.0726	5.7465	5.4509	5.1822	4.9371	4.7128	4.5070	4.3176	4.1428	3.9811	3.8312	3.6918	3.5619	3.4406	3.3272
25	6.0971	5.7662	5.4669	5.1951	4.9476	4.7213	4.5139	4.3232	4.1474	3.9849	3.8342	3.6943	3.5640	3.4423	3.3286
26	6.1182	5.7831	5.4804	5.2060	4.9563	4.7284	4.5196	4.3278	4.1511	3.9879	3.8367	3.6963	3.5656	3.4437	3.3297
27	6.1364	5.7975	5.4919	5.2151	4.9636	4.7342	4.5243	4.3316	4.1542	3.9903	3.8387	3.6979	3.5669	3.4447	3.3305
28	6.1520	5.8099	5.5016	5.2228	4.9697	4.7390	4.5281	4.3346	4.1566	3.9923	3.8402	3.6991	3.5679	3.4455	3.3312
29	6.1656	5.8204	5.5098	5.2292	4.9747	4.7430	4.5312	4.3371	4.1585	3.9938	3.8414	3.7001	3.5687	3.4461	3.3317
30	6.1772	5.8294	5.5168	5.2347	4.9789	4.7463	4.5338	4.3391	4.1601	3.9950	3.8424	3.7009	3.5693	3.4466	3.3321

年金终值系数(*F*/*A*)表

期数	1%	2%	3%	4%	5%	6%	7%	8%	9%	10%	11%	12%	13%	14%	15%
1	1	1	1	1	1	1	1	1	1	1	1	1	1	1	1
2	2.01	2.02	2.03	2.04	2.05	2.06	2.07	2.08	2.09	2.1	2.11	2.12	2.13	2.14	2.15
3	3.0301	3.0604	3.0909	3.1216	3.1525	3.1836	3.2149	3.2464	3.2781	3.31	3.3421	3.3744	3.4069	3.4396	3.4725
4	4.0604	4.1216	4.1836	4.2465	4.3101	4.3746	4.4399	4.5061	4.5731	4.641	4.7097	4.7793	4.8498	4.9211	4.9934
5	5.101	5.204	5.3091	5.4163	5.5256	5.6371	5.7507	5.8666	5.9847	6.1051	6.2278	6.3528	6.4803	6.6101	6.7424
6	6.152	6.3081	6.4684	6.633	6.8019	6.9753	7.1533	7.3359	7.5233	7.7156	7.9129	8.1152	8.3227	8.5355	8.7537
7	7.2135	7.4343	7.6625	7.8983	8.142	8.3938	8.654	8.9228	9.2004	9.4872	9.7833	10.089	10.4047	10.7305	11.0668
8	8.2857	8.583	8.8923	9.2142	9.5491	9.8975	10.2598	10.6366	11.0285	11.4359	11.8594	12.2997	12.7573	13.2328	13.7268

续表

期数	1%	2%	3%	4%	5%	6%	7%	8%	9%	10%	11%	12%	13%	14%	15%
9	9.3685	9.7546	10.1591	10.5828	11.0266	11.4913	11.978	12.4876	13.021	13.5795	14.164	14.7757	15.4157	16.0853	16.7858
10	10.4622	10.9497	11.4639	12.0061	12.5779	13.1808	13.8164	14.4866	15.1929	15.9374	16.722	17.5487	18.4197	19.3373	20.3037
11	11.5668	12.1687	12.8078	13.4864	14.2068	14.9716	15.7836	16.6455	17.5603	18.5312	19.5614	20.6546	21.8143	23.0445	24.3493
12	12.6825	13.4121	14.192	15.0258	15.9171	16.8699	17.8885	18.9771	20.1407	21.3843	22.7132	24.1331	25.6502	27.2707	29.0017
13	13.8093	14.6803	15.6178	16.6268	17.713	18.8821	20.1406	21.4953	22.9534	24.5227	26.2116	28.0291	29.9847	32.0887	34.3519
14	14.9474	15.9739	17.0863	18.2919	19.5986	21.0151	22.5505	24.2149	26.0192	27.975	30.0949	32.3926	34.8827	37.5811	40.5047
15	16.0969	17.2934	18.5989	20.0236	21.5786	23.276	25.129	27.1521	29.3609	31.7725	34.4054	37.2797	40.4175	43.8424	47.5804
16	17.2579	18.6393	20.1569	21.8245	23.6575	25.6725	27.8881	30.3243	33.0034	35.9497	39.1899	42.7533	46.6717	50.9804	55.7175
17	18.4304	20.0121	21.7616	23.6975	25.8404	28.2129	30.8402	33.7502	36.9737	40.5447	44.5008	48.8837	53.7391	59.1176	65.0751
18	19.6147	21.4123	23.4144	25.6454	28.1324	30.9057	33.999	37.4502	41.3013	45.5992	50.3959	55.7497	61.7251	68.3941	75.8364
19	20.8109	22.8406	25.1169	27.6712	30.539	33.76	37.379	41.4463	46.0185	51.1591	56.9395	63.4397	70.7494	78.9692	88.2118
20	22.019	24.2974	26.8704	29.7781	33.066	36.7856	40.9955	45.762	51.1601	57.275	64.2028	72.0524	80.9468	91.0249	102.4436
21	23.2392	25.7833	28.6765	31.9692	35.7193	39.9927	44.8652	50.4229	56.7645	64.0025	72.2651	81.6987	92.4699	104.7684	118.8101
22	24.4716	27.299	30.5368	34.248	38.5052	43.3923	49.0057	55.4568	62.8733	71.4027	81.2143	92.5026	105.491	120.436	137.6316
23	25.7163	28.845	32.4529	36.6179	41.4305	46.9958	53.4361	60.8933	69.5319	79.543	91.1479	104.6029	120.2048	138.297	159.2764
24	26.9735	30.4219	34.4265	39.0826	44.502	50.8156	58.1767	66.7648	76.7898	88.4973	102.1742	118.1552	136.8315	158.6586	184.1678
25	28.2432	32.0303	36.4593	41.6459	47.7271	54.8645	63.249	73.1059	84.7009	98.3471	114.4133	133.3339	155.6196	181.8708	212.793
26	29.5256	33.6709	38.553	44.3117	51.1135	59.1564	68.6765	79.9544	93.324	109.1818	127.9988	150.3339	176.8501	208.3327	245.712
27	30.8209	35.3443	40.7096	47.0842	54.6691	63.7058	74.4838	87.3508	102.7231	121.0999	143.0786	169.374	200.8406	238.4993	283.5688
28	32.1291	37.0512	42.9309	49.9676	58.4026	68.5281	80.6977	95.3388	112.9682	134.2099	159.8173	190.6989	227.9499	272.8892	327.1041
29	33.4504	38.7922	45.2189	52.9663	62.3227	73.6398	87.3465	103.9659	124.1354	148.6309	178.3972	214.5828	258.5834	312.0937	377.1697
30	34.7849	40.5681	47.5754	56.0849	66.4388	79.0582	94.4608	113.2832	136.3075	164.494	199.0209	241.3327	293.1992	356.7868	434.7451

期数	16%	17%	18%	19%	20%	21%	22%	23%	24%	25%	26%	27%	28%	29%	30%
1	1	1	1	1	1	1	1	1	1	1	1	1	1	1	1
2	2.16	2.17	2.18	2.19	2.2	2.21	2.22	2.23	2.24	2.25	2.26	2.27	2.28	2.29	2.3
3	3.5056	3.5389	3.5724	3.6061	3.64	3.6741	3.7084	3.7429	3.7776	3.8125	3.8476	3.8829	3.9184	3.9541	3.99
4	5.0665	5.1405	5.2154	5.2913	5.368	5.4457	5.5242	5.6038	5.6842	5.7656	5.848	5.9313	6.0156	6.1008	6.187
5	6.8771	7.0144	7.1542	7.2966	7.4416	7.5892	7.7396	7.8926	8.0484	8.207	8.3684	8.5327	8.6999	8.87	9.0431
6	8.9775	9.2068	9.442	9.683	9.9299	10.183	10.4423	10.7079	10.9801	11.2588	11.5442	11.8366	12.1359	12.4423	12.756
7	11.4139	11.772	12.1415	12.5227	12.9159	13.3214	13.7396	14.1708	14.6153	15.0735	15.5458	16.0324	16.5339	17.0506	17.5828
8	14.2401	14.7733	15.327	15.902	16.4991	17.1189	17.7623	18.43	19.1229	19.8419	20.5876	21.3612	22.1634	22.9953	23.8577
9	17.5185	18.2847	19.0859	19.9234	20.7989	21.7139	22.67	23.669	24.7125	25.8023	26.9404	28.1287	29.3692	30.6639	32.015
10	21.3215	22.3931	23.5213	24.7089	25.9587	27.2738	28.6574	30.1128	31.6434	33.2529	34.9449	36.7235	38.5926	40.5564	42.6195
11	25.7329	27.1999	28.7551	30.4035	32.1504	34.0013	35.962	38.0388	40.2379	42.5661	45.0306	47.6388	50.3985	53.3178	56.4053
12	30.8502	32.8239	34.9311	37.1802	39.5805	42.1416	44.8737	47.7877	50.895	54.2077	57.7386	61.5013	65.51	69.78	74.327
13	36.7862	39.404	42.2187	45.2445	48.4966	51.9913	55.7459	59.7788	64.1097	68.7596	73.7506	79.1066	84.8529	91.0161	97.625
14	43.672	47.1027	50.818	54.8409	59.1959	63.9095	69.01	74.528	80.4961	86.9495	93.9258	101.4654	109.6117	118.4108	127.9125
15	51.6595	56.1101	60.9653	66.2607	72.0351	78.3305	85.1922	92.6694	100.8151	109.6868	119.3465	129.8611	141.3029	153.75	167.2863
16	60.925	66.6488	72.939	79.8502	87.4421	95.7799	104.9345	114.9834	126.0108	138.1085	151.3766	165.9236	181.8677	199.3374	218.4722

续表

期数	16%	17%	18%	19%	20%	21%	22%	23%	24%	25%	26%	27%	28%	29%	30%
17	71.673	78.9792	87.068	96.0218	105.9306	116.8937	129.0201	142.4295	157.2534	173.6357	191.7345	211.723	233.7907	258.1453	285.0139
18	84.1407	93.4056	103.7403	115.2659	128.1167	142.4413	158.4045	176.1883	195.9942	218.0446	242.5855	269.8882	300.2521	334.0074	371.518
19	98.6032	110.2846	123.4135	138.1664	154.74	173.354	194.2535	217.7116	244.0328	273.5558	306.6577	343.758	385.3227	431.8696	483.9734
20	115.3797	130.0329	146.628	165.418	186.688	210.7584	237.9893	268.7853	303.6006	342.9447	387.3887	437.5726	494.2131	558.1118	630.1655
21	134.8405	153.1385	174.021	197.8474	225.0256	256.0176	291.3469	331.6059	377.4648	429.6809	489.1098	556.7173	633.5927	720.9642	820.2151
22	157.415	180.1721	206.3448	236.4385	271.0307	310.7813	356.4432	408.8753	469.0563	538.1011	617.2783	708.0309	811.9987	931.0438	1067.2796
23	183.6014	211.8013	244.4868	282.3618	326.2369	377.0454	435.8607	503.9166	582.6298	673.6264	778.7707	900.1993	1040.3583	1202.0465	1388.4635
24	213.9776	248.8076	289.4945	337.0105	392.4842	457.2249	532.7501	620.8174	723.461	843.0329	982.2511	1144.2531	1332.6586	1551.64	1806.0026
25	249.214	292.1049	342.6035	402.0425	471.9811	554.2422	650.9551	764.6054	898.0916	1054.7912	1238.6363	1454.2014	1706.8031	2002.6156	2348.8033
26	290.0883	342.7627	405.2721	479.4306	567.3773	671.633	795.1653	941.4647	1114.6336	1319.489	1561.6818	1847.8358	2185.7079	2584.3741	3054.4443
27	337.5024	402.0323	479.2211	571.5224	681.8528	813.6759	971.1016	1159.0016	1383.1457	1650.3612	1968.7191	2347.7515	2798.7061	3334.8426	3971.7776
28	392.5028	471.3778	566.4809	681.1116	819.2233	985.5479	1185.744	1426.5719	1716.1007	2063.9515	2481.586	2982.6444	3583.3438	4302.947	5164.3109
29	456.3032	552.5121	669.4475	811.5228	984.068	1193.5129	1447.6077	1755.6835	2128.9648	2580.9394	3127.7984	3788.9583	4587.6801	5551.8016	6714.6042
30	530.3117	647.4391	790.948	966.7122	1181.8816	1445.1507	1767.0813	2160.4907	2640.9164	3227.1743	3942.026	4812.9771	5873.2306	7162.8241	8729.9855

参考文献

[1] 全国一级建造师执业资格考试用书编写委员会．建设工程经济复习题集[M]．北京：中国建筑工业出版社，2004.

[2] 田恒久．工程经济[M]．武汉：武汉理工大学出版社，2008.

[3] 吴添祖，虞晓芬，龚建立．技术经济学概论[M]．3 版．北京：高等教育出版社，2010.

[4] 杜晓玲，曾铭．全国造价工程师执业资格考试模拟题库精解[M]．北京：中国计划出版社，2004.

[5] 全国一级建造师执业资格考试用书编写委员会．建设工程经济[M]．北京：中国建筑工业出版社，2014.

[6] 全国造价工程师执业资格考试培训教材编审组．工程造价管理基础理论与相关法规[M]．北京：中国计划出版社，2009.

[7] 赵阳，齐小琳，孙秀伟．工程经济学[M]．北京：北京理工大学出版社，2009.

[8] 巫英士，郑杰珂．工程经济学[M]．北京：北京理工大学出版社，2015.